우리
목을
밟고
있는
발을
치워달라

우리 목을 밟고있는
발을 치워달라

초판 1쇄 인쇄 2023년 4월 10일
초판 1쇄 발행 2023년 4월 17일

지은이 이창신
펴낸이 박미옥
디자인 이원재

펴낸곳 도서출판 당대
등록 1995년 4월 21일 제10-1149호
주소 04047 서울시 마포구 독막로3길 28-13 (서교동) 204호
전화 02-323-1315~6
팩스 02-323-1317
전자우편 dangbi@chol.com

ISBN 978-89-8163-178-9 93330

우리 목을 밟고 있는 발을 치워달라

미국 여성의 평등과 자유를 향한 여정

이창신 지음

당대

이제 어느덧 21세기하고도 거의 사반세기가 다가오고 있다. 그동안 우리 인류는 많은 변화를 경험하였다. 세계화, 디지털화, 팬데믹, 기후위기 그리고 생태적 재앙 같은 현상들은 우리 인류가 더이상 예전과 같은 상태로 돌아갈 수 없음을 예고하고 있다. 특히 지난 3년간 팬데믹의 공포는 인간과 생태라는 행위자 간 새로운 공존관계의 모색을 요구하고 있다. 그렇다면 인류의 반을 차지하고 있는 여성은 이러한 새로운 환경 속에서 과거의 그들의 역사와 비교해 어떠한 변화를 겪고 있는가? 이 책은 이러한 질문으로부터 시작되었다.

지난 2020년은 미국여성계에 큰 손실이 있었던 해이다. "여성에게 특혜를 달라는 게 아닙니다. 우리 목을 밟고 있는 발을 치워달라는 것뿐입니다." 이 말은 향년 87세의 나이로 생을 마감한 루스 베이더 긴즈버그(RBG)가 남긴 말이다. 긴즈버그는 정의를 향한 여정으로 유명하고 진보 성향의 연방대법관으로 삶을 마감하기 직전까지도 사회의 불평등과 싸웠던 미국여성이다. 차별받는 여성이자 유대인이자 워킹맘이었던 루스 베이더가 미국의 '정의의 상징'이자 '법원의 상징'이 되었다는 점은 누구도 부정할 수 없을 것이다. 조금 늦은 감은 있지만 이 시점에서 많은 미국여성들에게 롤모델이자 멘토였던 긴즈버그의 죽음을 애도하면서 오늘날 이 시대를 살아가는 여성들을 다시금 생각해 본다. 그리고 많은 어려움 속에서 현재를 살아가는 대한민국의 딸들이 시련에 절대 지지 않기를, 반드시 이겨서 자신에게 주어진 인생의 몫을 맘껏 누리기를 간절히 희망한다.

이 책을 준비해 온 과정은 미국여성들을 역사의 그늘에서 양지로 끌어내어 새롭게 복원하는 감사하고 즐거운 긴 여정이었다. 인류의 반을 차지하면서도 여전히 차별과 맞서 싸워야 하는 여성들, 그중에서도 미국여성들의 평등과 자유를 향한 끊임없는 도전에 관한 이야기가 이 책에 담겨 있다. 여기에는 북아메리카 원주민 창조신화의 주역이었음에도 불구하고 오랫동안 역사에서 소외되어 왔던 원주민여성들, 오랜 속박의 시간 속에서 농장주들의 성적 착취의 대상이 되었을 뿐만 아니라 고된 노동과 출산의 고통 등 온갖 시련을 겪으면서 차별 속에 지난한 삶을 살아온 흑인 여성노예들, 그럼에도 불구하고 삶에 전력을 다해 자신에 의해 세상이 달라지기를 갈구했던 평범한 미국여성들의 이야기가 있다. 이 책의 집필과정은 필자에게 어찌보면 이들이야말로 진정으로 미국역사를 움직여온 작은 영웅들이었다는 사실을 새삼 깨닫게 해준 기회였고 이 책을 접한 독자들도 이러한 필자의 생각에 조금이나마 공감해 주기를 기대해 본다.

이 책은 5년 전 출간한 필자의 책 『미국 여성의 역사, 또 하나의 역사』를 일부 수정, 보완하고 또 최근까지 연구한 글을 추가해서 새로이 구성하였다. 그동안 많은 분들의 도움으로 이 책이 세상 밖으로 나올 수 있었다. 오하이오대학교 사학과 캐서린 젤리슨(Katherine Jellison) 교수, 슐레진저 여성사도서관의 사라 허친슨(Sarah Hutchinson)과 로리 엘리스(Laurie Ellis)에게 이 자리를 빌려 감사의 마음을 전한다. 또한 출판계의 어려움에도 불구하고 이 책의 발간에 큰 도움을 주신 당대출판사의 박미옥 사장과 심영관 실장에게도 진심으로 감사의 인사를 전한다.

2023년 3월

이창신

서 장

미국여성, 또 하나의 역사: '평등'과 '해방'을 위한 도전

1969년 미국의 유명한 여성사가인 거다 러너(Gerda Lerner)는 "미국
여성사에서 놀랄 만한 사실은 역사가들이 미국여성에 관한 주제들
에 너무 무지하다는 점이다"라고 쓰고 있다.[1] 일찍이 소수의 학자들
에 의해 미국여성들에 대한 역사연구가 이루어져 왔지만 매우 단편
적인 수준에 머물러 있었다. 1960년대 여성해방운동의 등장은 미국
사회에서 여성의 의식에 커다란 변화를 가져왔으며 여성사연구에도
큰 전환점이 되었다. 이러한 의미에서 여성사연구는 1960년대 이후
사회적으로 무르익어 가고 있던 여성운동의 하나의 결과라고 볼 수
있다.

　　미국의 역사가 조앤 스콧(Joan Scott)은 여성사 등장이 페미니
스트 정치와 밀접한 관계가 있다는 것을 언급하면서 학구적인 여성
해방론자들은 좀더 포괄적인 정치적 의제를 제시하기 위해서 여성
사연구의 필요성을 절감했다고 설명하고 있다. 따라서 1960년대에
는 정치와 학계가 직접적인 관계가 있었고, 1970년대 중반 또는 후
반의 여성사연구는 정치로부터 차차 분리되어 좀더 학문적인 분야

로 정립해 나갔다. 그리고 1980년대 후반에 등장한 젠더(gender) 개념은 어떤 이념적인 목적과는 거리가 먼 중립적인 용어로 사용됨으로써 여성사가 정치로부터 완전히 분리될 수 있는 계기를 마련해 주었다.[2] 또한 1990년대에 걸쳐 미국여성사연구의 주요 특징은 기존의 여성사연구에 새로운 역사학의 패러다임을 제시하고 있다는 점을 들 수 있다.

1) 전통시대 미국여성들의 경험

15~16세기에 처음 유럽인들이 북아메리카에 도착하였을 때 그들의 눈에 비친 아메리카에는 2천여 종의 서로 다른 언어를 사용하는 다양한 아메리카 원주민(Native American) 문화가 존재했다.[3] 미국역사에서 최초의 여성들인 북아메리카 원주민여성들의 생활은 당시 유럽여성들과 비교해서 많은 차이가 있었다. 북아메리카 원주민여성들은 경제적 활동에서 식량을 채집하고 경작하며 음식·도구·주거지를 만들었을 뿐만 아니라 교역에도 적극적으로 참여하였다. 원주민여성들은 종교적 신화와 의례를 통해서 마을과 부족 안에서 또 다른 권력과 지위의 원천을 가지고 있는 등 상징적인 세계 안에서 인간과 자연의 관계를 반영해 주는 존재였다. 대부분의 북아메리카 원주민 창조신화에서, 여성은 초자연적인 힘과 대지 사이의 중재자로서 결정적인 역할을 담당하였다. 많은 농업사회는 생명의 근원으

로 '모성지구'(Earth Mother)가 지닌 주기적인 힘을 종교의식을 통해 찬양하였다. 원주민들은 주로 수렵 그 자체를 남성으로 관념화된 성스러운 힘으로 간주하는 경향이 있었지만, 때로는 수렵의 수호신을 여성으로 표현하기도 하였다.

유럽에서 건너온 여성들은 원주민여성들에 비해서 사회적·경제적 지위가 낮은 편이었다. 그들의 경우에는 엄격한 청교도질서에 의해서 모든 행동이 규제를 받았으며 권리보다 의무가 더 많았다. 여성들에게 유일한 사회적 참여는 교회활동뿐이었다. 재산권에서도 여성들에 대해 규제가 엄격했으며 재산소유 및 계약체결을 금지했다. 아메리카 대륙에 건너온 백인여성들은 당시 유럽에 살고 있던 여성들보다는 사회적 지위가 높았다. 미국의 경우 19세기 말까지 미국 전역에 살고 있던 기혼여성들은 재산권이 없었다. '영국보통법'(English Common Law)에 따르면 재산상속에서 딸은 아들의 1/2이고 '기혼여성'(feme covert)은 재산을 소유할 수가 없었다. 미망인의 경우는 재산사용권만 가지고 있었고 남편이 사망했을 때 미망인이 받은 재산의 몫은 남편 전재산의 1/3에 해당되었다. 반면에 '미혼여성'(feme sole)의 경우에는 재산소유권을 가지고 있었다. 미 대륙에서 최초의 기혼여성 재산소유권은 1839년 미시시피주에서 인정되었고, 1870년대 말에는 미국 전지역으로 재산소유권이 확대되었다.[4]

미국역사상 청교도사상은 미국인의 정신세계를 대표한다고 할 수 있다. 청교도들은 신앙박해를 피해 아메리카 대륙으로 이주해 정착하면서 그들 나름대로의 종교 질서체계를 유지했다. 하지만 이러한 종교적 질서가 때로는 사회 안에서 이데올로기나 문화를 통제하는 권력수단으로 이용되기도 하였다. 식민지시대 뉴잉글랜드 지방의 마녀사냥 사건은 1638년에 발생해서 1692년 세일럼에서 극에 달했으며, 역사적 사건으로 당시 사회를 지배하고 있었던 청교도 윤리의 어두운 측면을 단적으로 보여주었다. 1692년 발생한 세일럼의 마녀사냥은 뉴잉글랜드 여성들의 경제·종교·사회적 지위와 밀접한 관련이 있다고 볼 수 있다.

16세기 말과 17세기 초 마녀로 몰린 여성들은 대부분 하층여성들이었다는 것이 일반화된 이론이다. 그러나 그들이 마을에서 가장 가난한 계층의 여성들은 아니었다. 식민지 초기 뉴잉글랜드 여성들은 경제적으로 철저하게 남성들에게 의존해야만 했다. 소수의 미혼여성들만이 재산을 소유할 수 있었고, 그외 여성들은 생산활동에 참여하고 있거나 그 밖의 일을 하고 있을지라도 경제적인 독립성이나 경제적인 능력과는 아무런 상관이 없었다. 식민지시대 여성들이 누릴 수 있었던 직업도 매우 제한되어 있었으며, 설사 직업을 가진여성이라 할지라도 기혼여성들이 경제적인 활동으로 벌어들인 수입은 철저하게 남편의 소유가 되었다.

이와 같이 여성들의 경우 그들의 경제적 권리는 그들의 '결혼상태'(marital status)와 매우 밀접한 관계가 있었다. 마녀로 기소된 여성들은 자신 또는 자녀에 대한 재판비용을 대기 위해 가족농지를 팔아야 했고, 재판비용을 지불하지 못한 여성들은 재판이 끝난 후에도 집으로 돌아가지 못한 채 감옥에 있어야 했다. 세일럼의 경우 마녀로 기소된 몇몇 여성들은 부유한 남편 덕에 처형 전에 자유롭게 풀려날 수 있었다. 이런 점은 식민지시대 마녀사냥 재판에서 경제적인 상태가 중요한 요소로 작용했다는 것을 잘 나타내주고 있다. 그러나 남편이 없는 경우에는 재산소유의 정도가 그 여성의 처형에 아무런 영향을 주지 못했다. 독신여성의 경우에는 상당한 재산을 소유하고 있었음에도 불구하고 마녀로 기소된 여성도 많았다.[5]

　　미국혁명 이전시기 미국사회는 정치적 자유에 대한 열정적인 이념이 이미 성숙해 있었다. 정치적 권리와 자유 그리고 공정하고 합법적인 정부의 역사와 의미를 알리는 팸플릿과 설교가 쏟아져 나왔다. 그러나 자유와 미덕을 옹호하는 표어는 남성과 여성에게 각각 달리 해석되었다. 미국혁명 그 자체는 정치 활동과 목적이 남성적이라는 견해를 강화하였다. 그럼에도 미국혁명은 여성들에게 큰 변화를 가져다주었다. 전쟁이 불러일으킨 애국심은 그들로 하여금 보다 적극적인 자세로 국가를 위해 헌신할 수 있는 계기를 마련해 주었다. 여성들은 적극적으로 영국제품 불매운동을 전개해 나갔으며, 생필품들을 직접 만들었고 또한 남편과 아들이 참전함에 따라 집안의 가장 역할을 도맡아서 해야 했다. 어떤 여성들은 사랑하는 이들을 위해서 전쟁터를 따라다녔고, 또 어떤 여성들은 폭동에 참가하는 방법 등을 통해서 정치적 의견을 개진하기도 하였다. 전쟁 후 초기공화국 시기에는 심각한 사회적·정치적 변화가 이루어졌다. 독립선언문을 정점으로 한 영국정부에 대한 저항은 새로운 주정부와 연방정부의 정치적 관계를 재정립하였다.

　　남성정치가들은 개인과 국가의 관계를 재규정하였지만, 여성과 국가의 관계에 대해서는 별다른 관심을 가지지 않았다. 여성을 가정 안으로 격하시킨 공화주의 이론과 여성의 실질적인 공적 활동

사이에서 발생하는 딜레마를 해결할 실마리를 제공해 준 것이 바로 '공화주의 모성'(republican motherhood) 개념이었다. 이 개념에 따르면 여성은 어머니로서 가정의 규율을 지켜나갈 의무와 시민으로서 자녀의 도덕교육을 책임질 의무가 있으며, 그렇기 때문에 어린 소녀들에게 여성을 위한 교육의 기회를 넓혀주는 것이 국가의 책임이라는 것이다. 이는 여성의 시민 문제를 가정성 그 자체에 정치적 의미를 부여함으로써 정당화할 수 있고 자녀양육을 애국심과 관련지음으로써 조국의 미래에 대해 어느 정도 기여할 수 있는 능력이 있음을 시사해 주는 식민지시대 이상적인 여성상을 의미했다.[6]

2) 19세기 여성개혁 운동과 근대여성의 등장

미국에서 여성운동이 등장한 1800년대는 영토 확장, 산업발달, 사회개혁 운동의 성장 시기이고 개인의 자유와 교육기회의 평등에 대한 요구가 팽배했던 시기였다. 이 시대에는 새로운 단체를 설립하여 새로운 관념을 발전시키게 되었다. 일반적으로 미국학자들은 19세기 중반에 활발하게 전개된 노예제 폐지운동, 참정권운동 그리고 여성기독교금주연맹(Women's Christian Temperance Union, WCTU) 등이나 여성무역연맹(Women's Trade Union League, WTUL)을 중심으로 한 개혁운동이야말로 미국여성의 사회·경제·정치적 향상에 기여한 것으로 평가하고 있다.

    여성의 기회확대를 위한 초기의 노력은 교육부문에서 시작되었다. 1830년대 여성들의 노예제 폐지운동은 여성들이 최초로 정치적 분야에서 자신들의 권리를 시험한 여권운동이었다. 그러나 점차적으로 여성들은 노예해방운동에 가담하면서 자신들이 노예해방을 주장하는 남성들과 정치적으로 평등한 입장에서 운동에 참여할 수 없다는 것을 인지하게 되었다. 그들은 몇몇 기관의 회원이 될 수 없었을 뿐만 아니라 단순히 대중 앞에서 강연하기 위해서도 많은 제약을 극복해야 한다는 사실을 알게 되었다. 세라(Sarah)와 안젤리나 그림케(Angelina Grimke) 자매가 바로 이러한 운동에 앞장섰던 여성들이다. 1840년 영국 런던에서 개최된 '노예제반대 국제회의'(World AntiSlavery Convention)에서 엘리자베스 케이디 스탠턴(Elizabeth Cady Stanton)과 루크레티아 모트(Lucretia Mott)는 노예해방운동에서조차 여성들이 차별을 받고 있다는 사실을 통감하고 마침내 1848년 7월 14일 뉴욕주 세네카 폴스(Seneca Falls)에서 제1회 여권회의를 개최하였으며 여기서 여성을 위한 '감정선언'(The Declaration of Sentiments)[7]이 낭독되었다.

    19세기 초반 미국여성들에게 일어난 또 다른 변화는 여성들의 경제참여로, 뉴잉글랜드 지방의 섬유산업에 종사한 여성노동자들의 등장이다. 1830~60년에 뉴잉글랜드 지방의 섬유산업 발달은 백인 미혼여성들의 도움을 필요로 했기 때문에 이들은 직업을 갖게 되었다. 이들 중 가장 공헌이 큰 그룹이 바로 매사추세츠 지방의 '로웰 소녀들'(Lowell girls)이다. 그들은 독립된 계층으로서의 여성노동자들의 새로운 경험을 시작한 그룹으로, 이들의 환경은 여성들의 노동환경과 노동운동에서 매우 중요한 역할을 했다고 볼 수 있다.

19세기 초 미국 뉴잉글랜드 지방을 중심으로 발달한 섬유산업에 참여한 여성노동자들은 대부분 시골지방 출신의 백인 미혼여성들이었다. 이들은 다양한 동기, 즉 가정생계를 꾸려가기 위해 또는 자기욕구의 충족을 위해 노동시장에 참여하였고, 또 결혼자금을 마련하기 위한 소녀들도 있었다. 그들의 생산활동 참여는 그동안 주로 가사노동에만 종사해 왔던 과거로부터 탈피해서 한 여성으로서 경제적 독립성을 가지고 사회생활에 참여하는 등 생활에 커다란 변화를 가져왔다. 대부분의 소녀들은 기숙사생활을 해야 했는데, 이것은 시골에 있는 부모님을 안심시켰을 뿐만 아니라 그들에게도 도시생활을 익혀나가는 데 중요한 완충역할을 해주었다. 때에 따라서 그들은 기숙사생활에서 누릴 수 있는 학문적 충족, 즉 교육의 기회를 위해서 로웰을 찾아오기도 했다. 이런 분위기를 말해 주듯 당시 소녀들이 몰려드는 현상을 '로웰의 열병'(Lowell fever)이라고 일컫는 학자들도 있다. 가정을 떠나 기숙사에 거주하면서 공동체를 만들었고 이 공동체를 통해 서로 의견을 교환하면서 그들 나름대로의 공감대를 형성해 나갔다.

공장생활은 때때로 그들에게 큰 고통으로 다가오기도 하였다. 그들은 갑자기 바뀐 환경에서 매우 혼란스러워했고, 때로는 향수병에 걸리기도 했다. 이럴 경우 도움을 준 것이 바로 그들의 입장을 대변해 주는 잡지 『로웰 오퍼링』(*Lowell Offering*)이었다.[8] 그들은 공장생활에 적응해 나가는 과정에서 자신들의 노동환경과 노동조건이 얼마나 열악한지 알게 되었고 이런 어려운 환경 속에서 그들이 살아남을 길은 서로 힘을 합치는 것이라는 사실을 깨닫게 되었다. 이것은 곧 집단적인 노동운동으로 발전하게 되었다. 1836년에 최초의 노동파업이 발생했고, 소녀들은 10시간 노동시간을 외치며 노동운동에서 주도적인 역할을 하였다. 이 과정에서 공장들은 폐쇄되었고 소녀들은 거리로 쏟아져 나와 노동운동가들의 연설을 들었다. 소녀들의 평소 생활 속에서 다져진 결집력은 노동운동 과정에서 많은 힘이 되었으며 이를 통해서 소녀들은 일터의 경험을 바탕으로 한 가치관과 태도를 지니게 되었다.

1840년대 중반에 '뉴잉글랜드노동자협회'(New England Workingmen's Association, NEWA)의 부속기관으로 세라 베글리(Sarah Bagley)를 회장으로 하는 '로웰 여성노동개혁협회'(Lowell Female Labor Reform Association, LFLRA)가 창립되었다. 이는 여성노동자들의 최초의 노동조합으로 여기서 활동하던 여성들은 차후 노동운동뿐만 아니라 노예제 반대운동, 금주운동 등에도 참여했다. 이들을 중심으로 형성된 노동운동은 당시 여성들의 의식 성장에 큰 작용을 하였으며, 더 나아가 이러한 운동에 참여했던 지도층 여성들이 바로 수잔 앤서니(Susan Anthony)와 엘리자베스 케이디 스탠턴 등과 함께 여성참정권 운동의 지도층이 되었다.

19세기 전반기 흑인여성들의 경험 또한 일반적인 백인여성들과는 차이가 있었다. 흑인노예들의 경우 인종적 억압을 받았다는 점에서는 남녀가 같은 입장이었으나 여성노예들은 가족의 해체, 성적착취 또 출산과 양육 등에서 남성과 구별되는 그들만의 독특한 경험을 하게 되었다. 흑인 여성노예들은 농장주에 의해 강제로 부과된 노동과 가족을 위한 가사노동에 시달렸다. 농장주들은 흑인 여성노예들에게 가능한 한 많은 아이를 출산할 것을 강요하였으며 때로는 특정 흑인남성과 강제적으로 성관계를 맺도록 하였다. 이 시기부터 농장주들에 의한 흑인의 '번식' 노력이 본격적으로 이루어졌다. 출산의 중요성 때문에 임산부의 노동조건이 어느 정도 개선되기도 하였다. 그러나 여성노예들에게 있어 어머니와 자녀의 관계를 비롯한 가족생활은 결코 안정적이지 못했고 때로는 심한 위협에 시달리기도 했다. 여성노예들은 주인에게 매질과 성적 착취를 당해도 남편으로부터 어떤 보호도 기대할 수 없었다. 여성노예들의 독특한 경험을 형성하는 데는 이들의 결혼형태도 한 이유가 되었다. 이들에게는 '농장 외 결혼'(abroad marriage)이 보편적이었는데 이러한 결혼으로 부부가 만날 수 있는 빈도는 농장 간의 거리와 주인의 처분에 달린 것이었다.[9]

남북전쟁(1861~65)은 정치적·경제적 측면에서 미국역사에 큰 획을 그은 사건으로 간주되어 왔다. 비록 남북전쟁의 여파는 남부와 북부에서 다른 양상을 띠었지만, 양측의 여성들은 여러 가지 측면에서 공통된 경험을 하게 되었다. 이 전쟁은 남북의 여성들 모두에게 가족과의 이별 등을 통한 고통뿐만 아니라 전쟁중 역할들을 통해 새로운 여성의 영역을 구축할 수 있는 기회를 제공해 주었다. 여성들은 가정, 농장, 병원, 공장, 학교, 사업장에서 각기 색다른 경험들을 하게 되었고 이러한 기회는 미국여성들의 삶을 급격하게 변화시켰다. 많은 남부여성들이 절대적으로 부족한 식량과 터무니없이 비싼 생활필수품 때문에 더 큰 고통을 겪어야 했다. 이처럼 식량가격의 급상승과 절대적인 식량부족으로 1863년 대다수 남부여성들이 애틀랜타, 리치먼드 같은 남부도시들에서 '빵 폭동'(bread riot)을 일으켰다. 어려운 상황에 놓이게 된 남부여성들에게 전쟁은 고통과 희생으로 점철되었지만 그들은 대담하게 이러한 어려움을 대처해 나갔으며 북부의 여성들보다도 더 큰 열의를 가지고 전쟁에 기여할 것을 다짐했다. 그들은 남편과 아들에게 용기를 북돋워주며 군에 입대하도록 격려했으며, 남은 가족들의 결속을 위해 온힘을 기울였다. 남부여성들은 전쟁에 나가 있는 남편들을 대신해서 농장경영, 노예관리 등의 일들을 책임져야만 했다. 전쟁 동안 절대적으로 부족한 노예와 때로는 저항하는 노예들을 통제하는 것은 남부여성들에게 몹시 벅찬 일이었다.

전쟁이 가져온 사회적 변화는 여성들의 전통적인 성역할에도 커다란 변화를 불러왔다. 여성들은 더 이상 희생자라는 생각을 버리고 스스로를 위해 새로운 이미지를 부각시켜 나갔다. 전쟁 동안 많은 여성들은 평상시 남성들이 차지하고 있던 공적 영역에도 적극적으로 참여하게 되었고, 이러한 분야에의 참여는 장기적으로 볼 때 여성들의 사회적·경제적 지위 향상에 기여하게 되었다. 북부에는 '미국위생위원회'(United States Sanitary Commission, USSC)와 같은 조직력을 갖춘 대규모 정부단체가 있었으나, 남부여성들은 자신들 나름의 자선활동을 통해서 전쟁에 지원했다. 그들은 교회가 중심이 된 자선협회 등을 통해서 음식·의복·병원필수품 등을 수집하는 데 총력을 기울였을 뿐만 아니라 '바느질협회'(Sewing Society) 등을 통해 전쟁에 일조했다. 단순한 마을활동의 참여는 차차 조직망을 가진 단체활동의 성격을 띠어나갔고, 가능한 모든 일들을 수행하면서 전쟁에서 일익을 담당했다. 전쟁중 활약한 여성단체인 '남부연합의 딸들'(Daughters of the Confederacy)은 전쟁 후 다양한 여성클럽으로 탈바꿈해서 여성참정권 운동을 위한 많은 여성지도자들을 배출하였다.

비록 남북전쟁이 노예들의 해방을 가져온 만큼 여성들의 완전한 자유를 가져다주지는 못했지만, 미국여성들은 더 이상 전쟁 전의 모습이 아닌 전혀 새로운 모습으로 바뀌었다. 남북전쟁은 미국여성들을 보다 활동적이고 독립적인 존재로 만들었으며 궁극적으로 전쟁시기 여성들의 경험은 경제적·사회적인 측면에서의 진보와 더불어 미국여성들의 삶에 지대한 영향을 끼쳤다고 할 수 있다.[10]

남북전쟁 후 제14차 수정헌법을 통해서 '흑인남성'들은 투표권을 획득했다. 하지만 미국여성 어느 누구도 투표할 권리를 갖지 못했고 여전히 참정권을 획득한다는 것은 요원해 보였다. 남북전쟁 후 여성 참정권운동은 그 목적과 전술을 둘러싸고 분열하기 시작하였다. 강경파로 '전국여성참정권협회'(National Woman Suffrage Association, NWSA)가 조직되었으며, 온건파로는 '미국여성참정권협회'(American Woman Suffrage Association, AWSA)가 조직되었다. 이러한 분열은 1890년에 '전미여성참정권협회'(National American Woman Suffrage Association, NAWSA)가 결성될 때까지 약 20년 간 지속되었다. 전미여성참정권협회는 중산층을 중심으로 점차 성장하였으며 매우 조직적으로 운영되었다. 1903년 이후 영국의 에멀린 팽크허스트(Emmaline Pankhurst)와 그 딸들이 시위행진과 대중집회를 통해서 과격한 참정권운동을 전개했으며 영국내각 각료들이 등장하는 공적인 장소에서 비난의 모임을 가짐으로써 정치적 주도권을 장악하기에 이르렀다. 1910년 후 영국 참정권 운동가들은 전술을 단계적으로 확대하여 폭력·반란·방화를 행동으로 옮겼으며 미국여성들은 영국에서 벌어지는 일들을 주시하였다. 영국 출신 참정권 운동가들은 미국 전역에서 인기를 얻었고 대중을 선동해서 전국적으로 시위를 확산시켰다.

1890~1920년에 미국사회는 도시화, 산업화, 관료화가 급속히 진행되던 시기였다. 미국여성들 역시 새로 창설된 협회·기관, 사회운동 등을 통해서 다양한 방법으로 새로운 질서형성에 기여하였다. 19세기를 거치면서 여성들의 '집단적 결집력'도 대중적 추진력으로 정치개혁과 여성참정권 획득을 추구하였으며 여성운동은 절정기에 도달하였다. 1890년대 도시화·산업화는 긍정적인 면모만 갖춘 것은 아니었다.

새로운 여성계층으로 중산층여성을 중심으로 한 '신여성'들이 등장하였고, 노동자계급의 미혼 여성근로자들이 등장하면서 각자 개성을 지닌 여성그룹으로 자율성을 지니게 되었다. 신여성과 미혼 여성근로자들을 중심으로 자발적 여성단체들이 생겨났으며 그들은 공동체적 가정성에서 벗어나서 자율성·쾌락·소비에 대한 새로운 욕구를 표출하였다. 일단 신여성의 등장은 이 시대 여성들에게서 나타난 가장 놀라운 변화였다. 대학교육을 받은 여성들은 대개 결혼을 하지 않았으며 경제적으로 독립된 생활을 영위하였다. 1880년대에 4만 명의 여성이 대학교육을 받았는데 이는 전체 학생의 32퍼센트를 차지하였다. 19세기 후반 대학교육을 받은 모든 여성들 가운데 절반 정도가 결혼을 선택하지 않았고 혹은 결혼적령기를 훨씬 넘어 결혼을 하거나 자녀를 적게 낳는 것이 추세를 이루었다. 또한 이런 신여성들에게 교사나 간호사가 여성의 전문직으로 선호되었다. 이러한 변화는 의상스타일에서도 나타났는데 신여성들은 신선·발랄한 깁슨 스타일(Gibson style)의 옷을 입거나 테니스나 골프를 즐겼다. 전문직 여성들은 가정 밖에서 선교회 활동이나 여성클럽 활동을 통해서 새로운 생활양식을 창출하는 등 다양한 활동을 하였으며 결혼보다 사회활동을 선택하여 빈곤층을 보살폈다.

19세기 말의 '사회복지관운동'(settlement house movement)은 넓은 의미에서 도시화와 산업화 시대에 인간의 가치를 보존하기 위한 운동이었다. 최초의 사회복지관은 1884년 영국에서 세워졌는데, 영국 성공회의 성직자인 사무엘 바네트(Samuel Barnett)가 빈민들을 구제하고 그들의 삶을 고찰하고자 런던 동부의 빈민가 근처에 건립했다.

미국의 경우는 영국의 영향을 받아서 1886년 뉴욕시 동부에 처음으로 사회복지관이 건립되었고 이후 1889년에 젊은 대학졸업생인 제인 애덤스(Jane Adams)와 엘렌 게이츠 스타(Ellen Gates Starr)가 시카고에 헐 하우스(Hull House)를 설립하면서 미국 전역으로 빠르게 확산되었다. 1897년 미국 전역에는 74개의 사회복지관이 있었고 1910년에는 400개가 넘었다. 이들 사회복지관은 대부분 대도시에 집중되어 있었는데 전체 사회복지관의 40퍼센트 이상이 보스턴에 있었고 그 밖에 시카고와 뉴욕 등지에 넓게 분포되어 있었다.[11] 초기의 사회복지관 운영은 대부분 기부금이나 지역에 거주하는 사람들이 직접 비용을 충당하는 방식으로 이루어졌으며, 때로는 종교단체와 연계해서 운영되기도 했다. 사회복지관의 역할 중 가장 중요한 것은 이민여성들의 교육과 그들의 미국사회의 적응을 도왔다는 점이다. 또한 이들은 여러 방면의 복지운동을 주도했고 이를 계기로 미국 내 사회복지관 운동이 시작되었을 뿐만 아니라 이곳에서 활동하던 많은 여성들은 나중에 여성운동 지도자로 성장하였다.

3) 참정권 획득과 그 이후

1920년 연방헌법 제19조 수정조항에 의해서 마침내 미국여성들은 참정권을 획득하게 되었다. 이것은 오랜 투쟁의 결과였다. 하지만 오랫동안 여성운동의 구심점 역할을 해오던 참정권운동이 막을 내리게 되자 미국여성들은 여성운동의 방향성을 잃어가기 시작하였다. 이러한 과정에 미국인들에게 경제공황의 시련이 닥쳐왔다. 경제공황은 미국여성들에게 어떤 의미로 다가왔는가? 가정주부에게 경제공황은 남편의 직업에 대한 위협이었고 직업을 가진 여성들에게는 직업유지의 위협이었듯이, 그 어느 때보다 경제적 관심이 모든 것을 지배했던 시기이다.

경제공황의 위기는 미국의 생활 전반에서 '전통적인 성역할'이 또다시 대두되는 계기가 되었다. 여성이 있어야 할 곳은 가정이라는 신념이 다시 강화되었다. 여론조사에 의하면 기혼여성이 가정 밖에서 일하는 것은 남성의 일자리를 빼앗는 것이라는, 사회에 만연한 믿음을 재확인시켜 주었다. '미국노동총연맹'(American Federation of Labor, AFL) 집행위원회 결의안에서는 남편이 직장을 다니고 있는 기혼여성들은 고용시 차별되어야 한다고 주장하였다. 여러 면에서 대공황의 현실은 미국여성들에게 심한 타격을 안겨주었다.

한편 여성들에게는 큰 변화가 생겼다. 피임이 중산층에서 보편화되었으며 미국에서도 1936년에 피임이 합법화되었다. 피임은 특히 직장을 가진 기혼여성들에게 '가족계획'이라는 측면에서 많은 변화를 가져다주었다. 대공황시기에 나타난 젊은 층의 변화는 경제적 불안을 이유로 결혼을 연기하고 감정적인 안정감을 얻기 위한 데이트를 즐기게 되면서 출생률이 감소하게 되었다는 점이다. 공황기 가족들에게도 큰 변화가 있었다. 경제적 어려움 때문에 친족관계를 최대한 활용하는 경향이 강했고 가족들이 함께 모여 사는 혼잡한 상황에서 프라이버시가 지켜지지 않는 경우도 많았다. 또한 여성들은 최대한으로 가족의 자원을 이용하여 어린이옷 수선, 텃밭활용, 재활용 등을 통해 절약운동을 실천해 나갔다. 경제공황기 여성들의 교육부분에서는 특이한 현상이 나타나게 되었다. 1930년대에 여성들을 위한 '교육의 기회'가 확대되었으며, 구직난으로 여성의 대학 및 대학원 입학률이 증가되었다. 하지만 여전히 석·박사의 경우 남녀비율 면에서 현저한 차이가 있었다.

경제적 어려움은 항상 여성들에게 가장 먼저 찾아왔다. 직장에서 여성들은 정리해고의 제1순위가 되었고, 특히 기혼여성들에게는 가정으로의 복귀가 강요되었다. 자본주의와 가부장제의 결탁은 곧 보수적인 사회적 분위기를 조성해 갔다. 여성들 중에서도 가장 피해가 큰 쪽은 바로 흑인여성들이었다. 그들은 열악한 노동환경과 저임금에도 불구하고 생존을 위해 불가피하게 노동시장에 참여해야만 했다. 하지만 그들에게는 파트타임이나 한시적인 임시직 고용만이 가능하였다. 사실상 경제공황 시기 흑인 10명 중 9명이 농업노동자나 가내하인이었다.[12]

경제공황기에 당시 영부인이었던 엘리너 루스벨트(Anna Eleanor Roosevelt, 1884~1962)는 루스벨트 대통령의 정치적 성장과 더불어 왕성하게 활동한 여성으로, 여러 장애요인이 있었음에도 불구하고 이 시기 여성들의 정치적 진출에 큰 기여를 하였다. 특히 그녀는 '여성유권자연합'(The League of Women Voters)이나 '전국소비자연합'(National Consumer's League) 등의 광범위한 네트워크를 통해서 활약하였다. 또한 그녀는 일생 동안 흑인들의 인권, 여성의 평등권 실현을 위해서 노력하였다.

1941년 12월 7일, 일본의 진주만 기습으로 미국정부가 참전 결정을 하면서 미국여성들에게 많은 변화가 일어났다. 제2차 세계대전의 참여로 미국정부는 전쟁에 직접 개입하면서 총력전을 펴려면 '후방'에 있는 여성들의 협력이 불가피하다는 것을 인지하고 여성의 조직화를 추진했다. 미국정부의 참전은 무엇보다도 일상생활을 정치화하였으며 여기에 주된 책임을 맡은 사람들이 바로 가정을 지키던 여성들이었다. 참전 후 온 국민이 겪어야 했던 가장 큰 변화는 생필품 부족현상이었다. 미국정부는 공급부족에 따른 가격상승을 억제하기 위해서 '가격행정사무국'(Office of Price Administration, OPA)을 설치하여 수요와 공급을 통제하였고 생활필수품목을 설정하여 배급제를 실시하였다. 정부는 또한 여성들로 하여금 '승리의 텃밭'(victory garden)을 가꿀 것을 요청하였다. 한때 전국적으로 200만 가까이 늘어났던 '승리의 텃밭'은 전국 채소생산량의 1/3을 담당하기도 했다.

이렇게 미국정부는 후방의 평범한 일에서조차 애국심을 이용해서 국민주의 열정의 분위기를 고조시켜 나갔다.[13] 여성들은 전쟁의 승리를 위하여 지역사회 동원의 책임을 맡게 되었다. 자원봉사 활동으로 숙달된 여성들은 전시의 사회적 요구에 대규모로 부응하였다. 그들 가운데 300만 명의 여성이 적십자사에서 자원봉사를 했다. 1942년에 이르러 경제상황이 남성노동자의 가용공급을 모두 흡수하게 되자, 오직 여성의 고용만이 산업수요에 부응할 수 있다는 인식이 광범위하게 퍼져나갔다. 제2차 세계대전 시기 여성고용에서 특이할 만한 사실은 기혼여성의 취업률이 증가했다는 것이다. 국방 관련 인력수급을 여성노동자로 충당하려는 정부의 노력은 상당한 성공을 거두었다. 집 밖에서 일한 경험이 전혀 없는 600만여 여성이 전쟁기간 동안 유급 노동인력으로 편입되었으며, 수백만 명이 가사·농업·서비스업에서 산업노동 현장으로 이동하였다.

제2차 세계대전은 대규모 동원을 통해서 유례없이 많은 수의 여성들을 노동력에 편입시켰고, 그동안 여성에게 부적합하다고 여겨졌던 일들이 갑자기 여성에게 완벽하게 어울리는 일이 되었다. 특

히 제2차 세계대전 동안에는 이러한 '애국시민화'가 정치통제, 공공
선전, 미디어 등의 매체를 통해 이루어졌으며, 이러한 면모가 가장
잘 나타난 것이 바로 '리벳공 로시'(Rosie the Riveter)이다. 리벳공 로
시는 기계공 로시라는 의미로 방위산업체 분야에서 종사하는 여성
을 상징하였으며, 그녀의 얼굴은 수많은 잡지표지와 광고의 전면을
장식했다. 이러한 이미지는 전통적인 여성성을 전혀 훼손하지 않으
면서도 방위산업체에서 일하는 여성들의 시민적·애국적 의무를 강
조하면서 여성들의 대규모 동원에 이용되었다.

4)   '여성의 신비'와 여성운동의 부활

1960년대의 미국사회는 혼란과 동요의 시기로 암살과 폭력, 시위가
만연했고 대학생 중심의 반전운동이 전국적으로 확산되었다. 또한
젊은이들을 중심으로 한 반(反)문화운동은 미국의 전통적인 가치를
파괴, 도덕적 가치를 재창조하기 위한 시도를 하였다. 1960년대 사
회운동의 분위기에 앞장섰던 급진적인 그룹들은 젊은 백인여성들에
게 상당한 설득력을 가졌는데, 그 이유는 그들이 추구하는 것이 남
성과 여성의 평등이었기 때문이다. 하지만 일을 수행해 나감에 있어
서 남성들은 이러한 그룹 내에서 주도적인 역할을 하는 반면에 여성
들은 전통적이고 부수적인 역할만 할 수 있었다. 이러한 분위기에서
의식을 가진 여성들은 독자적인 조직체가 필요하다는 것을 절감하

게 되었다. 1960년대 후반 여성해방운동에 참여한 여성들은 대부분 급진적 페미니스트로서 심리적인 억압에 초점을 맞추어서 사회구조 속에서 여성억압의 기원·성격·정도를 분석하는 것을 그 주된 목표로 삼고 집단적 연대의 필요성을 강조하였고, 그들 대부분은 여성문제에 관한 여러 이슈들을 스스로 연구하거나 다른 여성들을 교육시키는 활동에 주력하였다.

1960년 이전의 여성운동이 정치 또는 경제적인 측면에서의 여성운동을 강조한 데 반해 제2기의 경우는 이전까지 개인적인 것으로 치부되어 왔던 미국사회의 통상적인 성차별 개념을 없애는 것이 기본적 성격이었다. 성적 차이, 성역할 구분은 문화적 소산 혹은 사회화과정의 결과이지, 단순한 생물학적 차이에서 기인한 것은 아니라는 가정이었다. 성적 차이라는 의미에서 볼 때, 1960년대 미국사회는 과거와 많은 차이점을 보였다. 그 이유는 첫째, 과거에는 여성들이 많은 시간과 힘을 임신과 육아에 쏟아야 했으므로 자기계발을 위한 시간투자가 거의 불가능했다. 그러나 1960년대 미국여성들은 피임약의 발달, 평균수명 연장, 출산율 저하 등으로 과거보다 더 많은 시간을 자유롭게 활용할 수 있게 되었다. 둘째, 미국경제력의 팽창으로 인력수요가 증가함에 따라 흑인이나 여성 인구를 필요로 하게 되었다. 실제로 미국여성의 고용상태는 이미 1950년대부터 대다수 여성들이 직장에 진출하고 있었다. 이렇게 시대적 변화로 인해 가정경제는 맞벌이부부를 필요로 하게 되었고 여성 자신의 이중적 역할이 구조적으로 드러나기 시작하였다.

1960년대 여성해방운동은 인간의 성에 대한 생각과 태도의 변화에서 기인한 것이었다. 1920년대의 페미니스트들은 여성의 역할과 도덕에서 혁명을 불러온 데 반해서 1960년대에는 여성의 성의 중요성에 관심을 기울였다. 여성의 경제참여 증가는 이성교제의 기회를 확대시켰다. 1960년대에 시판된 구경피임약은 여성들로 하여금 임신을 조절할 수 있게 해주었을 뿐만 아니라 좀더 자유로운 성생활을 즐길 수 있도록 해주었다. 젊은 여성들은 점차 자유분방한 성적 개념을 지니게 되었다. 젊은이들의 혼전동거는 더 이상 죄악시되지 않았고, 이와 더불어 동성애, 남녀 성역할 구분 그리고 가족관계에 대한 생각도 변하게 되었다.

　　1963년 베티 프리단의 『여성의 신비』[14]는 당시 여성운동의 활력소 역할을 하면서 제2기 여성운동의 시발점이 되었다. '여성의 신비'는 베티 프리단이 자신의 책 제목으로 유행시킨 용어로, 미국여성들의 삶의 현실과 여성들이 맞추어 살려고 애쓰는 이미지 간의 불일치를 의미하였다. 또한 베티 프리단은 뜻을 같이하는 여성들과 함께 1966년 '전국여성협회'(National Organization of Women, NOW)를 설립하였다. 이 단체의 설립목표는 여성해방이론의 구성과 여권운동을 위한 로비활동을 통해 여성에 대한 차별과 편견을 제거하는 것이었다. 평등권을 인지한다는 것은 법령의 재조정을 의미했으므로 이 조직은 1967년 상당히 포괄적인 프로그램을 만들게 되었다. 여기에는 여성을 위해 공정한 임금, 균등한 고용기회 보장, 낙태 합법화, 탁아시설 확충, 남녀평등 등의 관련법률 개정운동 등이 포함되었다. 그러나 이 조직은 1960년대 존재했던 불만과 차별을 날카롭게 감지한 급진주의적 여성해방 이론가들로부터 너무 온전하다는 비판을 받기도 했다.

1960년대 후반 급진주의 여성해방이론은 "사적인 것이 곧 공적인 것이다"는 주장과 함께 여성들 간의 '자매애'를 강조하였다. 급진주의 여성해방이론은 1960년대 후반부터 70년대 초에 뉴욕과 보스턴에서 처음으로 소개되었다. 급진주의 여성해방론자들은 신좌파(New Left) 소속의 남성들로부터 받았던 경멸적인 대우에 대한 저항으로부터 시작되었다. 여기서는 1969년 워싱턴에서 있었던 창단식의 반대시위가 구체적인 계기가 되었다. 페미니스트들이 그 대회의 집회에 참여하고자 했을 때 관중 속의 남성들은 야유를 보내고 비웃고 휘파람을 불어댔다. 여성들은 남성 중심의 급진주의 조직 안에서 계속 이등시민(second class citizen)의 대우를 받으면서 강한 남성의식에 염증을 느꼈기 때문에, 본질적인 민주주의를 표방하면서 여성 본래의 동등한 역할을 허용해 줄 여성조직에 관심을 기울였다. 급진주의 여성해방론자들은 이 모든 문제가 사회에서 일어나고 있는 억압의 뿌리이고 모델이며, 여성해방론은 진실로 혁명적인 변화의 토대가 되어야 한다고 생각하였다. 그들은 가부장제 또는 남성지배가 여성억압의 뿌리라고 주장하였다.

여성해방운동과 관련해서 주요한 논쟁 중 하나가 낙태문제(abortion)였다. 미국역사상 19세기 초반에는 여성들에게 낙태가 큰 문제가 되지 않았다. 모든 인종과 계층의 여성들이 낙태를 할 수 있었다. 낙태에 제재를 가하기 시작한 것은 남북전쟁 이후의 시기로, 새로이 탄생한 '미국의사협회'(American Medical Association, AMA)의 영향에 의한 것이었다. 의사협회는 건강상 위험하다는 주장을 내

세워 낙태시술권을 독점하고자 했고, 따라서 산파나 의사자격증이 없는 낙태시술자들이 낙태시술을 할 수 없게 할 의도가 있었다. 낙태문제가 사회적 이슈로 재등장한 시기는 1950년대 말이었는데 이때까지도 낙태문제는 소수의 전문가들 사이에서만 논의되었다.

그러나 오늘날 우리가 알고 있으며 논의되고 있는 낙태문제는 소수의 엘리트 남성들에 의한 논의가 아닌 일반인들, 특히 일반여성들에 의해서 논의되고 있다는 특징을 가졌다. 이렇게 된 데는 새로운 기술이 개발되면서 여성들이 19세기에는 꿈도 꾸지 못했던 사회참여를 하게 되었고 이것은 여성들의 삶에 커다란 변화를 불러오게 되었다는 것이 그 배경을 이루었다. 여성들은 일찍이 역사에서 찾아볼 수 없는 출산에 대한 결정권을 가지게 된 것이다. 즉 여성들은 자녀를 언제, 몇 명 낳을 것인지 결정할 수 있게 되었다. 1973년 로우 대 웨이드(Roe v. Wade) 판결은 낙태논쟁에 커다란 변화를 가져다주었다. 이후 낙태문제를 둘러싸고 낙태옹호(prochoice)와 낙태반대(prolife) 두 그룹으로 나뉘어 서로 첨예하게 대립했고 낙태문제는 공론화되었다.

5) 반동과 저항세력의 도전

1970년대의 대중매체는 젊은 여성들에게 여성운동의 종식을 확실히 보여주었다. 신문과 잡지는 전문직에 종사하는 커리어우먼과 주부라는 두 가지 직업에서 성공하기 위해 노력하는 과정 속에서 지칠 대로 지쳐버린 여성들에게 경종을 울렸다. 많은 신문기사들이 고소득을 올리는 전문직 여성들이 자녀들과 함께할 시간을 가지기 위해 직장을 그만두는 사연들을 연이어 소개하였다.

1980년대 말에 대학생들을 중심으로 희미한 불꽃같았던 페미니즘에 대한 주장이 1990년대 초가 되면 새로운 페미니스트 세대의 분명하고 뚜렷한 페미니스트 목소리로 변해 갔다. 1991년 수잔 팔루디(Susan Faludi)의 『반동』(*Backlash*)은 레이건 시대의 반(反)페미니즘에 이의를 제기하였고, 폴라 카멘(Paula Kamen)의 『페미니즘의 숙명』(*Feminist Fatale*)은 여성운동에 대한 젊은 여성들의 무지와 열정의 병존을 탐구하였다. 90년대 중반에 이르러 제3기 여성운동 물결이 등장하였다. 이러한 경향을 보이는 1995년의 『차세대 페미니스트의 목소리』(*Listen Up: Voices from the Next Feminist Generation*)와 1996년의 『페미니즘: 제3세대』(*Feminism: The Third Generation in Fiction*) 같은 저서들이 출판되기 시작했다. 페미니즘 제3세대는 주로 제2세대의 자녀들로 구성되어 있었다. 이 그룹들은 대부분 제2세대들이 주장했던 여러 이슈들에 매우 친숙했으며 다문화적이고 동성애 인권에도 상당히 협조적이었다.

90년대의 또 하나 큰 논쟁은 여성폭력에 대항하는 것이었다. 많은 페미니스트들은 다양한 형태의 폭력·가정폭력·성희롱·강간에 대해 여성들 스스로의 통제력을 강화시키려고 노력하고 있다. 정치적으로 보수적이었던 90년대 미국사회에서는 여성에 관한 주제 중 특히 성폭력, 낙태문제 같은 여성의 몸과 관련된 문제가 대중들의 관심을 집중시켰다. 특히 성희롱 문제는 90년대에 새로 부각된 논쟁거리였다. 미국에서 성희롱 용어가 등장한 것은 70년대 중반이었다. 1977년까지 3개의 법정소송이 성희롱과 관련해서 진행되었고 이 법정소송을 통해 직장 내 성희롱이 더 이상 개인적인 문제가 아니며 직장 내 성차별 문제로 간주되어야 한다는 것이 밝혀졌다. 그러나 무엇보다도 성희롱 사례들 가운데 가장 많은 관심과 논란의 대상이 되었던 것은 90년대의 아니타 힐(Anita Hill) 사건이었다. 이 사건은 의회청문회를 통해서 성희롱 문제를 미국 여성운동가들의 관심대상으로부터 국민 대다수의 관심대상으로 끌어올리는 데 지대한 역할을 한 중요한 사건이었다. 무엇보다도 이 사건의 가장 큰 파급효과는 성희롱에 대한 의식변화를 들 수 있다. 성희롱이 더 이상 가볍게 넘길 문제가 아닌 힘의 우위관계에 따라 형성되는 권력의 문제라는 것이 인식되기 시작하였다.

오늘날 미국여성계의 가장 큰 화두는 '차이의 정치학'이다. 여성운동은 과거와 비교해 볼 때 인종·민족적 배경의 차이뿐만 아니라 그들이 주장하고 있는 정치·사회적 아젠다(agenda)들로 인해 다양한 차이를 나타낸다. 21세기 여성운동은 지난 세기의 여성운동을 교훈삼아 보다 평화로운 사회를 위해 서로 협력을 통한 변화를 추구하고 있다. 지난 수십 년 동안 여성들은 하나의 공동체의식을 가지고 여성운동을 전개해 왔다면 이제는 모든 부류의 여성들이 개인적인 생활의 문제를 보다 공적인 관심사로 전환시켜 보다 새로운 방식의 움직임을 통해 다양한 목소리를 내면서 자신들의 삶을 향상시켜 나가기 위해 노력하고 있다.

1) Gerda Lerner, *The Woman in American History*(Reading, MA: AddisonWesley, 1979).

2) Joan W. Scott ed., *Learning about Women: Gender, Politics and Power*(Ann Arbor: The University of Michigan Press, 1987).

3) 우리가 흔히 사용하고 있는 인디언이라는 용어는 콜럼버스가 신대륙에 도착해서 그곳에 거주하고 있던 토착민을 부른 것에서 유래되었는데 1960년대 인권운동과 더불어 소수계층 중 하나인 인디언들의 경우도 자신들의 정체성 회복을 위해서 아메리카 원주민(Native American)이라는 용어를 사용하고 있다(Arrell Morgan Gibson, *The American Indian: Prehistory to the Present*, Oklahoma: The University of Oklahoma, 1980).

4) Linda K. Kerber & Jane Sherron De Hart, *Women's America: Refocusing the Past*(New York: Oxford University Press, 1991); Marylynn Salmon, "Women and Property in South Carolina: The Evidence from Marriage Settlements, 1730~1830," *William and Mary Quarterly*(no. 39, 1982), pp. 655~85.

5) Carol Karlsen, *The Devil in the Shape of a Woman: Witchcraft in Colonial New England*(New York: W. W. & Company, 1987).

6) Linda K. Kerber, *Women of the Republic: Intellectual and Ideology in Revolutionary America*(Chapel Hill: University of North Carolina Press, 1980).

7) 여기서 여성을 위한 '감정선언'(The Declaration of Sentiments)은 인권선언을 모델로 해서 만들어진 것으로 앞부분을 보면 "우리는 모든 남성과 여성이 평등하게 창조되었고 창조주로부터 몇 개의 양도할 수 없는 권리를 부여받았으며 그 가운데 생명, 자유, 행복추구에 대한 권리가 있다는 것을 자명한 진리로 선언하는 바이다"라고 적혀 있다(Kerber&Hart, 앞의 책, p. 528, 529).

8) 『로웰 오퍼링』(*Lowell Offering*)은 교회목사이기도 한 찰스 토머스(Charles Thomas)의 지도 아래 출판된 여성노동자들의 잡지이다. 이 잡지는 1840년 10월부터 1845년 12월까지 발간되었으며 각 장이 4편으로 나뉘어 있고 16페이지 정도 분량이다. 이 잡지에서 가장 중요하게 여기는 것은 로웰에서 일하는 여자노동자들의 직업은 비천한 것이 아니라는 것을 강조하면서 그들이 자긍심을 갖도록 격려하는 것이었다. Thomas Dublin, *Women at Work: The Transformation of Work and Community in Lowell, Massachusetts, 1826~1860*(New York: Columbia University Press, 1979), p. 45, 46.

9) Deborah Gray White, *Arn't I a Woman?*(New York: W. W. Norton & Company,

1985), p. 153, 154.

10) George C. Rable, *Civil War: Women and the Crisis of Southern National-ism* (Chicago: University of Illinois Press, 1989), p. 139.

11) Kathryn Kish Sklar, "Hull House in the 1890s: A Community of Women Reformers," *Signs* (no. 10, 1985. Summer), pp. 658~77.

12) Jacqueline Jones, *Labor of Love, Labor of Sorrow: Black Women, Work, and the Family from Slavery to the Present* (New York: Basic Books Inc, 1985).

13) Penny Colman, *Rosie the Riveter: Women Working on the Home Front in World War II* (New York: Random House Company, 1995), p. 13.

14) Betty Friedan, *The Feminine Mystique* (New York: Dell, 1963).

제1부

정착기와 개척기의 역사

1
유럽인의 출현과 북아메리카 원주민여성

유럽인들이 북아메리카에 처음 도착했을 무렵인 15~16세기경 그곳
에는 2천 종이 넘는 각기 다른 언어를 사용하는 원주민들이 살고
있었다. 북아메리카 원주민들은 수렵채집의 유목생활을 하거나 촌
락을 이루어 작물을 직접 재배하였고 때로는 타운을 중심으로 조
직사회를 형성하기도 하였다. 이렇게 원주민들은 여러 환경조건과
상황에 적응해 나가면서 차츰 다양한 문화집단을 이루었다. 대부분
원주민사회에서 남성과 여성의 역할은 뚜렷하게 구분되었는데, 남성
은 주로 사냥을 담당하였고 여성은 식물채집 및 농작물을 재배하거
나 식량관리, 가사노동과 육아를 책임지고 있었다. 원주민여성들은
종교적 신화와 의례를 통해서 인간과 자연의 관계를 연결시켜 주는
중재자 역할을 하였다.

　　북아메리카 원주민은 최초의 미국인임에도 불구하고 오랫동
안 미국역사에서 소외되어 온 집단이다. 특히 원주민여성들의 삶은
많은 부분 은폐되고 왜곡되어 왔다. 이들의 삶에 대한 대부분의 연
구는 역사적 기록이 아닌 고고학이나 인류학을 중심으로 이루어진

것이었다. 하지만 1970년대 이후 미국사회사 연구가 활성화되면서 흑인과 여성, 원주민 등을 포함한 소수민족에 대한 연구가 활기를 띠게 되었고, 그 결과 원주민에 대한 연구도 차차 그 수를 더해 갔다. 뿐만 아니라 연구방법에서도 단순히 인류학적 차원의 연구를 넘어 인종, 계층, 젠더(gender)를 중심으로 한 분석을 시도하였다.[1] 아메리카 원주민 역사연구에서 중요한 사실은, 그들은 매우 다양한 문화와 역사를 가지고 있다는 점이다. 원주민여성에 대한 지식은 백인 중심의 역사적 평가 내지는 백인에 의해서 씌어진 문학작품상의 피상적 이미지가 대부분이었기 때문에, 지나친 일반화를 시도한다면 왜곡의 우려가 매우 크다고 볼 수 있다. 그렇기 때문에 원주민에 관한 역사서술을 하는 데 있어서는 원주민들은 그들만의 독특한 역사와 문화를 가지고 있다는 것을 전제로 해야 한다.

1)   창조신화와 가족관계

북아메리카 원주민의 경우 젠더와 권력의 관계가 지역 또는 부족에 따라서 매우 다양한 양상을 띠면서 나타났다. 이러한 특징들은 정치체제 안에 존재하고 있는 문화적 차이에서 비롯된 것이었다. 일반적으로 젠더와 권력의 측면에서 볼 때, 원주민부족은 세 그룹으로 나눌 수 있다. 첫째 모든 영역에서 남성과 여성이 동등한 플라토족(Plateau)이나 포모족(Pomo), 둘째 여성이 남성보다 지위가 높은 부족에 속한다고 볼 수 있는 체로키(Cherokee)나 이로쿼이(Iroquois) 연맹의 부족들, 마지막으로 남성의 권위가 지배적인 사회로 묘사되지만 문화적으로 남성의 활동이 많은 부분 제한되어 있는 크리크족(Creek)이다.[2] 이 가운데 이로쿼이연맹의 부족들과 체로키족에게 젠더관계는, 당시 유럽에서 건너온 백인들과 비교할 때 매우 다른 양상을 보였으며 원주민사회의 여러 가지 특징들과 유럽의 영향으로 인한 변화들이 보다 명확히 드러나고 있다.

아메리카 원주민의 신화와 전설에서는 여성이 우주의 중심으로 등장한다. 특히 이로쿼이족과 같이 남성의 지위보다 여성의 지위가 높은 부족의 경우가 이에 해당한다. 이로쿼이연맹의 부족들은 아메리카 북동지역에서 가장 잘 알려진 원주민그룹이다. 이 용어는 흔히 5개 연합을 의미하는데 모호크(Mohawk), 오나이다(Oneida), 카유가(Cayuga) 그리고 투스카로라(Tuscarora)가 여기에 포함되었다. 이로쿼이족은 뉴욕주와 온타리오(Ontario) 남부에 거주하였고, 그들 나름의 독창적인 문화를 형성하고 있었다. 그들은 공통의 언어 그리고 콩과 호박을 주식으로 하는 농업국가라는 공통점이 있었다. 또 이로쿼이연맹은 50명의 추장에 의해서 지배되었고, 모계혈통을 유지하였다.

이로쿼이족의 창조신화에서 여성은 매우 중요한 존재이다. 이렇게 여성이 중요한 존재로 인식되는 것은 이들이 모계사회(matriarchy)였다는 점과 깊은 관계가 있다. 이로쿼이족은 모계사회로서 남녀가 결혼을 한 후에는 아내의 집에 거주하였고, 남편은 아내의 가족들과 긴밀한 관계를 맺었다. 소녀들은 집에서 어머니와 이

모들과 함께 머물면서 농사, 요리, 바느질, 바구니 만들기 등의 일들을 배워나갔다. 반면에 소년들은 주로 외삼촌으로부터 사냥하는 법을 배웠다. 이렇게 이로쿼이 여성들은 자녀와 친척들과 함께하는 생활을 하면서 사회적으로 안정되고, 만족스러운 삶을 영위해 나갔다. 이로쿼이족에게 가장 중요한 그룹은 나이든 여성가장들(matrons)로 그들은 마을에서 중요한 역할과 특권을 지니고 있었다.[3] 이로쿼이족의 결혼에서는 주로 여성가장들이 중간 역할을 담당하였는데 가족들 간의 관계는 일단 중매쟁이의 역할이 있기 전까지는 매우 조심스러웠다. 이에 반해서 이혼은 흔한 일로 쉽게 또는 비형식적으로도 성립되었다. 이혼을 결정한 아내들은 남편의 물건을 집 밖으로 내던져버림으로써 이혼이 성립하였다. 이혼을 할 경우 자녀양육권과 재산소유권은 여성에게 있었고, 이혼 후 재혼에서도 아무런 규제가 없었다.[4] 이렇게 이로쿼이족의 가족관계와 결혼풍습은 여성에게 매우 유리하였다.

　　체로키족은 애팔래치아 남부의 비옥한 계곡에 살았다. 고고학적 자료에 의하면, 체로키 조상은 수천 년에 걸쳐 계곡을 따라 마을을 형성하였고, 오랫동안 옥수수를 길러왔다고 전해 내려오고 있다. 체로키족의 창조신화는 균형과 조화를 기본으로 한 남녀관계를 바탕으로 하였고, 여성이 인간과 자연의 중재자 역할을 하고 있음을 보여주고 있다. 그들의 세계관에는 서로간의 대립과 조화가 공존하였다. 이러한 믿음체계 안에서 이 부족은 여름과 겨울, 식물과 동물 그리고 농사와 사냥이 조화를 이루듯 여성은 남성과 조화를 이루며 살아왔다. 체로키 창조신화의 내용을 보면 사냥꾼인 카나티

(Kana'ti)와 그의 아내 셀루(Selu)가 있었다. 체로키 언어로 셀루는 여성 또는 옥수수라는 두 가지 의미를 지녔는데, 이는 여성이 주식인 옥수수의 재배와 밀접한 관계가 있었음을 의미한다.

그들에게는 친아들과 '거친소년'(Wild Boy)이라고 불리는 양아들이 있었다. 이 가정에서 남편인 카나티는 고기를 제공하였고, 아내 셀루는 옥수수와 콩을 마련하였다. 하루는 소년들이 카나티의 사냥모습을 지켜본 후 그의 행동을 따라 해보았지만 실패를 하고 말았다. 그 결과 카나티와 모든 남성들은 가족을 부양하기 위해서 숲속에서 끊임없이 사냥을 해야만 했다. 소년들은 배가 몹시 고픈 채 집으로 돌아왔고, 셀루는 옥수수와 콩을 가져다 저녁을 만들어주었다. 소년들은 우연히 셀루의 행동을 지켜보았는데, 그녀가 겨드랑이를 문지른 후에 바구니에 옥수수와 콩을 가득 채워넣는 것을 목격하였다. 셀루의 이러한 행동은 소년들로 하여금 그녀를 마녀로 오인하게 만들었고, 결국 셀루는 죽음을 맞이하고 그녀의 피는 옥수수를 자라게 하였다.[5]

이러한 창조신화는 체로키 여성들이 부족의 생존에 필수적인 역할을 담당했음을 말해 준다. 또한 종교적 예식에서 여성과 옥수수의 깊은 관계는 여성의 사회적 혹은 경제적 지위의 중요성을 의미했다. 특히 체로키 고유의 종교적 예식인 '초록옥수수 의식'(Green Corn Ceremony)은 사냥보다는 농사의 중요성이 강조된 좋은 예라 할 수 있다. 이 예식은 옥수수의 성장단계에 맞추어 진행되었는데, 특히 옥수수를 처음 먹을 수 있는 7월이나 8월에 주요 예식이 거행되었고, 예식을 끝내기 전에는 수확물을 먹지 않았다. 이 예식이 거행될 때 체로키족은 살인을 제외한 그 밖의 죄, 채무나 간통 등에 대해서도 사면조치를 내렸고, 또 부부사이의 문제도 이 예식을 통해 해결해 주었다.[6] 예식은 주로 여성이 주도하였으며 부족 간의 조화와 균형을 위해 매우 중요한 역할을 하였다.

체로키 가족은 확대가족이었으며 모계사회였다. 가정에는 전형적으로 나이든 여성과 그의 결혼한 딸들의 가족이 함께 거주하였으며 미혼인 아들과 결혼한 아들은 그 가정에서 살지 않았다. 결과적으로 체로키 남성들은 아내 소유나 아니면 아내의 가족이 소유한 집에 거주하였다. 여성은 결혼 후에도 재산소유권을 유지할 수 있었는데, 이는 유럽에서 건너온 백인여성들이 결혼과 더불어 재산소유권을 박탈당하는 것과는 큰 대조를 이루었다.

아메리카 대륙의 청교도들은 영국보통법(English Common Law)에 근거해서 결혼의 신성함과 가부장적 권한을 바탕으로 한 가족을 중시하는 문화를 형성하였다. 또한 전통적인 여성상은 남편의 보호 아래 있는 아내(coverture)의 개념으로, 기혼여성의 재산권은 철저하게 남편에게 귀속되었다. 아내의 종속성이라는 것은 문화적·사회적 또는 법적 제한일 뿐 아니라 경제적인 상속이 아버지로부터 남편에게로 넘어가는 것을 의미했다. 심지어 미망인들에게조차도 법적으로는 재산이용권이 허락되었지만 대체적으로 장년이 된 아들이나 남자친척의 재정적 또는 감정적 보호를 받아야 했다.[7] 이러한 유럽여성들과 비교해서 체로키족 여성들은 곡식과 그 밖에 집이나 토지에서 나오는 모든 재산상 이익에 대해 통제권을 가지고 있었다. 동시에 여성들은 농사를 지어야 하는 책임을 지니고 있었다. 이

러한 권리와 의무는 그들의 사회·경제적 지위를 말해 주었다.[8]

체로키족에게 있어 정숙함과 불경함에 대한 믿음은 여성의 월경이나 출산 등에 대한 태도에서 잘 나타나 있다. 이들은 출혈과 관계있는 여성의 월경을 매우 불경한 것으로 생각했다. 여성은 월경기간에는 일을 하지 않고 별채에 머물러 있어야만 했다. 이 시기에는 월경을 하지 않는 여성이 약간의 음식물을 밖에 놓아두고 사라졌다. 만일 여성의 월경기간이 중요한 종교예식인 '초록옥수수 의식'과 겹칠 경우, 추장은 예식을 위해 준비된 음식물을 여성에게 가져다주었다. 월경중인 여성은 어떠한 상황에서도 이 예식에 참여할 수가 없을 뿐만 아니라 농사를 짓거나, 요리를 하거나 또는 자녀를 돌볼 수가 없었다. 월경중인 여성은 샤먼(shaman)이 환자를 치료하는 곳에 접근할 수가 없었는데, 그 이유는 이 여성이 치료를 방해할 위험성이 있다는 믿음 때문이었다. 어떠한 경우라도 이러한 금기사항을 위반할 경우 엄중한 처벌을 받았다.[9]

임신한 여성은 월경중인 여성에 비해 엄격하게 격리되지는 않았지만 임산부는 많은 활동을 자제해야 했다. 임산부는 종교적 예식에 참석하지 못했으며, 환자를 방문하지도 못했다. 체로키족은 임산부가 마련한 음식을 먹지 않았고, 그녀가 지나간 길도 따라가지 않았다. 만일 임산부가 뱀에 물린 사람을 쳐다볼 경우 그는 곧 죽게될 것이라고 믿었다. 유사한 금기사항들이 임산부의 남편에게도 해당되었다. 이 남성은 다른 남성들과 종교예식에서 춤추지 못하도록 되어 있었다. 심지어 이 남성은 부인의 임신기간 동안에는 사냥, 낚시 또는 전쟁에 참여하지 않았다.[10]

체로키 여성들은 가족계획의 일환으로 낙태를 하거나 유아살해를 할 수 있었다. 이는 체로키 여성들이 출산에 대해 선택의 권리를 가지고 있었음을 말해 준다. 동시에 임산부로서 그들은 모든 것에서 우대를 받았다. 체로키 여성들은 식량공급자로서도 사회적으로 인정을 받았다. 또 결혼을 한 후에도 결혼 전 누렸던 성적인 자유를 어느 정도까지는 누릴 수 있었다. 간통은 이혼의 사유가 되었던 반면에 남편이나 아내 어느 쪽이든 이의를 제기하기 위해 유리한 입장에 놓이지는 않았다. 또한 배우자의 사망 이후 애도의 기간이 남녀 모두에게 동일하게 적용되었다. 이 모든 관습을 통해 볼 때, 체로키족의 경우 남녀관계의 조화가 중요하였다. 유럽여성들과 달리 남성은 여성을 지배하지 않았고, 여성은 남성에게 복종을 강요받지 않았다. 체로키 남성과 여성은 서로 다른 예식에 참석하고 서로 다른 행동과 규칙을 따름으로써 남녀 각자의 영역이 구분되었고, 각자의 독립성이 철저하게 인정되었다.

2) 정치·경제적 역할과 젠더관계

북아메리카 원주민들은 부족의 성격에 따라서 성별 정치, 경제활동의 영역이 매우 다양하였다. 일반적으로 원주민여성들은 농업에서 매우 중요한 역할을 담당하였고, 그러한 이유로 이로쿼이나 체로키 같은 농업 중심의 부족사회에서 여성의 지위는 비교적 높았다고 할 수 있다.[11] 이 부족들에게 가족은 개인보다 더 중요하였고, 성별관계는 상호 협조적이었으며 모든 구성원은 그룹의 생존을 위해 공동으로 행동하였다. 남녀는 서로를 필요로 하였고, 평등하였으며 상호 조화와 균형은 그들이 추구하는 매우 중요한 가치였다.

이로쿼이연맹의 경우에 각 부족의 추장들은 연맹의 대표가 되었다. 모든 단계에서 정치적 지도자들은 남성이었지만 여성의 역할도 매우 중요하였다. 여성들은 다양한 영역에서 정치적 권력을 행사하였는데, 그들은 연맹의 추장을 선출하고 부족의 중대사를 결정하거나 또는 전쟁포로의 운명을 결정하였다. 또한 여성들은 전쟁을 수행함에 있어 음식물에 대한 통제권을 행사함으로써 전쟁에 대한 결정권을 가질 수가 있었다. 이는 이로쿼이 여성들이 경제적으로 주도권을 가지고 있었기 때문에 가능한 일이었다.[12]

이로쿼이 추장은 나이든 여성가장(matron)들이 선발하였다. 전형적으로 추장이 죽었을 때 여성가장들은 그의 후계자를 선정하거나 정책을 결정하는 데 매우 중요한 영향력을 발휘하였다. 이 부족의 경우 전쟁은 남성들의 최고의 책임분야였지만 여성가장들은 전쟁에 대한 결정에 참여하였다. 전쟁은 때에 따라서 개인이나 가족들에게 저질러진 잘못된 행위에 대한 보복의 수단으로 일어났고, 추모전쟁(mourning war)의 경우에는 포로를 잡아 마을의 죽은 인물을 대체하기 위해 치러졌다. 남편이나 아들이 전쟁에서 죽었을 경우 여성은 친척들에게 추모전쟁을 일으킬 것을 요구할 수가 있었다. 그리고 전쟁이 끝나면 그 여성은 전쟁포로의 운명을 결정할 권리를 가졌다. 포로들은 여성의 결정에 따라 가족구성원으로 혹은 다른

마을 가족구성원으로 받아들여졌으며, 여성은 심지어 화형이나 고문과정에도 직접 참여하였다.[13]

이로쿼이 여성들은 마을 전체를 위해 식량을 제공해야 하는 책임을 맡고 있었다. 토지는 남편이나 남자형제가 아니라 여성들이 소유하였다. 또한 여성은 생계에 매우 중요하다고 생각되는 세 가지 곡물, 즉 옥수수·호박·콩에 대한 소유권을 가지고 있었다. 여성은 옥수수를 경작하는 일 외에 저장하고 요리하는 일까지도 담당하였다. 이로쿼이 소녀들은 어린 시절부터 다양한 일들을 배워나갔다.[14] 모든 이로쿼이 여성들은 이러한 경제적인 역할들에 대해 크나큰 자부심을 가지고 있었을 뿐만 아니라 계절마다 열리는 다양한 축제에서 명예로운 대접을 받았다. 여성들은 과일, 땅콩, 그 밖의 중요한 경작물에 대해서도 책임을 지고 있었다. 여성들은 사냥해 온 고기를 포장하는 일, 도자기 굽기, 로프 만들기, 바구니 만들기, 그 밖의 가죽을 사용해 물건 만드는 일도 담당하였다. 이 모두가 마을을 유지하는 데 중요한 일들이었다. 이로쿼이 남성들은 외부세계, 즉 유럽과의 관계를 유지하는 데서 무역담당자·외교관 또는 전쟁용사로서의 역할을 담당하였다. 이러한 역할 때문에 남성들은 오랫동안 집을 비워야 하는 경우가 많았기 때문에 마을에서 일어나는 많은 일들에 대한 결정권은 여성들이 가지고 있을 수밖에 없었다.[15]

체로키족의 경우 남녀의 경제적 활동은 곧 정치적 권력을 의미했고, 우주의 질서와 균형을 의미했다. 비록 노동에서 성별분업은 매우 엄격하였지만 실제로는 남성과 여성이 서로 협조하는 편이었다. 남성은 곡식을 수확하는 것을 포함하여 농사에서 작은 일들을 도왔다. 하지만 모심기를 비롯해 그 밖에 동물의 침입을 막아야 할 책임과 가뭄이 들었을 때 농작물을 보호하는 책임은 모두 여성에게 있었다.[16] 체로키족 여성은 음식물 이외의 여러 가지 생활용품도 만들었을 뿐만 아니라 가족의 건강을 위해 필요한 것들도 만들었다. 체로키 여성의 몫인 물 공급하는 일을 남성이 하는 것은 매우 불명예스러운 것이었다. 그 이유는 물이 여성의 출산과 관련이 있기 때문으로, 이는 젠더와 관련된 특별한 임무로 간주되었다. 생산자로서 체로키 여성들은 농사와 양육 등으로 거의 자유시간이 없었다. 심지어 겨울에도 그들은 불씨가 꺼지지 않도록 해야 했고 음식을 준비해야 했으며 실내에서 뭔가를 만들어야 했다. 또 어떤 여성들은 3~4개월씩 걸리는 남성들의 사냥행렬을 따라가서 장작을 마련하거나 음식물을 마련해 주는 일을 하였다.[17]

여성들의 이러한 노동은 유럽인들의 눈에 매우 불공평한 것으로 보였다. 심지어 많은 유럽인들은 체로키 여성들이 노동력을 착취당하고 있다고 생각하였다. 하지만 이와 같은 관점은 가부장제 중심의 서구적인 개념으로, 원주민사회에서 경제적 통제권은 그 밖의 많은 권리를 동반한다는 점을 간과한 것이라고 할 수 있다. 체로키 여성들의 외관상 보이는 불평등한 노동의 성별 분업화에 대해서 버트릭(Butrick) 선교사는 다음과 같이 말한다.

비록 원주민 관습에 따라서 여성들에게 힘든 노동이 부과되었지만 여성들은 이러한 일을 자발적으로 매우 즐겁게 하였다. 다른 사람들이 이러한 관습에 대해서 어떻게 말하는지는 알지 못한

다. 하지만 내가 체로키 부족과 함께한 19년간의 생활을 통해서
보면 체로키 여성들은 노예상태와는 전혀 관계가 없었다.[18]

결과적으로, 체로키 여성들은 노동의 대가인 곡물, 생산의 수
단인 영토 그리고 궁극적으로 재생산의 결과인 자녀들을 양육할
수 있었기 때문에 그들은 의무보다 더 많은 권리를 누릴 수가 있었
다고 볼 수 있다.

3)   유럽인의 출현과 젠더역할의 변화

우리는 가끔씩 우리 자신이 약탈자 앞에 놓인 먹이 신세가 되어 있
는 것을 발견한다. 이것은 성차별, 성적 착취 등 우리 몸에 대한 통
제권이 전혀 없다는 것을 뜻했고, 또한 억압에 대해 아무런 저항 없
이 복종해야 하는 것을 의미했다. 이러한 것은 개인뿐만 아니라 사
회적 차원에서 더욱 강하였다. 또 모든 면에서 여성이 우위에 있는
모계사회 체제도 식민지화와 산업주의로 인해 말살되어 갔다.[19]

유럽인들의 출현 이전 원주민여성은 최소한 남성과 동등한 종
교적·정치적 그리고 경제적 권력을 가지고 있었다. 부족 내 여성과
남성의 역할은 각각 달랐지만 서로를 존중하며 생활하였다. 여성의
일은 다양하고 힘이 들었지만 그만큼의 인정과 보상을 받을 수 있
었다. 여성들은 경제적 통제권을 가졌고 그들이 경제적 어려움을 겪

게 되면 언제든지 대가족 일원으로부터 음식물과 거주지 등의 도움을 받을 수 있었다. 유럽인들과의 만남이 있기 전 원주민들의 남녀 활동은 젠더와 밀접한 관련이 있었다. 원주민여성들은 양육과 농사를 담당했던 반면 남성들은 중노동과 사냥을 하였다.

유럽인들은 가부장제에 기초해서 원주민남성들에게 가장의 역할을 강조하거나 농사를 짓도록 하였으며, 토지를 포함한 재산소유권에서도 원주민 전통을 무시하고 자신들의 체제를 강요하였다. 또한 그들은 원주민여성들에게 빅토리아식 여성관에 입각해 가정적이고 남편에게 복종적인 여성이 될 것을 요구하기 시작했다.[20] 유럽인들의 사회적 개념은 원주민들로 하여금 세상과 그들 자신에 대한 생각을 바꾸도록 하였으며, 특히 남녀의 젠더역할을 새롭게 구성하도록 강요하였다.

17세기 유럽인들이 들어오기 시작했을 때부터 이로쿼이 원주민들은 유럽인들과 접촉을 해나갔다. 그들이 최초로 본 유럽인은 물론 무역상들이었다. 이로쿼이족은 1620년까지 포트 오렌지(Fort Orange)에서 자신들의 모피를 네덜란드 상인들의 총기·의류·알코올 등과 물물교환을 통해서 거래하였다. 이러한 무역거래는 원주민들의 삶을 크게 변화시키게 되었는데, 그들은 자급자족에서 이제는 국제시장 체제의 참여자가 되었다. 이러한 과정은 유럽의 이웃들과 원주민부족들 사이에 매우 복잡하고 심지어는 폭력을 동반한 관계를 불러왔다. 나아가 차차 이로쿼이족의 식민화를 불러오게 되었다. 또한 그들은 네덜란드나 영국인 목사들의 영향을 받게 되었는데 특히 예수회의 영향이 매우 컸고, 이로쿼이 여성들은 종교 면에서 나름대로 적극적으로 활동하였다.[21] 예수회에 대한 이로쿼이족의 반응은 매우 복잡하였다. 예수회 수도사들은 믿음의 필연성에 대해 가르쳤고, 그들이 얼마나 성공적으로 이 일을 수행해 나가는지를 설교했다.

이로쿼이 여성들은 예수회를 자신들의 활동을 위한 장으로 이용하였다. 예수회 수도사들의 기록에 따르면, 여성들은 종교를 통해서 여성들끼리의 동반자적 관계를 형성했으며 예수회 수용을 꺼리는 남편들을 설득했고 악마숭배로 간주되는 샤먼들을 회개시키려 노력하였다. 이렇게 이로쿼이 여성들은 예수회 수용과 전파에서 지도자 역할을 담당하였다. 전통적으로 이로쿼이 여성은 모든 면에서 남성보다 우위에 있었던 것처럼 전통적 종교에서 기독교로 개종시키는 데도 앞장섰던 것으로 보인다. 그렇지만 이로쿼이 여성은 유럽인들의 기독교를 맹목적으로 수용하지는 않았다. 그들은 전통적인 원주민 구슬장식품 등으로 교회를 꾸몄으며 원주민의상을 입고 예배를 보았으며 찬송가에 그들 고유의 음악을 접목시켜 불렀다. 그들은 또한 고해성사나 추수감사절 행사에 이로쿼이 전통의 종교예식을 접목시켜 기념했다.[22] 이러한 과정을 두고 볼 때 이로쿼이족은 여성을 중심으로 유럽의 종교적 영향을 그들 나름의 것으로 수정하여 받아들였다는 것을 알 수 있다.

유럽인의 출현은 이로쿼이 여성의 경제·정치적 지위에도 변화를 가져왔다. 유럽인과의 무역이 증가하면서 여성들은 유럽인들과의 무역에 필요한 모피나 그 밖의 수공예품 등을 생산해 낼 수 있었기 때문에 지위가 상승한 것처럼 보였다. 1800년대 초반까지 여성들은 무역을 위한 생산품들을 만들어내는 능력이나 옥수수재배에 대한 통제권을 가지고 있었기 때문에 큰 변화를 경험하지 않았다. 하지만 이 시기 이후에는 유럽인들이 원주민남성들을 여성을 대신해서 농업에 종사하도록 강요하면서 많은 변화를 불러오게 되었다. 유럽인들은 자신들의 가부장적 체제를 원주민남성들에게 주입시켰으며 이로 인해 원주민여성들은 정치적 권력을 상실하게 되었고 부족 내에서 더 이상 중요한 지위를 차지할 수 없게 되었다. 19세기 초반에 이로쿼이 부족에서 여성가장들이 지도자를 지명하는 체제는 사라지고 오로지 남성들만이 투표로 대표를 선출하는 제도가 생겨나게 되었다.[23]

　　미국인들에게 독립을 안겨다준 독립혁명이 이로쿼이족에게는 오히려 고통스러운 역사적 사건이었다. 미국의 영토는 분열되었고 원주민의 영토는 싸움터로 전락하면서 황폐화되었다. 존 설리번(John Sullivan)이 이끄는 부대가 영국군에게 충성을 맹세한 원주민, 특히 이로쿼이 마을을 방화하고 초토화시켰다. 원주민들에게는 독립혁명의 승리가 자신들의 자생능력을 상실케 함으로써 굶주림과 전염병으로 죽어가게 했던 사건이었다. 혁명 이후의 시기도 이로쿼이족에게 어려움을 주기는 마찬가지였다. 일련의 조약들을 통해서 미국정부는 원주민들의 영토를 합법적으로 빼앗기 시작하였다. 이러한 법적인 행동들은 퀘이커(Quaker)와 다른 프로테스탄트 선교사들에 의해 행해지기도 하였다. 이들 종교적 지도자들의 생각은 원주민들을 그들의 영토로부터 분리시켜야만 야만적인 생활로부터 벗어나 문명화될 수 있다는 것이었다.

　　이러한 과정은 자연의 파괴를 동반했으며 더 이상 이로쿼이족의 생활양식에서 사냥, 낚시, 채집 등은 사라지게 되었다. 이러한 변화는 특히 이로쿼이 남성들에게 치명적이었다. 그들 스스로 사냥꾼이나 전사의 모습에서 농부나 일용직노동자로 탈바꿈해야 했다. 많은 원주민들은 비탄에 빠지거나 알코올중독자로 전락했다. 여성의 경우는 농사나 전통적인 공예품 생산 등을 계속할 수가 있었기 때문에 경제적 활동에서 큰 변화를 겪지 않을 수 있었다. 그리고 가정·부족·마을에서 여성의 역할은 이전과 같이 강하게 남아 있는 것처럼 보였다. 게다가 여성은 자녀양육자로서 미래를 위해서 전통적인 이로쿼이 방식의 수호자로서의 역할을 하게 되었다. 물론 장기적으로 보면 남녀 모두가 변화에 따른 고통을 받았지만, 다른 많은 북아메리카 부족들과 마찬가지로 그들의 문화는 최소한 수정된 형태로라도 생존하였다. 이러한 생존과정에서 이로쿼이 여성들은 지속적이고 중요한 기여를 했다.[24]

체로키족의 경우는 해안으로부터 멀리 떨어져 거주했기 때문에 초기에는 유럽인들의 영향을 많이 받지 않았다. 그러나 1700년경 상황은 변하기 시작했다. 이들은 유럽으로부터 들어온 여러 질병에 걸려 고통을 받게 되었고 국제무역에 동참할 것이 강요되었다. 오랜 기간 동안 체로키족의 사냥꾼들은 마을의 소비를 위해서 최소한의 동물사냥만을 해왔다. 그러나 이제 그들은 유럽인들과의 무역을 위해 많은 동물들을 죽여야만 했다. 체로키족의 전통적인 젠더역할은 유럽인들의 가부장적 제도로 인해 침식되었다. 특히 이러한 개념들은 원주민여성들의 지위에 영향을 끼치게 되었다. 한때 체로키 추장이었던 윌마 맨킬러(Wilma Mankiller)는 이러한 상황에 대해 다음과 같이 언급하고 있다.

> 우리 부족과 그 밖의 원주민 모계사회는 유럽인들에 의해서 잠
> 식되었고, 그들의 문화적 가치를 받아들이는 과정에서 성차별주
> 의를 수용하여야 했다. 우리는 여러 면에서 전진과 후퇴를 동시
> 에 경험하고 있다. 전통적인 가치의 말살로 우리는 더 많은 성차
> 별주의를 경험하고 있고, 이러한 가부장적인 사회체제 속의 사람
> 들의 사고가 모두에게 영향을 끼쳤다고 생각할 수밖에 없다.[25]

  유럽인들로부터 종교적 영향과 다른 인종들 간의 결혼으로
원주민들의 친족체계는 무너지기 시작했다. 일반적으로 여성들의
지위는 하락하였고, 반면 남성들의 권위는 점차적으로 증가하였다.
예를 들어 1808년까지 많은 백인남성들은 체로키 여성들과 결혼을
했고, 다수의 체로키들이 기독교로 개종하였다. 유럽인들이 보기에
여성이 우위에 있는 모계사회를 약화시키기에 가장 효율적인 방법
은 가부장적인 가족제도가 가장 이상적임을 강조하는 것이었다. 유
럽인들은 정책을 통해서 아들은 아버지의 유산뿐만 아니라 미망인
이 된 어머니의 재산도 소유하도록 하였다. 뿐만 아니라 백인남성과
결혼한 체로키 여성은 결혼과 더불어 땅에 대한 모든 권리를 박탈
당하였다. 1830년대까지 원주민사회에서 아내학대는 급격히 증가하
였다. 체로키 남성들의 알코올섭취의 증가는 남녀간의 조화와 균형
을 파괴하는 원인이 되었다. 체로키 남성들은 외부인들에게 토지를
박탈당한 데 대한 분노를 아내에게 표출하였던 것이다.

이렇게 유럽인의 출현은 원주민여성들에게 평등한 전통의 변화를 초래함으로써 많은 문제점을 야기했다. 일단 남성이 가장이 되면 여성은 남편의 거주지로 이사를 해야 했고, 이것은 여성이 더 이상 자기 친척들로부터 직접적으로 도움을 받을 수 없다는 것을 의미했다. 모든 측면에서 부족여성들의 안정성은 축소될 수밖에 없었다. 여성은 경제적으로 덜 중요하였고 이혼시 여성은 모든 재산을 잃어버리게 되었다. 남성이 가장이었기 때문에 자녀들은 아버지의 재산을 상속받게 되었다.[26]

　　유럽인들의 출현과 더불어 원주민들의 종교는 '비문명적' '야만적' 또는 '이교도적'이라는 용어로 표현되었다. 이들은 원주민문화를 이해하지 못했으며, 부족사회 안에서 그동안 여성들이 존경받아 오던 전통을 무시하게 되었다. 원주민들은 문명화 또는 교육시켜야 할 대상으로만 여겨졌다. 따라서 유럽인들과의 접촉 이후 아메리카 대륙 여기저기서 선교사들을 쉽게 찾아볼 수 있었다. 선교사들은 부족사회를 파고들었기 때문에 점차적으로 원주민들은 대부분 여성인 자신들의 전통적인 종교지도자보다 선교사에게 자문을 구하는 일이 증가하였다. 예를 들어 1830년까지 많은 체로키들은 기독교로 개종하면서 전통적 치료를 담당하며 종교적 지도자 역할을 해오던 치료사들(adaehis, medicine people)을 무시하기 시작했다.[27]

　　유럽인들의 출현 이후에 원주민여성들은 유럽의 가부장제에 기초해 가정적이고 복종적인 여성이 되도록 강요받았다. 원주민여성들은 전통적으로 이어져 왔던 가정·경제 그리고 정치적 영역에서의 결정권을 더 이상 가지지 못하게 되었다. 이러한 상황의 변화는 여성들에게 아주 고통스러운 변화를 요구하는 것이었다. 이것은 원주민들의 전통적 가치들, 즉 건강하고 서로 협조하고 자치적이고 평화를 사랑하며 자신들의 전통적 예식을 보존하려는 노력들을 점점 잠식해 갔다. 물론 이러한 변화들은 많은 원주민여성들로 하여금 이전에 누렸던 많은 부분의 권리를 포기할 것을 강요하였다.

하지만 원주민여성들은 지속적으로 문화보존을 위한, 또한 이를 통한 정체성 회복을 위한 운동을 전개해 나갔다. 비록 많은 원주민여성들이 기독교 선교사들로부터 교육을 받았지만 자신들의 언어와 전통을 고수하고자 끊임없이 노력하였다. 체로키 출신의 예술가들은 그림과 사진작품 활동 등을 통해 후세들에게 자신들의 전통이 얼마나 소중한지를 지속적으로 전파하였다. 그 밖의 원주민여성들도 수공예품 만드는 기술 등을 교육하면서 단순한 전통계승이 아닌 자신들 나름의 정체성을 회복해 나갈 것을 주장하였다. 또한 최근 원주민 출신의 여성들은 영화제작과 같은 활동을 통해 원주민의 뿌리 찾기 운동을 전개해 나가고 있다. 비록 원주민여성들은 유럽인들이 출현하기 전 자신들이 누렸던 권력을 완전히 회복하지는 못했지만 원주민문화 계승의 중요성을 역설하면서 주체성을 회복하고자 지속적으로 노력하고 있다. 미국 참정권운동과 기혼여성의 재산권 회복운동의 기수 중 한 명인 마틸다 게이지(Matilda Gage)와 그 밖의 백인 여성운동가들은 전통적인 원주민여성들의 정치·경제적 지위를 미국 법제도의 모델로 삼아야 한다고 주장하였다.[28] 이러한 주장은 북아메리카 원주민여성들이 경제적으로나 정치적으로 높은 지위를 확보하고 있었다는 점을 시사해 주고 있다.

1) Devon A. Mihesuah ed., *Natives and Academics: Researching and Writing about American Indians*(Lincoln: University of Nebraska, 1998), pp. 37~39.

2) Laura F. Klein and Lillian A. Ackerman, *Women and Power in North America*(Norman: University of Oklahoma Press, 1995), pp. 230~33.

3) John Demos, *The Tried and the True: Native American Women Confronting Colonization*(New York: Oxford University Press, 1995), p. 48, 49.

4) Devon A. Mihesuah, *Indigenous American Women: Decolonization, Empowerment, Activism*(Lincoln: University of Nebraska Press, 2003), pp. 42~45.

5) 같은 책, pp. 3~5.

6) James Mooney, "Myths of the Cherokee," *Nineteenth Annual Report*, Bureau of American Ethnology(Washington, DC: Government Printing Office, 1900), pp. 422~24.

7) Marilyn J. Westerkamp, *Women and Religion in Early America, 1600~1850: The Puritan and Evangelical Tradition*(New York: Routledge, 1999), p. 123.

8) Perdue Theda, *Cherokee Women: Gender and Culture Change, 1700~ 1835*(Lincoln: University of Nebraska Press, 1999), p. 43.

9) James Adair, *Adair's History of the American Indians*(Johnson City: Watauga Press, 1930), p. 129, 130.

10) Frans M. Olbrechts, "Cherokee Belief and Practice with Regard to Childbirth," *Anthropos*(no. 26, 1931. summer), pp. 21~24.

11) Rosalyn Baxandall and Linda Gordon eds., *America's Working Women: A Documentary History 1600 to the Present*(New York: W. W. Norton and Company, 1995), p. 6, 7.

12) Klein and Ackerman, 앞의 책, p. 105.

13) Demos, 앞의 책, p. 47, 48.

14) 같은 책, p. 45.

15) Perdue, 앞의 책, p. 14.

16) 같은 책, p. 20.

17) Klein and Ackerman, 앞의 책, p. 222, 223.

18) Perdue, 앞의 책, p. 24.

19) Annette M. Jaimes ed., *The State of Native America: Genocide, Colonization and Resistance*(Boston: South End Press, 1992), p. 241.

20) Elizabeth Jameson and Susan Armitage, *Writing the Range: Race, Class, and Culture in the Women's West* (Norman: University of Oklahoma Press, 1997), pp. 202~204.

21) Demos, 앞의 책, p. 50, 51.

22) 같은 책, p. 54.

23) Devon A. Mihesuah, *Indigenous American Women: Decolonization, Empowerment, Activism* (Lincoln: University of Nebraska Press, 2003), p. 50.

24) Nancy Shoemaker, "Rise or Fall of Iroquois Women," *Journal of Women's History* (vol. 2, 1991. summer), pp. 39~41.

25) Connie Griffin, "Relearning to Trust Ourselves: Interview with Chief Wilma Mankiller," *Women of Power* (vol. 7, 1987. summer), p. 73.

26) Mihesuah, 앞의 책, p. 44.

27) 같은 책, p. 49.

28) Demos, 앞의 책, p. 6.

2
17세기 뉴잉글랜드의 마녀사냥을 통해 본 젠더정치

파스칼은 "인간은 본질적으로 광기에 걸려 있다. 따라서 미치지 않았다는 것은 아마 미쳤다는 것의 또 다른 형태일 것이다"라고 말했다. 인류의 역사를 통해 볼 때 불안한 사회는 항상 희생양을 필요로 했고 대부분의 경우 사회에서 가장 약한 계층의 사람들이 그 대상이 되어왔다.

이것은 특히 14세기부터 16세기에 이르기까지 유럽을 광기의 도가니로 몰고 갔던 마녀사냥에서 잘 나타나고 있다. 유럽의 마녀사냥 역사는 11세기까지 거슬러 올라가는 긴 역사를 가지고 있다. 유럽의 경우와 비교해서 그 역사나 규모는 매우 작지만 17세기 미국의 경우도 예외는 아니었다. 미국역사에서 뉴잉글랜드 지방의 마녀사냥은 종교적·사회적 또는 경제적 요소와 밀접한 관련이 있었으며 그 과정에서 무고한 희생자의 대다수가 여성이었다는 사실은 많은 것을 시사해 준다.

1) 뉴잉글랜드 마녀사냥에 대한 사학사적 접근

17세기 뉴잉글랜드 지방의 마녀사냥에 대한 논의는 이미 오래전에 시작되었다. 특히 뉴잉글랜드 지방의 신학자들은 이 문제를 다방면으로 접근하였다. 우선 가장 오래된 인물로 코튼 매더(Cotton Mather)는 마녀재판이 계속 어려움에 부딪히자 마녀들이 근본적으로 사탄(Satan)과 관련이 있다는 것을 강조하였다. 하지만 곧 매더의 해석은 설득력을 잃게 되었으며, 존 헤일(John Hale)과 보스턴의 상인 로버트 칼리프(Robert Calef) 같은 사람들로부터 심한 비난을 받았다.

만일 사탄이 세일럼에 나타난 것이 아니라면 이러한 비극적인 사건을 어떻게 해석해야 할 것인가? 1867년 찰스 업햄(Chales Upham)은 논리적이고 설득력 있게 이를 설명하였다. 그에 따르면, 이른바 마녀에 대한 주요 증인들은 '고통받는 소녀들'(afflicted girls)이 의도적으로 거짓말을 했다는 것이다. 이러한 소녀들의 음모론은 일반적인 해석이 되었고, 19세기 역사서적에 공공연하게 인용되었다. 또 다른 측면에서 볼 때, 만일 이 소녀들이 의도적으로 거짓을 하지 않았다면 소녀들은 실제로 어떤 히스테리의 희생자인 것일까? 이러한 질문에 대해 답변하는 여러 학자들 가운데 어니스트 콜필드(Ernest Caulfield)는 청교도의 엄격한 양육태도가 세일럼의 소녀들이 불안한 성품을 가지게 되는 데 일조했다고 설명하였다. 이에 반해 생물학자인 린다 카포레일(Linnda Caporael)은 소녀들의 비합리적인 행동들은 만연해 있는 질병이 그 원인이라고 주장하였다. 카포레일의 진단은 심리학자 니콜라스 스파노스(Nicholas Spanos)와 잭 커트리브(Jack Gottlieb)에 의해 반박되었는데, 이들은 청교도 지도자나 신념 자체가 이러한 비극에 원인을 제공했다고 주장하였다.[1]

이처럼 전자의 해석과 약간 성격을 달리하기 시작하였던 것은 '죄'(guilt)에 대한 다른 관점이 등장하면서부터였다. 이 관점은 마녀에 대한 생각에서, 그 원인을 사탄으로 보지 않고 청교도, 소녀들, 히스테리, 병적 증세 등에서 찾았다. 하지만 그후 역사가 페리 밀러(Perry Miller)는 자신의 저서를 통해서 청교도신앙에 대한 기본적인 신념을 재구축하였다. 그는 세일럼의 사례가 어떻게 이러한 구조에 적용되는지를 잘 보여주고 있다. 다른 역사가들도 밀러의 해석을 따르고 있는데, 그들 역시 마법행위들을 일탈행위로 보기보다는 식민지시대의 사회질서와 정신세계의 거대한 틀의 반영으로 해석하였다. 카이 에릭슨(Kai Erikson)의 경우는 청교도에 의한 마녀사냥을 내부질서의 혼란에 대한 사회의 통제 메커니즘으로 설명하고 있다. 폴 보이어(Paul Boyer)와 스티븐 니센봄(Stephen Nissenbaum)과 같은 경우에는 세일럼의 비극을 전통적인 삶의 방식의 쇠퇴로 인한 하나의 에피소드, 다시 말해 전통적인 삶의 양식과 새로운 삶의 양식의 충돌현상으로 설명하고 있다.[2]

오늘날 마녀재판과 관련된 새로운 여성사적 재해석은 페미니스트 사가들에 의해 제기된 것으로, 그들은 이러한 역사적 현상을 젠더 문제(gender issue)와 관련시켜 분석하고 있다. 대표적인 학자로는 앤 바로우(Anne L. Barrow)와 캐럴 칼슨(Carol Karlsen)이 있는데, 이들은 마녀사냥에서 고소될 위험성이 가장 큰 여성들로 성공한 비즈니스 여성, 여성상속자, 미망인 또는 독신녀 등을 거론하고 있다. 칼슨의 연구에 따르면, 여성들은 재산상속의 가능성을 지닌 신분이라는 측면에서 마녀로 몰리게 되는 경우가 많았는데 이는 사회 내 여성의 지위를 말해 준다는 설명이다. 다시 말해 뉴잉글랜드 지방에서 여성이 경제적 능력을 보유하게 된다는 것은 하나의 경계대상이 된다는 의미였다. 결론적으로 칼슨은 뉴잉글랜드 지방의 마녀들이야말로 기존 체제를 거부하는 불평이나 분노를 표현하는 또는 자부심을 가진 여성들로, 이들의 불만은 어떠한 의미에서는 신(God)이나 남성들에 대한 여성들의 저항이라고 해석하였다.

앞에서 살펴본 바와 같이 마녀사냥에 대한 해석은 급속히 변해 왔는데 그 시대적 배경은 몇 가지로 설명될 수 있다. 첫째, 사회사의 발달을 들 수 있는데 이는 역사가들이 더 이상 위대한 인물이나 위대한 사건들에 집착하지 않고 평범한 사람들의 삶, 특히 사회나 가정에서 여성들의 삶에도 관심을 가지게 된 까닭이다. 두번째는 학제간연구가 활발히 진행되었다는 점으로, 역사학·사회학 또는 인류학의 학제간연구는 이러한 마녀사냥의 주제에도 깊은 관심을 가지게 되었던 것이다. 마지막으로, 역사가들은 인간사에서 그동안 비합리적인 것으로 간주되어 온 것들에 대해서 보다 많은 이해를 도모하였다는 점이다. 신문화사(new cultural history)의 영향을 받은 1970년대 후반의 여성사연구는 방법론, 주제, 대상 그리고 깊이 등의 측면에서 기존의 여성사연구와는 큰 차이를 보이게 되었으며, 1990년대는 젠더라는 새로운 개념이 여성사를 분석하는 데 새로운 해석의 틀로 등장하게 되었다. 이러한 변화의 흐름을 파악하여 여성의 역사적 경험을 새롭게 재해석함으로써 역사의 또 다른 면을 이해할 수 있었고 '밑으로부터의 역사연구'의 중요성을 재확인시켜 주었다.

2) 뉴잉글랜드 지방의 마녀사냥 전개과정

마녀사냥에 대해서 한 역사가는 "수세기 동안 생나무로 마녀를 태우는 연기가 유럽의 공기를 검게 물들였다"고 쓰고 있다. 유럽과 비교해서 조금 늦게 시작되었지만 식민지시대 뉴잉글랜드 지방에서도 마녀사냥이 이루어졌다. 일찍이 1672년 3월 하트포드(Hartford)에서 한 남자가 마술사의 누명을 쓰고 교수형에 처해졌고, 1673년에는 찰스 타운(Charles Town)의 마거리트 존슨(Margaret Johnson)이 처형되었다. 신대륙 내 영국 식민지영토에서 발생한 마녀사냥 중 90퍼센트 이상이 뉴잉글랜드에서 발생한 것으로 나타나 있는데, 1620년부터 1725년까지 뉴잉글랜드에서 마녀사냥으로 고소된 건은 334건으로 그중 35명이 처형되었다.[3] 17세기 뉴잉글랜드 지방에서 시행되었던 법형에는 마녀임이 발각되면 처형시켜야 한다는 조항들이 포함되어 있었다.[4]

청교도사회의 마녀사냥 중 가장 대표적인 예는 매사추세츠주의 세일럼(Salem) 경우이다. 1692년 세일럼에서는 대부분 여성으로 구성된 200여 명이 마녀사냥으로 고소되었다. 재판기록에 의하면,

1692년 2월 몇 명의 어른과 소녀들이 사건에 연루되면서 재판이 시작되었다. 세일럼의 경우는 뉴잉글랜드 다른 지역과 비교해서 다소 차이점을 보였다. 세일럼 이전의 경우에는 마녀를 단순하게 악을 주로 행하는 존재로 간주했던 반면에, 세일럼의 경우에는 이러한 마녀들의 행위가 교회에 대한 정면 도전으로 간주되었다.[5]

마녀사냥은 마을 전체가 더 이상 신에 대한 믿음을 공유하지 않는다는 것을 의미하였다. 17세기 뉴잉글랜드에서는 속세의 사회는 정신적·도덕적 또는 초자연적인 힘에 의해서 지배된다고 생각하였다. 그중에서 가장 강력한 세력은 초자연적인 힘인 신(God)을 의미했고, 모든 것은 신의 섭리에 의해 지배되었다. 단순한 자연현상도 마치 신의 섭리인 것처럼 해석되었는데 이는 도덕성, 죄 또는 병적 현상 등이 서로 밀접하게 연관되어 있었다. 한 예로, 세일럼 지방에 거주하는 존 구드윈(John Goodwin)의 자녀 4명이 '악령이 들린 상태'[6]의 희생자가 되었는데, 그는 이러한 현상을 자신의 적절하지 못한 행동으로 인한 죄의 대가로 생각했다. 이렇게 뉴잉글랜드 마녀사냥은 도덕과 육체적인 것의 상관관계를 통해 설명되었다. 마녀사냥이 자행될 때 이것을 자연현상과 관련시켜 설명하는 경우의 하나는 '경이로움'(wonder)에 해당하는 것이다. 이는 행성이 지나가는 현상이나 사람들의 갑작스러운 죽음 또한 그들로 하여금 불안한 심리상태와 판단을 흐리게 하는 결과를 불러온다고 믿었다. 이렇게 여러 형태의 신비스러운 마법은 강한 종교적인 메시지를 포함하고 있었다.[7]

마녀사냥이 자행되었던 때 미국의 뉴잉글랜드 지역은 매우 어려운 시기로, 자연재해가 계속 일어났고, 식민지의 독립성을 인정해 주었던 구 헌장(The Old Charter)은 영국정부에 의해서 무효화되었으며 이로 인해 더 엄격한 새로운 규율이 생겨났다. 이와 비슷한 시기에 세일럼[8]의 목사로 있었던 사무엘 패리스(Samuel Parris)의 집에서 그의 딸과 조카가 이상한 병적 증상을 일으켰다. 두 소녀를 진찰했던 의사는 소녀들이 마법에 걸렸다고 진단하였다. 마녀사냥은 세일럼에서 진행되기 훨씬 전 이미 뉴잉글랜드의 다른 지방에서 자행되었다. 세일럼에서보다 4년 전인 1688년 보스턴에서 어린이들이 마녀사냥에 의해서 처형된 사건이 있었다. 따라서 세일럼의 사람들도 이것이 마녀의 소행이라고 쉽게 믿어버렸다. 세일럼마을에서는 하층계급의 세 여성, 세라 굿(Sarah Good)과 세라 오스본(Sarah Osborn) 그리고 지중해 출신의 노예였던 티투바(Tituba)가 맨 처음 고소되었다. 심문과정에서 티투바는 자신이 사탄의 하녀로서 하늘을 날아다녔고 어린이들을 해쳤으며 마녀라는 것을 자백하였다. 이 시점에서 집행관들은 티투바의 일행들을 찾아나서게 되었고, 사람들에 대한 고소는 날로 심각해졌다.[9]

세일럼의 경우 마녀의 고발을 주도했던 그룹은 주로 9세에서 20세까지의 소녀들이었다. 1692년 6월 10일 최초로 교수형을 당한 희생자는 브리지 비숍(Bridge Bishop)이고, 7월 19일에 5명이 처형되었다. 조지 버러우즈(George Burroughs)를 포함해서 또 다른 5명이 같은 해 8월 19일에 처형되었고, 9월 22일에 나머지 8명이 더 처형당했다. 희생자들 대부분은 교수형에 처해졌고, 그 밖에 가일 코리(Gile Cory)라는 사람은 돌에 눌려서 압사했다.[10] 재판과정은 매우

<표1> 마녀로 기소된 사람들의 인구통계학적 도표

결혼상태	남자	여자	총계
미혼	8	29	37
기혼	15	61	76
과부/홀아비	1	20	21
총계	24	110	134

* 출처: Marc Mappen ed., *Witches and Historian: Interpretations of Salem*, p. 96.

<표2> 연령별 분포도

나이	남자	여자	총계
20세 이하	6	18	24
21~30	3	7	10
31~40	3	8	11
41~50	6	18	24
51~60	5	23	28
61~70	4	8	12
70세 이상	3	6	9
총계	30	88	118

* 출처: Marc Mappen ed., *Witches and Historian: Interpretations of Salem*, p. 96.

불합리했는데 대다수의 사람들이 특별한 이유 없이 고소되었다. 이웃 간의 불화로 인해서 서로를 고소하는 경우도 많이 발생했다. 결국 1692년 가을, 윌리엄 피프스(Wiliam Phips) 총독은 순회재판소를 해체시키기에 이르렀다. 이 문제는 상위법정에서 어느 정도 다루어지기는 했지만 더 이상 처형은 자행되지 않았다. 마침내 1693년, 주지사는 나머지 죄수들을 석방했고 비극적인 실수들이 자행되었다는 것이 받아들여지게 되었다.[11]

뉴잉글랜드의 다른 지역들과 달리 세일럼의 경우는 인구통계학적인 기록이 비교적 자세히 남아 있다. 통계에는 마녀로 고소된 사람들뿐만 아니라 이들을 고소한 사람들, 또 증인들의 성별·나이 그리고 결혼상태가 잘 나타나 있어서 세일럼의 마녀사냥에 대한 사회구조적 분석을 가능하게 한다.

앞의 표들은 세일럼의 사례를 분석한 것으로, <표 1>과 <표 2>에서 나타난 총계가 다른 이유는 <표 2>의 연령분포도에서는 연령을 전혀 알 수 없는 16명이 제외되었기 때문이다. 우선 이 통계를 볼 때 다음과 같은 결론에 도달하게 된다. 마녀는 41~60세의 기혼여성 혹은 미망인이 수적으로 우세하게 많았다. 비록 예외가 있기는 하지만 젊은 계층이나 남자들을 살펴보면 대부분 마녀로 고소된 여성들의 아들이거나 남편이었다. 이와 같은 사실을 볼 때, 이는 당시 마법전수라고 하는 것이 '혈연관계'나 '지연관계'를 통해서 전수되는 것이라고 간주했음을 알 수 있다. 또한 20세 이하의 경우 여성희생자가 남성희생자에 비해 거의 3배에 해당되는데, 이는 세일럼의 마녀사냥에서 미혼일 경우는 주로 20세 이하의 소녀들이 더 많은 희생의 대상이 되었다는 결론에 도달하게 된다.

3) 청교도적 종교관과 가부장적 악의 개념

뉴잉글랜드 식민지 개척자들은 대부분 청교도들이었고 그들의 정
체성은 당시 종교적·문화적·사회적 또는 정치적 풍토까지도 지배하
였다. 뉴잉글랜드 사회에서 청교도들은 영국보통법(English Com-
mon Law)에 기초해서 결혼의 신성함과 가부장적 권한을 바탕으로
한 가족을 중시하는 문화를 형성하였다. 또한 전통적인 여성상은 남
편의 보호 아래 있는 아내(coverture)의 개념으로, 여성의 재산권은
철저하게 남편에게 귀속되었다. 아내의 종속성이라는 것은 문화적·
사회적·법적인 제한일 뿐 아니라 경제적인 상속이 아버지로부터 남
편에게로 넘어가는 것을 의미했다. 심지어 미망인들에게조차도 법
적으로 재산이용권이 허락되었지만, 대체로 장년이 된 아들이나 남
자친척의 재정적 또는 감정적 보호를 받아야 했다.[12] 청교도 지도자
들은 특히 여성의 미덕을 강조하면서 그들이 가정을 위해 지켜야 할
임무를 충분히 수행하지 못할 경우 사회가 어떻게 파괴될 수 있는지
에 대해서도 강조하였다.

　　뉴잉글랜드에 정착한 청교도들은 자신들만의 핵심적인 신앙
심을 기초로 믿음을 쌓아갔다. 그들은 부패했다고 생각하는 영국교
회를 뒤로한 채 자신들만의 핵심적인 원리를 구축하면서 마을공동
체나 가정이 사회적·문화적·종교적 생활보다 훨씬 중시되는 생활은
해나갔다. 윌리엄 구즈(Willliam Gouge)는 청교도들에게 가정이란
"작은 교회이자 작은 공동체이고 최소한 그들을 대변하는 기관이
다"라고 쓰면서, 여기서 남성은 곧 여성들의 신(God)임을 주장하였

다.[13] 또한 벤저민 워즈워스(Benjamin Wadsworth)는 자신의 저서에서 "남편은 아내를 지배하고, 아내는 집과 가정의 한 부분으로서 남편의 지배를 받아야 한다"고 쓰고 있다.[14] 이러한 사회체제 속에서 '남성적인 활동'(masculine activity)을 했다는 이유로 고소되었던 앤 허친슨(Ann Hutshinson)과 같은 여성은 뉴잉글랜드에서 청교도 정통성에 도전하는 위험한 여성으로 간주되었다.[15] 청교도들에게 그녀는 사적인 종교모임을 통해 목회자들에 도전했던 여성이었으며, 법에 대한 문제제기나 수동적인 남편에 대한 불복종은 그녀를 영토에서 추방시키는 데 충분한 근거를 제공해 주었다.

　　뉴잉글랜드 여성들에게 요구되는 또 다른 특징은 종교적인 신성함(piety)이었다. 이러한 종교적 신성함은 뉴잉글랜드 식민지에서 가장 중요하게 요구되는 특징이었다. 이는 가정의 중요성을 의미하기도 했는데, 가정은 종교생활의 핵심부로서 작은 교회였고 모든 아내는 하인과 자녀와 남편의 정신건강을 책임져야 하는 의무를 지니고 있었다. 교회는 남성이나 여성 모두에게 평등하게 열려 있는 듯 보였으나 교회의 공적인 일을 수행하기 위한 투표권은 오로지 남성에게만 주어졌다. 게다가 교회의 성직자나 웃어른들이 결정되면 그들은 그 집단에 대해 결정할 수 있는 모든 권리를 부여받았다. 가정과 마찬가지로 교회는 가부장적인 권력구조로 형성되었다. 여성들은 교회성도들과 더불어 기도할 수 있는 권리가 부여되었지만 성도들을 대표해서 앞에 나아가 기도할 수 있는 것은 남성들에게만 주어졌다. 심지어 사적인 종교모임에서도 여성들은 다른 여성들을 위해서만 기도가 허용되었다.

비록 청교도 지도자들은 성도들에게 철저하게 성경을 읽을 것을 주장하였지만 학교교육을 통해서 언어, 논리, 신학, 수사학 등을 익힌 사람들에게만 이러한 것들이 가능해 보였다. 여기서 중요한 것은 뉴잉글랜드의 경우 남성의 1/2만이 글을 읽을 수 있었고, 여성은 대학교육으로부터 철저하게 배제되었다는 점이다.[16] 청교도원칙에서는 종교적 권한으로 여성을 교육받을 권리로부터 배제시킴으로써 효과적으로 여성들의 투표권을 박탈하였다. 여성들의 목소리는 남성들의 대표적 권한에 의해 침전될 수밖에 없었고 권한이 없이는 여성들 스스로 종교적 결정권마저 가질 수 없었다.

이렇게 청교도원리에 기초한 모든 생활은 철저하게 젠더질서에 입각한 것이었다. 뉴잉글랜드의 마녀사냥은 여성들의 낙태, 영아살해, 혼외출산 등뿐만 아니라 아내구타, 간통 또는 여성들의 성적 환상과 관련된 젠더정치와도 깊은 관계가 있었다. 마녀재판은 여성과 남성 사이에서 발생하는 갈등을 다루는 중요한 수단으로 사용되었다. 낙태, 영아살해, 혼외출산과 같은 죄를 저지른 여성들은 재생산능력과 관련된 사회의 규칙에 순응하지 않는 경우에 해당되었다.[17] 영아살해와 관련된 경우를 보면 1656년 코네티컷(Connecti-cut)에 사는 매리 파슨스(Mary Parsons)가 출산을 하던 중 아이가 사망하였다. 당시 출산을 도왔던 이웃여성 세라 브리지맨(Sarah Bridgman)은 매리의 남편인 조셉 파슨스(Joseph Parsons)로부터 마녀로 고소를 당하였다. 첫번째 소송에서 매리는 이웃의 증언으로 처형을 면할 수 있었으나, 결국 1674년 다시 이 문제가 법정에 제기되어 결국 처형을 당하게 되었다.[18] 마녀사냥과 젠더정치의 관계가 더욱 명확히 나타난 사건은 1669년 코네티컷에서 발생하였다. 스탬포드(Stamford)의 세라 디블(Sarah Dibble)은 남편 재커리(Zachary)를 육체적 학대로 고소하였다. 그는 아내의 고소를 전적으로 부인했고 그녀의 몸에 난 멍들을 마녀의 증거라고 주장하였다. 법정은 이러한 아내의 고소를 인정하지 않았을 뿐만 아니라 그녀를 오히려 마녀로 처벌하였다.[19]

뉴잉글랜드에서 발생한 마녀사냥은 유럽의 경우와 같이 여성이 악(devil)의 개념과 더욱 밀접한 관계가 있다는 것을 전제로 하였다. 뉴잉글랜드에서 마녀들이 이웃에게 고통을 주는 방법으로 원한을 푸는 것은 사회적 또는 자연적 질서를 어지럽히는 것으로 간주되었고, 이는 그들의 진술에 사용된 언어나 성적 내용 등을 통해서 나타났다.

마녀들의 많은 죄목 중에서 가장 명확한 죄목은 '악령이 들린 상태'였다. 이 개념에 따르면, 청교도들에게 마녀는 신의 숭배를 멀리하고 악의 숭배를 불러오는 존재였다. 사실상 그들 이웃의 영혼을 파멸시키는 것은 마녀들의 다른 악의에 해당되었다. 청교도목사들은 마녀들이 타인을 죄로 인도하는 대부분의 경우는 '악령이 들린 상태'에서 발생한다고 설명하면서 초기 단계로부터 마녀들은 그들의 희생자들에게 물질적 보상, 배우자·노동으로부터의 해방 등의 방법을 이용한다고 주장하였다. 매사추세츠 치안판사들이 메리 틸턴(Mary Tilton)을 추방할 때 "이 마녀는 집집마다 돌아다니며 사람들을 꼬임에 빠지게 하였으며 심지어 어린 소녀들에게도 접근했고 그들에게 퀘이커(Quaker)교에 가입할 것을 종용했다"고 주장하였다. 이러한 '악령이 들린 상태'는 억압된 성적 충동의 요소를 포함하고 있었다.[20] 마녀들은 또한 남성을 유혹하는 색마로 묘사되었지만 이러한 것은 마녀들이 다른 여성들을 유혹하는 것과는 매우 다르게 묘사되었다. 마녀들은 여성들을 악령을 통해서 유혹하지만 남성의 경우는 이러한 유혹의 경로를 택한 경우가 거의 없었다. 남성들에게 그래도 유혹의 과정에 가장 근접한 경우는 그들의 침대에 초대받지 않은 마녀들이 침입하여 그들이 자고 있는 동안 공격했다고 주장하는 것이었다. 많은 증언들을 통해서 보면 마녀들은 성적으로 스스로를 통제하지 못하는 여성들의 소행으로 간주되었고, 이러한 여성들은 사회에서 규정하는 성적인 행동규범을 스스로 잘 지킬 수 없는 여성들로 묘사되는 경우가 많았다.

　　또 여성들의 마녀재판에서 흔히 대두하는 것은 여성들의 간통죄에 관한 것이었다. 1622년 하트포드(Hartford)의 엘리자베스 시거(Elizabeth Seager)는 마녀인 동시에 간통죄(adultery)로 또한 고소된 상태였다. 이는 1699년 마녀 그리고 남성과 성적 관계를 가진 죄목으로 고소된 수잔나 마틴(Sussanna Martin)과 같은 경우였다. 마녀재판에 고소된 여성들은 매우 음탕한 여자로 묘사되지만 그들의 구체적인 성적 범법행위에 관해서는 재판 동안 언급되지 않는 경우가 많았다. 이는 범법행위를 저지르지 않았음에도 불구하고 마녀로 고소되는 경우가 많았기 때문으로 해석될 수 있다. 1692년 52세의 레베카 앤도버(Rebecca Andover)가 그녀의 정신과 몸 모두를 악마에게 팔아넘겼다고 증언했을 때도 그녀는 스스로 간통을 저질렀다고 강요에 의한 자백을 할 수밖에 없었다. 악마를 숭배하는 것으로 고

소당하는 것은 때로는 신이 잘못된 성적 관계를 유지하는 여성들에게 형벌을 가하는 것으로 해석되었다.[21]

식민지시대 마녀는 또한 이웃의 건강이나 복지(well being)를 통제할 수 있는 능력을 상징하기도 했다. 대부분 마녀로 고소된 여성들은 이웃이나 가족의 질병·죽음·사고 등의 원인제공자가 되었다. 산파나 치료사들은 영아살해, 기형아 출산 그리고 낙태로 고소된 여성들과 같이 그들이 사람의 삶과 또는 육아에 책임이 있기 때문에 고소당할 확률이 높았다. 보스턴의 제인 호킨스(Jane Hawkins)는 1636년과 1637년에 발생한 안티노미안(Antinomian) 논쟁 이후 매사추세츠에서 추방되었다. 1637년 매리 다이어(Mary Dyer)가 기형아를 출산했을 때 산파였던 제인 호킨스는 기형아의 출산이 안티노미안에 대한 신의 분노라는 판사들의 결정에 따라 추방되었던 것이다. 이에 대해 매사추세츠 최초의 총독인 존 윈드롭(John Winthrop)은 이러한 기형아 출산은 종교적 이단, 여성의 성 그리고 마법과 밀접한 관계가 있다고 기록하였다.

이러한 관점은 1650년대 매사추세츠 식민지정부가 퀘이커 여성선교사들을 처리하는 데 큰 영향을 끼쳤다. 목회자나 치안판사들이 마녀의 유혹에 대해 설명할 때 그것은 여성의 산파나 치료사로서의 역할뿐만 아니라 여성들의 재생산능력을 의미하였다. 이는 다시 말해서 여성의 출산과 양육과 보살핌의 역할들이 어린아이 대신에 악마를 낳도록 유도하고, 또한 치료보다는 독약을 나누어주는 마녀들의 행위로 오인되는 것을 의미했다. 코튼 마더는 마녀의 '유해한 환심'(poisonous insinuation)은 마을사람들을 악에 물들이면서

격심한 역병처럼 번지고 있다고 쓰고 있다. 1600년대 이단 종교지도
자였던 앤 허친슨의 경우도 다른 목회자나 부인들처럼 일반적인 치
료를 담당했었다. 이에 대해서 존 윈드롭은 앤 허친슨이 "마을주민
들의 병의 치유와 출생의 시기에 큰 도움을 주면서 큰 영향력을 행
사해 왔다"고 쓰고 있다.[22] 대부분 마녀로 고소된 여성들은 간접적
으로 사회의 권력체계에 대해서 불만족을 표현했다. 그리고 그들은
신에 대한 또한 남자들에 대한 저항을 통해서 마녀에 대한 두려움
을 불러일으켰다.

　　의학적 지식이 풍부한 여성들도 문제의 그룹에 속하였다. 이
러한 여성들은 그들의 가족과 이웃에게 해를 입힌다는 이유로 마녀
로 고소되는 경우가 많았다. 식민지시대에는 모든 여성이 그들의 가
족을 위한 치료에 책임이 있었기 때문에 실질적으로 치료사의 정확
한 수치에 관해서는 기록이 남아 있지 않다. 의학적 지식은 주로 어
머니로부터 딸에게 전수되었는데, 식민지시대 많은 사람들은 이것
을 마법이 전수되는 통로와 같다고 생각하였다. 당시 가정주부들을
위한 지침서에는 요리방법뿐만 아니라 "통증, 두통, 상처 등을 위한
의학처방" 등이 담겨 있었다.

　　마녀로 고소된 사람들 중에는 린(Lynn)의 앤 버트(Ann Burt),
뉴버리(Newburry)의 엘리자베스 모스(Elizabeth Morse), 웨더필드
(Wethersfield)의 캐서린 해리슨(Katherine Harrison)과 같이 의료서
비스를 통해서 생계를 꾸려가던 여성들도 있었다.[23] 이 여성들은 당
시 대부분 남성들에 의해서 독점되었던 의학계에서 남자들과 경쟁
을 해야 했다. 17세기 초반 의학계에 있는 남자들은 여성들을 전문

적인 교육에서 배제시키거나 마녀로 고소함으로써 의학계에서 철저히 배제시키려 하였다. 초기 뉴잉글랜드 지방에서는 의사가 부족했고 의료서비스 또한 아직 성립되지 않았기 때문에 의료업무의 많은 부분을 여성들에게 의존하고 있었다. 따라서 의사들에 의한 여성의료인들의 고소는 바로 뉴잉글랜드 지방의 마녀재판이 남자의사들과 경쟁관계에 놓여 있었던 의료계의 여성들을 처벌하는 기능을 수행하였다고 볼 수 있다.

17세기 뉴잉글랜드 지방에서 여성들에 대한 악의 개념은 선의 개념보다 훨씬 보편적으로 받아들여졌다. 여성들이 악과 결부되어 있는 것은 "여성들의 입은 타락했다. 그들의 혀는 스스로를 변호하고 다른 사람들을 꾸짖고 매도하고 비방한다. 또한 그들의 입술은 거짓과 허위를 말한다"[24] 등의 내용에서 알 수 있다. 역사가 캐럴 칼슨은 꾸짖는 것은 부정적인 의미를 함축하며 성난 여자들의 낙인이 되었고 곧 '마녀'와 동의어가 되었다고 설명한다.[25] 여성들은 흔히 변덕이 심하고 일관성이 없으며 교활한 것으로 묘사되었다. 여성들은 나약성뿐만 아니라 또한 그들의 힘(power) 때문에 사탄에 의해 유혹을 받는 것으로 간주되었다.

4) 뉴잉글랜드의 사회구조와 경제적 통제기제

뉴잉글랜드 마녀사냥 경우에 젠더의 문제는 모든 과정을 통해서

철저하게 적용되었다. 마녀재판으로 인해서 형벌이 가해진 경우에
도 남성의 경우가 훨씬 경미한 처벌을 받았으며, 처형을 당한 여성
과 남성의 비율도 4:1로 나타나고 있다. 마녀재판으로 처형당한 여
성들 대부분은 어느 정도 경제적인 독립성과 능력을 지녔으면서 남
편이 없거나 자신들의 재산에 대한 상속인이 없는 경우였다. 이렇게
마녀재판에서 경제적 요소는 매우 중요했고 마녀로 규정된 여성들
은 주로 빈곤계층 출신이기보다는 오히려 모든 계층에 해당되었다
고 볼 수 있다.

　　여성들의 경우 경제적 지위는 그들의 결혼상태(marital sta-
tus)와 매우 밀접한 관련이 있었다. 일반적으로 마녀에 대한 처형에
서 기혼여성과 미혼여성은 전혀 다른 기준이 적용되었다. 세일럼의
경우에 마녀로 고소된 몇몇 여성은 부유한 남편 덕에 처형 전에 자
유롭게 풀려날 수 있었다. 고소된 여성들 가운데 500파운드 이상의
재산을 소유한 부유한 계층의 기혼여성은 처형으로부터 자유로울
수 있었다. 남편이 200~500파운드의 재산을 소유한 여성의 경우에
는 처형으로부터 완전히 자유로울 수는 없었지만, 그들보다 빈곤한
계층의 여성들에 비해서는 어느 정도 자유로웠다. 그렇기 때문에 마
녀사냥으로 처형된 여성들 대부분이 200파운드 이하의 재산을 보
유했던 것으로 나타났다. 이것은 마녀사냥에서 경제적인 조건이 재
판과정상 중요한 요소로 작용했다는 점을 명백히 보여준다.

　　하지만 남편이 없는 경우에는 재산소유의 정도가 고소된 여
성의 처형에 아무런 영향력을 행사할 수 없었다. 예를 들어 뉴헤
이븐(New Haven)의 엘리자베스 고드만(Elizabeth Godman), 웨더

스필드(Wethersfield)의 캐서린 해리슨(Katherine Harrison), 보스턴 (Boston)의 앤 히븐스(Ann Hibbens)는 상당한 재산을 소유하고 있었음에도 불구하고 마녀로 고소된 경우이다. 이 가운데 코네티컷의 웨더스필드에 거주한 미망인 캐서린 해리슨의 경우를 보면, 그녀가 마녀로 고소되었을 당시에는 남편으로부터 상속받은 929파운드의 재산을 가지고 있었다. 그녀가 법정에서 재판을 받을 당시 이웃들에 의해 밝혀진 내용은 그녀가 주술가로서 몇몇 이웃에 대해 심한 비방을 했으며 마법을 지니고 있었다는 점이다.[26] 캐서린의 경우를 보아도 그녀가 미망인이었기 때문에 마녀재판의 모든 과정을 통해서 재산소유의 정도는 아무런 영향력을 발휘하지 못했다. 그러나 만일 그녀의 남편이 이 정도의 재산을 소유하고 있었다면 충분히 처벌로부터 자유로울 수 있었던 경우이다.

여성들에 대한 마녀사냥은 식민지시대 재산상속의 관습과 더욱 밀접한 관계가 있었다. 뉴잉글랜드 지방에서 재산상속은 사망 당시에 이루어지기보다는 자식의 결혼시기에 많이 이루어졌다. 재산상속은 대부분 아들과 딸의 경우 차이를 보였는데 아들은 부동산을, 딸은 대개 동산을 상속받았다. 재산상속의 정도는 아버지의 재산소유 상태나 그 밖의 여러 상황에 따라 차이를 나타냈지만 대부분의 경우 딸은 아들의 1/2 정도를 상속받았다.

법률에 의한 것은 아니었지만 관습에 의하면 남성의 사망시 재산상속에는 두 가지 예외가 있었다. 첫째, 사망한 남성에게 미망인이 있을 경우에 미망인은 남편재산의 1/3에 해당되는 부분을 '과부유산'(bywaydower)이라는 명칭으로 받았으며 살아 있는 동안에 생계유지를 위해 사용할 수 있었다. 하지만 이 경우에는 사용권에 해당하는 것이었기 때문에 이 재산을 낭비하거나 매매할 수는 없었다. 자녀를 돌보기 위해 재산을 처분해야 하는 경우에는 법정의 허락 아래 동산에 한해서 처분할 수 있는 권한이 주어졌다. 둘째로, 남편이 유언을 남기지 않은 경우 법정에서는 나름대로의 규칙을 가지고 재산을 상속해 주었다. 미망인에게 상속재산의 1/3에 해당하는 몫이 먼저 배분되었고 특별한 경우가 아니면 나머지 2/3는 아들과 딸들에게 각각 상속되었으며 장자에게는 다른 자녀들의 2배에 해당하는 재산이 상속되었다. 만일 아들이 없으며 딸들에게 상속되었다. 그리고 자녀가 성인이 아닌 경우에는 그 어머니나 법정에서 지정하는 보호자가 일단 자녀가 성인이 되거나 결혼을 할 때까지 관리하였다. 미망인이 보유하고 있던 1/3에 해당하는 재산도 그 나머지 2/3와 같은 방법으로 분배하였다.[27]

　　뉴잉글랜드 지방에서는 어떤 경우이든 대부분의 재산권은 남성에 의해서 행사되는 것이 관례였다. 남편은 부인의 동의 없이 재산을 매매할 수 없었지만 남편의 사후 이 재산은 자녀들에게 돌아갔다.[28] 그러나 이것이 여성들은 상속재산으로부터 아무런 혜택을 받지 못한다는 것을 의미하지는 않았다. 여성들은 생활을 유지하기 위해 상속재산을 사용하였지만 이러한 재산상태가 여성들에게 철저한 경제적 독립성을 가져다주지는 못했다. 그러나 재산상속 문제에서 이와 같은 관계가 항상 적용되는 것은 아니었다. 때에 따라서 남자상속자가 없는 가정의 여성들은 융통성 있는 법의 해석을 통해서 더 많은 몫의 재산을 상속받을 수 있었는데 이 경우의 여성은 특

<표3> 남자형제 또는 아들 유무에 따른 뉴잉글랜드 마녀분류(1620~1725)

유형	남자형제/아들(무)	남자형제/아들(유)	총계
고소	96(61%)	62(39%)	158
재판	41(64%)	23(36%)	64
유죄	25(76%)	8(24%)	33
처형	17(89%)	2(11%)	19

* 출처: Carol F. Karlsen, *The Devil in the Shape of a Woman*, p. 102.

히 매우 쉽게 마녀사냥의 희생자가 되었다.[29] 이것은 경제적으로 함축적인 의미를 가지고 있었다. 즉 직계가족 중 상속받을 적자가 없는 경우의 여성들은 재산을 상속받기로 되어 있었고, 이러한 여성들은 남성 중심의 재산 상속제도에서 궤도를 이탈한 여성들이었다.

뉴잉글랜드 마녀사냥의 경우를 분석해 보면, 마녀로 고소된 여성들 가정의 출생률이나 사망률에는 일정한 패턴이 있었다. 뉴잉글랜드에서 고소된 여성들 대다수는 형제가 없거나 또는 아들이 없고 딸만 있는 여성이거나 아니면 결혼 후에도 자식이 없는 여성인 것으로 밝혀졌다. 마녀로 고소된 여성 267명 중 158명이 남자상속자의 유무가 밝혀졌는데 그중 39%에 해당하는 62명은 상속자가 있었고 61%의 96명은 상속자가 없는 경우였다. 더욱 놀라운 사실은 고소당한 여성들 가운데 아들이나 형제가 없는 경우에는 처형된 확률이 높았다는 사실이다. 고소된 여성의 64%는 남자상속자가 없는 경우였고, 재판을 받은 여성의 76%는 유죄임이 판명되었으며, 그중

<표4> 남자형제 또는 아들 유무에 따른 뉴잉글랜드 마녀분류(1620~1725)

유형	남자형제/아들(무)(여성)	남자형제/아들(무)(딸/손녀딸)	남자형제/아들(유)	알 수 없음	총계
고소	96(36%)	18(7%)	44(16%)	109(41%)	267
재판	41(48%)	6(7%)	17(20%)	22(26%)	86
유죄	25(56%)	0(0%)	6(13%)	12(27%)	45
처형	17(61%)	0(0%)	2(7%)	9(32%)	28

* 출처: Carol F. Karlsen, *The Devil in the Shape of a Woman*, p. 103.

89%는 처형되었다(<표3> 참조). 이러한 통계적인 수치는 중요한 의미를 가지는데, 그 이유는 상속해 줄 형제나 아들이 있는 62명 중 18명의 여성들 그 자신이 형제나 아들이 없는 상속자의 딸이거나 손녀딸인 경우였기 때문이다. 통계상 18명은 비교적 젊은 여성들로서 그들의 직계가족으로부터 마법을 전수받았을 것이라고 믿어졌기 때문에 고소된 그룹이었다(<표4> 참조).

<표4>는 형제가 없는 여성들의 딸이나 손녀들을 분류해 놓은 것이다. 이 표를 보면 남자형제와 아들이 없는 여성들이 특히 손쉬운 공격대상이 되었다는 것을 알 수 있다. 그러나 여기서 더 중요한 것은 재산상속권이 있거나 그러한 잠재력을 가지고 있는 여성들이 마녀로서 고소되기 전과 후를 비교해서 그들에게 어떠한 변화가 있었는가 하는 점이다.

마녀로 고소된 여성들 중 상속자가 없는 사례를 살펴보면 대부분 아버지, 남편, 남자형제 또는 아들이 사망한 직후에 마녀로 고

소되는 경우가 많았다. 수잔나 마틴(Susanna Martin), 마르사 캐리어(Martha Carrier) 그리고 앤 히브스(Ann Hibbens) 등이 이 경우에 해당되었다.[30] 수잔나 마틴은 1669년 매사추세츠의 에임즈버리(Amesbury)에서 마녀로 고소된 중년여성이다. 1692년 그녀의 남편 조지 마틴(George Matine)이 투옥된 후 수잔나는 마녀로 고소되었고, 바로 재판을 받았다. 평소에 그녀와 친분관계를 맺고 있었던 이웃들조차도 그녀에게 불리한 증언을 하였고, 그녀는 자백을 강요받았으나 끝내 저항하였다. 1692년 세일럼에 거주하고 있던 마르사 캐리어는 이웃으로부터 마녀로 고소되었다. 그녀가 재판을 받기 전 자녀들 또한 마법을 전수받았다는 이유로 재판에 회부되었다. 딸들은 법정에서 어머니로부터 마법을 전수받았다고 자백한 후 감금되었다.[31]

1656년 보스턴에서 고소된 늙은 앤 히브스의 경우는 그녀 이후의 마녀재판에 회부되었던 여러 사람들의 경우와 비교해서 많은 영향을 끼쳤다. 그녀는 1630년 매사추세츠로 건너온 두번째 남편 윌리엄 히브스(William Hibbens)와의 사이에서는 아이가 없었다. 윌리엄은 1654년 사망하였고, 2년 후 그녀는 재판에 회부되었다. 비록 윌리엄의 유언장은 남아 있지 않지만 그는 아내에게 상당한 유산을 남겼던 것으로 알려져 있다.[32] 1692년 당시 세일럼에 거주하고 있던 마르사 코리(Martha Corey) 또한 이 경우에 해당되었다. 가일 코리(Gile Corey)는 마르사와 결혼하기 전 이미 두 번의 결혼을 통해서 딸이 둘 있었다. 상속받을 아들이 없는 가일은 상당한 부동산을 가지고 있었다. 그 재산은 당연히 그의 아내나 딸에게 넘겨주기로 되어 있었다. 가일 코리가 처형되고 난 후 마르사와 가일의 전(前)부인의 딸인 앨리스 파커(Alice Parker)는 그들의 이웃들로부터 험담을 하고 다닌다는 이유로 1692년 마녀로 고소되었다. 그들은 결백을 주장하였지만 결국 교수형에 처해졌다.[33]

　　뉴잉글랜드 여성들 가운데는 남자친척이 살아 있는데도 마녀로 고소되거나 처형당한 경우가 있는데, 여성이 남성에 비해서 상속분이 많은 경우가 여기에 해당되었다. 마블헤드(Marblehead)의 제인 제임스(Jane James)는 1669년 처형당할 당시 85파운드의 재산을 소유하고 있었다. 1660년 아버지가 사망했을 때부터 그녀가 처형을 당하기까지 이웃들로부터 세 차례 이상이나 마녀로 고소되었다.[34]

　　남성상속자가 없는 가정의 여성들은 마녀로 공식적으로 고소되기 훨씬 전에 이미 상속분의 일부분이나 모두를 박탈당하기도 했다. 상속분을 박탈당하는 과정은 다양하게 진행되었다. 대부분은 이웃이나 지방 치안판사들이 주축이 되어 여성들의 상속분을 공식적으로 박탈하는 경우였다. 그들은 이웃들이 기대하는 것보다 훨씬 더 많은 재산을 상속받게 된 것이 문제가 되었던 사례이다. 몇몇 여성은 자신들의 재산에 대해 모든 권리를 행사하고 있었는데, 이들의 경우에는 아버지나 아들 또는 친척들이 유언을 남기고 보관해 왔기 때문에 사실을 파악할 수 있었다.

　　남성상속자들은 관습적으로 자신들이 물려받아야 하는 상속분에 훨씬 못 미치기 때문에 법정에서 자신들의 상속분을 확보하기 위해 싸우는 경우가 많았다. 이때 대부분의 재판과정에서 여성상속자들은 피해를 보았다.[35] 햄턴(Hampton)의 그레이스 불터(Grace Boulter)는 바로 이러한 경우의 여성이었다. 1660년 그레이스의 아버지는 상당량의 재산을 그녀와 남편 나다니엘(Nathaniel)에게 물려주었다. 하지만 그녀의 남동생은 후에 이의를 제기하였고 그 과정에서 그녀는 32세의 딸 메리 프레스콧(Mary Prescott)과 함께 마녀로 고소되었다.[36] 당시 뉴잉글랜드 지방에서 여성들의 재산권 문제는 아버지나 남편의 결정에 따라야 했지만 때에 따라서는 예외도 존재하였다. 경우에 따라서 법정이 직접적으로 여성들에게 상속해 주도록 규정하기도 했는데 이때 여성들은 남자형제들 아니면 이웃주민들에 의해서 마녀로 고소되는 경우가 많았다.

이처럼 재산상속과 관련된 경우들을 살펴볼 때 뉴잉글랜드 마녀사냥은 당시 사회에서 여성들의 경제적 지위와 무관하지 않았다는 것을 확실히 알 수 있다. 물론 재판판결문에서는 경제적 이슈가 중요한 부분을 차지했다는 것이 직접적으로 나타나지는 않았지만, 세일럼이나 그 밖의 뉴잉글랜드 지방에서 상속 또는 잠재적인 상속을 기대할 수 있었던 여성들은 마녀재판에서 매우 미약한 존재였다는 것을 확인할 수 있다.

미국역사에서 종교적 질서는 때로 사회의 이데올로기나 문화를 통제하는 하나의 권력수단으로 이용되기도 하였다. 세일럼의 마녀사냥을 비롯한 뉴잉글랜드 지방의 마녀사냥은 단순한 고소에서 비롯되었지만, 그것이 역사적 사건의 계기가 되었고 신세계에서 종교적 자유를 누리기 위해서 영국에서 건너온 많은 청교도들은 구세계의 부조리에서 벗어나지 못하고 무고한 수많은 사람들을 처형대로 보냈던 것이다. 많은 사람들은 그들 자신도 확실히 알 수 없는 사적 동기로 이웃의 불행을 원하는 사람들도 있었고, 경쟁자를 모함하기 위해서 이웃의 불행을 원했던 사람도 있었다. 대부분의 경우 신을 모독한 자라고 공격하거나 개인적인 원한을 신의 이름으로 정당화하여 보복하려고 했다. 이러한 사건들은 한편으로는 사회적 위기에 대한 불안감의 표현이기도 했다.

　일찍이 17세기 청교도신학은 가부장적 사회체계를 재확인하는 것이었다. 청교도질서에서는 가장으로서 남성의 역할이 강조되었으며 대부분의 여성들은 이러한 가부장체제에 순응해야만 했다. 그들의 신은 질서의 신이었고, 종교적 관념이나 청교도 지도자들의 경험들은 강건하고 명확한 가부장제의 질서를 발견하였다. 뉴잉글랜드에서 여성 및 젠더와 관련하여 요구되는 이념적인 요소들은 성서를 근거로 신학자들에 의해서 구성된 여성스러움과 종교적인 신성함이었다. 청교도문화에서 악의 개념은 냉혹하게도 여성성과 깊은 관련이 있었는데, 이러한 믿음은 미덕을 갖춘 여성들이 강하고 선한 남성들의 지도력에 따라야 하는 이유를 말해 주었다. 여성들에게 있는 이러한 악의 잠재력은 여성들에게 그 어떤 권력이나 자치권이 허용되지 않는 것을 합리화시켜 주었다.

　뉴잉글랜드 지방에서 마녀로 고소된 여성들은 주로 가부장적 사회구조에서 여성에게 요구되는 여러 가지 미덕이 결핍된 여성들이었다. 산파와 주술가와 같이 주로 남성들에게 주어진 '힘'(power)을 보유한 계층의 여성들이 쉽게 공격의 대상이 되었다. 주술가들은 마을주민들에게 여러 가지 상담과 예언을 통해서 그들의 행동에 영향을 끼쳤으며, 산파들은 당시 남성 의술인들에 의해 독점되었던 의학계에 대한 도전으로 인식되는 경향이 있었다. 또한 마녀사냥은 여성들의 낙태, 영아살해, 아내구타 등과도 관련이 있었다. 낙태를 하는 여성이나 아내구타로 인한 부부갈등 문제에서도 여성이 마녀로 고소되기도 했다.

　뉴잉글랜드 마녀들의 죄목 중에서 '악령이 들린 상태'(possession)에 관한 내용은 여러 가지를 시사해 준다. 신성함을 강조하는 청교도들에게 악령이 들린 상태에서 타인을 죄로 유인하는 것은 가장 심각한 죄에 해당되었다. 흔히 이러한 죄목은 여성들의 나약함과 관련이 있었다. 청교도 종교관에서는 여성을 악의 숭배를 불러오는 존재로 간주하였다. 이와 같은 맥락에서 유럽의 경우와 마찬가지로 17세기 뉴잉글랜드 식민지에서 여성들은 마법을 전수하고 성적 충동을 발산하는 존재들이었다. 젠더화된 여성들의 미덕을 젠더화된 악의 개념과 관련시킴으로써 여성들의 무력함을 합리화시켰으며, 그들에게 허용되지 않은 권력을 소유한 여성들은 여성으로서 지녀야 할 미덕의 결핍과 악의 잠재력을 구실로 징벌의 대상이 되었던 것이다.

　미국 식민지시대에 여성들의 경제적 지위는 그들의 결혼상태에 따라 쉽게 변하였다. 미혼 때 가지고 있던 경제적 독립성은 결혼과 함께 사장되었다. 결혼 후 여성의 사회·경제적 지위라고 하는 것은 남편의 지위에 따라 변화하였다. 이러한 이유에서 뉴잉글랜드 마녀사냥에서는 독신여성과 미망인들이 주로 희생자가 되었으며, 고소와 처형이 전혀 다른 문제가 되었다. 남편이 부유한 기혼여성들은 마녀로 고소되었다 하더라도 쉽게 풀려날 수 있었으나, 독신여성이나 미망인의 경우는 그들의 재산상태와 관계없이 쉽게 처형의 대상이 되었다. 일반적으로 당시 뉴잉글랜드 지방에서 남편의 재산 정도는 여성의 사회적 지위를 결정하였고, 남편이 없거나 후손이 없는 여성들의 재산은 몰수가 용이했기 때문에 그들은 위험에 쉽게 노출되었다.

뉴잉글랜드 지방의 마녀재판은 재산상속의 관습과도 밀접한 관련이 있었다. 대부분의 재산권은 남성에 의해서 행사되었으며 여성들은 결혼과 더불어 재산권을 상실하였다. 따라서 여성들이 재산을 소유할 수 있는 경우에는 공격의 대상이 되기 십상이었다. 통계적 분석결과에 따르면 희생된 여성들 대다수는 남자상속자가 없는 경우로, 여성으로서 충분히 재산을 상속받을 수 있는 위치에 놓인 여성들이었다. 이러한 범주에 속한 여성들은 가부장적 재산상속제도의 궤도를 이탈한 여성들로 간주되는 경향이 있었다.

앞에서 살펴본 바와 같이 뉴잉글랜드의 마녀사냥은 단순한 희생양의 차원을 넘어서 당시 여성들의 경제·종교·사회적 지위와 밀접한 관련이 있었다. 마녀사냥은 역사 속에서 여성에 대한 두려움, 여성의 사회적 지위, 여성 스스로의 자아에 대한 생각, 다시 말해 여성으로서 가정과 사회에서 지켜야 할 여성 스스로의 규정 등을 반영하는 것이었다. 이것은 또한 사회 안에 팽배해 있던 여성들의 삶과 가족관계를 통해서 내재된 뿌리 깊은 태도나 기대를 의미했다. 마녀사냥은 처형하는 자들과 희생자들 간의 힘의 논리를 반영하는 것이었고, 이는 또한 식민지시대 종교와 사회질서 유지라는 미명하에 자행된 여성에 대한 잔인한 폭력을 의미하였다. 따라서 17세기에 발생한 뉴잉글랜드 지방의 마녀사냥은 단순한 광기현상이 아니라 미셸 푸코가 설명하고 있는 것처럼 "이성으로 가장한 권력의 횡포" 였음이 여실히 드러난다고 할 수 있다.

1) Cotton Mather, *The Wonders of the Invisible World*(Ann Arbor: University of Michigan Press, 1974); Robert Calef, *More Wonders of the Invisible World*, reprinted in *Narratives of the Witchcraft Cases*, G. L. Burred.(New York: Charles Scribner's Sons, 1914); John Hale, *A Modest Inquire into the Nature of Witchcraft*, reprinted in *Narratives of the Witchcraft Cases*, G. L. Burr ed.(New York: Charles Scribner's Sons, 1914); Charles W. Upham, *Salem Witchcraft*(Boston: Wiggins and Lunt, 1867); John Fiske, *Witchcraft in Salem Village*(Boston: Houghton Mifflin Company, 1995); Ernest Caulfield, "Pediatric Aspects of the Salem Witchcraft Tragedy," *American Journal of Diseases of Children*(no. 65, 1943. May), pp. 788~802; Nicholas P. Spanos and Jack Gottlieb, "Erotism and the Salem village Witch Trials," *Science*(no. 194, 1976. 12. 24), pp. 1390~94.

2) Perry Miller, *The New England Mind; From Colony to Province*(Cambridge: Harvard University Press, 1953); Kai T. Erikson, *Wayward Puritans: A Study in the Sociology of Deviance*(New York: John Wiley & Sons, 1966); Paul Boyer and Stephen Nissenbaum, *Salem Possessed; The Social Origins of Witchcraft*(Cambridge: Harvard University Press, 1974).

3) Elizabeth Reis, *Damed Women: Sinners and Witches in Puritan New England*(Ithaca: Cornell University Press, 1997), p. xvi.

4) 매사추세츠 해안 식민지(Massachusetts Bay Colony)의 1641년과 1648년 법령에는 다음과 같이 명기되어 있다. "만일 한 남자 또는 여자가 마녀인 것이 발각되면 그(그녀)를 처형한다."(1641년) "만일 한 남자 또는 여자가 마녀 또는 악령과 교류하고 있다는 것이 밝혀지면 그(그녀)를 처형한다."(1648년) *The Laws and Liberties of Massachusetts 1641~1691*, Ⅱ:11&Ⅲ:701.

5) Richard Weisman, *Witchcraft, Magic, and Religion in 17th Century Massachusetts*(Amherst: The University of Massachusetts Press, 1984), p. 24, 25.

6) 이 글에서는 'possession'을 '악령이 들린 상태'로 해석하기로 한다.

7) David Hall, *WitchHunting in Seventeenth Century New England: A Doc-umentary History, 1638~1692*(Boston: Northeastern University Press, 1991), p. 7.

8) 당시 세일럼은 지금의 매사추세츠 덴버(Denver)에 해당되는 마을로, 재판과 처형은 세일럼 타운 이웃의 세일럼이라고 불리는 마을에서 자행되었다(Paul Boyer, *Salem Possessed: The Social Origins of Witchcaft*, Cambridge: Harvard University Press, 1998, p. 39, 40).

9)   티투바를 심문하는 과정에서 던진 질문은 다음과 같은 것들이다. ① 어떤 종류의 악마와 관계를 가졌는가? ② 왜 이 어린아이들에게 상처를 입혔는가? ③ 악마를 직접 목격하였는가? ④ 악마의 모습은 어떠한가? Donald R. Daly, *The Tryal of Tituba Indian; Transcripts from the Salem Witchcraft Trials*(Salem: Virginia Company, 1980), pp. 4~10.

10) Hall, 앞의 책, pp. 281~83.

11) Marc Mappen ed., *Witches and Historians: Interpretations of Salem*(Malabar: Krieger Publishing Company, 1996), pp. 3~5.

12) Marilyn J. Westerkamp, *Women and Religion in Early America, 1600~1850: The Puritan and Evangelical Tradition*(New York: Routledge, 1999), p. 123.

13) Elizabeth Reis, 앞의 책, p. xvii.

14) Benjamin Wadsworth, *A Well/Ordered Family*(Boston: Flag and Gould, 1719), pp. 35~37.

15) 앤 허친슨(Ann Hutchinson, 1591~1643)은 뉴잉글랜드의 종교적 지도자이자 산파이다. 43세 때 영국에서 자신의 설교단에서 쫓겨난 청교도목사 존 코튼(John Cotton)을 따라 남편과 12명의 자녀들과 보스턴으로 건너왔다. 보스턴 공동체의 종교생활에 몰두하였고 자신이 돌보았던 여성들과 함께 신학을 논의하였으며 자신의 집에서 존 코튼의 설교 토론모임을 가졌다. 매사추세츠 식민지에서 발생한 안티노미안 논쟁의 주도자로 지목받아 매사추세츠로부터 추방되었다. Linda K. Kerber, *Women's America; Refocusing the Past*(New York: Oxford University Press, 1991), pp. 53~56.

16) Marilyn, 앞의 책, p. 17.

17) 같은 책, p. 123.

18) Middlesex Country Court Records, fold 15(MA).

19) *Crimes and Misdemeanors 1662~1789*, First Series, 3, 211~213, Connecticut State Archives(CSL).

20) Mappen ed., 앞의 책, pp. 118~20.

21) Marilyn, 앞의 책, p. 123.

22) Barbara Ehereich and Deirdre English, *Witches, Midwives and Nurse: A History of Women Healers*(New York: City University of New York, 1990), p. 21, 22.

23) 같은 책, p. 124.

24) Nissenbaum, 앞의 책, p. 55.

25) Karlsen, *The Devil in the Shape of a Woman*(New York: Norton and Company, 1987), p. 30, 31.

26) Hall, 앞의 책, pp. 170~84.

27) 뉴잉글랜드 지역에서 젊은 여성의 경우 성인의 나이는 18세이고, 남성은 21세가 성인의 나이에 해당되었다(Kerber, 앞의 책, pp. 74~78).

28) Marylynn Salmon, *Women and the Law of Property in Early America*(Chapel Hill: University of North Carolina Press, 1986), pp. 49~53.

29) Karlsen, 앞의 책, p. 84.

30) Hall, 앞의 책, pp. 301~304.

31) Chadwick Hansen, *Witchcraft at Salem*(New York: Signet Press, 1969), pp. 94~96.

32) 같은 책, pp. 89~92.

33) Marion Starkey, *The Devil in Massachusetts*(New York: A. A. Knopf, 1949), p. 185.

34) Essex Court File Papers, 12: 86~87.

35) Karlsen, 앞의 책, p. 80, 81.

36) Hall, 앞의 책, p. 216.

정착기와 개척기의 역사

3
서부개척 시기 프런티어 여성들의 경험

"아 캘리포니아— 마침내 우리는 희망을 안고 언젠가 도달하게 될 '약속의 땅'을 향해 가고 있다." 1857년 카펜터(Helen Carpenter)는 오리건 트레일(Oregon Trail)로 캘리포니아를 향해 출발하기에 앞서 이러한 글을 남겼다.[1] 다른 수많은 프런티어 여성들처럼 그녀도 미국서부의 땅에서 좀더 나은 삶에 대한 희망을 안고 서부로 향했다. 1840년대까지 프런티어들은 미시시피 서부까지 영토를 확대해 갔고, 그후 40년간 서부개척의 속도는 더욱 가속화되었다. 1841년부터 1867년까지 서부개척은 절정에 이르렀고, 이 기간에 캘리포니아와 오리건으로 이동한 인구는 약 35만 명에 이르렀다.[2]

1)   프런티어 사관과 여성

미국사학자들은 서부개척이 미국인들에게 끼친 영향에 대해, 특히 미국인들의 성격이나 문화와 관련시켜 다양한 해석을 시도하였다. 터너(Frederick Jackson Turner)가 1893년 미국역사학회(American Historical Association, AHA)에서 한 유명한 연설 "미국역사의 중요성"(The Significance of American History)에서 프런티어의 중요성에 대해 다음과 같이 언급하였다. "자유의 영토가 존재하고 지속적으로 이 영토가 줄어든다는 것, 서부에 정착하는 미국인이 증가하고 있다는 것은 곧 미국인들이 발전하고 있다는 것을 의미한다."[3] 터너에게 프런티어 개념은 '과정'(process)이자 야만과 문명이 만나는 '장소'(place)를 의미했고 미국의 민주주의와 개인주의는 모두 이러한 서부개척 과정에서 생겨난 것이었다.

터너의 이러한 개념정의 후 프런티어는 오랫동안 남성들의 영역으로 간주되어 왔지만, 1980년대 이후에는 프런티어가 여성들도 함께한 가족들의 경험이라는 개념이 확산되기 시작했다. 서부개척 시대의 여성들에 관해서는 오히려 미국 문학작품에서 더 많이 다루어져 왔다. 그러나 대부분 미국 문학작품에 나타나는 프런티어 여성들은 외로움과 두려움으로 점철된 삶을 살아야 하는 매우 비극적인 주인공들이었다. 미국의 대표적인 문호 호손(Hawthorn)과 헤밍웨이(Hemingway)도 자신들의 작품 속에서 서부여성들의 이러한 이미지를 그려왔다. 미국역사가들 또한 프런티어 여성들의 삶에 대해 부정적으로 해석하였다. 대부분 여성들은 서부로 이주하기를 매우 꺼려했을 뿐만 아니라 고립된 생활은 그들로 하여금 자살이나 정신병으로 생을 마감하게 하였다.[4]

1980년대 이후 역사가들은 서부개척 시기 여성들에 대해 재해석하기 시작하였다. 서부개척 시기의 사료들은 일기장, 편지, 회고록, 노래가사 또는 구술형태의 사료 등 매우 다양한 형태를 취하고 있다. 이러한 사료들은 그들의 사생활뿐만 아니라, 그 시기의 사회상을 보여주는 것으로서 여성사에서 매우 귀중한 자료가 되고 있다. 프런티어 여성들에게 일기장은 자신들의 고통과 외로움을 달래줄 수 있는 매우 중요한 통로가 되었다. 또 이것은 서부개척 시기의 매우 당혹스러운 삶을 어느 정도 통제할 수 있는 중요한 방법이 되기도 하였다.

초기에 프런티어 여성들의 개인적인 사료들을 분석해 보면, 여성들의 실질적인 경험과 그동안 정형화되어 온 이미지는 큰 차이를 보이고 있다. 프런티어 여성들에 관한 전형적 연구의 시조는 단연 스톨체(Beverly J. Stoeltje)의 논문이다. 저자는 이 논문에서 서부개척 시기의 여성들에 대한 고정관념, 즉 열악한 환경 속에서 과중한 노동으로 고통받는 여성들의 상황을 그리고 있다.[5] 홀트(Fay Reinerberg Holt)의 저서 역시 서부개척 시기 여성은 19세기 빅토리아 시대 여성의 이미지와 마찬가지로 신성하고 정숙하며 또한 가정적인 여성을 의미했다. 이들은 끊임없는 가사노동에 시달렸으며 남편에게는 보조적인 역할을 훌륭히 해내는 여성들이었다.[6]

어떤 사학자들은 터너의 이론을 여성들의 사적인 글에 대입시켜 여성들의 프런티어 경험은 여성들을 해방시켰다고 주장하였다. 특히 포리거(John Mack Faragher)는 1843~70년 중서부 농촌가정의 가족관계에서 역동성을 논의하였다. 그는 또한 일반적인 프런티어 여성들의 신화는 실제생활의 극히 일부분임을 강조하였다.[7] 마이어스(Sandra L. Myres)는 400개가 넘는 개인적인 사료를 가지고 프런티어가 여성의 삶에 끼친 영향과 서부개척에서 여성의 역할을 논하였다. 저자는 백인여성들 이외에 원주민·멕시코·흑인 여성들의 경험도 포함시켰고, 프런티어 여성들의 경험이 어떻게 미국여성의 참정권운동으로 이어지는지를 분석하였다. 이를 통해 저자는 그동안의 프런티어 여성에 대한 고정관념을 깨뜨리고 새로운 해석을 시도하였다.[8] 또 하나 니더만(Sharon Niederman)은 논문에서, 비록 여성들은 지역에 따라 각자 다른 경험을 했지만 내적인 강인함으로 열악한 환경을 개척해 나가는 과정은 모두가 공통된 점이라고 주장하였다.[9] 최근의 학자들은 그동안 서부개척 시기 프런티어 여성들에 관한 신화를 깨고 서부에서 여성들의 독특한 경험에 주목하기 시작했다. 인류학자들은 문화적 다양성이나 문화적 지속성에 대한 새로운 이해를 도모했으며, 사회사학자들은 여성들의 사적인 글들을 포함해서 비전통적인 역사적 증거들의 중요성을 입증해 나갔다.

2) 서부개척 운동의 동기 및 초기생활

서부개척 운동은 1840년대 이후 더욱 가속화되었다. 1848년 캘리포니아에서 금광이 발견된 이후 그 수는 1849년 3만 명에서 1850년에는 5만 5천 명에 이르렀다. 1862년 의회는 5년 이상 거주한 사람들에게는 160에이커의 땅을 준다는 내용을 골자로 하는 '홈스테드법'

(Homestead Act)을 통과시켰고, 1869년에는 대륙횡단 철도가 완공되자 더 많은 사람들이 서부로 몰려들었다.[10] 독일, 영국 그리고 스칸디나비아로부터의 이민자들도 수천 명이 넘게 이 행렬에 동참하였다. 캘리포니아 금광으로 가는 대부분은 미혼남성들이었으나, 가족들과 미혼여성들 또한 이 행렬에 동참하였다.[11]

1848년 캘리포니아 인구의 대부분은 원주민이었고, 인구수도 1만 5천 명 정도밖에 되지 않았다. 원주민이 아닌 거주자 중에서 약 7천 명은 캘리포니아 태생(Native Californian)이었고, 6천 명은 미국 영토로부터 온 미국인이었다. 캘리포니아는 동부와는 아주 달리 히스패닉계 미국(Hispanic American) 문화가 주류를 이루었다. 1848년에는 캘리포니아에서 금광이 발견되었으며 이를 계기로 새로운 시대가 열리기 시작했다. 골드러시(gold rush)는 캘리포니아의 사회, 정치, 경제 등 모든 영역을 변화시켰다. 1849년 이곳으로 몰려든 사람들은 금을 캐러 왔고, 원하던 금을 캔 후에는 금광을 떠날 것이라고 하였다. 하지만 현실은 그들이 계획했던 것과는 많이 달랐다. 결국 대다수의 이주민들은 서부에 정착할 수밖에 없었다.[12]

서부개척의 동기는 매우 다양하였는데 경제적인 부의 축적, 종교적 자유 또는 건강상 이유가 있었다. 그러나 이주의 동기 중 가장 중요한 것은 무엇보다도 경제적인 것으로, 그들은 이주비용과 정착지의 경제적 잠재력과 토지소유에 제일 관심이 많았다. 당시 이주민들은 친지들과 함께 이동하는 경우가 많았다. 이러한 그룹들은 대다수가 부모와 자식들이거나 아니면 결혼한 형제자매들과 그들의 가족들, 때로는 삼촌이나 숙모 등으로 구성된 그룹이었다. 3대가족이 함께 이동하는 경우도 빈번히 볼 수 있었다. 혈연관계로 맺어진 이들은 함께 어려움을 헤쳐나가면서 관계를 더욱 돈독히 하였다.[13]

경제적 어려움은 많은 가족들을 서부로 향하도록 이끌었다. 1837년 미국은 심한 경제공황을 겪었고, 이로 인해 많은 은행들은 문을 닫았으며 수많은 실업자들이 동부의 도시로 몰려들어 매우 혼란스러웠다. 많은 농민들은 농산물가격 하락으로 농토 대부분을 잃게 되었다. 당시 사람들은 각종 전염병으로 더욱 고통을 받아야 했다. 이러한 상황에서 서부는 건강, 부 그리고 자유의 상징이 되었다. 여성들은 일기장이나 편지 등을 통해 더 이상 잃을 것이 없는 삶에서 서부는 그들에게 어떤 '기회'나 '부'를 가져다줄 것이라는 내용의 글들을 남겼다. 서부의 땅은 여러 가지 고통으로 시달리는 미국인들에게는 거부할 수 없는 천국과도 같았다.

존(John Sharp)과 코넬리아(Cornelia Sharp)는 이 시기 땅을 얻고자 서부로 향했고 여러 역경과 고난을 극복하고 무사히 서부에 정착한 부부이다. 30대 후반의 이들은 7명의 자녀와 함께 수년 동안 오하이오(Ohio)에서 농사를 지으면서 버텨보려고 많은 애를 써보았지만 모든 것이 실패로 돌아갔다. 1848년 이들은 서부로 가면 이러한 상황이 바뀔 것이라는 희망을 안고 고향에서 수천 마일이나 떨어진 곳으로 이주하기로 결심했다. 이 가족은 마침내 오리건에 무사히 도착했고, 4년 동안의 피나는 노력으로 겨우 안정된 정착생활을 해나갈 수 있었다. 그들에게 이러한 모든 희생은 농장과 땅을 위한 것이었다.[14]

서부로 이주를 결심한 또 다른 동기로는 건강과 관련된 것이 있었다. 많은 동부인들은 서부의 따뜻한 겨울날씨, 건강에 좋은 계절, 독감이나 전염병으로부터의 해방을 원해 이주를 결심하게 되었다. 실제로 많은 수의 사람들은 단순히 계절을 바꾸고 싶어서 내지는 건강을 지키고 싶어서 이주를 결심하였다. 미주리(Missouri)를 떠나 캘리포니아로 향하던 세라(Sarah)는 자신들의 여정에 대해서 다음과 같은 글을 남겼다.

> 1873년 남성 7명, 여성 4명, 어린이 5명으로 구성된 총 16명은 미주리에서 출발해서 서부를 향해서 떠났다. 대부분은 보다 나은 행운을 잡기 위해서, 또한 나를 포함해서 몇 명은 건강을 위해서 서부로 이주를 결심하였다.[15]

많은 이주민들은 자신들이 죽지 않고 무사히 오리건이나 캘리포니아에 도착했다는 사실만으로도 안도의 숨을 쉬었다. 대부분의 사람들이 서부에 도착했을 때 그들은 야위고 몹시 비참한 상황이었다. 많은 이주민들은 서부로의 이주가 이토록 고통스러웠다면 이 길을 택하지 않았을 것이며, 그 길로 고향으로 돌아가고 싶었다고 그때를 회상했다. 이주민들은 아주 운이 좋아야 도착 후 집을 찾을 수 있었으며, 그렇지 않은 경우에는 마차에서 또는 텐트에서 지내며 정착할 수 있는 집다운 집을 찾을 수 있었다.

서부개척 시기 프런티어 여성들은 많은 장애물들과 싸워야 했다. 여기에는 예측하기 어려운 날씨, 편의시설 부족, 향수병이나 고독감, 고된 노동, 원주민들의 습격, 질병 등이 있었다. 여성들은 매우 제한적인 생활을 할 수밖에 없었다. 물론 그들에게는 『전국마차도로 안내서』(The National Wagon Road Guide)나 『오리건과 캘리포니아 이주민을 위한 안내서』(The Emigrants Guide to Oregon and California) 같은 지침서들이 있기는 하였으나 불행하게도 이런 책들은 믿을 만한 것들이 못 되었을 뿐만 아니라 여성들을 위한 내용은 찾아보기가 힘들었다. 프런티어 여성들은 요리·청소·캠프·육아 문제 등과 관련해서는 스스로 해결해야 했다. 이 시기 여성들이 겪어야 했던 이중고통은 임신과 육아 문제로 인한 것들이었다.[16]

서부로 가는 동안 날씨는 예측하기가 힘들었고 때로는 크나큰 고통이 수반되기도 하였다. 프런티어들에게 이동하면서 유일한 보호막은 텐트나 마차커버 등이었다. 그러나 이런 것으로는 이따금 갑자기 변화하는 심한 날씨를 감당하기가 곤란했다. 남편과 7명의 자녀와 함께 오리건으로 향하던 나이트(Amelia Stewart Knight)는 이런 글을 남겼다.

우리는 요즈음 모든 종류의 날씨와 접하고 있다. 오늘 아침은 매우 건조하고 먼지가 날렸다. 그리고 오후에는 비가 내렸고 바람이 무척 강하게 불었다. 진흙 속에서 여행을 하던 중 몇 번이고 마차의 체인들이 떨어져 나가곤 했다.[17]

향수병은 초기 이주민들을 매우 힘들게 하였다. 특히 서부에 이미 정착해 있는 남편과 재회하기 위해 어린자식들을 고향에 두고 온 경우는 더욱 그러하였다. 어린아이들을 데리고 서부로 이동하는 것은 많은 고통을 수반하기 때문에 오히려 그들을 고향에 있는 친지들에게 맡기고 오는 경우가 많았다. 1857년 예슬러(Henry Yesler)는 오하이오에 있는 아내 세라(Sarah)에게 편지를 보내 아들 조지(George)와 함께 자기가 있는 시애틀로 오라고 하였다. 남편이 워싱턴으로 떠난 후 그들은 벌써 6년째 떨어져 살고 있었다. 세라는 열두 살짜리 어린 조지를 서부로 데리고 간다는 것이 너무나 위험한 일이라고 생각되어 외삼촌에게 맡기고 가기로 결심했다. 그것이 어린 아들에게 학교나 안정된 환경을 제공해 줄 것이라 믿었기 때문이다. 처음에 남편은 아내의 이런 결정을 반대하였으나 결국 받아들이게 되었다.

이러한 경우 여성들 대부분은 향수병으로 몹시 괴로워하고 혼란스러워했으며 그리고 이러한 삶은 고통을 동반하였다. 1851년 캘리포니아로 이주해 온 발로우(Mary Ballou)는 고향에 두고 온 아들에게 다음과 같은 편지를 보냈다.

오, 나의 사랑하는 아들 셸던(Selden), 사랑하는 나의 아이들이 보고 싶어 나는 향수병에 걸렸단다. 이 겨울에 나의 아이들을 챙겨주어야 하는데 그렇지 못한 것이 너무 한스럽구나. 너희들이 너무 걱정이 되어 내 마음은 너무 아프단다. 내가 이렇게 먼 캘리포니아에 와 있다는 사실이 믿어지지 않는구나.[18]

프런티어 여성들은 고된 가사노동으로 힘든 시간을 보내야만 했다. 프런티어 여성들에게 가족들이 먹을 음식을 마련하는 것은 가족의 생존과 결부된 아주 중요한 일이었다. 하지만 야외에서의 음식마련은 집 안에서 요리기구로 마련하는 것과는 사뭇 다른 일이었다. 카펜터(Helen Carpenter)는 "비록 요리할 것은 많지 않아도 요리를 할 때 어려움과 불편함은 이루 말할 수가 없었다"고 한탄하였다.[19] 가장 우선적인 문제는 광야에 널려 있는 연료를 사용하는 일이었다. 이것들은 나무가 아니라 들소들의 분비물이었다. 연기 때문에 눈이 무척 아팠고, 여성들의 긴 스커트에 불이 붙기도 했다. 때로 여성들은 바람과 비 때문에 요리하는 것이 불가능하기도 했다.

　　무엇보다도 이주민들을 공포에 떨게 하는 것은 원주민의 습격이었다. 여성들은 이미 소설이나 신문기사 등을 통해서 원주민들에게 붙잡혀 간 백인여성들에 대한 강간이나 납치 등의 이야기를 많이 듣고 접했기 때문에 늘 공포에 떨어야 했다. 한 역사가의 실제적인 통계수치에 따르면, 1841년부터 1850년까지 10년 동안 서부로 이주한 250만 명 중 362명만이 원주민의 공격에 의해 죽었음에도 상상력에 의해서 이 숫자는 훨씬 더 과장되었다고 쓰고 있다. 어떤 여성들은 원주민으로 가장한 백인들에 의해서 납치되기도 하였다. 실제로 1849년에 이주하던 한 부부는 병사 4명에게 강탈을 당하고, 부인은 강간당하는 사건이 발생하였다. 백인여성들이 납치된 경우 많은 불미스러운 일들이 생기는데 그들은 창녀촌에 팔려가거나 아니면 노예로 팔려가든지 아니면 강제로 결혼을 해야 했다.[20]

　　개척여정은 불편함과 힘겨운 노동뿐만 아니라 위험이 뒤따랐다. 강을 건너던 중 익사하는 사람도 있었고 어린아이들은 여정중에 길을 잃기도 하였으며 질병으로 인해 죽어가는 사람들도 많았다.

1840년대 말과 1850년대 초 세계적으로 확산되었던 콜레라가 서부 개척자들에 의해 전염되었고, 홍역·천연두·폐결핵으로 죽어가는 사람들도 많이 발생하였다. 특히 금광발견 이후 오리건 철도로 이주하던 프런티어들에게 콜레라는 매우 치명적인 병이 되었다. 1852년 6월 한 여성은 다음과 같이 이러한 상황을 기록하였다.

강을 끼고 길들은 무덤으로 형성되어 있었다. 거의 매일 당신은 죽은 시체를 묻고 있는 사람들을 목격하게 될 것이다. 어떤 곳에는 5~6개의 무덤이 형성되어 있었고, 이는 매우 비극적인 경관이었다. 이러한 광경은 직접 목격하지 않고는 그 비참함을 상상할 수가 없다.[21]

캘리포니아로 이주하던 세라(Sarah)는 이처럼 콜레라 때문에 하나둘씩 죽어가는 이웃들을 목격하면서, 자신의 불안한 심리를 종교의 힘과 강인한 정신력으로 극복해 나갔다. 그녀는 이러한 과정을 이렇게 전하고 있다.

사실 어두운 그림자가 우리 캠프에 맴돌고 있었다. 무엇인가 파괴적인 힘이 우리 캠프를 드리우고 있는 것처럼 느껴졌다. 남편이 우리 곁을 떠날 수도 있다는 두려움이 앞섰다. 만일 내가 나의 어린 딸 메이(May)를 엄마 없는 아이로 만든다면 어떻게 하나 하는 두려움도 있었다. 이러한 두려움이 오래 지속되었다. 하지만 나는 신의 가호가 있을 것으로 믿고 열심히 기도하였다. …나는 신이 우리를 지켜주실 것이라는 확실한 믿음이 생기기 시작했다. 나는 다시 강한 의무감과 인내력으로 무장하기 시작했다.[22]

3) 가족관계와 결혼의 의미

서부개척 시기 프런티어들의 다양한 경험은 미국인의 삶을 재구성하였다. 특히 그들은 가족관계와 부부관계에서 커다란 변화를 경험하였다. 19세기 전후로 미국 북동부에 거주하는 사람들에게 가족관계는 엄격한 가부장제의 관습을 지키고 있었다. 가정에는 가장으로서 아버지가 군림했고 그에게 순종적인 아내와 자녀들이 있었다. 미국 북동부에서 오랫동안 유지되어 오던 아버지의 권위적인 이미지가 서부에서는 더 이상 받아들여지지 않았다. 서부는 어떤 의미에서 아버지의 이미지를 훨씬 다양하게 만들었다. 서부개척 시기 아버지들은 가족들을 황량한 서부로 데려오는 과정에 많은 어려움에 봉착하게 되었다. 그들은 더 이상 예전의 직업과 재산을 보유하지 않았으며, 때로는 어린 자녀들과 함께 삶을 개척해 나가야 했다. 더욱이 서부로의 이동중 원주민의 습격이라도 받게 되면 아버지의 권위는 더 이상 가족을 보호할 수 없었다.

이 시기 미국 북동부에서 어머니의 역할은 정치·학계 또는 종교적 지도자들에 의해서 더욱 강조되었는데 서부개척에 동참한 가정에서도 자녀양육에서 어머니의 역할을 강조하였다. 그 내용은 혼란한 세상에서 살아남기 위해서는 무엇보다도 질서유지를 담당하는 어머니의 역할이 중요하다는 점이었다. 1814년에 한 여성협회 모임에서 당시 종교적 지도자인 채플린(Daniel Chaplin)은 "어머니는 마치 정원사와도 같습니다"라고 주장하였다. 어린아이들은 이러한 어머니의 지도 아래 매우 엄격하게 양육되었다.[23] 프런티어들에게 결혼은 보다 동반자적인 역할을 의미했다. 서부의 아내는 남편의 동반자였고 최소한 북동부에 사는 중산층처럼 절대적 권위자로서의 남편은 더 이상 환영받지 못했다.

프런티어 여성들은 당시 북동부 중류층 여성들만큼 완벽한 가정을 꾸미는 데는 관심을 쏟지 않았다. 하지만 서부의 가정에서도 어머니의 역할은 중요하였다. 서부에서는 어린아이들을 양육함에 있어서 매우 실질적이었다. 이들은 서부의 황량함을 개척해 나가는 데 일꾼이나 동반자로서 매우 가치가 있었다. 비록 북동부 중류층에서는 가족의 수가 점차적으로 감소하는 추세에 있었으나, 프런티어 가정은 평균적으로 일곱 명의 자녀를 양육했다.

북동부 여성들에 비해서 프런티어 여성들은 어린나이에 결혼을 하였다. 그들은 일찍부터 출산을 시작하여 늦게는 45세 될 때까지 출산을 하였으며, 심지어는 모녀가 같은 해에 출산하는 경우도 많았다. 터너(Judith Turner)는 18년 동안 여덟 명의 자녀를 출산했다. 해일(Sarah Hale)은 20년 동안 열한 번의 임신과 출산을 반복했다고 적고 있다.[24] 북동부 여성들에게 가족의 수는 남편과 상의해서 결정하는 사항이었지만, 프런티어 여성들에게 대가족이라는 것은 프런티어 생활의 한 부분으로 재산가치의 의미가 있었다. 잦은 출산은 그만큼 여성들에게 출산하면서 사망할 가능성이 많아지는 것을 의미했고, 이는 또 자녀들이 어렸을 때 그만큼 바쁘다는 것을 의미했다. 서부의 한 마을에 살았던 트롤로프(Frances Trollope)라는 영국여성은 서부에서는 흔히 손자뻘 되는 아이를 무릎에 앉히고 있는 여성들을 쉽게 발견할 수 있고, 심지어 어린소녀들도 임신하여 매우 창백해 보이고 여위어 있는 모습을 쉽게 볼 수 있다고 언급하였다.[25]

　　서부의 어린아이들은 북동부의 어린아이들과는 매우 다른 환경에서 성장하였다. 영국의 여행가인 버드(Isabella Bird)는 서부를 여행하면서 목격한 것 중 가장 특이한 점은 서부의 어린이들은 동부에서 본 어린이들과 달리 거의 무제한적인 자유를 누리고 있는 것이었다고 지적하였다. 프런티어 어린이들은 자신들의 어린 시절을 매우 행복한 추억으로 간직하고 있었다. 그들은 대가족 속에서 사랑과 즐거움으로 가득 찬 생활을 하였고 가족들의 관계는 매우 친밀하였다. 서부에서 어린 시절을 보낸 워틀즈(Ester Wattles)는 다음과 같이 회상하고 있다.

　　　오! 나의 행복했던 어린 시절을 회상하노라면… 부모님과 형제
　　　자매들이 모여앉아 행복하게 보내던 시절이 생각난다. 내가 그들
　　　중 하나였다는 사실이 얼마나 감사한지 모른다. 얼마나 행복한
　　　시절이었던지….[26]

　　프런티어 어린이들은 부모들과 함께 개척시기의 어려움을 공유해 나가면서 새로운 가치체계를 배워갔다. 새로운 땅과 새 삶을

찾아서 서부로 간 가족들은 목장과 농장을 일구면서 자신들에게 닥친 어려움을 극복하려고 노력하였다. 프런티어 부모들의 용감함을 닮아 그들의 자녀들도 기도 속에서 단호함을 지닌 어린이로 성장해 나갔다.

19세기 중반 서부는 부부관계의 재구성의 장이 되었다. 부부관계는 남성과 여성의 노동분업 및 적절한 역할에 대한 태도와 믿음을 통해서 분석해 볼 수 있다. 이러한 것은 그들이 남긴 일기장이나 편지의 내용으로 살펴볼 수 있다. 서부개척 시기 남녀 모두가 남긴 일기장에서 폭넓게 다루어지는 주제를 보면 실질적인 문제들, 건강과 안전 또는 자연적인 아름다움으로, 일기장 내용의 2/3를 차지했다. 여성의 일기장은 가족, 인간관계, 행복, 자녀의 건강, 집, 이웃과의 친분, 여성들 간의 우정이 주요 테마였고 남성들에게는 폭력, 공격, 싸움, 투쟁, 경쟁, 사냥 들이 주요 주제였다. 남녀의 가치관의 차이나 아내와 남편의 가치관 차이에서 기본적인 공통점으로서 중요한 것은 자연의 아름다움, 고된 노동, 건강문제, 실제적인 경제적 고려 등이었다.[27]

서부는 주로 광산지대였기 때문에 농업을 중심으로 한 중서부에서만큼 성별에 따른 노동의 분업이 엄격하게 이루어지지는 않았다. 그들은 가족 전체가 참여하여 집을 짓거나 담장을 쌓는 일을 하였다. 하지만 남성은 주로 광산에서 일을 하는 데 비해서 여성들은 가족을 위해서 요리를 하거나 자녀를 돌보는 일 또는 텃밭을 가꾸는 일 등을 담당하였다. 물론 서부의 여성들은 집안일 외에도 남편을 도와 다양한 경제활동에 참여하는 경향을 보였다.

부부관계는 북동부와 많은 차이를 보였다. 우선, 서부개척 시기의 부부는 이혼율이 높았다. 여기서 놀라운 것은 대부분의 경우 아내가 남편을 떠난다는 사실로, 이는 서부사회가 더 이상 전통적인 북동부와는 다르다는 것을 시사하고 있다. 여기에는 여러 가지 환경적인 요인이 작용했다. 남녀성비에서 여성의 수가 훨씬 적었기 때문에 일어나는 현상이었다. 또한 서부에서는 북동부만큼 이혼에서 여성에게 불리한 법률이 엄격하게 적용되지 않았다는 것도 그 이유 중의 하나이다. 한 프런티어 여성은 이러한 현상에 대하여 다음과 같이 적고 있다.

> 이곳의 사정은 여자가 매우 부족하다는 것이다. 그래서 여자가 기혼이건 미혼이건 매우 인기가 있다. …이곳에는 남편을 떠나는 여자가 3명 중 2명이나 된다. 미혼여성의 경우는 매우 인기가 높다. 옛 고향에서는 잘 찾아볼 수 없는 현상인 것 같다.[28]

서부개척지에서 심각한 성비 불균형 상황은 오래 지속되었다. 1848~70년에 캘리포니아의 인구는 50만 명이 훨씬 넘었다. 1850년 주민의 73퍼센트는 20~40세의 젊은이들이었고, 이중 92퍼센트가 남성이었다.[29] 1860년 인구조사에 따르면 여성은 주 전체 인구의 30퍼센트 미만이었고, 10년 후에도 37퍼센트 정도밖에 되지 않았다.[30]

이러한 성비 불균형으로 많은 미혼남성들은 결혼한 가정에 하숙을 하거나 아니면 가족의 일원처럼 함께 지내기도 하였다. 그들은 집에 모여 음악을 듣거나 게임을 하거나, 때로는 음식을 같이 만들어 먹기도 하였다. 미혼남성들은 결혼한 가정의 아이들을 잘 보살폈고, 특히 부인들과 정신적 유대관계를 잘 유지하였다. 한 광산촌 여성은 다음과 같이 기록하고 있다.

> 나는 오후 한때를 외모가 잘생기고, 유머감각이 뛰어난 총각들과 책과 음악에 대해 대화를 하면서 보냈다. 이러한 일은 생활에 활력을 주는 즐거운 일상 중 하나이다.[31]

대부분의 경우 미혼남성들은 이러한 가정에서 함께 생활하면서 숙식을 제공받는 대신 육체노동으로 가족을 도와주었다. 이렇게 이들은 서로의 외로움을 달래주면서 필요한 부분들을 채워주는 관계로 발전하였다. 서부개척 시기 이러한 형태의 가족구성은 매우 흔한 일로서, 안정적인 가족의 단위보다도 오히려 사회적 구성체계로서의 가족의 의미에 더 가까웠다고 할 수 있다.[32]

서부에서는 성비 불균형이 불러온 특이한 결혼풍습이 생겨났다. 결혼연령이 매우 낮아진 것과 메일이나 광고를 통한 일종의 중매결혼이 증가했다는 것이다. 결혼연령에서 당시 북동부의 경우 여성들 대부분이 18세가 넘어서 결혼하는 것과 비교해서 서부의 여성들은 빠르게는 14세 정도에 결혼하는 경우가 많았다. "소녀들이 14세나 15세에 결혼하는 것이 이제는 관습이 되었다"고 캘리포니아 이주민 애클리(Mary Ackely)는 적고 있다. 결혼에서 나이 차이가 많이 나는 것은 매우 흔한 현상이었다. 젊은 미혼남성들이 재산이 많은 나이든 미망인과 결혼하는가 하면, 반대로 나이가 많은 총각은 아주 어린 여성과 결혼하는 경우가 생겨났다. 동부 워싱턴의 경우 합법적 결혼연령은 18세였으나 서부에서는 나이를 속인 채 결혼하는 일이 매우 흔하였다. 이는 극심한 성비차이로 서부의 남성들이 결혼하기가 무척 힘들었던 데서 기인한 것이었다.[33]

결혼 중매업자를 통해서 동부의 여성들이 서부의 미혼남성들과 결혼하기 위해 오는 경우도 생겨났다. 이른바 '우편주문 신부'(mailorder bride)는 당시 미혼으로 서부로 온 남성이 미혼여성에 비해 훨씬 많았기 때문에 생겨난 특이한 풍습이었다. 이 풍습은 미혼남성들이 신붓감을 구하기 위해서 신문광고를 통해 서신과 정보를 주고받을 미혼여성을 찾는 경우였다. 마침내 남성이 적절한 여성을 찾게 되면 그녀를 설득하여 서부로 오도록 하였다. 이러한 경우는 결혼요건으로 사랑보다는 사회적 지위, 정치적 관계 또는 경제적 안정 등을 더욱 중시하는 경향이 있었다.

때로는 기업가들이 직접 결혼중매에 나서기도 했다. 시애틀의 기업가 머서(I. A. S. Mercer)는 1865년을 전후로 동부에서 명망과 교양 있는 좋은 신붓감을 시애틀로 데리고 왔다. 이들을 데려오기 위해서 신청자들은 머서에게 비용으로 300달러를 지불해야 했다. 1865년 뉴욕에서 시애틀로 향하는 선박에는 아사 머서(Asa Mercer)에게 고용된 미혼여성 100명이 타고 있었다. 머서는 "매우 교양 있는 동부의 여성들이 총각들과 결혼하기 위해서 서부로 가고 있다"고 말했다. 그는 심지어 "17주의 항해는 동부에서 남성부족 현상과 서부에서 극도로 모자라는 여성부족 현상을 종결시킬 것이다"라고 자신 있게 주장하였다.[34]

서부개척 초기에는 이주민 대부분이 남성으로 이루어졌으나 1840년대 가족들과의 이동은 성비의 변화를 가져왔다. 1849년까지만 하더라도 여성은 전체 이동인구의 15~20퍼센트를 차지하였다. 1850~52년에 가족 단위의 농민이주가 늘어나면서 여성과 아동의 인구가 증가하였다. 캘리포니아가 가족 중심의 이주지역으로 급부상하게 되는 데는 1850년의 '토지기여법'(Donation Land Act)의 영향이 크기도 했다. 이 법은 가족의 경우는 미혼남성에게 분배되는 땅의 2배를 배분하는 내용을 골자로 하고 있다. 하지만 성비의 불균형은 1880년대까지도 이어졌다.

4) 프런티어 여성들의 경제활동

서부개척 초기에 프런티어 여성들은 어려운 환경에도 불구하고 가정경제에 많은 기여를 하였다. 특히 남편이 서부 정착과정에서 사고로 불행하게 죽는 경우에 그들 스스로가 가정을 책임져야 하는 상황에 놓이기도 하였다. 남성들의 경우는 농민, 기업가, 전문가, 노동자 등 자신들이 원하는 직업을 선택할 수 있었지만 여성들은 이러한 선택에 많은 제약이 뒤따랐다. 그 밖에도 남성들은 직업에 전적으로 충실할 수 있었지만, 여성은 직업을 가졌더라도 가사를 함께 돌보아야 하는 이중부담을 져야 했다.[35]

프런티어 여성들은 서부에서 자신들에게 잠재되어 있는 기술을 개발하고 가정과 사회에서 자신들의 영역을 확대해 나가려고 노력하였다. 여성들은 가정에 필요한 물품을 직접 만들어 가족을 부양했다. 서부에서 어린 시절을 보낸 머레이(Margaret Murray)가 남긴 어머니에 대한 글을 보면 그녀의 어머니는 농장에서 직접 만든 버터나 달걀 또는 포도 같은 것을 상점에서 다른 물건으로 교환하거나 아니면 직접 팔아서 현금으로 가져오곤 하였다는 내용이 있다. 프런티어 여성 캐플스(Mary Caples)는 남편이 아파 누워 있을 때 생활비를 벌기 위해 과일파이를 구워 1달러 25센트 정도에 팔았는데 어느 날은 하루에 약 100개의 파이를 구워 팔았던 적도 있는 등, 매우 성공적인 비즈니스였다고 적고 있다.[36] 대부분의 프런티어 여성들은 가족경제에서 자신들의 역할을 매우 자랑스럽게 생각했을 뿐만 아니라 이러한 역할로 프런티어 사회에서 존경을 받았다. 특히 서부여성들 중 모르몬여성들의 가정 내 생산품은 모르몬사회의 경제발전에서 매우 중요한 역할을 했고, 교회에서도 이를 적극 권장하였다. 교회지도자들은 공개적으로 여성들의 가정 내 생산품을 광고하였을 뿐 아니라 때로는 재료를 제공하기도 하였다. 브리그햄 영(Brigham Young)은 설교를 통해서 가정산업을 촉진하고 신도들에게 가내수공업으로 만든 물건들을 사도록 적극적으로 권장하였다.[37]

프런티어 여성들은 또한 집안일을 기초로 비즈니스를 시작하였다. 서부의 광산촌이나 그 밖의 캠프에는 미혼남성들이 많이 있었고, 그들을 위해서 요리를 하거나 청소를 해줄 여성이 필요했다. 이러한 일들은 육체적으로 매우 고된 일이었으나, 당시로는 고

임금 직종이었다. 여성들의 임금은 대부분 한 달에 50달러에서 많게는 75달러에 달하였다. 1880년대 사우스다코타의 보브코크(Cora Bobcock)는 친구와 세탁하는 일로 1주일에 평균 14달러 정도의 수입이 있었는데, 일주일에 식료품과 연료비로 2달러 정도만 필요하고 일도 그리 어려운 것이 아니라 비교적 만족스럽다고 말하였다.[38] 맨슈어(Abby Mansur)는 캘리포니아 광산촌으로 이주해 왔는데, 그녀는 고향에 있는 어머니와 여동생에게 편지를 보내 광산촌의 열악한 환경에도 불구하고 무언가 경제적으로 보탬이 되는 일을 할 수 있다는 것은 매우 보람이 있고, 경제적으로도 가정에 많은 도움이 된다고 하였다. 그녀는 옷감을 사다가 옷을 만들어 팔았는데, 이는 광산촌의 미혼남성들에게 인기가 많았을 뿐만 아니라 높은 이윤을 남기는 장사였다. 그녀에 따르면 옷감 값은 5달러 정도에 불과하고 완성된 옷이 20~25달러에 팔리는 등 거의 5배 정도의 가격에 팔리는 셈이었다.[39]

대부분 이런 일들은 가정 내에서 가족과 자녀들을 돌보면서 수입을 올릴 수 있는 일들이었다. 어떤 여성들은 가정 내에서 이런 일들을 하기보다는 취업을 원했는데, 이런 여성들은 부잣집에서 가정부로 일하거나 호텔에 취직을 하였다. 바이젤(Ann Beisel)은 "나는 캘리포니아에 있는 모든 호텔에서 요리를 하였고, 나 자신을 어떻게 돌볼 것인가를 배웠다"고 기록하고 있다. 이러한 노동으로 돈을 벌어들이는 계층은 미혼여성이나 미망인들이 주류를 이루었다. 미망인들에게 이러한 일들은 대부분 유일한 생계수단이 되기도 하였다. 미혼여성들은 이런 일을 해서 벌어들인 돈으로 교육비를 충당하였고, 일은 결혼하기 전까지 계속되었다. 서부에서는 특히 이러한 미혼 여성들을 필요로 했는데 일반적으로 이렇게 가사일로 벌어들이는 수입은 동부보다 서부가 높았다. 그래서 때에 따라서는 동부의 여성들이 돈을 벌기 위해서 서부로 일을 찾아나서는 경우도 많았다.[40]

프런티어 여성들은 일손이 부족할 때는 노동자들을 위한 하숙집을 운영하기도 했다. 하숙집은 그 규모나 제공되는 서비스에 따라서 매우 다양하였다. 어떤 하숙집은 숙식 모두 제공하는가 하면, 때에 따라서는 음식만 제공하는 하숙집도 있었다. 대부분의 하숙집은 소규모로 운영되었기 때문에 한꺼번에 8명 내지 10명 이상의 하숙생을 두지는 못했다. 그러나 간혹 제법 규모가 큰 하숙집을 운영하는 경우도 있었다. 콜로라도의 한 여성은 "나는 위스콘신에서 캐나다에 이르기까지 77명의 하숙생을 두고 있다"고 기록하고 있다.[41] 남편과 함께 하숙집이나 호텔을 경영하는 여성들도 있었는데 이런 경우 남편들은 건물을 관리하거나 장부를 정리하고 투숙객들을 위한 오락을 담당한 반면에, 여성들은 호텔청소나 음식 만들기, 빨래 등을 했다. 한 보고서에 따르면, 1870년대 요세미티의 유명한 호텔 5개 중 4개는 훌륭한 요리사를 두고 있었는데 이들은 대부분 호텔 주인의 부인이었다고 한다.[42]

서부로의 이주가 가속화되면서 학교의 교사는 여성들로 채워졌으며 그들은 서부를 문명화시킬 수 있는 사람들로 받아들여졌다. 19세기 교사들은 가정에서 자녀를 양육하는 연장선상에서 도덕적·예술적 교육을 담당하였다. 남북전쟁 이전에 가장 유명한 여성 중 한 사람인 비처(Catherine Beecher)는 끊임없이 서부의 교육을 위한 보조교사 확대와 교사가 여성의 직업으로 가장 적절하다는 것을 강조하였다. 서부에서는 교사수의 부족과 서부여성들의 자녀에 대한 교육열로 동부의 여성들을 교사로 모셔오고자 하는 시도들이 있었다. 그 한 예로, 뉴잉글랜드 신문에는 "…우리는 즉시 그들을 원합니다. 그리고 그들은 그 일들을 아주 잘해 낼 것입니다"는 광고가 실리곤 했다.[43]

동부의 다양한 그룹들이 이러한 요구에 부응하려 노력하였고, 비처 자신도 서부의 어린이들이 실질적인 교육 없이 성장하고 있다는 주장과 함께 서부로 교사를 파견하기 위한 캠페인을 시작하였다. 1847년 창설된 국가대중교육위원회(Board of National Popular Education, BNPE)와 함께 비처는 교사고용에 나섰다. 이 위원회는 동부의 미혼여성들을 교사로 훈련하고 배치하는 일을 담당하였고, 필요한 수만큼의 교사를 확보하려고 노력하였다. 또한 서부여성들도 직접 지역사회에서 교사를 찾아나섰다. 뉴욕의 강의조직이었던 미국 리세움(American Lyceum)의 도움을 받아 비처는 1835년 여교사그룹을 서부로 파견하였다. 비처는 "여성만이 이 국가의 어린이들과 젊은이들을 교육시킬 수 있는 의무수행에 가장 적절한 사람들이다"는 주장을 하였다.[44] 비처의 이 같은 제안은 여성들이 교사직을 도맡아하게 함으로써 서부개척지의 마을공동체에서 중요한 역할을 수행하도록 하였다.

서부의 험한 환경에서 여성들이 교사직을 수행한다는 것은 몹시 어려웠다. 서부의 학교들은 시설이 매우 열악했고, 교사들 스스로 책이나 그 밖의 교육에 필요한 물품들을 마련해야 하는 경우도 생겨났다. 교사가 되기 위해 서부로 온 캔자스의 한 여성은 처음 그곳에 갔을 때는 학교건물이 없어서 날씨가 추워지기 전까지는 나무 아래서 학생들을 가르쳐야 했다. 그녀는 일기장에 "학교건물은 엉망이었고, 유리창은 곳곳이 깨져 있었으며, 학생들 모두가 제각각 다른 책을 가지고 있었다"고 쓰고 있다.[45] 대부분의 프런티어 교사들은 전체 학년의 학생들을 위해 모든 교과목을 가르쳐야 했다. 1878년에 한 여교사는 13명을 가르쳤는데, 8세에서 13세까지 연령이 다양했고, 지적 수준도 고르지 않아서 이들에게 적절한 교육을 제공한다는 것은 매우 어려웠다고 말하였다. 교사들이 담당했던 전형적인 교과목은 읽기, 쓰기, 지리학, 역사학, 문법 등이었고, 때에 따라서는 식물학, 화학, 그 밖에 좀더 수준 있는 과목을 가르칠 것이 요구되기도 하였다.

교사직과 집안일을 병행하는 여성들에게 이 직업을 유지하기란 매우 힘든 일이었다. 어떤 여성은 다음과 같이 언급했다. "식구들의 아침을 마련하고 학교 갈 준비를 해야 하는 것은 결코 쉽지 않았다. 매우 지치는 일이었다."[46] 시간이 지남에 따라 교사가 되기 위해서는 자격증이 필요하기 시작하였고, 교사직은 점차 찾기 힘든 직종이 되었다. 이에 따라 대학교육을 받지 않은 여성들은 자신들의 여유시간을 활용해서 필요조건을 갖추기 위해서 계절학기 등을 이용해 교육을 받아야 했다. 이렇게 서부의 여교사들은 열악한 교육조건, 때로는 다루기 힘든 학생, 낮은 급료 그리고 더욱 강화된 자격요건 등이 생겨나면서 이 일을 수행하기가 점점 어려워졌다.

서부개척 시기 매춘업의 번성은 경제적으로 빈곤으로부터 탈출하고자 했던 많은 여성들을 서부로 향하게 하였다. 이렇게 빈곤으로부터의 탈출 이외에도 여성들은 다양한 동기를 가지고 서부로 진출했는데, 지루한 시골생활을 벗어나고 싶어서 혹은 남편감을 만나기 위해서 또는 경제적으로 독립하기 위해서 서부로 와서 매춘에 발을 들여놓기도 했다. 1876년 샌프란시스코(San Francisco)의 로이드(B. E. Lloyd)는 "그 여성들은 매춘을 하는 사람들이라기보다는 훌륭한 여자학교를 졸업한 것 같은 매우 세련되고 고상해 보이는 여성들이었다"고 기록하고 있다. 어떤 여성들은 남편의 구타를 피해서 매춘에 발을 들여놓게 되었다. 1880년 센서스 보고서에 따르면 매춘 여성인구 중 절반 정도가 이미 결혼을 한 여성들이었고, 이혼한 경우는 거의 드물었다. 한 여성은 남편이 집을 비운 틈을 타서 집에서 도망쳐서 가구를 친척집에 모두 옮겨놓고 매춘에 나선 사례이기도 했다.[47]

매춘여성들에게 결혼은 재정적인 안정을 꿈꿀 수 있는 좋은 기회로 간주되었다. 이 여성들에게 결혼을 하는 것은 일종의 비즈니스와 같은 것이었다. 결혼은 그들에게 이상적인 꿈과도 같은 것이었다. 그들은 결혼을 통해서 '노동의 고통'과 '어두운 삶'으로부터 탈출할 수가 있었다. 20세기가 도래하면서 매매춘은 미국인들 생활의 한 부분이 되었고 홍등가는 해안을 따라 미국 대도시 곳곳에 자리 잡게 되었다. 전직 매춘부였던 테일러(Lydia Taylor)는 자신이 쓴 소책자에서 이 직업이 여성들에게 얼마나 고통스럽고 괴로운지를 적고 있다. 그녀는 자신의 책이 매춘으로 뛰어들기 전의 소녀들에게 좋은 경고가 되었으면 하는 희망으로 썼다고 밝히면서 "나는 이곳의 소녀들이 믿을 수 없을 만큼 얼마나 끔찍한 생활을 하고 있는지를 말해 주고자 한다"고 말했다.[48] 이러한 소녀들의 종말은 종종 자살, 알코올중독이나 질병으로 사망하거나 다른 곳으로 전전하는 경우가 대부분이었고, 남편을 만나 결혼하는 여성은 극소수였다.

서부의 여성들은 또한 다른 전문직―의학이나 법률 부분―에서도 매우 활발하게 활동하였다. 비록 그러한 여성들은 동부의 여성들과 마찬가지로 많은 어려움이 있었으나 동부의 여성들보다는 훨씬 쉽게 지역사회로부터 인정을 받았다. 서부여성들은 종종 의료분야에서 매우 중요한 보조적인 역할을 수행했고 대부분이 이 분야의 전문가로 인정을 받았다. 특히 멕시코·아메리카 사회와 원주민사회에서는 여성이 치료사로 높이 존경받고 있는 일이 많았기 때문에 서부여성들도 이러한 경우에 해당되었다. 여성들은 특히 남편이 의사인 경우 남편을 도와서, 응급시에는 남편을 대신해서 의료분야의 일을 하였다. 산파나 간호사 같은 직종은 비록 수입은 많지 않더라도 서부여성들에게 매우 흔한 직종이었다. 1847년 블랙웰(Elizabeth Blackwell)이 남성 중심의 의료분야에 당당하게 진출한 후 많은 미국여성들이 그녀의 뒤를 따랐다. 특히 유타(Utah)주에서는 모르몬계 여성들이 의사, 치과의사 등이 되는 것을 적극적으로 지원해 주었기 때문에 미국역사상 가장 뛰어난 여성의사들을 배출하기도 하였다.[49]

5) 프런티어 여성들의 자매애와 네트워킹

서부개척 시기 여성들의 글에는 공통적으로 새로운 환경에 대한 호기심과 서부의 낯선 생활에 대한 긴장감들에 대해 적혀 있다. 프런티어 여성들은 고독, 불안, 갈등, 향수병 등에 시달렸고 그들에게는 서부의 이러한 환경에 적응해 나간다는 것이 무척이나 어려운 일이었다. 더욱이 19세기는 여성들이 있어야 할 자리는 가정이라는 이념이 강하게 자리 잡고 있었던 시기였기 때문에, 친구와 친지를 떠나서 완전히 새로운 환경에 놓이게 되었다는 사실은 그들을 보호해 주었던 환경을 잃어버린 것과 마찬가지였다. 프런티어 여성들에게는 바쁜 남편으로부터 어떠한 위로나 격려와 이해를 기대하기란 매우 힘든 일이었다. 그들은 오히려 여성친구로부터 많은 정신적 위안을 얻었고 때로는 이러한 위안이 그들로 하여금 험난한 환경에서 적극적으로 살아갈 수 있게 해주는 원동력이 되었다.

무엇보다도 프런티어 여성들은 다른 여성들과의 동반을 가장 그리워했다. 한 여성은 다음과 같은 글을 남겼다. "최소한 나의 입장을 이해해 줄 수 있는 여성 한 명만 있다면 나는 행복할 것이다." 그러나 이것은 쉽지 않은 일이었다. 서부개척 초기만 해도 남성 5~6명당 여성 1명의 성비를 이루었기 때문에 동반자적인 여성을 찾기란 어려운 일이었다. 하지만 프런티어 여성들은 이러한 외로움을 달래기 위해서 여러 가지 방법을 모색하였다. 그들은 고향에 있는 부모와 친지들에게 편지를 써서 그들을 서부로 초대했고, 어떤 여성은 거리상 조금 떨어져 있기는 하지만 이웃여성들과 정기적으로 서로의 집을 방문하면서 자녀들에게 새로운 친구를 사귈 기회를 제공해 주었다. 그리고 바쁠 때면 서로 빨래와 부엌일들을 도와주기도 했고, 필요한 물건을 교환하기도 했다. 퀼트를 만들거나 바느질을 하는 모임은 여성들끼리 서로에게 친구가 되어주는 좋은 기회가 되었다.[50]

이 시기 여성들의 자매애(sisterhood)가 더욱 중시되는 이유는 이러한 것이 단순히 사적인 친분관계로 끝난 것이 아니라, 거시적인 차원에서 19세기에 크게 확대되었던 여성들의 자선단체로 발전하는 데 기초를 제공했기 때문이다. 이런 자선단체를 통해서 여성들은 어려운 이웃을 위해 자신들의 도덕적 책임감을 함께 공유하였다. 성직자들은 종교적 또는 자선 목적으로 여성들의 자선단체를 도왔고, 특히 종교 안에서 여성들이 함께할 수 있도록 분위기를 조성해 나갔다.

19세기 자선단체들은 여성들이야말로 가정과 더불어 미국사회에 대해 종교적 책임감이 있음을 강조했다. 그리고 이러한 자선단체의 목표가 노예해방이나 매매춘의 문제와 밀접한 관계를 갖게 되면서 더욱 젠더화되어 갔다. 특히 서부의 여러 문학작품들은 프런티어 여성들의 종교적 책임감을 강조했다. 1835년 서부의 한 문학잡지에서는 여성들이야말로 '개척의 어머니'(pioneer mother)로서 황량한 서부를 개척하고 국가를 발전시키는 데 크게 기여할 것이라고 설명하면서 여성들의 영웅적인 역할을 격려하였다.[51]

서부개척 시기 여성들은 서로에게 좋은 동반자로서의 역할을 해주었다. 그들은 서로의 경험과 관점을 나누면서 생활에서의 안정감과 만족감을 찾았다. 서부개척지의 여성들에게는 여성들 간에 서로 친절을 베푼다는 것이 매우 중요한 문제였다. 이웃과 잘 지낸다는 사실은 그들에게 매일 반복되는 생활에서 매우 즐거운 일이었다. 이러한 상황에서 음식이나 거처 등으로 어려움이 있는 이웃여성들에게 도움을 주었다. 서부개척 시기 다양한 환경은 여성들로 하여금 서로를 필요로 하는 관계를 만들게 해주었고, 그들 사이에서 양질의 시간을 함께 보내도록 했다. 여성들끼리의 카드놀이 또한 인기 있는 놀이 중 하나였다. 그들은 또한 책이나 잡지·신문 등을 서로 돌려보기도 했고, 문학서클을 만들어 정기적 모임을 가졌다. 그들은 때로 만나서 아이디어를 서로 공유하거나, 유명인사를 초청하여 강연을 듣기도 하였다. 그들에게는 읽을 수 있는 책의 수가 매우 적었기 때문에 여성들은 우편으로 읽을거리를 주문하기 위해 용돈을 아껴 쓰곤 했는데, 사우스다코타의 한 여성은 "책의 마지막 페이지를 읽는 것은 마치 아직도 배가 고픈데 접시에 있는 음식의 마지막 조각을 먹는 것과 같았다"고 회고하였다.[52]

서부여성들은 다양한 취미활동 모임에 참여하기도 하였다. 그들은 가족과 친지들에게서 떨어져 생활하는 고독감을 극복하기 위하여 춤이나 파티, 그 밖의 다른 오락거리를 찾았다. 춤은 특별히 인기 있는 사교활동이었고, 그 종류도 매우 다양하였다. 때에 따라서 비교적 보수적인 가정에서는 포크댄스 정도의 춤만 허용하는 경우도 있었으나, 마을의 규모가 큰 곳에서는 적당히 장식된 큰 홀에서 음악연주자들이 배석한 가운데 춤을 추기도 했다. 서부개척 시기 대부분의 마을에서 춤은 이웃들 사이의 비공식적인 오락이었지만,

여성들 간의 우정을 키워나가는 데 좋은 기회를 제공해 주었다. 그들은 또한 강연회나 순회공연을 오는 음악가들의 공연을 보러 가기도 하였다. 어떤 여성들은 여가시간을 아이들을 가르치는 데 할애했을 뿐만 아니라 자신들 스스로의 지식을 얻는 데도 사용하였다. 특히 프런티어 가정들은 미국의 국경일인 독립기념일, 추수감사절, 크리스마스 등의 명절에 이웃들과 함께 모여 즐기며 때로는 음악회 등에 참석하면서 서부의 지루한 생활을 극복해 나갔다.[53]

교회는 프런티어 정착인들이 사교활동을 할 수 있는 장으로 사용되었을 뿐만 아니라 그들에게 마을공동체의 일원이라는 생각을 심어주었다. 특히 여성들은 정기적으로 이루어지는 성경공부나 다른 종교적 캠프에도 함께 참여하였다. 프런티어 여성들은 고향에서 종교를 통해 자신들이 얻을 수 있었던 위안과 강인함을 아쉬워했다. 또 많은 여성들은 자녀들이 신앙 없이 성장하는 데 대해 크게 걱정을 하였다. 여성들은 종종 마을에 교회를 세워 목사님을 모셔오기 위한 기금마련 행사를 개최하였다. 뿐만 아니라 예배나 성경공부, 어린이 성경학교 등을 위해서 기꺼이 자신들의 집을 장소로 제공하였다. 샌프란시스코에서 가장 눈에 띄었던 것은 방랑자들을 보살펴주는 '자비사회'(Benevolent Society)이다. 이 조직은 각기 다른 교회의 여신도들에 의해서 운영되었으며, 이 도시에만 4개가 존재하였다. 모임을 통해서 낯선 사람들은 친구가 되었고, 어려운 생활 속에서 많은 활력소 역할을 해주었다.[54]

많은 프런티어 여성들은 학교가 거친 서부를 문명화시킬 것이라고 믿었다. 가구수가 너무 적어서 학교를 세울 수 없는 지역에서는 어머니가 아이들을 집에서 가르치거나 교육을 위해서 이웃여성에게 보냈다. 프런티어 여성들은 마차나 자동차를 이용해서 학교에 대한 보조를 위해 시가행진을 하거나, 주지사에게 직접 편지를 쓰기도 했다. 여성들은 바자회 등을 통해서 부족한 교사들의 급료나 학교를 위한 기금마련에 힘을 썼다. 프런티어 부모들은 기존의 교사(校舍)가 없거나 혹은 교육공간을 찾을 수가 없을 때 직접 나서서 학교건물을 짓기도 했다. 많은 프런티어 여성들은 학교를 조성하고자 하는 움직임으로 처음으로 공적 영역에 참여하게 되었다. 점차 여성들은 학교세금에 관해서, 학교장과 학교위원회 선출 등에서 투표권이 없는 데 대해 불만을 품기 시작했다.

네브래스카(Nebraska)의 여교사인 켈리(Luna Kellie)는 어떤 정치가가 세금을 아끼기 위해서 학교의 수업일정을 단축시키려 할 때 다음과 같이 주장하였다.

> 나는 처음으로 여성이 정치에 흥미를 느끼고 투표하는 것을 원하게 될지도 모른다고 생각했습니다. 나는 그동안 정치에 관심을 갖는 것은 여성다운 일이 아니라고 가르쳐왔습니다. …그러나 지금 나는 사려 깊은 어머니들은 최소한 지방자치를 위해 투표하기를 원할 것이라 믿습니다.[55]

프런티어 여성들은 여성들끼리 네트워크를 형성해 자선활동을 하였다. 서부에는 '여성자선사회'(Ladies Aid Societies)를 비롯해 수천 개의 여성클럽이 마을을 위해서 활동했다. 여성들은 도서관을 짓거나 책을 기부하기 위한 자선활동을 전개해 왔다. 그들은 자선바자회 등을 통해서 기금을 모았고, 미망인이나 고아들을 돕고, 여학생들에게 장학금을 주는 등 활발하게 활동하였다. 또 프런티어 여성들은 가뭄으로 인해 기아에 허덕이는 가족들에게 도움의 손길을 보냈다.

여성들의 개혁의 노력은 정치적 영역에까지 확대되었다. 알코올을 금지시키고자 하는 금주(temperance)운동은 여성들로 하여금 가장 많은 관심을 가지게 하였다. 여성들은 자신들의 주요 역할인 '가정과 사회의 보호자'에 초점을 맞추어 술은 가정과 사회를 파괴할 수 있음을 강조하였다. 1850년대 초 몇몇 여성은 일요일에는 살롱이 문을 닫을 것을 요구하였다. 이 목표를 위해 여성그룹은 서명을 받거나 공공집회를 개최했다. 1874년 오하이오에 '여성기독교 금주연합회'(Women's Christian Temperance Union)가 설립되었다. 1890년까지 이 조직은 미국에서 가장 큰 조직 중 하나였다. 1878년에 캔자스주에만 26개의 자치단체가 설립되어 있었다. 알코올중독으로 남편을 잃은 캐리(Kansan Carry)는 금주운동으로 미국에서 제일 유명한 여성이 되었다. 심지어 그녀는 신의 가호 아래 보호받을 것을 장담하면서 살롱을 공격해서 기물을 부수는 일까지도 서슴지 않았다. 그러나 대부분의 금주운동 지지자들은 평화적인 수단을 사용해서 대중들이 관심을 갖도록 유도하였다. 그들은 금주리본을 달고 강의를 하고 곡을 쓰고 주의 입법자들에게 로비를 하고 또는 소책자를 돌렸다. 마침내 그들의 노력은 1919년 미국 내 알코올 생산·유통·소비를 철저하게 금지하는 수정헌법 제18조를 통과시키는 결

실을 맺었다.[56]

　　여성기독교금주연합은 지방 또는 주 단위의 알코올과 관련된 문제점을 해결하기 위해 다양한 조직을 만들었다. 1877년 미네소타에서 주 차원의 금주연합은 복음성가 모임, 소녀들을 위한 직업학교 건립, 무료유치원 설립과 어머니모임 등을 주관하였다.[57] 금주운동이나 그 밖의 개혁운동에 참여한 여성들은 참정권운동을 위해서도 싸웠다. 여성참정권 반대자들은 여성들이 참정권을 얻으면 결국 그들의 여성성을 잃게 될 것이며, 가정을 파괴하고 신의 법에 위배되는 일이라고 주장했다.

　　여성참정권 운동은 1840년대 미 동부에 그 기원을 두고 있었지만 최초의 성과는 서부에서 이루어졌다. 1861년 캔자스 여성들은 학교 교육위원회 선출에 대한 투표권과 여성의 재산권을 획득하였다. 그리고 1867년 캔자스에서 일어난 여성들의 진정한 참정권을 얻고자 하는 시도는 전국적으로 관심을 받기도 했다. 동부의 여성참정권 운동가인 스탠턴(Elizabeth Cady Stanton), 스톤(Lucy Stone), 앤서니(Susan B. Anthony)는 서부의 지지를 받고자 서부를 여행했다. 비록 캔자스 여성들이 완전한 참정권을 얻은 것은 1912년이지만 그들은 이미 1887년에 시의원선거의 선거권과 피선거권 모두를 획득하였다. 1870년 와이오밍의 여성들은 미국역사상 최초로 투표권을 행사하였다. 1890년 최초로 여성참정권을 위한 연합이 탄생했고 1914년까지 18개의 마지막 주들 중 11개 주가 가담하였는데 모두 서부의 주들이었다.

　　이렇게 서부의 주에서 여성참정권 운동이 성공을 거둘 수 있었던 여러 이유 중 하나는 여성들 간의 네트워크를 통해 정치활동의 기초를 다진 데서 비롯된 것이었다. 서부의 신문들은 여성들이 정치에 적극적으로 참여하는 것에 관해 대서특필하였다. 서부여성들은 자신들의 성취감에 기뻐했다. 이렇게 서부의 여성들은 자신들이 시간과 에너지를 쏟아 이루어온 서부사회에서 법적인 권리가 없음을 인지하고 이에 저항하는 움직임을 끊임없이 보여왔다. 그러한 시도는 서부의 여러 주에서 참정권을 더 빨리 획득할 수 있는 기초를 제공해 주었던 것이다.

프런티어가 미국여성들에 얼마만큼 경제적·사회적 또는 정치적으로 자유를 가져다주었는지는 아직도 학자들 사이에 많은 논쟁이 있다. 하지만 한 가지 확실한 것은 프런티어 여성들의 정신이 그들 후세에게 확실히 계승되었다는 점이다. 1943년 한 통계자료에 의하면[58] 서부여성들이 북부나 남부의 여성들보다도 교육수준이 높으며, 다양한 직업을 가지고 있고, 종교적으로 덜 보수적이며, 변화에 대해서는 훨씬 더 열려 있는 마음을 가지고 있고 남녀평등의 경향이 보다 강한 것으로 나타났다. 그동안 미국인들이 알고 있던 서부개척 신화와 달리 서부개척 시기의 프런티어 여성들의 출현은 서부개척의 종말을 의미하는 것이 아니었다. 여성들은 계속 서부로 진출했으며 서부에서 새로운 질서와 문화를 창조하였다. 미국인들에게 프런티어란 선과 악이 서로 대치하는 장이 되었고 여기에는 '선'에 대한 강한 믿음으로 자신들의 역경을 극복해 나간 프런티어 여성들이 있었다.

미국역사가 라마(Howard Lamar)는 프런티어 역사는 아주 거대한 문제들을 평범한 사람들이 해결해 나가려 시도한 역사의 한 단면이라고 주장하였다. 수많은 프런티어들은 역경을 헤쳐 나갔고, 미국국가의 발전에 큰 기여를 했음에 분명하다. 더욱이 프런티어 여성들은 미국역사상 가장 중요한 서부개척 시기에 주변이 아닌 가장 중심에서 자신들의 운명을 개척하고 역사를 만들어갔다.

1) Brandon Marie Miller, *Buffalo Gals: Women of the Old West*(Minneapolis: Lerner Publications Company, 1995), p. 9.

2) Julie Roy Jeffrey, *Frontier Women: The Trans Mississippi West 1840~ 1880*(New York: Hill and Wong, 1979), p. 3.

3) Frederick Jackson Turner, *The Frontier in American History*(New York: Holt, Rienhart and Winston, 1962), p. 4.

4) O. E. Rolvaag, *Giants in the Earth: A Saga of the Prairie*(New York: Haperperenial, 1927).

5) Beverly J. Stoeltje, "A Helpmate for Man Indeed: The Image of the Frontier Woman," *Journal of American Folklore* 88(no. 88, 1975. Jan.~March).

6) Fay Reinerberg Holt, *Sharing the Good Times: A History of Prairie Women's Joys and Pleasures*(Calgary: Deselig Enterprises Ltd, 2000).

7) John Mack Faragher, "Women and Their Families on the Overland Trail to California and Oregon, 1842~1867," *Feminist Studies*(no. 2, 1975. Spring).

8) Sandra L. Myres, *Westering Women and the Frontier Experience 1800~ 1915*(Albuquerque: University of New Mexico Press, 1982).

9) Sharon Niderman, *A Quilt of Words: Women's Diaries, Letters and Original Accounts of Life in the Southwest, 1860~1960*(Boulder Co: Johnson Books, 1988).

10) Cathy Luchetti, *Children of the West: Family Life on the Frontie*(New York: Norton, 2001), p. 15.

11) Miller, 앞의 책, p. 8.

12) Doris Wright, "The Making of Cosmopolitan California, 1848~1870," *California Historical Society Quarterly*(no. 19, 1940), pp. 323~31.

13) Faragher, *Women and Men on the Overland Trail*(New Haven: Yale Univ. Press, 1979), p. 33.

14) 같은 책, p. 17.

15) Cathy Luchetti, *"I Do!": Courtship, Love, and Marriage on the American Frontier*(New York: Crown Trade Paperbacks, 1996), p. 69.

16) Miller, 앞의 책, pp. 8~12.

17) Camilla Thomson Donnell, *Crossing the Plains*(Greenburg: Johnson Books, 1896), p. 8.

18) Christian Fischer, *Let Them Speak for Themselves: Women in the American West,*

1849~1900(Hamden: The Shoe String Press inc., 1977), p. 46.

19) Miller, 앞의 책, p. 13.

20) Fischer, 앞의 책, p. 54, 55.

21) George Willis Read, "Diseases, Drugs, and Doctors on the OregonCalifornia Trail in the GoldRush Years," *Missouri Historical Review*(no. 38, 1944. Spring), pp. 260~76.

22) Ralph Henry Gabriel, *A Frontier Lady: Recollections of the Gold Rush and Early California*(New Haven: Yale University Press, 1932), p. 16, 17.

23) Cathy Luchetti, *Children of the West: Family Life on the Frontier*, pp. 17~21.

24) 같은 책, p. 58.

25) Nancy F. Cott ed., *No Small Courage: A History of Women in the United States*(New York: Oxford University Press, 2000), p. 183.

26) Luchetti, *Children of the West*, p. 17.

27) Faragher, 앞의 책, p. 11.

28) Fischer, 앞의 책, p. 52.

29) Doris Wright, "The Making of Cosmopolitan California, 1848~1870," *California Historical Society Quarterly*(no. 20, 1941), p. 67.

30) Joseph D. Kennedy, *Preliminary Report on the Eighth Census, 1860* (Washington DC: Government Printing Office, 1862), p. 134.

31) Miller, 앞의 책, p. 53.

32) Faragher, 앞의 책, p. 39.

33) Luchetti, *"I Do!"*, p. 99, 100.

34) 같은 책, p. 109.

35) Glenda Riley, *The Female Frontier: A Comparative View of Women on the Prarie and the Plains*(Lawrence: University Press of Kansas, 1988), p. 102.

36) Sandra L. Myres, *Westering Women and the Frontier Experience 1800~ 1915*(Albuquer: University of New Mexico Press, 1982), pp. 240~42.

37) Leonard J. Arrington, "The Economic Role of Pioneer Mormon Women," *Western Humanities Review*(no. 9, 1980. Spring), pp. 145~55.

38) Myres, 앞의 책, p. 242.

39) Fischer, 앞의 책, p. 55.

40) Myres, 앞의 책, p. 243.

41) 같은 책, p. 245.

42) Shirley Sargent, *Pioneers in Petticoats: Yosemite's Early Women, 1856~ 1900*(Los Angeles: TransAnglo Books, 1966), p. 20.

43) Carl N. Degler, *At Odds: Women and the Family in America from the Revolution to the Present*(New York: Oxford University Press, 1980), p. 318.

44) Julie Roy Jeffrey, *Frontier Women: The Trans Mississippi West 1840~1880* (New York: Hill and Wong, 1979), p. 21.

45) Ellen C. Pennock, "Incidents in My Life as a Pioneer," *Colorado Magazine* (no. 30, 1953. April), p. 128.

46) Myres, 앞의 책, p. 250.

47) Luchetti, *"I Do!"*, p. 207, 208.

48) Myres, 앞의 책, p. 255.

49) 같은 책, p. 266.

50) Jeffrey, 앞의 책, p. 19.

51) 같은 책, p. 27.

52) Ellen C. Penncock, 앞의 글, pp. 130~33.

53) Myers, 앞의 책, p. 181.

54) Gabriel, 앞의 책, p. 14.

55) Miller, 앞의 책, p. 59.

56) 같은 책, p. 61.

57) Riley, 앞의 책, p. 157, 158.

58) D'Ann Cambell, "Was the West Different? Values and Attitudes of Young Women in 1943," *Pacific Historical Review*(vol. 47, 1978. August), pp. 453~63.

제2부

남 북 전 쟁 전 후 의 역 사

1
미국 남북전쟁 이전 노예제도와 젠더체계

미국의 노예제도는 미국역사상 남북 간의 갈등을 심화시키고 남북 전쟁이라는 최대의 비극을 불러왔다. 미국역사 연구에서 남북전쟁 이전 흑인노예들에 관한 연구는 많았지만 여성 흑인노예들의 독특한 역사적 경험을 젠더체계의 관점에서 분석한 연구는 매우 미흡한 상태이다. 역사적으로 흑인 남성노예와 여성노예들은 많은 경험을 공유하였다. 그들은 삶에 대한 통제권이 없었고, 농장주의 명령에 따라 노동을 해야 했으며, 여성과 남성 모두 육체적 학대와 가족해체를 경험해야 했다. 하지만 노예제도는 젠더체계의 관점에서 볼 때 큰 차이가 있다. 흑인 여성노예들은 농장주들의 성적 착취의 대상이 되었을 뿐만 아니라 출산경험에 의해 많은 고통이 따랐다. 여성노예들의 과중한 노동은 그들 자신뿐만 아니라 태아에게도 나쁜 영향을 끼쳤다. 여성노예들의 경우 경제적·생물학적으로 많은 요소가 결합되어 삶 자체가 매우 복잡하고 고통스러웠다.

1) 노예제도에 관한 연구경향

그동안 노예제도에 대한 학계의 전통적인 해석은 열등한 흑인노예들과 백인농장주의 관계가 상호 의존적이라는 관점이 우세하였다. 이러한 전통적인 관점에 대한 새로운 시도는 1960년대 미국의 인권운동과 사회사 연구와 더불어 시작되었다. 나단 글레이저(Nathan Glazer)는 흑인가족에 관해 집중적인 분석을 시도하였다. 그의 주장에 따르면 흑인가족의 취약성의 근본 원인은 노예제도의 특수성에서 기인한 것으로, 가부장제의 부재가 그 원인이 되었다고 주장하였다.[1] 1970년대 존 블래싱엄(John V. Blassingame)은 노예 공동사회의 긍정적인 면을 강조하였다. 그의 해석에 따르면 노예들은 노동에 시달리면서도 농장에서 그들 나름대로 공동체를 형성하여 가치관을 공유하였고, 노예가정은 공동사회와 경제생활을 성립시키는 가장 기초적인 사회단위로서 재인식되기 시작하였다. 이렇게 노예가정에서 부모의 역할, 가족과 친척의 관계, 가정은 새로운 각도에서 조명되었다.[2]

1970년대에는 기존의 백인 중심적 관점의 연구에서 벗어나 흑인들 자신이 남겨놓은 기록들, 즉 도망노예나 해방노예들의 자서전·편지 혹은 인터뷰 등을 바탕으로 흑인의 관점에서 역사가 서술되었다. 노예제도에 대한 새로운 해석은 유진 제노비스(Eugen D. Genovese)에 의해서 시도되었다. 저서에서 제노비스는 노예제도에서 노예주와 노예들의 관계는 상호 책임과 의무의 복합적인 관계로 마치 부모자식간의 관계처럼 유지되면서 가족적 가치를 더욱 강화시켰다고 주장하고 있다.[3] 또한 폭스 제노비스(Elizabeth Fox-Genovese)는 대농장 형성에서 젠더의 역할에 관한 연구를 하였는데 그녀는 농장주 아내들도 노예제도에서 부모자식의 관계, 가족적 가치를 더욱 강화시켰다고 주장하였다. 소농장의 경우 노예의 수가 적었기 때문에 농장주와 노예들 사이에 가부장적 관계가 형성되었고 노예주에 대한 노예들의 의존적 성격이 강화되었다는 것이 제노비스의 주장이다.[4] 노예가족에 대한 가장 폭넓은 연구를 제시한 허버트 거트만(Herbert Gutman)은 노예들의 결혼제도와 가족제도를 분석하였다. 그는 역사적으로 노예가정이 노예매매로 인해 끊임없이 위협받아 왔음을 강조하였다. 노예들에게 가정이라는 울타리는 강제노동의 열악한 조건 아래서 정신적 건강을 유지시켜 주는 방파제 구실을 하였다고 보았다.[5]

1980년대에 들어서 '젠더'를 주제로 한 노예제 연구가 시작되었다. 재클린 존스(Jacqueline Jones)는 흑인여성들이 일과 가족 간의 균형을 이루어나가는 점에 대하여 강조하였고, 데보라 화이트(Deborah G. White)도 노예제도에서 흑인여성들의 경험에 대해 그들의 입장에서 다양한 분석을 시도하였다.[6]

이 장에서는 남북전쟁 이전 노예제도 아래서 흑인 노예가족과 여성노예들의 경험을 젠더체계의 관점에서 다양한 분석을 시도하였다. 여기서 남북전쟁 이전시기(antebellum)는 19세기 초반부터 중반까지를 말한다. 이 시기 미국사회는 산업혁명에 의한 경제변화를 경험하였으며, 남부의 노예노동 체계는 더욱 강고해졌다. 1860년대까지 남북을 연결시켜 주던 정당 등 정치적 조직들과 교회들의 경제 네트워크는 완전히 붕괴되어 갔다. 뿐만 아니라 남과 북의 분열을 더욱더 심화시킨 노예제도는 점점 미국을 전쟁의 분위기로 몰고 갔다. 이처럼 남북전쟁 이전시기 노예제도는 언제든지 폭발 가능한 화약고였던 것이다.

2) 노예 결혼제도와 가정 내 젠더체계

노예제도에서 노예들의 결혼제도와 가족관계는 다양한 특징을 가지고 있었다. 특히 노예제도 아래서 남성노예와 여성노예들은 젠더체계에 근거해서 많은 차이를 보여주었다. 남북전쟁 이전시기 미국의 노예들은 라틴아메리카나 카리브해 지역과 비교해서 매우 독특한 경험을 하였는데 이는 남녀의 성비격차가 매우 컸던 점이다. 통계학적 분석에 따르면 북아메리카로 이주했던 흑인 여성노예의 경우 5명 중 1명은 항해 도중 또는 아메리카 대륙에 도착 후 사망한 것으로 드러났다. 성비의 불균형은 17~18세기 노예들의 매매과정으로부터 기인했다. 초기 노예제도에서는 대부분 남성노예에 의존하는 경향이 있었다. 따라서 초기 노예시장에서는 여성보다 남성 노예를 선호하는 경향이 매우 컸기 때문에 성비의 불균형은 당연한 결과였다.

성비는 대체적으로 남성노예가 여성노예에 비해 2~3배 정도 많았기 때문에 흑인남성들이 배우자를 찾기란 매우 어려운 일이었다. 따라서 일반적으로 어렵게 배우자를 찾아 결혼한 후에도 남편이 대농장에서 일하는 경우 대부분 떨어져 살아야 하기 때문에, 남편의 도움 없이 또는 다른 여성의 도움을 받아 아이를 양육을 해야만 했다. 이러한 상황은 모성을 강조하는 아프리카의 전통을 어느 정도 유지하도록 해주었고, 어머니들은 이러한 전통을 딸들을 통해서 전수했다.[7]

　　17~18세기 초 대농장 정착기에 여성노예는 남성노예보다 경제적 가치가 낮았고 노예주들은 이들의 재생산능력에 주목하지 않았다. 그러나 18세기 중반에 오면서 농장주들은 여성노예들의 출산이 지닌 잠재적 이윤창출을 깨닫기 시작하였다. 점차 여성노예들은 그들의 어머니보다 어린 나이에 임신하기 시작하였으며, 이러한 경향은 갈수록 강해졌다. 이에 따라 남성노예들이 월등히 많았던 미국노예의 성비가 1:1에 근접하게 되었다. 농장주들이 여성노예의 출산능력 가치를 인식한 후로는 임신한 여성노예에게 프리미엄이 붙기까지 하였다. 농장주들은 자신들의 재산증식이라는 목적을 위해 여성노예들의 임신을 강요하였으며, 여성노예의 삶에서 임신과 자녀양육은 매우 중요한 의무가 되었다. 18세기 중반에는 농장주들이 여성노예들에게 임신과 자녀양육을 강조하기 시작했고 이는 곧 노예제도의 전통이 되었다.[8]

　　노예들의 결혼풍습은 일반적으로 부부가 함께 거주하는 형태와 노예제도만의 독특한 결혼제도였던 '농장 외 결혼'(abroad marriage)이 있었다. 농장 외 결혼이란 다른 장소에서 거주하는 노예들 간의 결혼을 의미하였다. 서로 다른 곳에 거주하는 노예들 간의 왕래는 최소 1주일에 한번 정도 허용되었고, 대부분 남편이 아내를 방문하도록 되어 있었는데 이는 노예들의 도망을 최소화하기 위한 방편이었다.[9] 이러한 결혼 외에 노예들의 결혼식은 다양한 형태를 띠고 있었다. 백인처럼 성대한 결혼식을 거행하기도 했는데 이 경우 노예들은 백인처럼 깨끗한 예복을 입고 교회에서 결혼식이 끝난 후 주인 주재 아래 일종의 파티를 열었다. 또 다른 형태로는 목사의 주재로 맹세는 하되 성대한 결혼잔치는 생략하는 형태가 있었다. 그러나 가장 일반적인 결혼형태는 농장 외 결혼으로, 이는 예식의 절차 없이 주인의 허락만으로 성립되며 부부가 서로 떨어져 살면서 정기적으로 만나는 형식이었다. 예를 들어 로버트 시퍼드(Roberet Shipherd)처럼 수요일과 일요일 밤에 아내를 만나러 가는 것이 허락되는 경우가 있었는가 하면, 조지아의 수잔 매킨토시(Susan Mckintosch)는 아버지가 한 달에 한번이나 두 번 정도 방문하였기 때문에 자신은 아버지 없이 성장하였다고 말하는 사례가 이에 해당했다.

농장 외 결혼은 여러 가지 문제점을 가지고 있었음에도 많은 부부가 이런 관계를 원하였는데 그 이유는 배우자의 학대받는 모습을 보지 않아도 되었기 때문이다. 노예들의 결혼풍습의 특징 중 또하나 중요한 사실은 노예남편은 가부장제도에서 볼 수 있는 가장으로서의 권위를 지니지 않았다는 점이다. 이는 가부장적 권위와는 상관없는 노예남편의 현실을 말해 주는 것이었다. 사우스캐롤라이나의 한나 맥펄랜드(Hannah McFarland)는 노예순찰대(slave patrol)가 어머니를 채찍질하려 했을 때 그녀의 아버지는 이 광경을 무기력하게 지켜보고만 있었을 뿐 아무런 행동을 취하지 않았다고 기억하였다.[10] 여기서 노예순찰대라 함은 백인들로 구성된 그룹으로, 도망노예들을 추적하기 위해 남부 전역에서 이동을 하는 흑인들에게 여행허가증을 내보이라고 해서 조사한다거나 심지어 수색견을 풀어서 숲속으로 달아난 도망노예들을 추적하는 사람들을 지칭했다. 이렇게 여성노예들은 남편에게 전적으로 의지할 수 없었기 때문에 가정 내 책임과 요구를 처리하는 방법을 독자적으로 발전시킬 수밖에 없었다.

노예들의 결혼은 당시 법적인 효력을 갖지 못하는 사실혼관계였다. 따라서 노예가정에서 발생하는 여러 문제에 대해 법적으로 호소할 근거가 없었다. 대부분의 경우 농장주의 결정에 따라 문제가 해결되었으며, 노예들 사이에서 발생하는 문제는 그들 간에 적당히 마무리되었는데 그 이유는 주인에게 이런 것들을 드러내고 싶어하지 않았기 때문이다. 재산상의 문제 역시 노예들에게는 부모자식간의 상속 같은 것이 법적으로 불가능한 일이었다. 여성노예가 자유인과 결혼했을 때 그 사이에서 태어나 자녀가 자유인이 되는 방법은 몇 가지가 있었다. 예를 들어 아버지가 그 노예의 주인인 경우는 간단히 해방시켜 줄 수 있었고, 아니면 그 자식을 노예주로부터 사들여 노예 신분에서 해방시키는 방법이었다. 그러나 이런 경우가 아닐 때는 법적 결혼이 인정되지 않았기 때문에 자식은 사생아여서 자유인 아버지의 혜택을 전혀 받을 수 없었다.

사실혼 노예들의 가정생활은 일반적으로 부부가 서로 협동하고 의지하며 자식들을 키우며 생활하였지만, 때때로 이들의 가정생활이 해체위기에 놓이곤 했다. 노예가족의 해체는 수시로 일어났으며 노예들이 이러한 위기를 모면하기 위해서 도망하는 경우가 많이 발생하였다.

흑인노예들은 노예제도라는 틀 안에서 가족을 바탕으로 한 공동체생활을 하였다. 노예생활의 중심축은 가족이었으며, 노예가족의 핵심은 여성이었다. 노예가족 안에서 여성과 남성은 상호 보완적이며 대개 같은 역할을 담당하였다. 노예가족의 경우 가부장제적 특징은 매우 미약하였다. 흔히 남성노예들은 아내와 자식과 얼마간 떨어져 있는 농장에서 살았다. 여성노예들은 비록 팔려나갈 가능성은 항상 있었지만, 남성노예보다는 노예매매에 의해 자식들과 헤어질 확률이 낮았다. 따라서 어머니와 자녀의 유대는 가족관계를 유지하는 데 중요한 고리가 되었다. 아프리카 전통에서 유래된 가족유대감은 혹독한 노예제 환경에 대처하고 전통과 정체성을 유지하는 데 중요한 열쇠가 되었고, 여성들 간의 친족 유대관계로써 자녀들을 돌보았다.[11]

노예제도 아래서 노예가정은 상호신뢰를 바탕으로 한 친족관계를 통해서 그들만의 새로운 문화를 구성하였다. 그러나 노예가정은 앞에서도 지적한 바와 같이 빈번하게 가족해체를 겪어야 했다. 예를 들어 농장주의 파산이나 농장주 사망에 의한 상속 등으로 재산분할이 이루어지는 경우가 이에 해당했다. 또 노예가정의 노예주들이 서로 다른 지역으로 이주하게 되면 그때도 노예가정은 해체의 위기에 놓이기 일쑤였다. 이렇게 노예가정은 여러 가지 이유로 언제든지 해체될 수 있는 매우 불안정한 관계에 놓여 있었다. 따라서 노예제도에서는 혈연보다는 지연으로서의 친족관계가 강화되었다. 노예들은 공동체 거주형태를 유지하였는데, 형제·조카·조부모 심지어는 고조부모가 함께 같은 농장이나 인접한 농장에서 거주하는 확대친족관계가 형성되었다.

노예제도의 가혹한 상황에도 불구하고 이러한 친족관계 속에서 노예들은 일상생활의 많은 부분을 공유하며 살았다. 공동체 내에서 서로를 '아줌마' '아저씨' '조카' 혹은 '누이'라고 부르며 실제의 혈연관계가 아닌 지연관계로 형성된 친족형태가 발전하였고, 공동체 구성원들은 서로 의무를 느끼면서 끈끈한 유대감을 형성해 나갔다. 노예주인은 노예들의 이런 친밀한 친족관계를, 노예친족의 일원을 처벌하거나 매매하겠다고 위협하면서 그들의 저항을 억누르는 수단으로 이용하기도 하였다.

흑인노예들의 부부관계는 백인들과는 매우 다른 양상을 보였다. 당시 백인가정의 부부관계는 빅토리아 시대의 여성관을 바탕으로 한 강한 가부장적 체제 아래서 아내는 남편에게 순종과 복종이 요구되었다. 하지만 흑인노예 부부의 경우에는 공유할 재산이 없었을 뿐만 아니라 남편이 가계부양자로서의 책임이 있는 것이 아니었기 때문에 흑인노예 여성들은 결혼생활에서 훨씬 독립적일 수 있었다. 여성의 독립성을 유지하는 데는 이들의 사실혼에 입각한 결혼 관습이 한 가지 이유가 되었다. 또한 가정 내에서도 남편이나 아버지로서의 책무를 다할 수 없었기 때문에 가장으로서의 권위를 누릴 수가 없었다. 일반적으로 남성과 여성 노예들은 모두 농장 내 노동을 해야 했다.

흑인 여성노예는 농장노동자와 가내하인으로 나뉘는데 대개는 농장에서 일하였다. 가내하인들도 노동력이 부족할 시기에는 농장에서 일을 해야 했다. 그들은 씨를 뿌리고 무거운 농기구를 다루었으며, 뜨거운 태양 아래서 하루에 14시간 노동을 하였다. 면화를 따는 노예들은 수개월 동안 자루를 끌고 면화 밭고랑을 오르내리면서 하루 약 150파운드에서 200파운드를 수확하였다. 수확량을 달성하지 못했을 때는 채찍질을 당하였다. 1850년대에 16세 이상의 여성노예의 90퍼센트가 하루에 11~13시간의 긴 노동을 하였으며, 1년에 261일 정도의 노동에 시달렸다.[12] 그들은 농장 내 노동과 가사노동을 병행해야 했다. 여성노예들은 농장으로 노동을 하러 가기 전이나 노동을 하고 돌아온 후에 가족들을 위해 식사를 준비하거나 세탁을 위해 우물에서 물을 길어 나르는 일 또는 자기 텃밭을 가꾸는 일들을 해야 했다. 그들의 노동은 임신을 했을 때도, 수유를 할 때도 계속되었다. 농장주들은 때로 임신한 여성노예에게는 노동량을 절반으로 줄여주기도 했으나 힘든 노동에 시달리기는 마찬가지였다.

흑인 여성노예들의 과중한 노동은 여성노예들 자신뿐만 아니라 태아에게도 악영향을 끼쳤다. 그들은 출산을 앞둔 한 달 전에도, 산후 한 달이 지나면 바로 노동을 해야 했는데 이러한 조건으로 인해 노예들의 영아사망률이 매우 높았다. 노스캐롤라이나의 한 여성노예는 자녀가 15명이었는데, 농장에 나가 일을 할 때는 가장 어린 아이를 데리고 나가곤 하였다. 이와 같은 과중한 농장일과 영양부족 상태에서 많은 여성노예들은 영아사망을 경험해야 했다. 노예주는 여성노예들이 생산과 재생산을 모두 감당하기를 기대하였다. 노예주들은 출산능력에 해가 되지 않는 범위에서 최대한 노동을 시켰으며, 자신들이 원하는 노동효과를 거두기 위해서 젠더의 차이를 철저히 경시하였다.[13] 노예사회에서 흑인여성의 역할에는 노예주에 의해 강제로 부과된 노동과 가족을 위한 가사노동이 있었다. 여성노예가 짊어진 짐이 가부장적 자본주의 사회에서 모든 여성이 지는 이중의 노동을 극단적으로 대표한다고 볼 수 있을 것이다. 여성노예는 노동자로서는 남성과 동일한 노동을 하였으나 재생산자로서의 역할 때문에 과중한 노동에 시달려야 했다.

3) 젠더로 본 노예의 성문화와 성적 착취

남북전쟁 이전시기 흑인 여성노예들의 젠더는 농장생활에 매우 커다란 영향을 끼쳤다. 여성노예들의 경우 환경에 따라서 다양한 경험을 했지만 그들의 경험에는 일반적인 패턴이 존재하였다. 여성노예들은 성장과정에 자신들만의 독특한 세계를 형성하였다. 그들은 유년시절에 완전한 자유도 구속도 아닌 중간의 경험을 하였다. 대부분의 아이들은 나이에 따라 그들만의 세계에 살았다. 이에 반해 대부분의 어른들은 하루 종일 노동을 해야 했기 때문에 양자간의 접촉은 빈번하지 않았다. 일반적으로 당시 백인사회와 달리 아동노예들은 성별에 따라 구분되지 않았다. 아동노예들은 대부분 같이 지냈고, 놀이나 노동을 할 때도 성별에 따라 구분하는 문화는 존재하지 않았다.

노예사회에서는 백인문화에서처럼 소년들에게만 허락되는 행동이란 존재하지 않았다. 예를 들어 소년과 소녀 모두에게 어린아이를 돌보아야 하는 일들이 주어졌다. 앨라배마의 소년 버드선(Nelson Birdson)은 성장기에 맨 처음 경험한 일이 아이를 돌보는 일이었다고 회고하였다. 알칸소의 한 노예도 면화농장에서 일을 시작하기 전까지는 어린아이들을 돌보아야 했다고 말하였다. 그 밖에도 노예 소년소녀들이 공통적으로 해야 하는 일로는 농장에서 일하는 어른들의 갈증해소를 위해 물동이를 지어 나르는 일이나 우편물을 모으는 일 또는 가축을 돌보는 일이 있었다.[14]

유년시절 노예들에게 놀이문화도 젠더에 따라 확실히 구분되어 있지 않았다. 어린아이들은 똑같이 뛰기와 달리기, 나무에 매달리기 같은 놀이를 하였다. 테네시의 한 여성노예는 어린 시절 카드놀이와 비슷한 '스무트'(Smut)라는 놀이를 했다고 회상했는데, 카드 대신 곡물알갱이를 가지고 하는 게임이었다. 또 그녀는 구슬놀이를 하거나 숲속을 뛰어다니고, 나무를 타고, 포도나 딸기를 몰래 따서 먹는 놀이를 즐겼다고 회고하였다.[15] 남매끼리도 함께 토끼나 거북 잡는 놀이를 즐기는 분위기에서 성장하였다. 많은 여성노예들은 자신들이 자라온 환경에서 문화적으로 규정되는 여성적인 역할을 습득하는 분위기는 찾아볼 수 없었다고 말하였다.

이렇게 농장 내 흑인 노예소녀들은 대부분의 시간을 성별이 구분되지 않는 분위기 속에서 성장하였다. 사우스캐롤라이나에 거주하는 젊은 여성 가내하인들도 경험담을 이야기했는데, 그들에 따르면 그곳 농장의 소년들도 소녀들과 똑같이 부엌일이나 집안일을 하였다고 기억하였다. 이처럼 성별구분 없는 어린 시절을 보내면서 자란 남녀노예들은 성장해서 똑같이 농장일을 하였다. 따라서 노예 부모들은 자녀들을 가능하면 너무 한 방향으로 치우치지 않도록 양육하였다. 따라서 당시 백인사회와는 다르게 노예들은 성별과 무관하게 자녀를 양육하는 분위기가 우세하였다. 그러나 때때로 아동노예들은 백인농장주와 자기 부모를 동일하게 만족시키는 것이 매우 어렵다는 것을 인지하였다.

어린 시절 소년소녀들은 티셔츠와 슬립 종류의 옷을 입었다. 그러다가 청소년기에 이르면 소녀들은 드레스를, 소년들은 바지를 입기 시작하였다. 소년소녀들이 12~16세가 될 때까지 같은 종류의 일을 하는 동안 그들은 그룹을 만들어서 일을 하는데 이를 '트래시 갱'(trash gang)이라 불렀다. 이들이 주로 하는 일은 잡초 뽑기나 양털 깎기였다. 이렇게 트래시 갱에 참여한 경험은 소년들보다 소녀들에게 더 큰 전환점이 되었다. 그 이유는 트래시 갱의 구성원 대부분이 임산부나 나이 많은 여성노예 또는 어린아이를 데리고 노동하는 여성들이었기 때문에, 소녀들이 여성의 세계를 온전히 접할 수 있는 첫번째 기회가 되었기 때문이다. 또 이 시기가 청소년기 소녀들의 육체적인 변화, 즉 키와 몸무게는 차차 성인의 특징을 갖추게 되고 초경을 시작하는 나이였다. 이러한 신체적 변화와 더불어 이들은 모유수유를 하거나 아이를 돌보는 등 여성이 어머니로서의 역할을 수행하는 모습을 지켜보면서, 장차 어머니로서의 역할을 습득해 갔다.

따라서 이렇게 3세대로 구성되어 있는 트래시 갱은 소녀들에게 노예제도하의 삶의 여러 경험들, 즉 남성·결혼 그리고 성에 대해 터득하는 데 매우 중요한 역할을 하였다.[16]

노예들은 '쿼터스'(quarters)라고 부르는 제한된 공간에서 농장주들이 인지하지 못하는 공동체문화를 만들어나갔다. 이러한 관습은 성적 관습에서 명확히 알 수 있었다. 여성노예들은 일반적으로 사춘기를 지난 15~16세쯤 임신을 하였다. 빅토리아 시대의 백인문화에서는 육체적 성에 관한 모든 언급을 억제하는 분위기였던 반면, 흑인여성들은 적극적인 성적 표현을 하였다. 노예문화에서 혼전임신은 비난받지 않았지만 임신 직후 결혼할 것과 결혼 후 정조를 지킬 것이 강조되었다. 이러한 사실은 당시 노예결혼이 법적 근거가 없었던 점을 고려한다면 놀라운 일이었다. 빅토리아 시대의 관습에 따라 정조를 철저히 지켜야 했던 백인소녀들과 달리 흑인노예 소녀들은 비교적 자유로운 성문화를 누릴 수 있었고, 성적 관습상 혼전의 성관계는 비난받을 만한 일이 아니었다. 다만 그들은 어떤 형태로든 결혼을 한 후에는 비교적 절제된 성관계를 유지하였다. 그러나 이러한 성적 절제는 때때로 농장주의 성적 착취로 인해 무너졌다.

노예의 비율이 높고 백인여성의 수가 매우 적은 사우스캐롤라이나 등지에서 백인남성과 흑인여성의 성적 결합은 일상적인 것, 특히 가내하인과 혼혈아는 쉽게 백인에게 성적 착취를 당할 수 있는 상황이었다. 당시 백인남성들은 문명화된 기독교인, 즉 백인으로서의 자기정체성 문제 등 때문에 이러한 성관계를 가지면서도 공개적으로는 그 행동을 부정하였다. 흑인 여성노예들에게 빈번하게 가해진 성적 착취는 흑인 남성노예들의 남성성에 대한 공격으로 작용하기도 하였다. 한 남성노예는 백인남성이 자기 아내를 강간하는 모습을 보고도 막을 수 없었던 순간의 공포와 모멸감을 토로하였다. 이 흑인 남성노예는 "나는 그때를 생각하면 지금도 분노를 참을 수가 없다"고 고백하였는데, 이와 같은 상황은 흑인 남성노예들이 일반적으로 경험하는 것이었다.[17] 농장주가 자기 아내를 학대하는 걸 보고도 아무런 제지를 할 수 없는 그들은 무력감에 빠졌고, 이에 대한 반항으로 그들이 할 수 있는 일이란 밤에 주인집에서 물건을 훔치는 정도에 불과하였다. 흑인 여성노예들은 자신들에게 가해지는 주인의 매질과 성적 착취에 대해 남편으로부터 어떠한 보호도 기대할 수 없었다. 이는 노예제도하의 노예가정에서 당시 백인사회의 특징인 가부장제의 양상을 전혀 찾아보기 힘든 이유이기도 했다.

백인여성들의 경우는 또 다른 차원의 고통을 겪었다. 그들은 아버지, 남편, 아들이 흑인 여성노예들과 끊임없이 성관계를 가진다는 사실을 알면서도 이러한 사실을 묵인해야만 했다. 그 반대의 경우가 발생하기도 했는데 만일 백인여성과 흑인노예의 성관계가 발각되면 이는 백인 가부장제를 파괴하는 행위로 간주되었다. 여기에는 이중규범이 적용되었는데 혼혈아를 낳은 백인여성은 가혹한 육체적 처벌을 받고 흑인 남성노예는 사형을 당하였던 반면, 혼혈아를 낳은 흑인 여성노예는 단순히 더 많은 노예를 생산한 것으로 받아들여졌다.

농장의 경험은 인종과 성별에 따라 차이가 있었으며, 특히 흑인 여성노예들은 고통 속에서 남성들의 성적 착취 대상이 되었다.

여성노예들은 노예시장에서 이동하는 동안에는 선원들로부터 성적 학대를 당하였다. 이러한 성적 학대와 착취는 백인농장주에 의해 계속되었다. 18세기 중반에 이르러 대부분의 노예소유주들은, 특히 20명 이상의 노예를 보유하고 있는 노예주들은 여성노예의 잠재적인 경제적 가치를 깨닫기 시작했다. 농장주들은 여성노예에게 농장일 이외에 임신과 출산을 기대하였고, 이는 자연스럽게 노예인구의 증가를 가져오게 되었다.[18] 노예주들이 여성노예의 재생산능력을 이윤창출 기능으로 활용할 수 있다는 사실을 깨닫게 되었을 때 출산을 목적으로 한 성적 착취가 빈번하게 발생하였다. 노예주들은 흑인여성들에게 가능한 한 출산을 많이 하도록 강요하였으며, 때로는 특정 흑인 남성노예와의 성관계를 강제적으로 요구하기도 했다. 이 시기부터 농장주에 의한 흑인의 '번식' 노력이 본격적으로 이루어지게 되었다. 때로는 흑인여성들에게 출산이 중요한 것으로 간주되었기 때문에 임신한 여성노예의 노동강도나 음식섭취 등의 조건이 어느 정도 개선되기도 하였다. 또한 농장주들에게 여성노예들의 출산은 곧 자신들의 부의 증식을 의미하게 되었기 때문에 여성노예의 수태능력은 매우 중요하였다.

그러나 노예제도하에서 빈번히 발생하는 여성노예들의 성적 착취에 대한 저항으로 어머니와 자녀 간의 관계를 비롯한 가족생활의 안정성은 혹독한 시련을 맞게 되었다. 흑인들의 불복종에 대한 처벌로서 그 어떤 육체적인 형벌보다도 노예시장에 팔아버린다는 위협이 가장 두려운 것이 되었다. 흑인 여성노예들은 자기 자식들이 다른 곳으로 팔려가 헤어지는 것보다는 계속되는 성적 모욕을 인내로 견디는 편이 훨씬 낫다고 생각하였고, 이러한 감내는 지속되는 출산을 의미하기도 했다.

　　결과적으로 남북전쟁 이전시기 여성노예들의 출산율은 매우 높았다. 통계에 따르면 출생률이 1천 명당 50명이 넘었는데, 이는 15~44세 여성의 1/5 이상이 매년 임신을 했다는 것을 의미했다. 이러한 통계는 남북전쟁 이전 노예제도에서 젠더의 차이를 보여주는 중요한 자료가 된다. 다시 말해 남북전쟁 이전 노예제도에서는 남녀 노예가 기능에서 가장 큰 차이가 있었음을 보여주고 있다. 흑인 남성노예들은 주로 노동을 담당한 데 반해서 흑인 여성노예들은 노동의 재생산을 위한 임신·출산·양육을 담당하였던 것이다. 결과적으로 흑인 여성노예의 출산기능을 생산의 차원에서 중시하는 경향은 대부분 농장주들의 성적 착취를 불러왔고, 이러한 여성노예들에 대한 성적 억압은 그들의 결속과 다양한 저항을 불러일으키는 결과를 가져왔다.[19]

4)　흑인 여성노예들의 자매애와 저항

미국역사에서 노예들의 저항은 집단적 형태보다는 개인적 차원의 저항이 더 흔한 유형이었다. 노예들의 저항은 주로 집이나 일터에서 음식과 자유시간이 허용되는 한도 내에서 감행되었다. 흑인 남성노예들과 마찬가지로 여성노예들도 자신들에게 맞는 저항방법을 선택하였다. 그 유형은 소극적 불복종에서부터 적극적 저항에 이르기까지 매우 다양하였다. 일반적으로 그들의 의견을 관철시키기 위한 방법으로는 소극적 불복종 내지는 간접적 저항의 방법을 동원했으나, 성적 착취의 고통으로부터 벗어나거나 출산을 거부하기 위한 방법으로는 매우 적극적인 저항을 시도하기도 하였다.

가장 많이 사용되는 방법으로는 소극적 저항의 한 유형인 불복종이었다. 버지니아의 농장에서 주로 요리를 하던 흑인노예 엘시(Alcey)는 자기가 모시던 여주인이 사망하자 더 이상 부엌에서 일하기를 원치 않았다. 그녀는 농장주에게 부엌에서 요리하는 대신 농장에서 일하게 해달라고 계속 요청했으나 주인은 그녀의 요구를 무시하였다. 엘시는 요청이 번번이 무시되자 일련의 저항을 시도하기로 마음먹었다. 그녀는 요리주문에 대해 끈질기게 불복종했고, 먹을 음식을 망쳐버리거나 상한 식재료를 사용하는 방법 등으로 농장주에게 저항하였다. 이 같은 행동이 계속되자 농장주는 별다른 처벌 없이 그녀를 결국 농장으로 보내주었다. 백인농장주들은 그런 행동들을 매우 비열한 것으로 간주했지만 여성노예들은 그 행동들이 저항의 한 방법으로는 매우 효율적이라는 것을 잘 알고 있었다. 또 때로는 여성노예들은 바보처럼 행동함으로써 백인주인들에게 저항하였다.[20] 그들은 주인의 명령에 엉뚱한 언행으로 주인을 속이는 방법을 쓰기도 했던 것이다. 디나(Dinah)라는 한 여성노예는 다른 노예친구들 사이에서는 매우 지혜롭고 똑똑한 친구로 알려져 있었지만, 주인의 명령에 대해서는 잘 알아듣지 못했다거나 바보처럼 행동함으로써 주인의 질책을 피할 수 있었다. 또 다른 소극적 저항으로는 거짓으로 병에 걸린 체하며 고통을 호소하는 방법이 있었다. 이럴 경우 농장주들은 그들이 정말 질병에 걸렸는지 여부를 판단하기가 매우 어려웠고, 그렇다고 매번 의사를 불러서 진단할 수도 없는 노릇이었기 때문에 그냥 묵과해 버리기 일쑤였다.[21]

　　여성노예들은 때로는 홀로 도망치는 쪽을 택하기도 하였다. 도망의 이유는 남성노예들과 유사했는데 대부분 노예주의 학대를 피해서 또는 자유를 찾아 도망가기로 결심하였다. 또 여성노예들이 도망가는 이유 중 하나는 노예매매에 대한 두려움이었는데, 자신이나 가족구성원들이 매매에 의해 해체되는 데 대한 두려움에서 기인하였다. 무엇보다도 여성노예들은 매매로 인해 자녀를 잃게 된다는 두려움이 컸다. 하지만 도망 여성노예들 모두가 어린아이들을 동반했던 것은 아니었다. 그 이유는 어린아이를 동반할 경우 많은 위험에 노출되기 때문이었다. 버지니아의 루이자 벨(Louisa Bell)은 도망가기로 결심한 후 어린 자녀들을 노예 신분으로 남겨둔 채 혼자 도망해야 하는 데 대해 뼈저리게 아파해야 했다. 그 어느 때보다도 어린 자녀들에 대한 생각으로 고통이 극심했다. 그녀는 수백 마일 떨어진 곳에서 자녀들을 그리워할 생각을 하며 비탄에 빠지기도 했다. 그녀는 일기에 "노예 신분으로 커나가야 할 여섯 살 어린 아들이 자라면서 엄마의 부재로 인해 절망스러운 나날을 보낼 것을 생각하니 더욱 가슴이 아프다"고 쓰고 있다.[22]

　　도망노예의 구성을 살펴보면 대개 16~35세이고 여성이 차지하는 비율은 매우 낮았다. 그 이유는 이 연령대 여성의 경우에는 주로 임신상태이거나 아니면 젖먹이아기 등 돌보아야 할 아이가 적어도 한 명은 있었기 때문인 것으로 나타났다. 여성노예들은 자녀에 대한 걱정으로 도망칠 수 없었던 것이다. 자녀와 함께 도망치는 여성은 흑인노예들의 비밀도주를 도왔던 비밀조직 '지하철도'(Underground Railroad)로서는 가장 큰 걱정거리였다. 때로는 여성노예들이 젖먹이아이를 두고 도망을 가야 하는 경우도 있었다. 이러한 경우가 여성노예들에게는 가장 큰 고통이 수반되었다. 병약한 몽고메리(Mary Montgomery)는 모유수유를 해야 하는 아기가 있었다. 도망에 성공한 노예였던 크리스토퍼 니콜(Christopher Nichols)의 증언에 따르면, 메리는 농장감독관과 노예주의 상충된 명령으로 인해 그 둘을 충족시킬 수 없는 상태가 되어 할 수 없이 도망을 선택해야만 했다. 메리는 다른 여성노예들과 마찬가지로 젖먹이아이를 뒤로한 채 떠나야 했는데 그녀는 도망가면서도 두고 온 아이에 대한 죄책감과 슬픔으로 잠을 이루지 못했다고 한다.[23]

흑인 여성노예들은 출산을 통해서 농장주들의 생산체계에 큰 영향을 끼쳤다. 그러므로 그들은 성적 절제, 피임, 낙태 그리고 유아살해와 같은 방법들로 성적 착취에 직접적으로 저항하였다. 결과적으로 이러한 저항은 농장주들에게 경제적 손실을 가져왔기 때문에 흑인 여성노예들은 이러한 방법을 의도적으로 선택하기도 했다. 우선, 성적 절제는 아이를 많이 낳으면 노예 신분에서 해방되어 자유로워질 수 있음에도 불구하고 백인주인과의 성관계를 거절하거나 기피하는 것이다. 더 나아가서 백인농장주들이 흑인 여성노예들의 재생산을 목적으로 시도했던 남성노예와의 강제적인 결혼을 강하게 미루려는 방법도 있었다. 또 하나는 임신을 미연에 방지하기 위해 피임을 하거나 임신 후 낙태를 하는 방법이었다. 낙태는 성적 절제나 피임보다는 보편적이지 않았지만 농장주들은 이러한 행위를 전혀 통제할 수 없었다. 때때로 흑인노예들은 임신중 유산이 되기도 했는데 그것은 그들이 고된 노동과 폭력 등의 위험에 노출되어 있었기 때문이다. 농장주들의 증언이나 남부의사들의 증언에 따르면, 흑인 여성노예들이 낙태를 했더라도 유산이라고 거짓말하는 경우도 자주 발견되었다. 이러한 경우 피임이나 낙태가 고의인지 아닌지를 판단하기란 매우 어려운 일이었다. 사실 이러한 것은 거의 절대적으로 여성노예들만이 진실을 알 수 있는 문제였고, 대부분 비밀리에 이루어졌기 때문에 사실 여부를 가리기란 쉽지 않았다.

남부 백인여성들의 증언에 따르면 1838년 버지니아 주에 있는 한 농장노예인 다프(Daph)가 쌍둥이를 유산했을 때 농장감독관은 그녀가 알 수 없는 종류의 낙태용 약물을 복용했을 것이라고 보고하였다. 이렇게 여성노예들은 관습적으로 피임과 낙태 방법에 대해 잘 알고 있었던 것으로 알려졌다.[24] 그들이 이러한 저항을 선택한 이유는 자식에게 노예의 처지와 고통을 물려주기를 꺼려했기 때문이고, 또 이것은 주인의 재산을 증식시켜 주는 것을 거부하는 것을 의미하였다. 이와 같은 저항행위들은 모두 백인에 대한 적대감을 표출한 것이었고, 소수의 흑인 여성노예의 도전적 성격을 잘 드러내 주고 있다고 볼 수 있다.

임신 초에 태아를 살해하는 행위와 영아살해는 강간이나 강요된 임신에 대한 강한 저항의 한 유형이었다. 노예제도하에서 흑인 여성들은 종종 영아를 살해한 혐의로 기소되었으나 극형에 처하는 심각한 범죄로 간주되지는 않았다. 1830년 노스캐롤라이나의 한 흑인 여성노예는 어린 자녀를 살해한 혐의로 기소되었으며, 1834년 미주리의 한 여성노예는 자녀를 약물로 살해한 혐의를 받았다. 이 두 사례 모두 농장주의 강간으로 출산한 경우로 흑인여성들은 임신한 뒤로 줄곧 주인에게 원한을 품고 있었던 것으로 밝혀졌다. 흑인 여성노예들의 이러한 행동들은 종종 백인농장주들로부터 모성애가 부족하다는 비난을 받기도 하였는데, 결과적으로 여성들은 이러한 행동들을 통해 자신들의 분노를 표출하였던 것이다.[25]

때에 따라서 여성노예들은 보다 적극적인 방법으로 저항하였다. 어떤 노예는 주인을 직접 살해하는 경우도 있었고, 방화를 저지르기도 하였다. 그러나 이러한 경우에는 종종 노예주들은 이런 행위를 한 여성노예들을 다른 노예주에게 팔아넘겨 버리곤 했다. 또 여성노예들은 때때로 폭력적으로 성적 착취행위에 대해 저항하였다. 남부에서는 흑인여성에 대한 강간이라는 것이 법적으로 성립되지 않았기 때문에 여성노예들은 스스로 강간에 저항해야만 하는 경우가 많았다. 저메인 로겐(Jermain Loguen)의 어머니는 그녀가 공격받았을 당시 나무지팡이로 상대남자를 죽을 정도로 가격해 쓰러트렸고 주위에 있던 칼로 그를 공격하였으며, 이런 상황에서 주변에 있던 여성노예들이 이를 발견하고 그녀의 도망을 도와주어 위기를 모면할 수 있었다고 들려주었다. 여성노예들도 남성노예와 마찬가지로 힘으로 저항하는 방법을 선택하는 경우가 많았는데, 그것이 정당방어라 하더라도 주인에 의해 사살되거나 교도소에 수감되거나 아니면 경미한 경우 채찍질당하는 결과가 초래되었다.[26]

여성흑인들의 이러한 행위들은 자신들의 노예 신분이 자식에게 대물림되는 것을 거부하거나 농장주의 폭력적인 억압에 대한 불만의 표시로 행한 개인적 차원의 저항이었다. 그들은 이러한 개인적 저항 이외에 일상생활에서 그들만의 비공식적인 네트워크를 형성하여 자매애를 키워가기도 하였다. 이것은 여성노예들이 농장노동과 가사노동 이중의 고통을 감내해야 하는 과정에서 결속력을 키워나가는 한 방법이었다. 가정 안에서의 일처럼 밖의 농장노동에서도 여성들은 일체감을 도모할 수 있었다.

시 아일랜드(Sea Island)의 여성노예들은 면화씨를 제거하는 일을 함께하였다. 면화씨 제거작업은 공동노동이었는데 일을 하는 동안 그들은 가족이야기며 자신들의 어려움을 서로 공유하기도 하였다. 여성노예의 집안일은 농장에서 만들어진 여성성의 결속을 공고히 다지는 역할을 하였다. 흑인 여성노예들은 남성과 떨어져서 자기들끼리 실을 잣고, 천을 잘라 바느질을 하였다. 텍사스의 대농장에서 노예로 성장한 실비아 킹(Sylvia King)은 '실 잣고 천 짜는'(spinning and weaving) 일들을 다른 여성노예들과 오두막에서 하면서 여러 이야기를 함께했다고 회상하였다. 사우스캐롤라이나의 대농장에서는 늙은 여성들과 임신한 여성이 함께 실을 잣거나 천을 짜는 일을 했는데, 그 과정에서 젊은 여성들은 숙련된 나이든 여성들에게서 천을 짜고 양말이나 스타킹을 만드는 법을 배우면서 그들과 돈독한 관계를 맺어나갔다고 말했다. 대농장의 여성노예들은 대개 토요일 오후에는 함께 모여 빨래를 했는데 이 시간이 늘 기다려졌다고 기억했다. 이 시간은 그들에게 생의 희로애락을 함께하며 하루를 보낼 수 있는 유일한 시간이었다.

또한 여성들은 여가가 허락된 시간에도 함께 모여 연장자로부터 인생이야기를 들으며 시간을 보냈고, 즉흥적인 예배를 드리기도 하였다. 종교는 노예생활에서 중요한 부분으로, 여성들에게는 특히 의미 있는 시간이었다. 미주리 대농장의 밍크지 워커(Minksie Walker)의 어머니는 주일예배 후 다른 여성들과 이야기를 나누며 "처음에는 뛰어다니다가 나중에는 풀이 반들반들해질 때까지 춤을 추었다"고 회상하였다. 흑인남성과 백인들의 반대에도 불구하고 흑인여성들이 교인의 대표로 기도하고 예배를 인도하기도 하였는데, 이렇게 흑인교회는 여성들의 삶을 풍요롭게 해주었고 음악예배와 고도의 감성적인 예배를 통해 여성들에게 지도력을 발휘할 수 있는 기회를 부여해 주었다.[27]

노예여성들 간의 결속은 그들이 어려움을 극복할 수 있게 해주는 중요한 요인으로 작용하였다. 대부분의 흑인 여성노예들은 노예제도의 구조상 흑인남성들의 보호를 기대할 수 없었고 어려움에 직면하면 스스로 저항하거나 생존을 모색해야 했기 때문에, 당시 백인여성들과 달리 자립적이고 강한 성격을 지니고 있었다. 흑인여성들은 집단적인 행동을 습득해 갔고 마침내 그들은 여성으로서의 정체성을 형성할 수 있는 계기를 마련하게 되었다. 흑인 여성노예들의 연대와 상호의존은 여성노예의 삶에서 중요한 부분을 이루었다. 이러한 자급자족 생활패턴은 개인적 차원뿐 아니라 집단의식 차원에서도 매우 중요하게 받아들여졌다.

식민지시대부터 남북전쟁 시기까지 흑인 여성노예들이 해온 일들이 흔히 백인세계에서는 여성들이 시도하기 힘들고 부적절한 것으로 보였기 때문에, 이들에게는 여성성을 유지한다는 것이 어려운 일이었다. 흔히 발생하는 흑인노예 남편의 도망은 흑인 여성노예를 중성적인 존재로 만들기도 하였다. 여성노예는 남편 대신 경작할 땅을 고르기 위해 나무를 자르고 통나무를 운반하고, 노새와 소를 이용해서 밭을 갈고 괭이질하고, 때로는 몹시 무거운 농기구를 사용해야 했던 것이다. 이들은 수로를 파고 거름을 뿌리고 거친 사료들을 쌓아올려야 했다. 심지어 흑인 여성노예들은 남부의 도로를 건설하였고 남부 철도건설에도 참여하였으며 면화를 땄다. 도망노예 윌리엄슨 피스(Williamson Pease)는 밖에서 일하는 흑인 여성노예는 남성처럼 거칠게 취급당했다고 기록하였다. 또 그린 윌뱅크스(Green Wilbanks)는 자기 할머니 로즈(Rose)를 떠올리면서, 할머니는 남자들이 할 수 있는 일은 무엇이든 다하는 여성이었고 남성들이 하는 것이라는 일들을 했다고 말했다.[28]

흑인 여성노예들은 농장에서는 일꾼으로, 가정에서는 어머니로서의 이중책임을 감당하기 위해서는 서로 도와야 했다. 농장주들은 여성의 이중적 가사노동에 대해 별다른 배려를 하지 않았기 때문에, 여성노예들은 농장에서 강도 높은 노동을 하고 집으로 돌아와서도 가족을 위해 가사노동을 해야만 했다. 이러한 어려움을 극복해 나가기 위해 여성들은 스스로 삶의 지혜를 발휘해야 했다. 여성들 사이의 연대는 그들 스스로 생존을 위한 방법을 모색한 결과였다. 여성들은 일하는 시간 동안 아이를 돌볼 사람을 정하여 맡기곤 했는데, 비교적 여가시간이 허락되는 나이든 여성이 맡아서 아이들의 어머니들보다 더 많은 시간을 아이들과 함께했다. 이렇게 노예들 사이에서 모성의 책임을 분담하면서 긴밀한 협력체계가 자연스럽게 형성되었다.

농장의 수확기에는 남녀가 다 나가서 일했지만, 대개 여성들은 자기들끼리 무리지어 노동을 했다. 여성들은 함께 식사하고 노동가를 부르며 서로의 처지를 동정하였다. 이러한 과정에서 흑인 여성노예들은 자신들만의 독특한 자매애를 만들어나갔다. 이것은 남부 대농장생활에서 형성된 생활방식이었고 이로써 그들의 여성성과 서로간의 결속은 더욱 강화되었다.[29] 여성들 사이의 유대는 근접한 거주지 환경과도 매우 밀접한 관계가 있었다. 노예들의 거처에서 서로 가까이 사는 여성들은 매우 친밀한 관계를 유지하며 살았다. 그들은 서로의 관심사·즐거움·고통, 심지어는 소문과 험담까지도 공유하였다.

그들은 특히 임신·출산·양육 문제에서 상부상조를 바탕으로 한 공동체를 경험을 하였다. 임신에 관한 다양한 정보를 공유했으며, 출산을 돕거나 출산 후 산후조리도 서로 도와주는 관계를 형성해 나갔다. 특히 출산을 도와주는 산파 역할은 나이든 여성들이 주로 담당하였다. 기록에 따르면 버지니아에서 이루어진 흑인분만의 90퍼센트를 산파가 담당하였고, 산파는 주로 나이든 흑인여성들이었다.[30] 나이든 흑인여성들은 생명을 다루는 중요한 역할을 했으며, 때로는 다양한 삶의 지혜를 전수하기도 했다. 그들의 가르침에 의해서 여성노예들과 어린 소녀들은 생리통을 껌나무 껍질로 만든 차로 다스렸고, 쥐의 정맥을 삶아 만든 시럽으로 아이들의 복통을 가라

앉히기도 했다.

　이렇게 자매애를 통해 여성들은 결속을 더욱 공고히 하여 자신들이 직접적으로 나서야 하는 저항의 시기에도 서로 협력하였다.[31] 흑인 여성노예들은 함께하면서 서로의 기술과 재능을 공유하기도 하였다. 이러한 경험을 토대로 여성노예들은 자신들만의 질서의 기준을 만들었다. 대체로 어떤 분야에 재능이 있고 탁월한 기술을 가진 여성이 지도자 역할을 하였고, 이런 기술은 가족을 통해서 전수되었다. 때로는 어린 나이에 도제로 들어가서 기술을 배우는 경우도 있었다. 여성노예들 사이의 서열은 그들이 가지고 있는 기술이나 나이가 기준이 되었다. 노예사회에서 나이는 매우 중요하였는데, 주로 중장년 여성들은 자신들의 경험이나 지혜로 젊은 여성들로부터 존경을 받았다. 노예사회에서 여성들의 연계성은 강제노동의 상황 속에서 자녀양육을 위해 필연적이었으며, 이 연계성이 바탕이 되어 질서와 전통과 기술의 전수가 이루어졌으며 나아가서는 결집된 저항의 목소리를 낼 수 있었다.

　결론적으로 미국 남북전쟁 이전 노예제도는 남북 간에 가장 큰 차이를 보여준 제도로서 많은 갈등적 요소를 내포하고 있었다. 노예제도하에서 남부 흑인 남녀노예들은 일반적으로 많은 경험을 공유했다. 그들은 백인농장주의 농업생산 체계의 한 부분으로 존재하면서 자신들의 삶에 대한 권리가 전혀 없었고, 농장주들의 경제적 요구에 따라 힘겨운 노동을 제공해야 했다. 또한 그들은 공히 끊임없는 육체적 학대와 언제라도 농장주의 결정에 따른 가족해체를 겪어야 했다. 이렇게 흑인노예들은 인종적 억압을 받았다는 점에서는 남녀가 같은 처지였으나, 여기에 더해서 젠더체계의 관점에서 볼 때 여성노예들은 남성과 구별되는 그들만의 독특한 경험을 하였다. 미국의 노예제도하에서 흑인 여성노예들은 특히 여성이라는 점 때문에 생물학적 또는 경제적으로 더 큰 고통을 당해야만 했다. 이런 측면에서 볼 때 노예제 안에는 여성 노예제도와 남성 노예제도라는 두 가지 체계가 존재했다는 것을 알 수 있다.

미국 남부의 노예제도하에서 흑인여성들은 결혼제도와 가족제도를 통해서 매우 독특한 경험하였다. 남성과 여성 노예는 공통적으로 혹독한 노동과 어려운 생활을 계속해야 했지만 여성노예에게는 그들만의 독특한 기대와 경험이 존재하였다. 흑인 여성노예들은 인종의 장벽과 여성이라는 이유로 이중적 차별의 대상이 되었고, 계급으로도 최하층이었으나 필요에 따라 중성적 역할과 전통적인 여성의 역할이라는 이중임무를 수행해야만 했다. 결혼제도와 가정 안에서의 부부관계를 볼 때 흑인노예사회에서는 백인사회를 지탱해주던 가부장제도의 특징들을 찾아보기 힘들다. 흑인남성의 무력화와 공동체생활 등의 경험이 백인여성과는 엄청난 차이가 있다. 여성노예들의 차별화된 경험들은 백인여성들이 지닌 여성성과 달리 새로운 의미의 강한 여성성을 창출하였다.

백인농장주들은 노예제도를 경제적 생산체계의 관점에서 바라보았고, 노동력의 재생산이라는 측면에서 출산을 강요했다. 따라서 흑인 여성노예들은 남성들이 담당했던 강제노동과 출산을 통한 노동력의 재생산이라는 이중고통에 시달려야 했다. 노예제도하에서 여성노예들은 농장주의 성적 착취에 노출되어 많은 고통을 받았는데, 이러한 과정에서 남성노예들은 여성들의 이 같은 고통을 무기력하게 지켜볼 수밖에 없는 상황이었다. 노예제도하 여성노예들은 자기 남편으로부터 보호를 받을 수 없었으며 스스로 삶에 대해 책임을 져야 했다. 그들은 농장주의 갖가지 착취에 대해 자신들만의 방법으로 다양한 저항을 시도하였다.

흑인 여성노예들의 저항은 주로 성적인 문제와 관련해서 전개되었고 일상생활의 차원에서 이루어졌다. 여기에는 소극적 저항의 방법이나 때로는 적극적 저항의 방법이 동원되었다. 또한 그 과정에서 흑인 여성노예들은 자매애를 바탕으로 한 상호의존 관계를 통해서 노예사회 내의 문제들을 해결해 나갔다. 여성들 간의 결속은 그들이 스스로 판단하고 저항할 수 있는 길을 모색할 수 있게 해주었던 것이다. 남북전쟁 이전시기 노예제도하에서 여성노예들의 경우 경제적·생물학적 구조가 결합되어 삶 자체가 매우 복잡하고 고통스러웠지만, 그들은 육체적으로나 정신적으로 강한 의지를 보였으며 젠더체계를 초월한 그들 나름의 방법으로 이 모든 과정을 극복해 나갈 수 있었다.

1) Nathan Glazer, *Beyond the Melting Pot*(Mass: MIT Press, 1963).

2) John W. Blassingame, *The Slave Community*(New York: Oxford University Press, 1977).

3) Eugene D. Genovese, *Roll Jordan, Roll: The World the Slaves Made*(New York: Pantheon, 1974).

4) Elizabeth FoxGenovese, *Within the Plantation Household: Black and White Women of the Old South*(Chapel Hill: University of North Carolina Press, 1988).

5) Herbert G. Gutman, *The Black Family in Slavery and Freedom, 1750~ 1925*(New York: Pantheon Books, 1976).

6) Jacqueline Jones, *Labor of Love, Labor of Sorrow: Black Women, Work, and the Family from Slavery to the Present*(New York: Basic Books, 1985).

7) Russell R. Menard, "The Maryland Slave Population, 1658 to 1730: A Demographic Profile of Blacks in Four Counties," *William and Mary Quarterly*(vol. 32, 1975), p. 32, 33.

8) Kenneth Stampp, *The Peculiar Institution, Slavery in the AnteBellum South*(New York: Random House, 1956), p. 110.

9) Deborah Gray White, *Arn't I a Woman?*(New York: W. W. Norton and Company, 1985), p. 153, 154.

10) 같은 책, p. 76.

11) Angela Davis, "Reflections on the Black Women's Role in the Community of Slaves," *The Black Scholar*(vol. 3, 1971).

12) Jones, 앞의 책, p. 176.

13) Lewis Cecil Gray, *History of Agriculture in the Southern United States* (Washington DC: Carnegie Institution, 1933), pp. 533~48.

14) White, 앞의 책, p. 92.

15) Charles S. Johnson ed., *Unwritten History of Slavery, Autobiographical Accounts of Negro ExSlaves*(Nashville: Fisk University Press, 1945), p. 15.

16) Frederick Olmsted, *The Cotton Kingdom*(New York: Bobbs Merrill, 1971), p. 152.

17) Lawrence W. Levine, *Black Culture and Black Consciousness Afro American Folk Thought from Slavery to Freedom*(Oxford: Oxford University Press, 1977), p. 23.

18) White, 앞의 책, p. 67.

19) 같은 책, p. 68, 69.

20)   같은 곳.

21)   같은 책, p. 77, 78.

22)   Still William, *Underground Railroad: A Record of Facts, Authentic Nar-ratives, Letters, etc.* (Philadelphia: Porter and Coats, 1872), p. 264.

23)   Benjamin Drew, *The Refugee: A NorthSide View of Slavery* (Massachusetts: Addison Wesley, 1969), p. 49.

24)   White, 앞의 책, p. 84.

25)   John Spencer Bassett, *The Southern Plantation Overseers as Revealed in His Letters* (Northhampton: South Worth, 1925), p. 59.

26)   White, 앞의 책, pp. 77~79.

27)   J. A. Turner, *The Cotton Planters Manual* (New York: Orange Judd, 1865), p. 97, 98.

28)   George Rawick ed., *The American Slave* (Westport: Greenwood, 1972), p. 37.

29)   Frederick Olmsted, 앞의 책, pp. 430~32.

30)   Todd L. Savitt, *Medicine and Slavery: The Diseases and Health Care of Black in Antebellum Virginia* (Urbana: University of Illinois Press, 1978), p. 182.

31)   Booker T. Washington, *Up from Slavery* (New York: Avon Books, 1965), p. 27.

2
남북전쟁 시기 남부여성의 활동과 젠더문제

오랫동안 역사가들은 남북전쟁을 미국역사에서 큰 획을 그은 사건으로 받아들여 왔다. 미국의 소설 『도금시대』(*The Gilded Age*)에서 작가 마크 트윈(Mark Twain)과 더들리 워너(Dudly Warner)는 미국의 남북전쟁은 "오랜 세기에 걸쳐 형성된 미국의 정치와 사회생활에 획기적인 변화를 불러왔으며 그 영향력은 이루 말할 수가 없다"고 서술하고 있다. 제임스 맥퍼슨(James McPherson)은 미국역사에서 남북전쟁은 노예제도를 폐지시켰다는 결과 이외에 "미국의 연방정부가 평범한 국민을 위해서 우체국을 제공하는 수준의 정치"를 종식시킨 데 그 의의가 있다고 지적하였다. 그는 또한 남북전쟁을 통해 미국은 19세기 초기 제퍼슨정부의 농업국가 형식을 탈피해서, 정치적으로나 경제적으로 통일된 하나의 국가를 형성했다고 주장하였다.[1]

1)   남북전쟁의 여성사적 연구경향

제임스 맥퍼슨을 비롯해서 많은 역사가들이 남북전쟁의 영향을 국가 전체적인 차원에서 조명하면서 지적하고 있지만, 전쟁이 미국여성들에게 끼친 영향은 직접적으로 언급하고 있지 않다. 그동안 과연 미국여성들에게도 남북전쟁이 하나의 전환점이 될 만한 사건이라고 볼 수 있는지에 관해서는 그다지 많은 논의가 이루어지지 않았다. 미국 사학계를 들여다보면 미국여성과 전쟁의 영향에 관한 연구는 대부분 1, 2차 대전과 미국독립전쟁에 국한되어 있었다. 일반적으로 미국의 학자들은 이 전쟁들과 19세기 중반에 활발히 진행되었던 노예제 폐지운동과 참정권운동, 또 여성기독교금주연맹(Woman's Christian Temperance Union, WCTU)이나 여성무역연맹(Women's Trade Union League, WTUL)이야말로 미국여성들의 사회·경제·정치적 향상을 위해 기여한 것으로 평가하고 있다. 비록 1970~80년대를 거치는 시기에 미국여성사 연구가 비교적 활발히 진행되었지만 남북전쟁과 여성에 관한 연구는 극소수에 불과했다. 1980~87년에 발표된 603권의 미국여성사 관련 책이나 박사논문 중 남북전쟁과 재건시대 여성에 관한 연구는 단 13권(2퍼센트)에 불과하다.

그러나 이러한 경향은 1990년대 들어오면서 변화하였다. 새로운 사회사(new social history) 연구는 백인 중심의 정치·외교·경제에 초점을 맞추어온 전통적인 역사연구 관점에 도전하게 되었고, 사회사에서 주로 관심을 기울인 계층도 그동안 소외되어 온 여성이나 흑인 등이었으며 이들을 중심으로 한 연구의 배경도 이들의 평범한 일과에 주목하는 것이었다.

　　도로시 슈나이더(Dorothy Schneider)와 칼 슈나이더(Carl J. Schneider)는 미국여성들의 제1차 세계대전의 참전은 이미 한참 진전된 여성운동을 배경으로 여성들에게 참정권을 부여한 19번째 수정안이라는 결과를 가져다주었다고 서술하고 있다.[2] 윌리엄 사프(William Chafe)는 제2차 세계대전 이후 여성의 노동시장 참여를 설명하면서 전후(戰後) 특히 중산층여성이나 중년여성의 노동시장 참여가 증가하였고, 그 결과 전후 여성들의 활발한 경제참여에 대한 이미지가 크게 부각되었고 이와 더불어 1960~70년대 여성운동의 부활이 이루어졌다고 보았다.[3]

　　여성사 차원의 미국남북전쟁 연구는 주로 남북전쟁 동안 북부지방 중상류층 여성들의 다양한 활동을 중심으로 수행되었다. 특히 다양한 방식의 전쟁참여에서 여성의 역할에 관한 연구 그리고 전쟁발발로 혼란스러운 상황에 부딪힌 여성들이 세계를 바라보는 관점이 어떻게 변화해 나가는지 등이 주된 주제가 되었고, 이러한 연구에서는 주로 여성들의 일기장이나 편지 등이 심도 있게 다루어졌다.

　　이전에는 전쟁사를 하나의 전통사로 간주하면서 그에 관한 연구를 기피해 오던 여성사학자들은 이제 전쟁사를 성역할의 체계(gender system)를 변화시키는 데 큰 기여를 한 역사적 사건으로 주목하기 시작하였다. 요즈음 남북전쟁사 연구에서는 전쟁발발 시기가 미국역사에서 여성과 남성의 영역이 명확하게 구분되는 시기였던 만큼 성역할의 변화를 그 분석의 관점에서 제외시킬 수 없다는 것이 주된 연구경향이다. 조앤 스콧(Joan W. Scott)과 린다 알코프 (Linda Alcoff)는 성역할(gender)이 오랜 시간에 걸쳐 발전되어 온 가장 중요하고 영향력 있는 사회구성 요건이라는 것을 증명하면서 성역할의 관계가 곧 권력관계라고 주장하고 있다.[4]

영국의 저널리스트 조지 셀라(George A. Sala)는 "역사상 미국의 남북전쟁은 여성들에게 지대한 영향을 끼쳤던 전쟁으로, 애국심을 바탕으로 국가를 위해 여성들의 능력이 최대한 발휘되게끔 해준 사건이다"라고 적고 있다.[5] 비록 남북전쟁의 여파는 남부와 북부에서 다른 양상을 띠었지만, 양측의 여성들은 여러 가지 측면에서 공통된 경험을 하게 되었다. 이 전쟁은 남북여성들 모두에게 가족과의 이별 등으로 인한 고통뿐만 아니라 전쟁 동안의 역할들을 통해서 여성의 새로운 영역을 개척할 수 있는 기회를 제공해 주었다. 여성들은 가정, 농장, 병원, 공장, 학교, 사업장에서 색다른 경험들을 하게 되었고 이러한 기회는 미국여성들의 삶을 급격히 변화시켰다.

남북전쟁의 여파는 북부여성들보다 남부여성들에게 더 크게 다가왔다. 대부분 북부가 아닌 남부가 전쟁터가 되었고, 많은 남부여성들은 남편과 아들을 전쟁터로 보낸 뒤 어린 자녀들과 함께 열악한 환경에서 농장경영과 농사일을 도맡아야 했다. 그들은 북부군대의 침략을 겪었을 뿐만 아니라 항구의 봉쇄로 말미암아 인플레이션에 시달려야 했으며, 식량부족과 절대적으로 노예노동력이 부족한 상황에서 설상가상 때때로 항거를 하는 노예들을 데리고 농장을 경영해야 했다. 그러나 남부여성들은 이러한 어려움을 적극적으로 극복했으며, 때로는 안전하게 가족을 보호하고 농장을 지켜나갔다. 리치먼드에서 발생한 빵 폭동은 많은 남부여성들이 식량부족 사태를 더 이상 감수할 수 없었던 상황을 잘 말해 주고 있다.

　　남북전쟁 이전에 노예를 소유하고 있던 대부분의 남부여성들은 이러한 일들을 직접적으로 책임진 경험이 없었지만 전쟁이 발발하자 모든 상황은 바뀌었다. 당시 북부여성들은 남편의 사업에 절대 관여하지 않았을 때 남부여성들은 농장경영을 비롯한 가정 밖의 일을 수행하면서 살아가는 방법들을 익혀야만 했고, 이러한 경험들을 통해서 사회참여를 위한 새로운 기술을 습득해 나가기 시작하였다.

　　이 장에서는 남북전쟁 동안 미국여성들, 특히 남부여성들이 가정과 사회, 더 나아가 전쟁터에서 어떤 경험을 했고, 전쟁이 그들의 사회·경제적인 지위 변화에 어떠한 영향을 끼쳤는지 살펴보고자 한다. 전쟁 때 신변의 변화와 새로운 역할들을 통해 남부여성들은 북부여성들보다 훨씬 큰 변화를 경험하였다. 남북전쟁 동안 북부여성과 남부여성들의 경험에는 어떤 공통점과 다른 점이 있으며, 특히 남부여성들은 새로운 역할을 수행하는 과정에서 어떠한 어려움들을 겪었고 또 그 상황을 어떻게 극복할 수 있었는가? 이와 같은 경험들은 여성들의 자아의식과 세계관에는 어떤 변화를 가져오게 되었는가? 과연 그들의 자립심과 자아만족에는 어떤 영향을 끼쳤고 이는 전후(戰後)에도 계속 그들이 가정의 테두리를 벗어나 사회참여를 갈망하는 생각을 갖도록 해주었는가? 전쟁 동안 여성의 역할이 전황(戰況)에는 어떤 영향을 끼쳤는가? 여기서는 남부여성들이 남북전쟁을 거치면서 자기 가족과 사회질서를 지켜내려는 시도들을 통해 자신들의 주체의식은 물론 이후 미국여성사에 어떤 변화의 계기를 마련해 주었는지 밝혀볼 것이다.

2) 남부여성들의 자의식 성장 및 가부장제의 약화

남부와 북부 여성들은 남북전쟁 동안에 다같이 두려움, 좌절감, 불
확실함과 혼동을 경험하였다. 그러나 전쟁패배로 더욱 가혹한 환경
에 놓이게 된 남부여성들은 자신들에게 닥친 엄청난 시련을 겪으
면서 삶에 대해 더욱더 부정적인 경험을 하게 되었다. 엠마 르콘테
(Emma Leconte)는 남북전쟁 동안 남부여성들이 얼마나 극심한 경제
적 빈곤상태에 놓여 있었는지를 다음과 같이 기록하고 있다.

> 세상이 온통 거친 소문으로 가득 차 있고 현재 상황을 파악하는
> 것은 매우 어려운 일이다. 우리의 미래는 매우 불확실하고 하루
> 하루를 그저 연명할 뿐이다. 이 가혹한 전쟁은 모든 남부여성들
> 을 고난의 늪에 빠지게 하고 있다.[6]

많은 여성들은 자신들이 직접 전쟁에 뛰어들지 못한 데 대해
좌절감을 느꼈고 "만일 내가 여자가 아니었더라면"이라는 내용의
대화나 편지가 다수 발견되었다. 세라 모건(Sarah Morgan)은 비록 자
기가 여성으로 태어나 전쟁에 직접 참여하지는 못하지만 혼신을 다
하여 가족의 평안을 위해 기도하겠노라 쓰고 있다.[7] 남과 북 모두

가장 큰 고통은 전쟁으로 사랑하는 이들을 잃는 것이었다. 그들의 사랑하는 아버지·남편·아들이 전쟁으로 죽어갔고 많은 여성들은 전보를 통해서 혹은 신문이나 기차역 벽보를 통해 전사소식을 들어야 했다.

남북전쟁 이전 남부지방은 노예제도를 중심으로 한 강력한 가부장제 사회였고, 철저한 계급주의의 영향 아래 있었다. 남부의 노예제도는 백인남성의 부인과 흑인노예들에 대한 지배력을 바탕으로 한 것이었다. 가부장제 개념은 항상 복종관계를 전제로 하는 것으로, 이것은 남녀 성역할의 체계를 유지하고 잠재되어 있는 저항세력을 제거함으로써 효과적인 지배체제를 구축해야 하는 의무를 의미하기도 했다. 노예제도하에서 백인여성을 모든 위협으로부터 보호하는 것 또한 남부 가부장제에서 남성의 책임이기도 했다.

하지만 전쟁발발 후 농장주들이 전쟁에 참여하기 위해서 농장을 떠났을 때, 가부장제하의 정부는 농장노예들을 통제할 그 어떤 수단도 제공해 주지 못했고 농장의 여주인들이 모든 책임을 떠맡게 되었다. 그러한 상황 아래서 농장의 여주인들은 두려움을 느꼈을 뿐만 아니라 노예들의 저항을 어떻게 감당할지 큰 걱정이었다. 전쟁 초기만 해도 많은 남부여성들이 농장경영이나 노예관리의 의무는 자신들에게 너무도 부적절한 것이라고 생각하였지만, 전쟁이 계속됨에 따라 그들 스스로 많은 새로운 일들에 대해 누구보다도 철저하게 주어진 역할을 잘 수행해 나갔다. 남부의 여성들은 남편이 없는 동안 불확실한 상태의 농장을 경영하였고, 차차 남편의 충고나 결정권에 의존하는 것으로부터 벗어나게 되었다. 부유한 계층의 여성들은 전쟁 전에는 전혀 경험해 보지 못했던 장부정리와 경영을 맡아서 해야 했기 때문에 특히 더 어려움을 겪었다.

전쟁중 전사자들의 시신을 절차에 따라 매장하는 것도 남부여성들의 의무였다. 이 시기 남부연합에서는 죽은 이에 대한 '애도식'도 사회적·문화적·정신적으로 중요한 의무였다. 많은 남부여성들은 또한 군수품공장에서 전쟁에 필요한 물자들을 생산하는 일들을 담당하였다. 전쟁에 참여하지 않은 남부시민의 대다수가 여성이었기 때문에 물품생산과 서비스 제공은 여성들의 책임이었다. 버지니아 리치먼드 출신의 한 여성은 "우리는 일하러 가야만 합니다"라는 기사를 쓰기도 하였다. 하지만 그들은 이 일들을 수행해 나가는 동안 성공과 실패를 거듭하였고, 그러면서 가장으로서의 새로운 역할에 익숙해지기 시작했다.

남북전쟁 이전 빅토리아 시대의 전형적인 중상류층 남성들은 열정적이고 책임감이 강하기 때문에 공적인 영역에 적합한 것으로 알려져 있었다. 이에 반해 중상류층의 여성들은 온순하고 감정적이기 때문에 가정과 같은 사적인 장소에 적합한 것으로 되어 있었다. 이러한 이념이 지배적이었기 때문에 남북전쟁 이전의 미국남성들은 의학계, 법조계, 교육계 등 공적인 영역 대부분을 독차지했다. 하지만 전쟁과 함께 여성들이 대거 병원이나 자선협회 같은 곳에 참여하게 되면서 새로운 역할들을 익혀갔다. 이것은 동시에 전쟁에 참여하지 못한 남성들이나 전쟁에서 돌아온 후 가장으로서 이전의 역할을 회복하려는 남성들과 감정적인 갈등을 일으킬 여지가 있음을 의미하는 것이기도 했다.

많은 남부여성들은 일기장에다 전쟁 동안의 상황과 자신들의 생각을 생생하게 기록해 놓았다. 이것은 여성들이 가정의 테두리를 벗어나 세상일에 관심을 가지고 자신들과 같은 상황에 봉착해 있는 여성들에 대한 이해와 관심을 기울일 수 있는 기회를 마련해 주었다. 전쟁에 관한 일기를 남긴 남부의 여성으로 메리 체스넛(Mary B. Chesnut)이 있었다. 체스넛 부인은 1823년 3월 31일 사우스캐롤라이나에서 태어나 17세에 나중에 남부군 장교가 되는 제임스 체스넛(James Chesnut)과 결혼했다. 그녀는 1861년 12월 6일 남북전쟁이 발발한 후 처음으로 일기를 쓰기 시작하였는데, 그녀의 일기장에는 전쟁 동안 남부여성들이 겪어야 했던 고충과 특히 여성들이 체험하게 된 많은 어려움들을 생생하게 서술해 놓고 있다. 한 작가는 그녀의 일기에는 "남부동포들의 고통에 대해서 너무나 생생히 기록되어 있다"고 평가하고 있다.[8] 비록 그녀의 일기는 개인적인 관점을 적어 놓고는 있으나 그녀의 날카로운 관찰력은 전쟁 동안 남부여성들이 겪어야 했던 역경을 잘 보여주고 있다.

남부지방에서 여성의 미덕은 인내심과 자기희생을 의미하였다. 전쟁에 참여한 군인의 아내로서 가정의 결속을 굳건히 지킨다는 것은 매우 중요한 문제였다. 전쟁중 남부여성들은 때때로 관습에 따르지 않는 남녀교제, 이산가족, 조혼풍습, 자녀양육 문제 등으로 많은 변화를 경험했다. 또 여성들에게는 가족의 명예와 가정의 결속을 용기와 침묵으로 지켜야 하는 의무가 있었다.[9] 하지만 남부여성들은 이 모든 고충을 남부의 독립이라는 대의를 위해서 극복해 나가고자 하였다. 조지아주의 한 여성은 지방신문에 다음과 같은 글을 연재하였다. "나는 이제 내면에서 새로운 나의 삶을 발견하게 된 듯하다. 나의 꿈은 경제적으로 능력이 있고 부지런하고 독립적인 남부여성이 되는 것이다."[10]

남북전쟁은 대농장의 지주계층 여성들보다도 징병제도에 의해 남편을 전쟁터로 보낸 자작농계층의 여성들에게 더 큰 고통을 안겨다주었다. 남북전쟁은 남부지방의 가난을 더욱더 가속화시켰고, 여성들은 혼자서 이 짐을 짊어져야 했다. 1863년에 이르러 몇몇 자작농 여성들은 자신들의 불만을 표현하는 데 더욱더 적극적으로 되었다. 자작농계층의 여성들은 계급과 성역할에 따른 이중고통에 시달려야 했기 때문이다. 굶주린 여성들은 남부연합의 고위관리들을 향해 가장 기본적인 생계문제를 해결해 주지 못한다면 군대에 있는 남편이나 아들들에게 탈영할 것을 권유할 수밖에 없다고 소리쳤다. 낸시 맨검(Nancy Mangum)은 노스캐롤라이나 주지사에게 생필품가격을 인하해야 하는 이유를 설명하면서, 요구가 받아들여지지 않는다면 곧바로 남편에게 편지를 띄울 수밖에 없다고 말했다.

이처럼 생필품 부족으로 인한 고통은 1863년 남부지방 전체에 걸쳐서 대대적인 빵 폭동을 불러일으켰다. 조지아의 사바나(Savannah), 앨라배마(Alabama)의 모빌(Mobile), 노스캐롤라이나(North Carolina)의 하이 포인트(High Point), 오하이오의 콜럼버스(Columbus), 남부의 수도 리치먼드(Richmond)에서 수많은 여성들이 빵과 생필품을 요구하며 함께 뭉쳤다. 이와 같은 행동은 여성에 대한 관념을 바꾸어놓았다. 리치먼드에 있는 관료들은 언론에 여성들의 폭동에 대해 절대 보도하지 말 것을 지시했다. 비록 상류층여성들은 폭동에 참여하기 위해 길거리에 나서지는 않았지만 그들 스스로도 이 같은 불만을 토로하기도 하였다. 하층여성들과 마찬가지로 그들 역시 생필품과 식량 부족으로 인한 고통을 호소했던 것이다.[11]

이러한 상황은 남부군에서 탈영병 비율이 매우 높아지는 것의 원인이 되었다. 그들은 자기 아내와 자식들을 굶주리게 하느니 군대를 탈영해 집으로 돌아와서 농사를 짓는 쪽을 택했고, 때로는 잠시 돌아와 농작물 수확을 해놓고는 다시 군대로 돌아가기도 하였다. 결국 이러한 탈영이나 단기간의 군대이탈 등은 남부군에 많은 문제점을 발생시키자 점차 강력한 통제를 받게 되었다.

남부여성들은 많은 분야에서 대담성을 보여주었다. 전쟁이 발발했을 때 남부여성들은 북부여성들보다 더 큰 열의를 가지고 전쟁에 기여할 것을 다짐했다. 외국이나 북부의 신문기자들은 남부여성들의 결의에 관해 많은 기사를 썼는데, 그중 시카고의 한 신문은 남부남성의 높은 참전율에는 여성들의 기여가 크다고 설명하고 있다. 남부여성들은 남편을 전쟁터로 보내는 것을 주저하지 않았고, 만일 남편이 참전하지 않고 집에 머물러 있다면 그 자체가 아내에게 크나큰 불명예가 되었다. "겁쟁이가 되느니 차라리 미망인이 되기를 택하겠다"는 것은 그들의 입에 자주 오르내리는 구호였다. 앨라배마의 한 여성은 약혼자가 군 입대를 거부하자 주저하지 않고 파혼을 결정하면서 "군 입대를 원하지 않으면 차라리 이 치마를 입는 편이 낫다"는 메모를 보내기도 하였다. 미시시피 출신의 앤 하드리안(Ann Hadrian)은 두 아들을 전쟁터에 보내며 일기에 다음과 같은 내용의 글을 썼다.

나의 두 아들은 나라를 위한 애국심의 제단에 받쳐졌다. 우리의 대의는 신성하며, 따라서 신은 우리를 보호해 주실 것이다. 우리 남부여성들의 최대 목표는 남부의 자긍심을 높이 기리는 것이다.[12]

전쟁 초기부터 소수의 남부여성들은 정치참여 움직임을 보였다. 1861년 남부연합이 최초로 선거를 실시했을 때 몇몇 그룹의 여성들은 조지아의 신문사에 자신들의 정치적 의견을 밝힌 익명의 편지를 보냈다. 또 북부연방의 함대가 뉴올리언스를 공격하려 하자 도시는 온통 공포분위기에 휩싸이고 남부연합의 군대가 항복을 선언할 수밖에 없는 처지에 놓였음에도, 50여 명의 남부여성들은 북부군에 항복하지 말고 끝내 도시를 사수할 것을 주장하는 청원서를 시장과 시의원들에게 보내기도 했다. 여성들은 남부연합을 위한 애국심을 고취시키는 데 최선을 다하였다. 오랫동안 남부에 살아온 줄리아 그랜드(Julia Le Grand)는 오로지 "여성들만 두려움이 없는 것처럼 보였다. 그들은 어떠한 절망적인 상황에서도 완강히 저항할 것을 다짐했다"고 말했다.

전쟁 동안 남부여성들의 교사직 진출은 여성의 자의식 고양에 큰 영향을 끼쳤다. 남북전쟁 이전시기에는 북부여성들의 교사직 진출은 활발하게 이루어졌으나 남부여성들은 그런 기회를 갖지 못했다. 그러나 전쟁은 남부여성들에게 새로운 기회를 가져다주었다. 남부의 교육자들은 여성교사를 양성하기 위해 노력하였다. 1863년 남부의 한 신문은 다음과 같은 기사를 실었다. "전쟁으로 남부에서는 더 이상 남자교사들을 채용할 수 있는 기회가 없어졌다. 여성들만 청소년들을 가르치는 교사가 될 수 있다." 그 밖에 노스캐롤라이나의 트리니티 칼리지(Trinity College)가 여성들을 받아들였고 전쟁 동안 여자대학 몇 개가 설립되었다. 많은 여성들이 반대에 부딪히기도 했는데, 엠마 홀름(Emma Holmes)은 부모의 반대를 무릅쓴 자신의 이야기와 가족들의 반대를 극복하고 교사가 된 친구의 이야기를 기록하고 있다. 그리고 1861년 11월 노스캐롤라이나 교육부는 교사직 부문의 여성고용 확대를 주제로 한 글짓기대회를 개최하기도 하였는데, 이러한 것은 당시 지배적인 성역할의 변화를 불러오는 데 초석이 되었다.[13]

남북전쟁은 많은 남부여성들이 일찍이 경험하지 못했던 남성들의 영역으로 진출할 수 있는 기회를 만들어주었으며, 그들을 가정의 영역에서 벗어나 전쟁터로 내보내었다. 다시 말해 이것은 당시 중상류층 이상의 여성들에게 전반적으로 요구되었던 '집안의 천사'(angel of the household) 이미지로부터 벗어나는 계기가 되었고, 남부지방의 가부장제 기반을 약화시키는 결과를 초래하였다. 또 전쟁은 여성들이 전쟁터나 병원에 직접 참여할 수 있게 해줌으로써 오랜 역사에 걸쳐서 형성되어 온 성역할에 기초한 행동반경을 무너뜨렸다. 많은 여성들에게 기회의 문을 열어주었던 것이다. 남북 모두 전쟁준비가 제대로 되어 있지 않았기 때문에, 초기부터 여성과 남성 모두 이 전쟁에 참여해야 한다는 것을 인지하고 있었다. 전쟁의 신성한 목표를 인식한 남부여성들은 혼신의 힘을 다해서 군인들을 위해 봉사했다. 그들은 애국심과 에너지를 제공하는 것 이외에도 여러 가지 활동을 펼쳤다. 남편이나 아들들을 군대에 보냄으로써 남부의 많은 여성들은 새로운 역할을 담당하게 되었고 이러한 상황들을 겪으면서 점차 독립심을 가지게 되었다. 이러한 경험들은 궁극적으로 여성의 사회적·경제적·지적 향상의 도모로 이어졌다.

3) 남부여성들의 자선활동 참여

남부여성들은 중앙집권적인 조직력을 갖춘 북부의 '미국위생위원회'(US Sanitary Commission)와 같은 규모는 아니었지만 다양한 지방조직들을 통해서 전쟁에 참여하게 되었다. 남북전쟁이 발발한 지 2주 만에 남부와 북부를 모두 합쳐 약 2만 개 정도의 자선협회가 생겨났다. 전쟁 동안 남부지방의 자선단체들은 북부군의 침입과 물자 부족으로 단기간 존립하다가 해체되었지만, 남부여성들은 많은 어려움에도 불구하고 고도의 조직화된 모임을 만들 기회를 갖게 되었다. 이런 조직들을 통해서 여성들은 음식·의복·의료필수품 등을 수집했고 가능한 많은 시간을 투자하여 기업가들에게 기부금 형식으로 자금을 모았다. 실제로 사우스캐롤라이나의 찰스턴 등지에서는 전쟁 전부터 많은 여성들이 병원에서 자선활동을 하고 있었는데 그곳에서는 전쟁이 시작되고 처음 두 달 사이에 150개가 넘는 자선단체가 생겨났다.[14]

여성자선협회들의 활동은 남부군의 사기를 진작시키는 데 큰 힘이 되었다. 회원들 대부분은 적어도 일주일에 한번은 만났으며, 매일 집이나 교회 또는 공공건물에 모여서 바느질을 하는 회원들도 있었다. 도시에서는 좀더 활동적인 지도자가 위원회 형식을 취한 조직망을 갖추어서 마을 단위로 옷가지나 그 밖에 병사들을 위한 물품을 수집하는 등의 일을 맡아서 해주었다. 대부분의 경우, 남부여성들은 어떤 대가나 찬사를 받기 위해서가 아니라, 그저 묵묵히 자신들에게 주어진 역할을 수행해 나갔다.

여성자선협회의 활동 중에서 특히 바느질은 여성들의 기여도가 가장 높은 자선활동이었다. 남북전쟁과 관련된 편지나 일기에서 자주 등장하는 용어 '유명한 뜨개질하는 사람'(famous knitter)은 전쟁에서 자신의 노력과 시간을 헌신적으로 제공한 전쟁기수를 의미했다. 바느질로써 동참하는 여성들이 많아지면서 이들은 네트워크를 형성하게 되었고, 이 활동은 가정의 테두리를 벗어나 사회참여의 기회를 넓혀주는 데 커다란 기여를 했다. 포트 섬터(Fort Sumter) 전투가 끝난 지 채 2주일도 되지 않아, 리치먼드에 있는 한 침례교회의 여성교인들을 중심으로 해서 일요예배가 끝난 뒤 복음전파의 일환으로 '바느질협회'(Sewing Society)가 만들어졌다.[15]

오랫동안 교회는 자원봉사자들에게 최고의 정신적 혹은 사회적 배출구 역할을 해왔으며, 비록 여성 자원봉사자들이 교회 목사나 원로들에게 자금문제를 의논하고 자문을 구하기는 했으나 전쟁시기 바느질모임은 교회와 사회 전반에 걸쳐 영향력을 발휘하게 되었다. 전쟁 이전의 마을을 중심으로 한 자선활동은 전쟁과 더불어서 좀더 조직적인 활동으로 발전했고, 많은 지도자들도 배출하였다.

또 자선모임이 종교단체를 중심으로 만들어지긴 했지만, 전쟁 이전의 자선단체들이 주로 종교적이고 도덕적인 이유로 자선활동을 했던 것과는 달리 '효율성'이라는 새로운 개념이 도입되기도 했다. 거대한 규모의 식품·의복·의료품 공급에서는 종교적 차원을 벗어나 병사들의 복지 측면에 더욱더 치중하게 되었고 통제력·효율성·협동심 등의 단어들이 그들의 계획에서 주된 요소가 되었다.

남부여성들은 또한 북부여성들이 전쟁 동안 운영했던 '다과살롱'(refreshment saloon)에 상응하는 '노변집'(wayside home)을 운영하였다. 이곳에서 병사들은 음식과 음료수 등을 제공받는 동시에 부상자들은 치료를 받을 수도 있었다. 노변집에서 마련한 음료수나 약품 등은 주로 군대행렬이 지나가는 기차역에서 전달되었다. 사우스캐롤라이나 지방의 여성들은 컬럼비아에 최초의 노변집을 열었으며 이후 이와 같은 형태의 집들이 남부 전역에서 생겨났다. 교회여성들뿐 아니라 다른 자원봉사그룹의 여성들도 활동을 하였는데, 대부분이 대규모 조직의 활동이기보다는 형식을 갖추지 않은 친분관계를 바탕으로 한 비형식적인 그룹 차원의 활동이었음을 알 수 있다.

남부지방의 여성들은 특히 함대구축에 필요한 자금이나 그 외 전쟁물자를 위한 자금을 조달하기 위해 매우 활발히 움직였다. 1861년에서 1862년에 걸쳐 남부 전역에 '여성함대구축자금'(Ladies Gun-Boat Funds)이 번성하였다. 셔먼(Sherman)이 컬럼비아를 향해 전진하기 한 달 전 여성들은 바자회를 개최하였는데, 이 바자회와 관련해 엠마 르콘테(Emma Leconte)는 이렇게 기록하고 있다.

어젯밤 개막식을 한 바자회는 매우 성공적이었다. 테이블에는 부인들이 직접 만든 훌륭한 작품을 비롯해서 봉쇄된 항구를 통해 건너온 물건들로 가득 찼다. …바자회는 토요일까지 계속될 예정이다. 셔먼(Sherman)의 근접 소식은 그들로 하여금 더욱 서둘러 이를 성사시키도록 하였다.[16]

남부여성들은 자금조달을 위한 박람회·바자회·복권판매·연회 등에서, 물론 재정적으로는 남성들의 도움이 있기는 했으나 대부분 직접 계획하고 운영하면서 자신들의 역량을 발휘하기 시작하였다. 그들은 솔선수범하여 여가시간을 할애하고 자기 능력을 기부하였고, 심지어 조상이 남긴 가보나 오이피클 한 병이라도 내어놓음으로써 이 운동에 생기를 불어넣는 데 커다란 역할을 하였다. 전쟁이 계속되는 내내 이러한 활동들은 이어졌다. 비록 남부지방의 자선활동이 규모 면에서 북부에 비해 소규모이고 조직적이지 못했지만, 남부여성들의 활동은 괄목할 만한 것이었다.

4)   남부여성들의 전쟁참여

남북전쟁 동안 남부여성들은 자선활동 등을 통해서 간접적으로 전쟁에 기여할 수 있는 기회를 가졌을 뿐만 아니라, 간호병이나 첩보활동 등으로 전쟁에 직접 참여하는 기회를 갖게 되었다. 많은 여성들이 남편의 부대를 따라다니면서 빨래나 요리를 해주었으며 또 어떤 이들은 부상자들을 돌보면서 남편과 함께 머물러 있으려고 노력하였다. 남북전쟁에는 북부군 간호사 약 9천 명과 남부군 간호사 1천 명이 전쟁에 참여하였다.[17] 이러한 변화는 수적인 면에서뿐만 아니라 미국전통에서 벗어난 행동이라는 측면에서 커다란 의의를 지니는 것이었다.

여성들은 간호병으로 전쟁에 참여하면서 자부심과 성취감을 느낌으로써 자신들 스스로 특별한 내적인 힘을 지녔다는 것을 발견하게 되었다. 테네시(Tennessee)의 샤일로(Shiloh) 전투 때 남부군 간호병으로 활약한 케이트 커밍(Kate Cumming)은 "처음 전쟁터에 파견되어 왔을 때는 역겨운 냄새와 불결한 환경 때문에 내가 과연 버틸 수 있을까 의심했었다. 하지만 이제는 잘 견디어내고 있으며 병사들을 돌보아야 한다는 생각 외에는 전혀 다른 생각을 할 수가 없다"고 일기에 기록하고 있다.[18] 전쟁 직후 북부 연방정부는 여성간호부(Department of Female Nurses)를 신설했다. 일찍이 정신병자수용소에서 헌신적으로 일해 오던 도로테아 딕스(Dorothea Dix)가 이 새로운 기관의 책임자가 되었다. 그녀는 간호병을 모집하고 훈련시키는 일을 책임졌다. 간호병이 되기 위한 조건은 30세 이상의 '평범한 외모'를 가진 여성으로서, 화려한 의상과 보석으로 치장한 여성은 대상에서 제외되었다. 그녀는 간호병은 최소한 자기 일에 대해 헌신적이고 열정적으로 임해야 한다는 생각을 가지고 있었다. 딕스의 지도 아래 3천 명이 넘는 간호병이 지원입대를 하였으며 그들은 한 달에 12달러 정도의 급료를 받았다.

남부연합에서는 간호병 입대와 관련해서 많은 논란이 있었다. 이것은 전쟁기간 동안 성역할 개념에 대한 사람들의 태도변화를 엿볼 수 있는 계기가 되었다. 전쟁 초기부터 많은 언론인들은 여성들이 군병원에서 활동할 수 있도록 해야 한다고 주장했다. 그러나 이러한 안건의 옹호자들조차도 이 제안이 많은 반대에 부딪힐 것임을 알고 있었다. 남부 침례교도들은 간호병들이 군병원 내에서 지휘관의 위치를 차지하지 않고 그들의 영역을 지키는 한 매우 유용한 지원군들이 될 것이라고 주장하였다. 이들에게는 간호라는 것이 여성들의 서비스나 희생을 위주로 하는 것으로는 용납되었지만 여성들의 힘을 키우는 수단이 되어서는 안 되었다.

그러나 1862년 가을에 남부연합은 간호병이 절실히 필요하게 되었고, 간호병을 받아들여야 한다는 여론이 형성되었다. 초기 간호병은 극소수의 공식적인 훈련을 받은 전문적인 간호사를 제외하고는 대부분이 전문기술인이 아닌 집안일의 연장으로서의 참여를 의미하는 것이었다. 그들은 가정주부 복장을 그대로 한 채 병사들을 대신해서 편지를 써주는 일들을 맡아서 했다. 그러나 전쟁중 간호병의 역할은 고정관념을 깨고 여성들이 사회활동을 시작하는 데 중요한 역할을 했다는 데서 그 의의를 찾아볼 수 있다.

여성의 사회참여에 반대하는 사람들은 이런 행위들이 약한 여성들에게는 너무 벅차고 힘겨운 일임을 강조하면서 반대하고 나섰다. 많은 간호사들은 자신들의 업무가 과중하다는 사실은 인정하였으나 여성으로서 부적절하다는 의견에는 동의하지 않았다. 또 의사들 가운데는 간호사의 참전이 병사들과의 감정적 교류를 야기할 수 있다는 우려와 함께 그들의 참여를 반대하는 의사들도 있었다. 간호병들은 남성적인 체력과 능력을 갖춘, 전혀 여성적이지 않은 사람들이라는 소문에 시달리기도 했다. 최초의 여성 병원행정가 포베 펨버(Phoebe Y. L. Pember)는 리치먼드에 있는 군병원에 처음 들어갈 때 적지 않은 반대에 부딪혔었다. 물론 그러한 비난과 질책을 완전히 무시하지는 못했지만 그렇다고 그녀가 결정을 내리는 데 큰 장애가 되었던 것은 아니었다. 그녀는 "여성은 위기의 시기에 봉착해서는 조심스럽게 비상할 필요가 있다"[19]라고 쓰고 있다.

많은 남부여성들이 언젠가는 자신들이 적군과 마주하게 될 것을 명백히 알고 시범부대에서 단결된 모습으로 자기방어 훈련을 받았다. 그들은 학교운동장이나 시범부대에서 소화기 다루는 법을 배웠고, 어느 날 갑자기 자기 집에서 마주치게 될지도 모르는 북군에 대처하기 위한 훈련을 열심히 받았다. 많은 수의 남부여성들이 가령 모욕을 주거나 냉대하는 등과 같은 북군을 따돌리는 방법을 교육받기도 했다. 그런가 하면 직접 변장을 해서 군에 입대하는 여성들도 있었는데, 남북전쟁 기간 동안 남부와 북부를 통틀어서 약 400명의 여성들이 군인으로 변장하여 전쟁에 직접 참여하였다. 그들은 적당한 옷차림으로 아무런 의심도 받지 않고 참전할 수 있었다고 한다. 여성들은 다양한 이유로 전쟁에 참여하였는데, 진정한 애국심을 가지고 참전한 여성들이 있는가 하면 때로는 남편이나 사랑하는 사람의 곁에 머물기 위해서 입대하는 여성들도 있었다. 이렇게 전쟁에 참여했던 여성들은 전쟁터에서 죽어갔고 그들이 여성이라는 사실이 드러나지 않은 채 땅에 묻히기도 했다.

남북전쟁은 '첩보전'으로 알려져 왔다. 남부여성들은 남북전쟁에서 처음으로 첩보원이나 밀수꾼으로 활발한 활동을 하기 시작했다. 신문, 이발소, 술집 심지어 골목 한구석 등 모든 지역에서 첩보활동은 활발하게 이루어졌다. 하지만 이에 관한 기록 상당수가 북군에 의해 고의로 파기되었고 또 제퍼슨(Jefferson Davis)은 전후(戰後) 남부군의 첩보활동에 대한 발표를 저지시켰기 때문에 자세한 기록은 확인할 수 없다.[20]

　　남북전쟁 초기에는 남북 모두 보안조직이나 첩보조직이 존재하지 않았다. 아직 첩보활동은 고도의 기술을 갖추지 못한 아마추어 수준에 머물러 있었다. 남북전쟁의 첩보원들은 즉흥적이고 실험적인 단계였고, 그들의 기술 수준은 결단력을 갖기에는 너무도 미숙한 단계에 있었던 것이다. 여성들은 특히 물건들을 밀수하는 데 뛰어난 재주를 발휘하였다. 남부의 여성들은 남북경계선을 넘어 군수품을 포함해서 약품이나 의류나 신발류 등의 생필품을 기술적으로 매우 은밀하게 들여왔다. 남부여성들은 물품들을 공급하는 것 외에도 북군의 위치 및 행로에 관한 정보를 비롯해서 우편물에 이르기까지 많은 것들을 제공해 주었다.[21]

　　첩보망의 발달로 때로는 유력한 정치인들과의 연락망을 통해서 고위관리 부인들을 중심으로 하부의 여러 조직망을 형성하기도 하였다. 이러한 조직망들은 전쟁의 승패에 커다란 영향을 끼치기도 하였다. 전쟁이 발발하기 전 남부 주들의 탈퇴가 본격적으로 시작될 무렵 워싱턴에 거주하고 있던 남부동조자들은 첩자활동을 하기에 아주 이상적인 위치에 있었다. 그들은 워싱턴의 자기 집이나 사무실에서 원하는 만큼의 정보들을 수집할 수 있었다. 델라웨어와 메릴랜드, 켄터키 같은 지역에는 엄청난 수의 남부동조자들이 있었다. 남부의 자원병들은 정교한 체계를 갖춘 비밀통신망과 비밀결사대원을 조직하게 되었고, 이 시설들은 연방정부의 중요한 비밀을 입수할 수 있을 만큼 효과적이었다. 당시 워싱턴에는 실질적으로 첩보활동을 방지하기 위한 대책이 없었다. 때때로 남부정부는 연방정부의 군대이동 등을 재빨리 파악할 수가 있었다. 그러나 북부군의 경우는 조금 달랐다. 전쟁발발 당시만 해도 연방정부는 첩보활동과는 전혀 무관하였다. 남부사람 가운데서 연방정부에 충성을 맹세하면서 첩보원으로서 생명까지도 바칠 수 있는 사람을 찾기란 매우 어려운 일이었기 때문이다.

남북전쟁 동안 최소한 3개의 독립된 첩보망이 존재하였고, 각각 토마스 조단(Thomas Jordan) 대령, 토마스 넬슨(Thomas Nelson) 대령, 프랭크 스트링펠로(Frank Stringfellow) 사병에 의해서 운영되었다. 토마스 조단 대령은 최초로 남부의 첩보망을 구축하였는데, 나중에 이 첩보망을 로즈 그린하우(Rose O'Neal Greenhow)가 통솔하였다.

남부 출신인 그린하우 부인은 남북전쟁 동안 남부군을 위한 위대한 첩보원 역할을 매우 적극적으로 수행하였다. 1861년 그린하우 부인은 북부에 살고 있던 남부 출신의 여성들이 고향으로 돌아갈 때 워싱턴에 그대로 머물러 있었다. 1862년 8월 그녀는 가택연금이 되었고, 그후 투옥되어 철저한 감시를 받게 되었다. 그린하우 부인은 워싱턴에서 가장 유명한 여성 가운데 한 명이었고, 많은 공화당 정치인들과 친분관계를 맺고 있었다. 그녀는 국무부 관리였던, 고인이 된 남편 로버트 그린하우(Robert Greenhow)를 통해서 상당수 외교계 인물들과 친분을 쌓았으며 자신의 이런 위치를 이용해서 정치계 거물들의 비호 아래 자유롭게 첩보활동을 할 수 있었다. 그린하우 부인은 다양한 방법으로 정보를 입수하였는데, 미국고문서보관소의 국무부 기록에 따르면 그녀는 최소한 50명 이상(그중 48명이 여성)의 첩보원을 통솔하고 있었다고 한다. 워싱턴의 그녀 집은 전국 각지로부터 리치먼드로 보내는 정보교환소 역할을 했다.[22] 그녀의 가장 큰 활약은 1861년 남부군에 중요한 군사기밀을 전달한 것인데, 1861년 7월 그녀는 어빈 맥도웰(Irvine McDowell) 장군의 계획과 관련된 정보를 전달함으로써 남부군이 제1차 불런(Bull Run) 전투를 준비할 수 있는 기회를 만들어주었다. 그녀는 작게 접은 종이를 헝겊으로 꿰매서 가발 속에 숨기는 방법으로 메모를 전달하였다. 또 그녀는 전쟁포로로 감옥에 있으면서도 군수품 전달방법에 관한 정보를 입수하여 남부에 전달하였는가 하면, 그외 여러 가지 중요한 정보들, 예를 들어 적군의 행로·움직임·위치 등을 넘김으로써 전세(戰勢)에 중요한 영향을 끼쳤다.

젊은 남부여성들은 미모를 이용해서 적군장교들과 어울리면서 그들 부대의 움직임과 공급물품, 무기이동 등의 정보를 입수하였다. 벨레 에드먼슨(Belle Edmondson)은 이러한 경로로 많은 정보를 입수하였는데, 남부의 헨더슨(Henderson) 대위에게 보낸 편지에서 그녀는 이렇게 쓰고 있다.

일주일이 넘도록 우리는 큰 뉴스를 접하지 못했습니다. 오늘 저는 멤피스(Memphis) 근처에서 현재상황이 어떻게 돌아가고 있는지 탐색하고 있는 중입니다. 찰스턴(Charleston)에서 기차 두 량을 보았고, 독일인마을(Germantown) 방향으로 이동하고 있는 부대를 목격했는데 그들은 육군16부대 소속이라고 합니다.[23]

　　북군이 점령해 있는 지역은 보안이 철저했다. 때때로 북군에 대한 충성을 맹세해야만 경계선을 넘을 수 있을 정도였다. 당시 첩보활동과 밀수는 반역죄에 해당할 만큼 무겁게 다루어져서, 이런 행동을 하다가 발각된 많은 수의 여성들이 감옥에서 고통과 괴로움을 감수해야 했다.

　　남부의 근대적 전쟁양상은 도시들의 성장과 더불어 인구과잉과 식료품의 절대적인 부족 현상을 초래하였다. 식량가격의 급상승과 식량부족으로, 결국 1863년 애틀랜타와 리치먼드 같은 남부의 도시들에서 여성들은 '빵 폭동'(Bread Riots)에 가담하였다. 그리고 근대화과정, 특히 정부 관료체제의 확대로 여성들에게 사회참여의 기회가 주어졌는데, 전쟁 동안 많은 남부여성들이 정부의 사무직이나 교사 일자리를 얻게 되었다. 그 밖에도 탄약통을 채운다든지 요새구축을 위해 모래주머니를 만드는 일에도 참여하였다. 남부지방은 북부지방에 비해 무기를 비롯한 군수품을 만드는 공장이 수적으로 적었기 때문에, 대부분의 여성들은 중요한 전쟁물자를 만들기 위해서 북부여성들보다도 더 피나는 노력을 기울여야 했다. 급료를 받으며 군수품공장에서 일하는 여성들도 있었지만 대부분이 봉사

활동으로 참여했다.

　　많은 남부여성들에게 전쟁참여의 큰 동기가 되었던 것은 국가가 자신들을 필요로 한다는 생각과 애국심이었다. 이러한 동기와 열정은 군의관이나 장교들이 가지고 있었던 모든 편견을 극복하기에 충분하였다. 사랑하는 사람 곁에 있기 위해서 군에 지원한 여성들도 있었지만, 사랑하는 사람을 만나러 왔다가 간호병으로 눌러앉은 여성들도 있었다. 간호병으로 남북전쟁에 참여한 여성들 대부분이 자신들의 애국심을 자랑스럽게 생각하였고 스스로 옳은 일을 하고 있다고 확신하였다. 특히 미혼여성들의 간호병 참전은 사회활동의 기회를 갖게 되는 데 큰 기여를 하였다.

　　결론적으로 미국의 남북전쟁(1861~65)은 남부와 북부 진영의 모든 여성에게 큰 변화를 가져다주었다. 여성들은 전쟁 동안 고통과 불안함을 겪었지만, 또 한편으로 자신들이 수행했던 역할들을 통해 자신들만의 새로운 영역을 구축할 수 있는 계기를 마련하기도 했다. 이런 전반적인 변화를 통해서 여성들은 더 이상 전쟁 전의 모습이 아닌 전혀 새로운 모습으로 변화해 나갔다. 양 진영의 여성들은 여러 면에서 동일한 문제점들을 안고 있었지만, 한 가지 중요한 차이점이 있었다. 다름아니라 남부의 대부분 지역이 전쟁터가 되었다는 측면에서 남부여성들은 북부여성들보다 적과의 대면을 더 많이 경험해야 했다는 점이다. 북군이 남쪽으로 계속 진격해 올수록 그들의 집과 이웃과 도시들은 점점 더 파괴되었고, 절대적으로 부족한 식량과 터무니없이 비싼 가격의 생활필수품으로 더 큰 고통을 받아야 했다.

전쟁으로 인한 사회적 변화는 남부여성들의 전통적인 성역할에도 커다란 변화를 불러왔다. 이 점 또한 북부여성들과 다른 점이라고 볼 수 있다. 남부는 농업 중심의 사회로, 북부에 비해 가부장제 구조가 훨씬 강고했으며 여성과 남성의 전통적인 성역할이 강조되었다. 전쟁은 불가피하게 그동안 고착되어 있었던 남성과 여성의 성역할에 큰 변화를 가져왔고, 이러한 것은 평상시에는 용납되지 않는 것들이었다. 전쟁시기에 많은 여성들이 평소 남성들이 지배해 오던 공적 영역의 일들을 도맡아하게 되었고, 이 분야의 참여는 장기적으로 볼 때 여성들의 사회적·경제적 지위의 향상을 도모하는 데 기여하는 것이었다. 여성들은 자선활동이나 그 밖에 전쟁에 직접 참여함으로써 중요한 행정능력을 키워나갔으며 또 자금관리 기술을 비롯하여 자신들이 소속된 단체에서 다른 기관이나 병사들에게 물품을 전달하는 과정에서 물품을 관리하는 기술을 익히게 되었다. 여성들은 조직 내에서 지도자로서의 역량을 어떻게 발휘하는지도 배워나갔다. 뿐만 아니라 시간이나 자금이나 에너지를 투입할 때 중요한 결정을 내리는 법 등도 익혀나가게 되었다.

남부지방은 주로 강력한 가부장제를 바탕으로 하고 있었고, 오랜 동안 남부여성들에게는 인내심과 자기희생이 중요한 미덕으로 간주되어 왔다. 하지만 전쟁과 더불어 여성들은 변화되었다. 남부여성들은 더 이상 희생자라는 생각을 떨치고 자신들을 위해 새로운 이미지를 부각시키고자 했다. 많은 분야에서 중요한 역할을 담당하면서 자신들의 대담성을 드러내 보였던 것이다. 전쟁이 발발했을 때 남부여성들은 북부여성들보다 더 큰 열의를 가지고 전쟁에 기여할 것을 다짐했다. 남북전쟁은 어느 정도 남부지방의 가부장제 기반을 약화시켰고 많은 여성들에게 기회의 문을 열어주었다. 그들은 남편과 아들에게 용기를 북돋워주며 군에 입대하도록 격려했으며, 자신들도 다양한 활동에 참여하였다. 단순한 마을활동에 참여하던 것이 점점 조직망을 갖춘 단체의 활동으로 발전되어 갔고, 가능한 모든 일들을 수행하면서 남부의 대의를 위해 기여하고자 했다. 또 많은 여성들이 커다란 장애를 극복하면서 간호병이 되었다. 여성자선협회들의 활동은 남부군을 격려하는 데 큰 힘이 되었으며, 간호병들의 역할은 여성들이 고정관념을 깨고 사회활동을 시작하는 데 기여하였다. 특히 남부여성들은 밀수나 스파이 등의 첩보활동에서도 첫선을 보였고 이런 활동을 통해서 자신들의 역량을 발휘하기 시작하였다.

전쟁 초기부터 남부여성들에게 남북전쟁은 남자들의 전쟁일 뿐만 아니라 자신들의 전쟁이 될 것이라는 것을 인지하고 있었다. 그들은 모든 고통과 난국을 열정과 결단력을 가지고 극복해 나갔다. 비록 남북전쟁이 노예들의 해방을 가져온 만큼 여성들의 완전한 자유를 가져다주지는 못했지만, 남부여성들을 변화시켰다. 어떤 의미에서든 남북전쟁은 남부여성들을 보다 활동적이고 독립적인 존재로 만들었으며 궁극적으로 전쟁 동안에 겪은 여성들의 경험은 경제적·사회적 측면에서의 진보와 더불어 남부여성들의 삶에 지대한 영향을 끼쳤다고 볼 수 있다.

1) James M. McPherson, *Battle Cry of Freedom: The Civil War Era* (New York: Ballantine Books, 1988).

2) Dorothy and Carl J. Schneider, *Into the Breach: American Women Overseas in World War I* (New York: Viking, 1991).

3) William H. Chafe, "World War II as a Pivotal Experience for American Women," *Women and War: The Changing Status of American Women from the 1930s to the 1950s* (Maria Diedrich and Dorothea Fischer Hornung eds., New York: Berg Publishers Inc, 1990).

4) Joan W. Scott, "Gender: A Useful Category of Historical Analysis," *American Historical Review* (no. 91, 1986. December), pp. 1065~69; Linda Alcoff, "Cultural Feminism versus PostStructuralism: The Identity Crisis in Feminist Theory," *Sign* (no. 12, 1988), p. 407, 415, 423.

5) George Augustus, *My Diary in America in the Midst of the War* (London: Trinsley Brothers, 1865), p. 359.

6) *The Diary of Emma Leconte* 1863. 1. 25, 29.

7) Sarah Morgan Dawson, *Confederate Girl's Diary* (New York: Houghton Mifflin Company, 1913), 1862. 5. 9.

8) Katharine M. Jones, *Heroines of Dixie: Confederate Women Tell Their Story of the War* (New York: The Bobbs Merril Company Inc, 1955), p. 123.

9) George C. Rable, *Civil War: Women and the Crisis of Southern National-ism* (Chicago: University of Illinois Press, 1989), p. 151.

10) Harriet Sigerman, *An Unfinished Battle: American Women, 1848~1865* (New York: Oxford University Press, 1994), p. 117.

11) Cathrine Clinton & Nina Silber eds., *Divided Houses: Gender and the Civil War* (New York: Oxford University Press, 1992), p. 196, 197.

12) *Ann Hadrian Diary* 1862. 5. 11.

13) Clinton & Silber eds., 앞의 책, p. 187.

14) Sigerman, 앞의 책, p. 120.

15) Rable, 앞의 책, p. 139.

16) Catherine Cooper Hopley, *Life in the South from the Commencement of the War* (New York: Da Capo Press, 1974), p. 251.

17) Mary Denis Maher, *To Bind up the Wounds: Catholic Sister Nurses in the U. S. Civil

War(New York: Greenwood Press, 1989), p. 51.

18) Sigerman, 앞의 책, p. 123, 124.

19) Phoebe Yates Levy Pember, *A Southern Woman's Story*(New York: G. W. Carleton&Co, 1879), p. 146.

20) Harnett T. Kane, *Spies for the Blue and Gray*(New York: Double day and Co. Inc, 1954), p. 12.

21) Harnett T. Kane, *Spies for the Blue and Grey*(New York: Hanover House, 1954), p. 12.

22) Louis A. Sigaud, "Mrs. Greenhow and the Rebel Spy Ring," *Maryland Historical Magazine*(vol. xii/no. 3, 1946. September), p. 175.

23) *Letter from Belle Edmondson to Captain Henderson*(Jackson: University of Mississippi, 1990), p. 169.

3
19세기 말 미국 연금제도를 통해 본 여성관

남북전쟁 이후 19세기 말에 이르는 동안 미국의 연금제도는 입법·행정 측면에서 여러 변화가 일어났고, 이러한 변화는 당시 사회의 여러 가지 이념적인 측면들을 반영하면서 그 시대의 정치·사회·경제 세 가지 조건과 밀접한 관련을 가지고 발전해 왔다. 특히 여성들에게는 어머니로서, 아내로서의 미덕을 그 핵심 요소로 강조하면서, 복지제도의 혜택을 받기 위한 자격기준에서도 남성들과 다른 규정들을 적용해 왔다. 남북전쟁과 관련된 연금제도 법규도 예외는 아니었다. 대부분의 경우에 성역할(gender) 이데올로기는 남북전쟁 연금제도에서 여성에 대한 정책을 형성하는 데 중핵을 이루었다. 남북전쟁과 관련된 연금법은 19세기 미국사회에서 품위 있는 여성들에게 요구되는 가치와 규범을 반영하였고, '자격 있는' 또는 '자격 없는' 여성에 관한 여러 가지 엄격한 기준을 규정해 놓음으로써 정부는 여성의 역할에 대해 고정된 관점을 유지하였다.

이러한 전제를 바탕으로, 이 장에서는 19세기 말 남북전쟁 때 사망한 일반사병(private soldier)[1]의 미망인들을 위한 정부의 연금정책 변천사를 통해서 다음과 같은 내용을 살펴보고자 한다. 남북전쟁 이후 20세기 전까지 변화무쌍한 시대를 지나오는 동안 남북전쟁 미망인들의 연금제도는 어떤 변천을 거쳤으며, 이러한 변화는 무엇을 의미했는가? 남북전쟁과 관련된 연금법은 미망인들에게 어떤 기준들을 설정해 놓았는가? 즉 19세기 말 미국사회는 가부장적 체제 아래서 여성들에게 어떤 가치체계와 행동기준을 요구했고, 이러한 가치기준에 어긋나는 행동을 범하였을 때 사회로부터 어떤 제재를 받았는가? 연금법규에 나타나 있는 경제적 독립성과 여성의 자아정체성은 어떤 상관관계가 있는가? 이상의 질문에 답하는 과정에서 19세기 말 미국 연금제도에 나타나는 전형적인 여성관을 알아볼 수 있을 것이다.

1)   미국 연금제도의 변천과정

미국정부의 연금정책에 전제되어 있는 기본 사상은 '국가의 책임'이었다. 1783년 조지 워싱턴(George Washington)은 의회연설에서 "국가를 위해서 목숨을 바쳐서 의무를 다한 병사들을 위해 정부는 그들을 포함해서 그들 가족까지도 보호해야 할 의무가 있다"고 주장하였고, 이러한 국가의 책임을 강조하는 사상은 오랫동안 상이군인과 그 가족에 대한 국가연금정책의 근본이 되었다. 1883년 미 하원의원 하트 알폰소(Hart Alphonso)는 의회에서 연금정책에서 국가의 책임을 강조하면서 다음과 같은 증언을 하였다.

> 상이군인들과 전사자의 가족들은 결코 국가에 터무니없는 도움
> 을 요청하는 것이 아니고 그들의 권리를 주장할 뿐이다. 정부가
> 국가를 위해 용감하게 싸우다 불구가 된 병사들을 구걸하도록
> 내버려둔다는 것은 다시없는 수치일 것이다. 또한 정부는 전쟁으
> 로 아버지 혹은 남편을 잃은 어린아이나 미망인에게도 도움을
> 아끼지 말아야 할 것이다.[2]

국가의 책임을 강조하는 이 같은 경향은 국가재정을 절약하
기 위해 연금혜택을 되도록 감축시키고자 했던 몇몇 의원들의 주장
을 훨씬 압도하였으며, 그 결과 상이군인과 그 가족을 위한 연금제
도는 세월이 지나면서 점점 그 혜택의 범위가 확대되었다. 미국 연
금제도의 역사를 살펴보면, 정부가 인정하는 연금에는 두 종류—상
이(invalid)연금과 무상(gratuitous)연금—가 있다. 상이연금은 군대
에 있는 동안 질병에 걸리거나 불구가 된 퇴역군인에게 지급하는 연
금이고, 무상연금은 국가방위 의무를 수행한 데 대해 보상을 해주
는 것을 의미했다.[3]

미국역사상 최초의 연금법은 1776년 8월 26일 각 주 대륙회
의(Continental Congress)에서 공식적으로 통과되었다. 이 법은 정부
가 전쟁에서 부상을 당해 더 이상 가계를 부양할 수 없는 상이군인
에게 군복무 동안 받던 급여의 반액(halfpay)에 해당하는 연금을 지
급하도록 규정하고 있다. 전쟁미망인에 대한 보상은 원래 장교급 이

상의 미망인들에게만 시행되었던 것으로, 정부에 의한 연금 형식이 아니라 구제기금 형식의 보조금이 지급되었다. 1780년 8월 24일의 대표자회의에서는 전쟁에서 사망한 장교급 이상의 미망인에 한해서 7년의 한정된 기간 동안 사망한 남편 급여의 반에 해당되는 액수의 연금을 지급하도록 결정하였다. 이 정도의 혜택마저도 일반사병의 미망인에게는 돌아가지 않았다. 미국독립전쟁의 미망인들에 대한 연금혜택과 관련해서 공식적인 연금법은 1836년 몇 차례 제정되었다. 하지만 연금수혜는 여전히 기한이 한정되어 있었으며, 1858년에 가서야 미망인은 남편 급여의 반에 해당하는 액수를 평생 동안 받을 수 있다는 새로운 규정이 생겨났다.

미국역사상 남북전쟁은 정부의 연금정책에 커다란 변화를 불러왔다. 연금법을 포함해서 연금제도 면에서도 전반적으로 재편성이 이루어졌을 뿐 아니라 정부의 연금지급 액수도 이전 시대와 비교해서 크게 올랐다. 남북전쟁은 그 피해상황에서도 역사상 가장 규모가 큰 전쟁 중 하나이다. 사망자 수가 제2차 세계대전에서 사망한 미군의 1.5배에 이르고, 그 어떤 전쟁보다도 엄청난 수의 미망인을 낳았다. 통계에 따르면 북군과 남군 모두 합쳐서 전사한 군인이 약 62만 명이었으며, 그중 약 36만 명이 북군이었다. 북군의 약 30퍼센트가 기혼자였고, 따라서 약 11만 명의 여성이 전쟁으로 미망인이 되었다고 볼 수 있다.

정부의 연금은 대부분 남북전쟁에 참전했던 북군과 그 가족에 한해서 지급되었다. 연방정부는 1862년 남북전쟁 초기에 약 900만 달러를 군사연금으로 지급한 데 비해 남북전쟁이 끝난 지 약

50년 후인 1910년경 군사연금은 약 50배가 넘는 규모에 이르렀다. 1893년 연금관리국의 통계를 보면 연금혜택자의 1/6이 전쟁미망인이고, 전쟁미망인의 1/2 이상에게 16세 이하의 자녀가 있었다.[4]

    1862년 연금법 규정에 관한 의회토론을 살펴보면, 정부의 연금지급을 확대하는 데 반대하는 논지를 편 의원은 그리 많지 않았다. 오히려 연금법 제정에서는 당시의 사회적 이념들이 크게 지배했음을 알 수가 있다. 1862년 4월 참혹했던 샤일로(Shiloh) 전투가 끝난 지 일주일 후 전쟁에 참여한 병사들의 가족들에 대한 지원을 주장하는 여론이 조성되기 시작했다. 같은 해 4월 14일 뉴욕 출신의 펜턴(Reuben E. Fenton) 의원은 남북전쟁과 관련된 법안 하나를 발의하였다. 법안발의에서 펜턴 의원은 전쟁에서 사망하거나 부상당한 병사들과 전사한 병사들의 가족들에 대해 현행 연금법은 매우 '부적절'하며 '불공평'하다고 주장하였다. 그리하여 이 법에서는 전쟁미망인, 전쟁고아, 전쟁에서 자식을 잃은 노인들에 대한 정부의 책임을 강조하고 있었다.[5] 1862년 7월 14일 제정된 이 법은 이후 오랜 세월 동안 남북전쟁에 관한 연금제도의 기본 원리가 되었다. 이 법은 역사상 최초로 사망한 군인의 가족 중 어머니와 여자형제들에게도 정기적인 연금지급의 혜택을 마련해 주었다. 뿐만 아니라 대부분의 미망인들에게 기준에 따라서 최소한 한 달에 8달러 이상의 고정된 연금혜택을 보장해 주었다. 1866년에는 자녀가 있는 경우 그 자녀가 16세가 되기 전까지 2달러를 추가로 지급하기로 했는데, 이것은 남북전쟁 이전의 불규칙한 연금지급과 비교할 때 큰 성과라고 할 수 있었다.

1870년대 초기에 이르러 남북전쟁과 관련된 연금신청이 급속도로 감소하는 경향을 보이기 시작했다.[6] 이 상태가 1870년대 후반가서는 점차 증가세를 보였는데, 사실 연금신청률의 증가 현상은 부분적으로 연금관련 변호사와 연금신청 대리인들의 활동에 기인한것이었다. 이들의 노력으로 중요한 연금법 중 하나인 1879년 연체법(The Arrears Act)이 제정되었다. 이 법은 정부가 병사가 제대 후 받지 못한 연금을 소급해서 지급할 것을 규정한 것으로, 병사의 부양가족에게도 소급지급이 적용되었다.

사실상 이 법은 그동안 연금신청을 하지 못해 혜택을 받지 못한 나이든 병사들을 위해서 제정되었으나, 점점 이것을 악용하는 사례가 많이 생겨나게 되었다. 연금위원이었던 벤틀리(Henry Wilbur Bentley)는 연금대리인들이 일찍이 연금을 신청하지 못했던 사람들을 어떤 식으로 설득했는지 잘 지적해 주고 있다. 그에 따르면, 연금대리인들은 전국 방방곡곡을 다니며 연금신청의 자격을 충분히 갖추지 못한 사람들에게도 수단과 방법을 가리지 않고 연금을 탈 수있게 해주겠다고 약속하면서 연금을 신청할 것을 계속 종용하였다고 한다. 1872년 연금위원회는 마침내 연금신청과 관련된 사기를 방지하기 위해 특별감시관의 조사보고서를 발표하였다. 보고서의 내용을 보면 연금 신청절차에 문제점이 많은 것으로 밝혀졌는데, 그가장 큰 원인은 정부가 연금대리인들이 제시하는 증거에만 전적으로 의지한 데 있었다. 정부는 이런 폐단을 방지하기 위해서 증거자료를 재확인하는 작업을 실시해야 할 것이라고 밝혔다. 이러한 주장을 바탕으로 정부는 연금대리인들의 부정을 막기 위해 대리인의 행위에 대해서 분류 및 수수료 부과를 금지하는 등과 같은 규제정책을 실시해 나갔다.

1882년 8월 7일 제정된 연금법은 큰 변화를 불러온 법안 가운데 하나이다. 이 법에 따르면, 연금을 신청한 미망인의 결혼에 대한 법적 유효성은 결혼식을 올린 주(state)의 법에 따르며 또 결혼식을 한 연도의 영향을 받게 된다. 또한 이 법은 불법동거에 관해 엄격한 규정을 해놓고 있다.

> 연금을 타고 있거나 아니면 연금을 타기 위해 신청서를 제출해놓은 미망인들의 경우, 불법적 동거(adulterous cohabitation)를 하고 있는 것이 밝혀지게 되면 그 해당자는 연금을 탈 수 있는 권리를 박탈당한다. 여기서 '불법적 동거'라 함은 미망인이 습관적으로 또는 공공연하게 이성과 부도덕한 행위를 하거나, 부정한 관계를 계속 유지하는 것을 통칭한다.[7]

1886년 3월 19일 연금법에는 미망인의 연금을 8달러에서 12달러로 인상한다고 규정하고 있다. 이 내용을 규정하는 과정에서 12달러의 연금을 받을 수 있는 미망인을 전쟁기간 동안 결혼한 미망인으로 제한하자는 움직임이 있기는 했지만, 결국 법에서는 1886년 3월 이전에 결혼을 한 미망인 모두에게 연금을 받을 수 있는 기회를 부여하고 있다.

1890년 연금법은 새로운 계층의 미망인들에게도 연금혜택을 받을 수 있도록 규정하였다. 즉 1890년 이전에는 남편의 사망이 전쟁과 관계있다는 것을 증명하지 못한 미망인에게는 연금혜택이 주어지지 않았다. 하지만 1890년 이후에는 남북전쟁에 90일 이상 참전한 병사의 미망인이나 참전 후 명예롭게 제대한 병사의 미망인의 경우 남편의 사망원인과 관계없이 12달러의 연금을 받을 수 있는 자격을 부여했다. 다만 경제적으로 자신의 노동 없이는 생계를 유지하기 힘든 미망인에게 국한되었다.

1890년 연금법은 미국 연금정책사상 최대의 관용을 베푼 법으로서 정부의 연금관련 예산규모도 최고를 기록하였다. 심지어 그동안 정부의 연금정책이 상이군인이나 그 가족들에게 너무 인색했다면서 연금정책의 수정을 줄곧 주장해 오던 Grand Army of Republic(GAR)도 긍정적으로 평가하는 법이었다. GAR의 기록에는 "이 법에 대해 전적으로 만족하는 것은 아니지만 지금까지의 연금법들과 비교해 볼 때 가장 진보적인 연금법으로서 그동안 전쟁으로 인해 신체적 고통을 받으면서도 연금혜택을 받지 못한 상이군인과 그 밖에 가장을 잃고도 혜택에서 제외되어 왔던 가족들이 더 이상 고통에 시달리지 않을 수 있게 되었다"[8]고 씌어져 있다.

2) 연금법에 나타난 혼인상태와 관련된 쟁점들

19세기 초 미국사회에서 남편과 아내들은 결혼관계에서 서로 다른 그리고 불평등한 역할이 기대되었다. 당시 사회를 지배했던 여성의 미덕에 관한 규율들이 남북전쟁 이후에는 더욱더 강화되었다. 그 규율은 배우자를 잃은 미망인들에게 특히 엄격한 형태로 적용되었고, 이들에게는 무엇보다도 전통적인 여성관에 맞추어 생활해 나갈 것이 요구되었다. 전쟁미망인에 관한 연금규정에 나타나 있는 여러 가지 요소들 중 특히 혼인상태(marital status), 정조관념(chastity), 경제적 독립성(economic independency)을 둘러싼 쟁점들은 시대의 흐름에 따라서 약간의 변화를 보이면서 발전했다는 것을 확인할 수가 있다. 또 이러한 요소들은 당시 사회를 지배하고 있던 성역할(gender) 이데올로기를 가장 잘 반영해 주고 있다.

남북전쟁 발발 직후부터 1890년 6월 27일 연금법이 제정되기 전까지 전쟁미망인들에게 혼인상태(marital status)는 연금수혜의 가장 필수적인 조건이었다. 연금을 신청하는 미망인들은 재정상태 등과 같은 요소보다는 사망한 남편과의 결혼의 법적 유효성과 미망인 상태를 유지하고 있는지 여부를 증명해야만 했다. 그러나 남북전쟁 이후에 결혼의 법적 유효성을 증명한다는 것은 많은 어려움이 따르는 결코 단순한 문제가 아니었다. 비형식적인 전통혼례행사, 법률혼을 증명하는 서류의 소실 그리고 남북전쟁 이전의 노예결혼 등이 그 어려움의 주된 원인이었다.

남북전쟁 초기에 미국정부는 연금수혜자를 미망인의 경우 사망한 병사와 이미 전쟁 전부터 법적 결혼을 한 상태에 있어야 한다고 한정하는 규정을 두었다. 이 법에서는 극히 제한된 수의 미망인에게만 연금혜택이 돌아가도록 했던 것이다. 미망인들은 연금을 받기 위해서 다른 어떤 증명보다도 자신들이 정식으로 혼인한 상태였음을 증명할 수 있는 서류들을 제시해야만 했다. 미망인들은 연금을 탈 수 있는 자격이 되기 위해 결혼관련 증빙서류를 준비해야 했고 또한 전쟁 후에 남편이 사망한 경우에는 반드시 남편이 사망할 당시 함께 거주했다는 것을 증명해야 했다.

혼인증명은 미국의 주마다 다른 규정이 적용되었다. 예를 들어 켄터키주는 1852년까지만 해도 동거하고 있는 부부의 경우에는 정식으로 결혼이 성립되었다는 특별한 증명을 요구하지 않았다. 그러나 1852년 이후에는 정식으로 결혼한 것을 증명하도록 했다. 따라서 연금 신청과정에서 여러 가지 혼란을 일으킬 수밖에 없었다. 하지만 대부분의 주에서는 연금신청자들에게 법적으로 유효한 결혼만 인정하였다. 이 경우 연금관리국에서는 결혼을 증명할 수 있는 기록을 제시하도록 했는데, 유효한 기록들은 여러 종류가 있었으며 그 중요성에 따라서 등급이 매겨졌다.

① 교회나 관공서에서 발급하는 증명서
② 성직자의 혼인증명기록
③ 결혼식에 참석한 2명 이상의 증명서
④ 부부가 계속 동거한 것을 증명해 줄 수 있는 2인 이상의 기록
⑤ 부부 사이에서 태어난 자녀의 침례를 증명할 수 있는 기록[9]

결혼의 유효성을 증명하는 데 적용된 엄격한 규율은 많은 문제를 불러일으켰는데, 대부분의 전쟁미망인들은 증빙서류를 구비하는 데 큰 어려움을 겪었다. 한 상원의원은 이러한 문제점을 지적

하면서 연금신청자들이 자신들의 법적인 정당성을 인정받기 위해 전(前)남편과의 이혼 혹은 전남편의 사망을 증명하느라 20년, 30년, 때로는 50년 전의 서류를 찾아야 하는 어려움을 겪고 있다고 말하였다.[10] 미망인들이 연금관리국(Pension Office)에 제출한 진술서에서도 혼인관계 증명을 확보하는 데 따르는 어려움들을 언급하고 있는데, 이는 결혼할 당시에는 특별한 서류가 요구되지 않았거나 혹은 남북전쟁 때 서류가 불타 버리거나 분실되었거나 혹은 증인이나 주례를 맡았던 성직자가 사망함으로 해서 결혼을 증명하기가 어렵다는 것이었다.

레베카 세이어즈(Rebecca Sayers)의 경우가 이 어려움을 잘 보여주고 있다. 그녀는 결혼식에서 주례를 맡았던 성직자가 사망하였고 교회도 증명이 될 만한 서류를 보관하고 있지 않았기 때문에, 결혼을 증명할 그 어떠한 방법도 없었다. 이러한 이유로 세이어즈 부인은 결혼의 법적 유효성을 증명할 수 없음으로 해서 결국은 연금 혜택에서 제외되었다. 그런가 하면 상당수의 미망인들이 해외로 이민을 갔던 나라에서 결혼한 관계로 이 사실을 증명한다는 것이 더욱 난감하였다. 메리 월시(Mary Walsh)는 남편과 결혼식을 올린 곳이 아일랜드(Ireland)의 한 교회여서 그곳에다 자신의 혼인증명서를 보내달라고 계속 요청하였으나 회답을 받지 못한 탓에 연금을 신청할 수 없었다며 자신의 처지를 한탄했다. 또 미망인들은 연금신청을 할 때 신청인이 남편과 이혼을 하지 않았는지 확인절차를 거쳐야 했다. 만약 남편이 사망할 당시 같이 살고 있지 않았다면, 미망인은 연금관리국에 별거의 정당한 사유를 제시해야 했다. 서류상 충분한 증명이 불가능한 경우, 신청자는 연금혜택을 받을 수 없었다.

　미망인의 혼인상태와 관련해서 특히 어려움을 겪은 계층은 남북전쟁 이전에 노예상태에 있었던 흑인병사들의 미망인들이었다. 주된 문제점은 '노예결혼'과 관련된 것이었다. 여기서 의미하는 노예결혼이란 남북전쟁 이전 노예상태에서 맺어진 부부관계로서, 연금법 적용에서 많은 문제점을 야기했다. 노예주에게 노예들 간의 결합은 경제적 이윤 추구를 목적으로 한 종족번성을 위한 단순한 결속으로 간주되었다. 또한 여자노예의 경우 생식능력을 인정받지 못했을 때는 다른 주인에게 팔려갈 확률이 높았다.[11]

　이 모든 상태와 결부된 혼인상태 때문에 남북전쟁에서 사망한 흑인병사들의 미망인들은 연금혜택을 받는 데 적법한 자격을 갖추고 있지 못했던 것이다. 이들의 경우 명확한 증거를 확보하는 데 많은 어려움이 따랐는데, 그것은 특히 관습적으로 내려오던 노예의 결혼과 출생 및 사망에 관한 서류가 전적으로 부족한 것이 주된 요인인 것으로 밝혀졌다. 노예들의 인격적 권리를 상당히 인정하던 주에서조차 노예들 간의 결혼은 법적인 효력을 가지지 못했으며, 이러한 것들을 철저히 배제시키려 하였다. 흑인병사의 미망인 부스(Mary Elizabeth Booth)의 경우가 이러한 상황을 잘 설명해 주고 있다. 부스(Lionel F. Booth) 소령은 1864년 4월 12일 테네시주 포트 필로우(Fort Pillow) 전투에서 수백 명의 흑인병사와 함께 전사하였다. 부스 부인은 남편의 시신을 찾으러 포트 필로우에 다녀온 후 링컨 대통령 앞으로 탄원서를 보냈고, 1864년 5월 19일 링컨 대통령은 이 탄원서에 대한 답변으로 매사추세츠주 상원의원인 서머(Charles

Summer)에게 다음과 같은 편지를 보냈다.

> 이러한 소식을 전해 준 사람은 포트 필로우에서 숨을 거둔 부스 소령의 미망인이었습니다. 그녀는 전쟁에서 사망한 흑인병사의 미망인들과 자녀들을 위해 고려해야 할 점들을 잘 지적해 주고 있습니다. 미망인들이 자신들의 결혼에 대해서 적법성을 인정받아 연금혜택을 받는 것과 동일한 혜택을 받을 수 있도록 선처해 주십시오.[12]

링컨 대통령의 이 같은 관심에 힘입어서 노예 신분에서 결혼을 했던 미망인들의 연금혜택에 관해서는 이후 의회에서 많은 논의가 이루어졌다. 마침내 1864년 6월, 상원의원이자 연금위원회 위원장인 포스터(Lafayette Foster)는 의회의 연금위원회에 포트 필로우 전투에서 사망한 병사들의 미망인과 자녀들에 대한 '적절한 지원'을 담고 있는 내용의 법안을 제출하였다.[13] 의회에 제출된 법안에서 포스터는 흑인병사들의 가족들을 위한 특별 항목의 법안을 주장하였는데, 그 이유를 설명하는 과정에서 현행 연금법에서 명확히 드러나고 있는 백인병사들의 미망인이나 자녀들에게만 연금혜택이 적용되는 등의 확실한 차별에 대해서 지적하였다. 흑인병사의 미망인 경우에는 병사들이 군에 입대하기 전에 합법적으로 결혼하지 못했기 때문에 법적으로 그 병사의 부인으로 인정받을 수 없고, 따라서 연금혜택으로부터도 제외된다는 점을 지적하였던 것이다.[14] 흑인병사 미망인들에 대한 부당한 대우를 해결하기 위해 포스터의 연금위원회는 과거 노예였던 신청자들이 제출한 연금신청서에 한해서 관습법의 기준을 인정할 것을 제안하였다. 마침내 1864년 7월 연금법에서는 자유인의 미망인 경우 병사가 입대하기 전 최소한 2년 동안 남편과 아내로서 인정받으며 함께 거주한 데 대한 증명을 가지고 있으면 미망인으로서 자격을 갖춘 것으로 인정해 주어야 한다고 규정하였다. 이전 노예들은 법적으로 유효한 결혼임을 증명할 수 없지만, 정부는 이를 증명할 수 있는 서류가 분실된 것으로 간주하고 연금을 탈 수 있도록 조치를 취해 주었던 것이다.

미망인의 재혼 문제는 연금법에서 또 다른 쟁점을 낳았다. 미망인들에게 재혼은 곧 연금수혜의 박탈을 의미하는 것이었고, 이러한 상황은 미망인들에게 많은 어려움을 안겨주었다. 수잔 렙소크(Suzanne Lebsock)는 자신의 연구에서 피터스버그(Petersburg) 미망인들의 재혼을 분석하고 있는데, 부유한 계층 미망인들의 재혼율은 낮은 데 반해 빈곤계층의 미망인들은 높은 재혼율을 보이는 것에 대해 설명하고 있다.[15] 이 연구결과는 다시 말해 대부분의 미망인은 주로 경제적인 이유 때문에 재혼을 한다는 것을 보여준다. 1882년 8월 7일 연금법은 미망인이 재혼을 할 경우 연금에 관한 권한을 박탈한다고 규정해 놓고 있다. 미망인이 전쟁으로 인해 치러야 했던 희생의 대가는 미망인으로서의 자격을 유지했을 때, 즉 남편의 죽음을 애도하면서 자녀를 양육하고 있을 경우에만 받을 수 있는 것이었다. 1880년에 연금위원 존 앨버트(John Albert)는 전쟁미망인들에게 연금이 지급되는 이유를 설명하면서, 정부가 미망인들에게 연금을 주는 것은 가정의 생계를 담당하는 남편이 전쟁으로 사망함으로 해서 생계에 위협을 받기 때문이며, 만약 그러한 상황에 처해 있던 미망인이 재혼을 한다면 그것은 그녀가 다시 생계를 맡아줄 누군가의 보호를 받게 되는 것을 의미하므로 연금을 줄 필요가 없다고 주장하였는데 이는 정부의 입장을 잘 드러내고 있다.

앞에서 살펴보았듯이 재혼이라는 것은 연금을 받는 미망인들에게 항상 최상의 선택인 것은 아니었다. 그들이 재혼을 한다는 것은 연금을 받을 수 있는 자격이 박탈됨과 동시에 국가를 위한 희생이나 그들의 애국심에 뒤따르는 그들에 대한 존경과 국가의 책임이 모두 소멸되는 것을 의미했다.

3) 연금법에 나타나는 정조관념 문제

바버라 월터(Barbara Welter)와 캐럴스미스 로젠버그(Carroll-Smith Rosenberg)[16]의 연구에서 나타나듯이, 19세기 미국사회에서 '진정한 여성다움'(the true womanhood)이란 남편에 대한 복종, 자녀양육, 정숙, 신성함 들을 의미하였다. 남성에게는 공적인 부분, 즉 직장에서의 역할이 기대되는 반면 여성에게는 사적인 부분, 즉 가정에서의 역할수행이 기대되었다. 19세기 초기 미국여성들에게 요구되는 가장 이상적인 여성상은 '집안의 천사'였다. 다시 말해 이것은 여성에게 스스로를 타인, 즉 남성의 욕망에 맞추어 살도록 강요하면서 여성 자신의 판단과 의지를 희생하도록 요구하는 것이었다.

19세기 말 연금법을 살펴보면 연방정부는 엄격한 기준을 설정함으로써 정부입장에서의 윤리에 근거해서 이상적인 여성의 도덕상을 규정하였고, 이러한 규정은 특히 미망인들의 정조와 관련된 규칙에서 아주 명백히 드러났다. 정부의 정책과 일반여론은 때때로 미망인들에게 그들의 자유를 억압하는 수단으로 작용하면서, 미망인으로서 이상형의 기준으로 엄격한 정조관념(chastity)을 요구하였다. 정숙과 미덕은 도덕적인 여성의 조건으로 규정되었으며, 부도덕한 여성들로부터 이들을 구별해 내는 하나의 사회적 통제수단으로 이용되었다.

가장 대표적인 연금법은 1882년 8월 7일 법으로, 그중에서 가장 핵심이 된다고 할 수 있는 '불법적 동거'(adulterous cohabitation)와 관련된 규정들은 미망인으로서 지켜야 할 사회규범을 잘 드러내 보이고 있다. 연금법은 다음과 같은 규정을 내리고 있다. 즉 남편이 전쟁에서 입은 부상 때문에 사망해서 연금을 받고 있던 미망인이 불법적 동거를 한 경우 연금을 받을 권리를 박탈당한다는 것이다. 연금신청서에는 미망인에게 적절한 행동규범 중 가장 중요한 요소로서 정숙한 자태를 갖출 것을 요구하고 이를 어길 시에는 연금지불을 중단하도록 규정하는 내용이 들어 있었다. 이 법의 실행은 많은 논란을 일으켰는데, 한 의회증언은 그 목적을 설명하면서 "재혼으로 몰수되는 연금을 계속 받기 위해서 불법적인 동거가 빈번히 일어나고 있고 이를 근절하기 위해서 이 법이 필요하다"[17]고 말하고 있다.

1882년 연금법 제정 이후 수많은 미망인들이 '불법적 동거'를 이유로 연금수혜 자격을 박탈당했다. 불법적 동거를 하고 있는 미망인들 대부분이 그 근본적인 이유가 재정적 빈곤에서 비롯되었다. 동거라는 수단은 당시 경제적으로 극빈했던 전쟁미망인들의 경제적 생존수단이 되었다. 일반사병 미망인의 경우 한 달에 8달러, 1886년 인상 후의 12달러는 최저생활을 유지하기에도 부족한 액수였는데, 월 12달러와 연간 144달러는 1890년 일반노동자의 연간 평균임금 438달러와 비교할 때 1/3밖에 되지 않았다.[18] 재혼은 곧 연금혜택의 박탈을 의미하는 것이었기 때문에 대부분의 미망인들에게 바람직하지 못한 수단이 되었는데, 소액의 연금이나마 계속 받기 위해서는 그들에게 그 어떤 선택의 여지가 없었던 것이다. 만일 미망인이 부도덕한 행위로 연금을 받기에 부적절한 사람이라고 판단되면 그 미망인은 자녀의 양육권까지 박탈당했고 자녀들은 대부분 고아원으로 보냈다. 이 법에는 "미망인의 부도덕한 행위는 자녀의 양육이나 통제에 부적절하다고 보인다"고 되어 있으며, 이러한 규정의 시행은 많은 문제점과 마찰을 불러일으켰다.

미망인의 불법적 동거는 주로 마을주민들이 '연금관리국'(Pension Office)에 신고함으로써 드러났다. 상당수 미망인들이 이러한 신고로 심각한 문제에 부딪히곤 했다. 미망인들의 남녀관계는 마을 전체의 이목이 집중되게 마련이었으므로 그러한 사실이 널리 알려지는 것은 시간문제였다. 연금관리국은 불법적 동거가 접수되면 곧바로 특별감시관(special examiner)을 마을로 파견해서 조사에 착수했다. 특별감시관은 1881년 연금관련 사기사건을 추적할 목적으로 도입되었는데, 때때로 연금법 관련사건의 조사를 위해 변호인들의 요구로 법정에 출두하기도 했다. 특별감시관들과의 인터뷰는 19세기 사회의 결혼에 대한 일반적인 사고방식을 잘 보여주고 있다. 법정 감시과정을 보면 연금관리국이 미망인의 신뢰도를 어떻게 결정하는지 여실히 드러난다. 연금관리국 직원은 마을주민들에게 전쟁미망인의 행적과 품행을 샅샅이 캐묻고 다녔다. 연금관리국의 이런 식의 관찰행위에 많은 사람들이 당혹스러워하기도 했을 뿐 아니라 상당 경우 부당한 사례가 발생하기도 했다. 특별감시관은 1886년 5월 1일 발간된 지침서를 사용하였는데 그 내용은 다음과 같다.

> 만약 연금 수혜자나 신청자가 병사남편의 사망 이후 결혼식을 올리지 아니한 상태에서 동거를 하고 있다면 감시관은 첫째 두 사람이 어떤 관계를 유지하고 있는지를 파악하고, 둘째 마을주민과 이웃들에게는 어떤 관계로 인식되고 있는지 파악하여야 한다. 즉 공식적인 부부관계로 인정받고 있는지 아니면 불법적으로 동거를 하고 있는 상태인지 파악해야 한다. 만약 불법적으로 동거를 하는 상태라면 언제부터 그러했는지를 밝혀내야 한다.[19]

특별감시관은 연금을 신청하는 전쟁미망인으로부터 직접 진술서를 받았다. 질문 중에는 다음과 같이 아주 사적인 내용도 포함되어 있었다. "남편이 사망한 이후로 남자와 동거를 한 적이 있는가?" 감시관들은 자신들의 관찰에 근거해서 또는 자신들의 기준으로 미망인의 행동에 대해 판단을 내리고, 상부에 보고하였다. 그러나 그들은 이웃과 친지들의 증언, 대부분의 경우 소문이나 추문에 전적으로 의존함으로써 많은 과오를 범하기도 하였다. 마을사람들은 남편이 죽은 후 미망인들의 사생활, 즉 미망인으로서의 자격을 유지하고 있는지와 그들의 사적인 생활 등에 대해 증언하였다. 미망인들은 항상 행동에 유의함으로써 좋은 평판을 유지해야 했으며 조금의 실수도 용납되지 않았다.

흑인병사의 미망인에게는 정조관념과 관련해서 또 다른 차원의 문제점이 있었다. 노예상태에 놓여 있었던 흑인여성들에게 정조관념은 백인여성들의 정조관념과는 큰 차이가 있었다. 혼전 성관계는 물론이고 혼외정사 또한 일반적으로 받아들여졌다. 결혼풍습에 따라 이들은 비교적 일찍 성에 눈을 뜨게 되었고 일반적으로 백인문화에서는 금기시되어 온 혼외정사나 혼전 성관계가 이들 문화에서는 수용되었던 것이다. 혼외출산도 부도덕한 행위로 간주되지 않았다.

남부지방의 어떤 주에서도 노예의 결혼에 대한 법적인 유효성은 찾아볼 수가 없었다.[20] 노예들은 자기 자녀들을 키우고 있는 상태라도 그 자녀들에 대한 법적인 양육권이 없었다. 노예결혼과 노예가족은 경제적 요인과 노예주의 결정으로부터 영향을 받았다. 노예부부는 같은 장소에서 때로는 같이 살았지만 항상 함께 거주할 수 있는 것은 아니었다. 한때의 부부가 매매에 의해서 서로 헤어지기도 했다. 간음이라고 여겨지는 행위가 가책 없이 빈번히 행해졌고, 매매나 이주로 인한 별거 이후의 재혼은 당연한 것으로 받아들여졌다. 이러한 상태에서 남북전쟁 이후 흑인병사들의 미망인들은 자신들을 위한 연금제도에서 너무도 부당한 대우를 감당해야 했다. 그들의 혼인이 법적으로 합법성을 가진다는 증명을 해야 하는 어려움과 자기 자식에 대한 법적 권리를 주장하는 데 따르는 장애들을 극복해야 했다. 많은 경우 노예들은 혼인경험이 여러 차례 있었고, 어떤 결혼이 법적으로 유효한지를 두고 그 해결을 위해 정부기관과 계속 마찰을 빚어야 했다.

정조관념과 관련한 연금법의 규정은 19세기 미국사회에서 품위 있는 여성들에게 요구되는 가치와 규범을 잘 반영하고 있었다. 일반적으로 19세기에 주로 중상류층의 여성들에게 요구되었던 엄격한 규율이 일반사병의 미망인들, 노예 출신의 흑인미망인들에게도 엄격하게 지켜질 것이 강요되었고, 이러한 과정에서 많은 경우 '사생활 침해'(privacy invasion)가 빈번하게 일어났다. 또한 19세기 후반 미국사회에서는 남편을 잃은 미망인들의 사적인 생활에 매우 민감했으며, 미망인들은 항상 행동에 유의함으로써 좋은 평판을 유지해야 한다는 무언의 불문율이 존재했음을 알 수 있다.

4) 연금법상 여성의 경제적 독립성(economic independency) 문제

19세기 미국사회는 가부장적 이념체계 안에서 결혼 자체가 서로의 역할기대를 토대로 한 것이었고, 이러한 성역할 이데올로기의 내면화를 통해 남편은 가계부양자 역할을 하고 아내는 내조자의 길을 따라야 하는 부부관계가 형성되었다. 진 보이드스톤(Jenne

Boydston)은 그의 저서에서 19세기 전반기에 미국여성들의 가사노동에 대한 무가치성을 강조하게 된 계기는 시장경제의 발달에 따른 여성과 남성의 경제활동 분야의 확실한 분리로부터 시작되었다고 강조하고 있다.[21]

이 시기 여성들은 가사노동을 하면서 아내·어머니로서의 의무를 다하는 것이 최고의 가치로 여겨졌으며, 이에 반해 남성들은 가계부양자로서 그 역할을 잘 수행해야 했다. 미국사회에서 '공적 생활'(public life)과 '사적 생활'(private life)의 구분이 확고해졌으며, 여성이 속해 있는 곳은 사적인 생활공간뿐이었다. 19세기 미국사회에서 미망인들은 비록 남편은 없지만 여전히 가정주부 계층으로 간주되었다. 따라서 남성 중심의 법조계는 '모범적인' 아내는 가정을 벗어나 경제적인 활동을 하지 않는다는 전제 아래서 미망인들이 죽은 남편에게 재정적으로 의존한다는 것을 기정사실화하였다.

남북전쟁 직후의 연금법에서는 연금액수가 미망인의 생활형편을 기준으로 해서 일정하게 지급되었던 것이 아니라 사망한 남편의 직급에 따라서 차별적으로 지급되었다. 1862년 연금법에 따르면 전쟁미망인의 경우 연금이 대략 한 달에 8달러에서 30달러까지 차등 지급되었다. 중령의 미망인은 30달러, 소령의 미망인은 25달러, 대위의 미망인은 20달러, 그 밖의 일반사병의 경우에는 8달러가 매달 지급되었다.[22] 이것은 연금지급이 미망인을 기준으로 한 것이라기보다 사망한 남편의 직급에 따른다는 점에서, 전통적인 가부장제 아래서 아내의 정체성은 곧 남편에 의해 결정되었음을 여실히 보여주는 것이었다. 당시 경제적 상황을 고려할 때 한 달에 20달러 이상의 연금을 받았던 대위 이상의 미망인들에 비해서 한 달에 8달러 정도의 연금으로 생활을 꾸려가야 했던 일반사병의 미망인들 경우는 경제적 고통이 심했을 것으로 보인다.

1886년 1월 미 하원의원 에드먼드 모릴(Edmund Morrill)은 의회에서 이렇게 증언하고 있다.

> 현재 시행되고 있는 연금법은 국가재정이 어려웠던 수십 년 전에 제정된 것이다. 그때와 비교하면 지금의 생활비는 크게 상승되었다. 현재 전쟁미망인의 연금수혜 금액은 남편의 직급에 따라서 책정된 것이다. 일반사병의 미망인 경우 한 달에 8달러라는 돈을 가지고 생활한다는 것은 비참한 상태를 거의 면할 수 없다는 것이다. …거리에는 가난과 배고픔으로 고통당하는 미망인들이 있으며 그들은 어린 자식을 위해 구걸까지도 마다하지 않고 있다.[23]

미망인들의 경제적인 어려움은 때로 가족구성원들의 해체를 초래했다. 재정적인 곤란을 견디다 못해 미망인들은 자녀들을 고아원으로 보내고 자신은 친척집에 기거하거나 아니면 가내하인(domestic servant)으로 일할 곳을 찾아나섰다. 캐서린 메리트(Catherine Merritt)의 경우는 이러한 상황을 잘 설명해 주고 있다. 캐서린은 전쟁에 나간 남편이 죽은 후 소액의 연금으로는 도저히 생활을 해나갈 수가 없어서 가족들이 뿔뿔이 다 흩어졌으며 그녀 자신은 뉴욕에 있는 한 집에 가내하인으로 들어가게 되었다고 진술하였다.[24] 이것은 소액의 연금으로 생활해 나가는 전쟁미망인들의 경제적 어려움과 그들에게 접근 가능한 직업의 한계를 단적으로 보여주고 있다.

비록 연금에 관한 법규는 시대에 따라서 그 내용을 달리했지만 사망한 남편에 대한 미망인의 절대적인 경제적 의존성은 항상 주된 원칙이 되었다. 1890년 이전의 연금법에서는 미망인의 혼인상태나 재혼 여부 또는 도덕성 여부에 따라서 연금이 지급되었다. 그러나 1890년 6월 27일 법에서는 미망인의 재정상태가 유일한 자격기준이 되었다. 1890년 연금법에 따르면 "본인의 노동 이외에 다른 '생계수단'이 없는 미망인"에 국한시켜 연금을 지급하도록 되어 있다. 1890년 연금법에서는 '생계수단'이라는 개념에 대해 명확한 규정을 하지 않고 있어서, 단순히 미망인의 생계를 위해 '충분한' 또는 '편안한' 수단으로 해석되었는데 이 같은 모호성은 연금혜택을 받을 수 있는 미망인을 결정하는 데 갖가지 혼란과 문제점을 낳기도 했다. 1901년 3월 3일 수정된 연금법은 좀더 구체성을 띠었다. 이 법에서는 연금혜택 대상의 미망인은 "본인의 노동 이외에 다른 '생계수단'이 없으며, 또 연간 순소득이 250달러를 넘지 않는 자에 국한한다"[25]고 되어 있다.

그 밖의 부양가족에 관해서 연금법은 가족 내 여성들의 경제적 의존성을 한층 더 강화하는 것을 의미했다. 예를 들어 병사의 아버지 경우에는 어머니가 연금을 신청하는 것보다 훨씬 복잡한 과정을 거쳐야 했다. 이것은 곧 어머니의 경우에는 경제적 의존상태가 당연한 데 반해서 아버지는 경제적인 독립성을 전제로 하였기 때문이다. 전사자의 어머니 경우에는 병사가 전사할 당시에 그 아들에게 경제적으로 의존하고 있었다는 것을 증명할 필요가 없었던 반면에 아버지는 소유하고 있는 재산의 목록을 일일이 기재해야 했고, 또한 아들의 사망 당시 가지고 있었던 직업과 아들에게 의존하고 있었는지 여부를 철저히 기록하는 것을 원칙으로 하였다.

19세기 후반 연금정책은 여성의 임금노동시장 참여가 가족생활에 끼치는 영향과 밀접한 관계가 있었다. 미국여성들의 노동의 가치를 인정하지 않는 경향과 경제적 의존성의 강조는 남북전쟁 이전 시기에 시작되었다. 19세기 전반기의 사회적 이념은 여성을 노동시장으로부터 소외시키고 여성의 경제활동을 제약하였다. 시장경제의 성장은 여성의 가사노동을 주변화시켰고, 여성의 경제적 기여도를 평가 절하했다. 또 시장경제는 주로 아내와 어머니의 역할을 하고 있는 여성들을 임금노동시장으로부터 소외시키고 가정에 머물도록 만들었다.

이러한 현상은 남북전쟁 이후 19세기 말에 이르기까지 지속되었고 정부 복지제도의 일환인 연금제도에서도 잘 나타난다고 볼 수 있다. 연금법에 의하면, 여성의 경우 연금수혜 대상은 특히 전통적인 가족윤리에 따라 생활하는 미망인에 국한되었고 그러한 전통 가치에 반하는 경우에는 그 규칙이 매우 불리하게 적용되었다. 이와 같은 관점에는 결혼제도 안에서 아내는 경제적으로 남편에게 전적으로 의존해야 한다는 원칙이 내포되어 있었다. 즉 정부는 연금제도라는 하나의 통제수단을 통해서 여성의 경제적 의존성을 가장 이상적인 여성상으로 설정하고 여성들을 가정에 머물도록 간접적으로 강요함으로써 여성들을 임금노동시장으로부터 소외시켰다고 볼 수 있다.

　　결론적으로 정리해 본다면 미국의 연금제도는 근본적으로는 국가를 위해 목숨을 바친 군인들과 그 가족에 대한 국가의 책임을 강조하면서 각 시대의 정치·사회·경제적인 여러 조건들과 밀접한 관련을 가지고 발전해 왔다. 미국역사상 최초의 연금법은 1776년 대륙회의(Continental Congress)에서 제정되었고, 이 법은 상이군인에게 군복무중 받던 급여의 절반(halfpay)에 해당하는 연금을 지급할 것과 장교급 이상의 전쟁미망인에 한해서 구제기금 형식의 보조금을 지급하는 것으로 되어 있었다. 미국독립전쟁의 미망인들을 위한 제한적이지만 공식적인 연금혜택은 1836년부터 시작되었고, 1858년 이후에 비로소 사망한 남편 급여의 절반에 해당하는 액수의 연금을 지급하게 되었다.

　　남북전쟁은 그후 미국의 연금정책에 커다란 변화를 불러일으키는 계기를 마련해 주었다. 연금혜택을 받을 수 있는 가족범위가 확장되었을 뿐 아니라, 전쟁미망인과 전쟁고아에게 일정액의 연금이 고정적으로 지급되었다. 남북전쟁과 관련한 공식적인 연금법은 1862년 7월 14일 제정되었고, 이 법은 오랜 기간에 걸쳐서 연금정책을 수립하는 데 주요한 원칙을 제공해 주었다. 1862년 연금법 이후 일련의 수정법들은 신청자격을 완화함으로써 연금수혜 대상의 수적 증가를 가져왔다. 특히 1879년 연체법(The Arrears Act)은 병사의 사망 후 연금을 신청할 수 있는 기간을 1년에서 5년으로 연장시킴으로써 연금신청에 시간적 여유를 주게 되었다. 1890년 제정된 연금법은 미국역사상 가장 포괄적인 연금법으로서 이전에 혜택을 받지 못했던 참전병사의 가족들을 포함시켰고, 전쟁미망인의 적용범위도 대폭 확대했다.

　　연금정책은 당시 사회의 여러 가지 이념적 측면을 반영하면서 발전해 왔다. 특히 여성과 관련된 정책은 당시 사회에서 요구하는 전통적인 여성관을 가장 잘 반영하고 있었다. 전쟁미망인과 관련된 연금규정에 나타난 여러 가지 요소들 중 특히 혼인상태, 정조관념, 경제적 독립성에 관한 쟁점들은 시대의 흐름에 따라서 약간의 변화를 보이면서 발전한 것을 볼 수 있다. 1862년 연금법 이후 일련의 연금법에서 혼인상태는 연금수혜의 조건에서 가장 필수적인 요소가 되었다. 연금을 받을 수 있는 자격요소로서, 미망인의 재정상태 등과 같은 요소보다는 사망한 남편과의 결혼이 과연 법적으로 유효한 것인지 증명해야 했고, 또 남편의 사망 후 미망인 상태를 계속 유지하고 있음을 증명해야 했다. 그러나 전쟁 이후 결혼의 법적 유효성을 증명한다는 것은 많은 어려움이 뒤따랐다. 전쟁미망인의 재혼은 항상 최선의 선택은 아니었다. 그들의 재혼은 곧 연금의 박탈을 의미했고 재혼과 동시에 전쟁에서 남편을 잃은 그들의 희생의 대가는 소멸되었다.

　　연금법은 시대적으로 그 내용이 변화되어 왔으나, 미망인의 정조관념과 경제적 의존성은 미망인이 연금을 받을 수 있는 자격을 규정하는 데 주된 원칙이 되었다. 정부는 재정적 어려움에도 불구하고 최저생계비도 안 되는 연금을 지급하는 대가로 미망인들에게 품위 있는 여성으로 가정을 지키고 정조를 지킬 것을 강요했다.

　　1882년 8월 7일 연금법에서는 '불법적 동거'(adulterous co-

220

미국여성의 역사

habitation)를 하고 있는 여성들과 '재혼'을 한 여성들에게는 연금지급이 즉시 중단되었다. 불법적 동거를 하는 미망인들 대부분은 그 근본적 이유가 재정적 빈곤에 있었고 동거는 당시 경제적으로 극빈했던 전쟁미망인들의 경제적 생존수단이라고 할 수 있었다. 하지만 이 법은 부도덕한 행위로 연금을 받기에 부적절한 사람이라고 판단되면 미망인의 자녀양육권까지도 박탈하도록 규정하고 있었다. 이 법의 의도는 부도덕한 행위를 함으로써 사회의 관습을 어기는 미망인들을 처벌하고자 하는 것이었고 이들에게는 두 번 다시 연금을 신청할 수 없도록 제제를 가하였다. 한마디로 연금법은 전쟁미망인들에게 바람직한 도덕적 행동에 대한 표준을 설정해 주었던 것이다. 하지만 상당수 미망인들의 경우 이러한 역할기대는 경제적으로 궁핍한 그들의 생활형편과 큰 괴리감이 있는 것으로 나타났으며, 보수적인 전통에 기초한 이상형과 그들의 실질적인 궁핍한 생활 사이의 괴리는 많은 문제점을 초래하게 되었다.

남북전쟁 이후의 연금제도는 가족관계, 즉 남편과 아내의 역할에 대해서도 각각의 역할을 규정해 놓고 있었다. 가정경제에 대한 정부의 이념에 따르면, 남편은 가족의 복지를 위한 최고의 책임자였다. 남편의 부재시 가족에 대한 책임은 성인아들에게로 돌아갔다. 따라서 정부의 연금지급은 전쟁미망인들의 경제활동을 대체하는 수단으로 사용되었음을 알 수 있다. 하지만 정부는 전쟁미망인들 모두가 남편에게 경제적으로 절대적인 의존을 했을 것이라고 가정하면서도 모든 전쟁미망인에게 연금을 지급한 것은 아니었다. 1890년 연금법은 미망인의 재정상태를 기준으로 삼고 있으면서도 연금을 받을 수 있는 대상은 "본인의 노동 이외의 다른 '생계수단'이 없는 미망인"으로 국한시킴으로써 여성들에게 경제활동의 참여를 격려하기보다는 연금혜택을 받으면서 가정에서 자녀를 양육할 것을 권장하는 식이었다.

19세기 말 연방정부는 연금제도라는 사회적 통제수단을 통해 여성과 사회의 관계를 형성하는 데 큰 기여를 하였다. 정책에서 드러나는 여성관을 살펴보면 여성에게 요구되는 최상의 미덕은 남편에게 순종하고 의지하며 자식을 잘 키우고 정조를 잘 지키는 것이었다. 단적으로 이와 같은 덕목은 제도상 연금을 받을 자격이 있는 여성과 그렇지 못한 여성을 구분하는 근거로 사용되는, 일종의 가치기준이 되었다고 할 수 있다. 따라서 연금을 받을 수 있는 수혜대상도 정부가 기대하고 있는 전통적인 규율을 잘 지켜나간 소수의 여성들로 제한되었고 그들에게만 그 특권이 주어졌다.

또 이것은 연금제도를 통해 재정적 도움을 주는 조건으로 사회적 규범을 어기며 살아가는 여성들은 정부로부터 어떠한 보호도 기대할 수 없도록 규정하는 것이기도 했다. 이는 곧 사회적 낙인과 경제적 불안정을 의미하는 것이었다. 한마디로 정부가 여성들을 일련의 사회규범 속에 묶어둠으로써 정치지배층의 집권적 관료체제를 합리화하고, 여성다운 정숙함이라는 전통의 관습들이 요구하는 정신적·정서적 예속상태에 머물러 있도록 하면서 동시에 정부가 미망인들의 사적인 생활까지도 철저하게 관리·지배하는 등 개인권의 침해(privacy invasion)를 합리화시켜 주는 수단으로 작용했던 것이다.

1)   이 글에서 다루고 있는 일반사병은 남북전쟁 이후 정부로부터 연금혜택의 대상
     이 되었던 소수의 흑인병사들을 포함한 북군의 일반사병들을 의미하며, 여기서
     흑인병사들이란 남북전쟁 이전에 자유흑인(free black)이 아닌 노예상태에 있었
     던 흑인에 국한시키고 있음을 밝혀둔다.

2)   *Congressional Record*(51st Congress 1st session, 1890. 3. 21), p. 2478.

3)   *Congressional Record*(48th Congress 1st session, 1884. 4. 11), p. 2883.

4)   Maris A. Vinovkis ed., *Toward a Social History of the American Civil War: Exploratory
     Essays*(Cambridge: Cambridge University, 1990), p. 172.

5)   *Congressional Globe*(37th Congress 2nd session, 1862. 4. 14).

6)   숫자감소를 구체적으로 살펴보면 1870년에 2만 4851건, 1871년 1만 8154건,
     1872년 1만 6030건, 1873년 1만 5523건, 1874년 1만 5284건이다(*Annual Report of
     Commissioner of Pensions, 1898*, House Executive Documents, 55th Congress 2nd
     session, p. 24).

7)   Pension Act of August 7. 1882 Stat. 345(1822).

8)   William Henry Glasson, *History of Military Pension Legislation in the United
     States*(New York: AMS Press, 1968), p. 205.

9)   The Commissioner of Pensions, *Orders, Instructions and Regulations Governing the
     Pensions Bureau*(Washington DC: Government Printing Office, 1915).

10) US Congress, *House of Committee on Invalid Pension, 66th Congress 2nd sess., H. Rept.
     538*(Washington DC: Government Printing Office, 1920), p. 7652.

11) Deborah Gray White, *Arn't I a Woman? Female Slaves in the Plantation South*(New
     York: W. W. Norton & Company, 1985), p. 109.

12) Roy P. Basler, "And for His Orphan," *Quarterly Journal of Library of Congress*(no. 27,
     1970. October), p. 292.

13) *Congressional Globe*(38th Congress 1st session, 1984. 6. 2), p. 2651.

14) 같은 책, p. 3233.

15) Suzanne Lebsock, *The Free Women of Petersburg: Status and Culture in a Southern Town,
     1784~1860*(New York: W. W. Norton &Co, 1984), p. 27.

16) BarBara Welter, "The Cult of True Womanhood," *American Quarterly*(no. 18,
     1966. Summer), pp. 151~74; Carroll SmithRosenberg, "The Female World of
     Love and Ritual: Relations between Women in Nineteenth Century America,"
     Sign(no. 1, 1975. Autumn), pp. 1~29.

17) *Annual Report of Commissioner of Pensions* (1901, House Document no. 5, 57th Congress 1st sess.), p. 4292.

18) Gustavus A. Weber, *The Bureau of Pensions: Its History, Activities and Organization* (Baltimore: The Johns Hopkins Press, 1923), p. 46.

19) 같은 곳.

20) Paul Finkelman ed., *Women and the Family in a Slave Society* (New York: Garland Publishing Inc, 1989), p. xiii.

21) Jeanne Boydston, *Home and Work: Housework, Wages, and the Ideology of Labor in the Early Republic* (Oxford: Oxford University Press, 1990), pp. 40~45.

22) Stuart Charles McConnell, *A Social History of the Grand Army of the Republic, 1867~1900* (Baltimore: Johns Hopkins University, 1987), p. 362.

23) *Congressional Record* (49th Congress 1st session, 1886. 1. 21), p. 828.

24) *The Pension Claim of Catherine Merritt* (Cert. no. 708860, National Archives).

25) *Decisions of the Department of the Interior in Appealed Pension and Bounty-Land Claims* (vol. 13, Washington DC: Government Printing Office, 1901), p. 31.

4

미국 산업화과정에 나타난 여성 노동의식의 성장과
참정권운동[1]

1)   19세기 미국 산업화과정에서의 여성노동자

19세기 초반 미국사회는 북부를 중심으로 한 산업화와 도시화로 많은 변화가 있었다. 미국북부에서 산업화가 진행되는 동안 여성들은 다른 어떤 시기보다도 계층(class)에 따라 두드러진 경험의 차이를 보이게 되었다. 우선 산업화의 진행은 미국사회에서 공적 영역인 '일터'와 사적 영역인 '가정'을 더욱 명확하게 구별했다. 그 결과 중산층 여성들에게는 숙녀(lady)라는 개념이 탄생해서 그들의 활동을 가정에 제한시켰다. 반면에 북부의 노동자계층 여성들은 가정의 범위를 넘어 산업화과정에서 생겨난 일터에서 다양한 경험을 하게 되었다.

이 시기 많은 노동자계층의 여성들은 주로 미국 북동부지역의 섬유공장에서 일하였고 그들 대부분은 주변 농촌지역으로부터 온 소녀들이었다. 그들은 고향에서 멀리 떨어져 있는 공장지대의 새로운 환경에 적응하면서 이전에는 전혀 경험해 보지 못했던 노동에

225

대한 새로운 의식을 형성해 나가게 되었다.

그동안 학계에서는 미국 산업화시기 여성노동자들에 대해, 그들이 미국역사에서 차지했던 중요한 역할에 비해 충분히 연구되지 못하였다. 1970년대 미국여성사에 대한 관심이 커지기 이전 미국의 산업화시대에 대한 연구는 주로 이를 주도해 왔던 사업가나 대리인(agent)의 관점을 중심으로 진행되었다. 그들 대부분은 자본주의 체제와 가부장제를 주도한 남성들로, 당시 여성노동자들의 삶은 그들에 의해 철저하게 통제·관리되었다. 역사서술 측면에서도 그들의 사회·경제적 경험이 산업화과정에서 어떤 영향을 끼쳐왔는지를 연구하는 것이 주를 이루었다.

이렇게 19세기 미국산업화와 관련된 역사연구의 경향은 주로 승자의 역사에 머물러 있었다. 역사가들은 산업공장주들의 산업화에 대한 기여도를 찬양했고 그들이 창출한 이윤을 긍정적으로 평가·서술하였다. 반면에 여성노동자들에 대해서는 그들이 분명 스스로 목소리를 내었음에도 불구하고 산업화과정에서의 역할이 상대적으로 과소평가되어 왔다. 미국경제사적 관점에서 19세기 섬유산업을 분석한 맥굴드릭(Paul F. McGouldric)이 대표적 인물이었다. 그는 1830~90년의 통계자료를 바탕으로 뉴잉글랜드 섬유산업의 생산, 이윤창출, 투자 등을 분석하였다. 또 당시 다양한 기업가들의 운영체제들을 비교하여 섬유산업의 경제적 측면을 설명하였으며 뉴잉글랜드 섬유산업이 19세기 산업발달에 어떠한 영향을 끼쳤는지를 제시하였다.[2]

1960년대 후반 시작된 미국여성사에 대한 관심은 산업화시

대와 관련된 역사연구에도 변화를 일으켰다. 여러 학자들 중에 19
세기 섬유산업 여성노동자들에 대한 체계적 접근은 토마스 더블린
(Thomas Dublin)에서부터 시도되었다. 그의 대표적인 저서는 1830
년부터 1860년까지 다섯 명의 여직공들과 직계가족이 쓴 편지들을
모아놓은 것으로 1차 사료로서 가치를 지니고 있다. 더블린의 나머
지 저서들도 당시 매사추세츠와 그 주변지역 섬유산업 노동자들의
삶을 다양한 각도에서 분석하면서 중요한 정보를 제공하고 있다.[3]
루시 라콤(Lucy Larcom)과 해리엇 로빈슨(Harriet Robinson)의 저서
또한 한때 직공생활을 했었던 자신들의 회고록 형식의 글로 당시 공
장지대의 다양한 삶을 서술하고 있다.[4]

　　여직공들은 산업화의 일꾼으로 공장에서 일하는 동안 편지
라는 형식을 통해서 가족, 친척 또는 친구들에게 자신들의 경험을
생생히 전달했다. 이 편지들은 당시 여직공들의 평범해 보이지만 결
코 평범하지 않았던 일상에 대해 알려주고 있다. 더블린과 그 이후
학자들은 여성의 관점에서 여직공들을 연구하기 시작했다는 점에
서 큰 진전을 보이기는 하였지만, 다분히 개인사적 연구에 머물렀고
여전히 미국 여성노동사라는 큰 흐름에서 그들이 차지하고 있는 역
사적 의미에 대해서 논하지 못했다는 한계점이 있었다.

　　조금 더 거시적 차원의 연구는 웬디 고든(Wendy M. Gordon)
이 시도했다. 그녀의 연구는 비교사적 관점에서 스코틀랜드, 잉글
랜드, 미국의 3개 도시 즉 페이슬리(Paisley)·로웰(Lowell)·프리스톤
(Preston)을 중심으로 섬유산업 여직공들의 도시로의 이주를 매우
복합적으로 분석하였다. 고든은 여직공들의 가족적 배경, 이주동기,

이동인구 비율, 출신지방, 거주형태 등 다양한 센서스 통계를 가지고 분석을 시도하였는데 다른 지역보다 로웰의 경우에는 개인적 사료가 더 풍부했다. 그녀에 따르면 이들이 가족으로부터 독립해서 이주했다는 것은 가족일원으로서의 역할을 떠나서 노동자 개인이나 친구로서의 정체성을 갖는 기회였다는 것이다.[5]

이 글의 주요 쟁점이기도 한 여성 노동운동과 참정권운동의 연계성에 대한 연구는 엘렌 뒤부아(Ellen Carol DuBois)의 논문에서 그 주요 논지를 찾아볼 수 있다. 미국 여성참정권운동 연구의 권위자로 이미 여러 권의 책을 출판했던 뒤부아는 여성 노동운동과 참정권운동의 교차점에 대한 연구를 하였다. 그녀의 다른 논문은 그동안 혁신주의 시대의 개혁운동을 전적으로 중산층 중심의 사회개혁운동으로 해석한 역사가들에게 의문을 제기하면서 참정권운동에서 계층 간의 공동전선을 구축하는 데 지대한 영향을 끼친 해리엇 스탠턴(Harriot Stanton)의 생애와 전략을 분석함으로써 새로운 해석을 시도하였다.[6]

이 글은 19세기 산업화과정에서 그 역할의 중요성이 과소평가되어 왔던 여성노동자들의 경험을 더 큰 흐름을 통해 살펴보고자 한다. 이 글에서 다루고자 하는 시기는 19세기 초에서 20세기 초까지 약 100년간으로, 그 이유는 이 시기가 여성들의 지위 변화에서 여러 가지 단계적 성장을 조명해 보는 것이 가능하기 때문이다. 본론에서는 구체적으로 여성노동자들의 정치적 의식의 성장 그리고 이러한 성장을 통해 참정권운동에 이르는 과정을 다양하게 분석해 볼 것이다. 특히 이 글의 3절에서는 여성노동자들의 의식성장을 분석하기 위해 1차 사료인 『뉴잉글랜드 오퍼링』(*New England Offering*)을 다양한 각도에서 해석해 볼 것이다. 또한 노동운동과 참정권운동의 교차점을 찾아가는 과정에서는 인물들의 분석을 통한 접근을 시도할 것이다.

이 모든 과정은 19세기 전통적 가치를 중시했던 농촌 출신의 여직공들이 의식을 갖춘 여성노동자로 성장하고, 더 나아가서는 제1물결 페미니즘 운동에 동참하는 여성노동자계층으로 발전하는 모습을 보여주게 될 것이다. 이와 같은 시도는 미국역사에서 산업화가 미국여성들의 삶과 가치관에 어떠한 변화를 가져다주었는지를 살펴보는 데 매우 중요한 단서를 제공할 것이다. 2020년은 미국여성들이 수정헌법 제19조에 의거하여 참정권을 획득한 지 100년 되는 해로 미국여성들의 노동운동과 참정권운동의 전개과정의 한 족적을 살펴보는 것은 큰 의미가 있다고 본다.

2) 미국 북부 산업화의 전개와 여직공 출현의 의미

19세기 중반까지 미국의 북부는 도시 중심의 산업화가 급속히 전개되었다. 산업화의 결과로 미국사회는 많은 변화를 경험하게 되었는데 그중에서 사회적 '평등'과 '계층' 문제는 매우 중요한 이슈가 되었다. 북부에서는 산업화와 더불어 계층에 따라 여성들이 매우 대조적인 경험을 했음을 알 수 있다. 남북전쟁 이전 시기 미국의 남부에서는 인종(race)문제가 역사에서 결정적인 역할을 했던 반면에 북부의 경우, 특히 여성들의 경우는 계층(class)적 차이가 여성의 경험에서 매우 중요한 요소로 작용하였다. 또 이 시기는 미국여성들의 참정권운동과 관련해 전기를 마련한 1848년 '세네카 폴스 회의'[7] 발족과 장차 있게 될 조직적 여성운동의 태동시기라는 점에서 역사적 의미를 가졌다.

19세기 중반에 이르기까지 남성들의 경우는, 백인남성들에 국한되어 있기는 했지만 좀더 민주적 사회에서 평등한 기회를 누리게 되었다. 반면에 백인여성들은 계층(class)에 따라 다른 경험을 하게 되었다. 결혼한 중산층여성들은 도시화·산업화로 인한 부의 증가에 따라서 혜택을 받기는 했지만 경제생산자로서 또는 정치적 구성원으로서의 역할은 남성과 비교해서 많은 차이를 보였다.

19세기 초반 북부에서는 산업화와 더불어 여직공들이 노동시장으로 진출했던 사실이 더 큰 의미를 지니는 이유는 중산층여성에게 적합한 장소가 다른 어떤 시대보다 더욱 사적인 장소로 국한되었기 때문이다. 계층 간 차이는 점차 날카로워졌고 여성들에 대한 사회적 태도의 차이는 갈수록 극대화되었다. 여성성에 대한 중요성이 부각되면서 '숙녀'(lady)의 이미지가 더욱 강조되었다.

그런데 사회적으로 중산층여성들에게 "여성이 있어야 할 곳은 가정"이라는 슬로건이 강조되기 시작했던 시기가 바로 빈곤층여성들이 가정을 떠나 공장으로 향했던 그 시기와 맞물리게 된 것이다.[8] 통계에 의하면 당시 미국 내 가장 큰 산업지역이었던 뉴잉글랜드 지역에서는 1835년 22개의 섬유공장에 5천 명의 여성직조공이

고용되었고 1888년에는 175개 공장에서 1만 3천 명의 여성이 고용되었다.[9] 노동자계층의 여성들에게는 신문이나 대중매체에서 강조되었던 '여성에게 적합한 장소는 가정'이라는 이념이 전혀 어울리지 않았다. 다만 여직공들은 자신들만의 독특한 정체성을 형성해 나가기 시작했다.

이 시기 여직공들의 출현이 가지는 의미는 다음 세 가지 특징으로 설명할 수 있다. 첫째, 전통적 가치와 새로운 가치의 충돌을 의미했다. 당시 여직공들은 부모들의 가치관을 거부하기 시작했고 결국 부모와 갈등을 일으켰다. 결혼패턴의 변화가 이러한 갈등을 가장 잘 나타내주는 경우로 볼 수 있다. 소녀들은 어머니세대에서 흔히 있었던 농민들과의 결혼 대신 다른 직업군의 남성들과 결혼하기를 원했고, 때로는 결혼을 선택하기보다는 독신을 선택했다. 1858년 한 잡지기사는 이러한 현상을 잘 표현해 주고 있다.

가장 뛰어나거나 지적인 농민의 딸들은 공장여직공이 되었다. 그들은 농민인 아버지의 요구를 거절하고 대다수는 농민보다는 기계공과 결혼했다. 그들은 농민과 결혼한다는 것이 매우 힘든 일이라는 것을 어머니의 삶을 통해 너무나 잘 알고 있었다.[10]

여기서 말하는 결혼패턴은 해밀턴사(Hamilton Manufacturing Company) 여직공들의 신상조사에서 잘 드러나고 있다. 기록에 따르면 농민의 딸 10명 중 7명이 농민과 결혼하기보다는 기계공과 결혼하기를 원하였다. 당시 노동잡지 『로웰 오퍼링』과 『뉴잉글랜드 오퍼링』에도 많은 글을 기고한 루시 라콤(Lucy Larcom)은 이런 글을 남겼다. 그녀의 편지 가운데 "독신으로 산다는 것"이라는 편지글에는 비록 자신의 미래가 나이든 처녀로 그려진다 해도 결코 이러한 상황에 대한 증오나 남편을 얻기 위해서 혹은 집을 가지기 위한 목적으로 결혼하지는 않을 것이라고 씌어 있다.[11] 또 익명의 여직공은 "나는 일에 빠져서 살고 있고 결혼이라는 것이 내가 원하는 안정감을 가져다줄 것 같지는 않았다. 나는 오히려 노동조합운동으로 우리 노동자계층 여성들이 좀더 나은 생활과 마음의 안정감을 가질 수 있다고 믿는다"고 언급하기도 했다.[12]

19세기 초 뉴잉글랜드 지역에 살았던 어린 소녀들은 매우 소극적이고 수동적인 여성으로 키워졌다. 그들은 대부분 시골집에서 집안일을 도맡아 했으며 부유한 이웃의 가내하인이 되었다. 그들에게는 장차 결혼을 해서 가정을 꾸리는 것이 가장 이상적인 꿈이었으며 이러한 것이 사회가 그들에게 기대한 삶이었다. 그러나 산업화와 더불어 소녀들에게 결혼에 대한 밝은 미래는 점차 어려워졌고, 농촌에서 일을 한다는 것은 더 이상 큰 의미를 지니지 않았다.

당시 15세였던 메리 폴(Mary Paul)이 그런 경우에 해당되었다. 메리 폴은 1845년 직공이 되기 전까지 가내하인으로 일하고 있었다. 아버지에게 허락을 구하는 편지에서 메리는 새로운 직업의 기회를 얻기 위해 로웰(Lowell)로 가기를 희망하고 그곳에 가면 많은 기회가 기다리고 있을 것이라고 설득하였다.[13] 메리처럼 가내하인으로 일하지 않는 경우 뉴잉글랜드 농촌지역 소녀들에게 허락된 일은 가내 수공업이나 방적 일을 하는 것이었다. 그러나 새로운 공장이 출현하면서 가내직물을 생산하는 것은 큰 이윤을 창출하지 못했다. 뉴잉글랜드 소녀들은 가내수공업에서 더 이상 일을 할 수 없게 되자 가족경제를 위해 외부로 눈을 돌려야 했다. 그 결과 많은 농촌 소녀들은 고향을 떠나 도시로 이동하게 되었다.[14] 기록에 의하면 1836년 7월 뉴잉글랜드에 위치한 해밀턴사 직공의 74퍼센트가 로웰 출신으로 이들 중 4/5는 15~20세 소녀들이었다.[15]

여직공들은 도시에서 즐겨 입던 의상과 새로운 사상과 새로운 소비습관과 함께 주머니에 돈을 지니고 귀향하였다. 이런 모습들은 흔히 그녀들의 이웃을 놀라게 했다. 하지만 도시에서의 경험 후 시골집으로 돌아갔지만 대부분의 소녀들은 자기 어머니의 전통적인 삶의 패턴을 따르지는 않았다. 그들에게는 공장에 남아 직공생활을 하든 아니면 다시 부모가 있는 고향으로 돌아가든 그에 관계없이 여직공으로서 경험은 새로운 삶의 시작을 의미했다.[16] 도시 공장환경에서의 경험은 소녀들이 더 이상 전통적인 삶의 형태가 자신들에게 어울리는 환경이 아니라는 점을 인지하게 했다. 두 개의 문화와 세계, 즉 도시 중심의 세상과 농촌사회의 갈등을 역력히 보여주었다.[17] 뉴 햄프셔(New Hampshire)의 한 역사가는 이러한 가치관의 갈등에 대해 다음과 같이 서술하였다. 뉴 햄프셔 지역의 소녀들은 내슈아(Nashua)와 로웰 지역 섬유공장으로 일을 하러 가기 시작했는데 그곳까지는 거의 하루 종일 가야 하는 거리였지만 소녀들에게 이 시간은 그렇게 괴로운 시간이 아니었다. 그 이유는 이 같은 시도가 그들에게 다른 도시와 지역을 접할 수 있는 새로운 기회를 제공해 주었기 때문이라는 것이다.

그녀들은 시골 고향집에서 즐겨 입던 평범한 옷을 입고 공장에 들어가서 몇 개월 일하다가 고향집을 방문했을 때는 이전과 전혀 다른, 도시처녀 취향의 옷차림새를 하거나 일찍이 가져보지 못한 액수의 여윳돈으로 주머니를 채워서 나타났다.[18] 공장소녀들에게 이러한 패션 취향이나 경제적 독립심을 갖는다는 것은 단순히 취향의 변화 이상이었는데, 이것은 곧 노동자로서의 새로운 정체성을 갖기 시작했다는 것을 의미했다.

　　공장에 취업한 소녀들의 편지내용을 보면 그들은 대체적으로 시골생활에 대해 부정적인 견해를 가지고 있었다. 1840년대에 마리아(Maria Currier)와 로라(Lura Currier) 자매는 직장을 구하기 위해 뉴햄프셔의 웬트워스(Wentworth)에서 로웰로 갔다. 그녀들 부모는 처음에는 딸들이 직장을 찾아 로웰로 떠나는 것을 허락하지 않았다. 이와 관련해 로라는 친구에게 보낸 편지에서 자기들을 로웰로 보내지 않으려는 부모님에 대해 불만을 토로했다. 그녀의 편지에는 다음과 같은 감정적 갈등이 잘 드러난다.

　　나는 친구가 기대하는 것과 같이 즐거운 가족과의 저녁에 대해 이야기를 할 수가 없다. …이곳은 야망을 가지지 못하게 하는 분위기이다. 모든 도시의 흥분되고 화려한 도시의 삶을 누린 뒤로는 이곳 시골에서의 사회적 활동은 몹시 무미건조하게 느껴졌다. 이곳은 정말 지루하기 짝이 없다. 오직 있는 것이라고는 우리가 참여하지도 않는 교회성가대뿐이다.[19]

이 편지에서 나타나듯이 당시 소녀들에게 전통적으로 허락된 활동은 교회의 성가대였음을 알 수 있다. 커리어 자매에게는 공장 지역에서 지내는 것이 즐겁고 흥미로운 삶이었던 것으로 보인다. 여기에 덧붙여 동생 마리아는 봄에 많은 친구들이 맨체스터와 로웰로 떠났는데 자신과 언니에게 이번 겨울은 너무나 고통스럽고 긴 겨울이라고 쓰고 있다.[20] 여기서 눈에 띄는 부분은 당시 가장 전통적인 소녀들의 활동이 교회성가대였던 것에 비교해서 '야망'이라는 단어를 사용했다는 점이다.

두번째 의미는 노동자계층 여성들의 경제적 독립이 가져다준 새로운 사고체계의 변화였다. 무엇보다도 소녀들이 벌어들이는 고정적인 수입은 그녀들에게 경제·사회적 독립심을 갖게 해주었다. 소녀들이 집을 떠나 도시의 공장으로 이주해 갔을 때 그녀들은 전통적인 의존적 태도로부터 벗어났음을 알 수 있다. 그들 스스로 일터에서 일하는 동안에는 부족하지만 자립했으며 그들이 푼푼이 모은 돈은 고향에 돌아가 독립적인 생활을 하는 데 긴요했다. 한때 섬유공장에서 일했던 엘리자베스 호돈스(Elizabeth Hodgdons)는 편지에서 소녀들에게 가장 중요한 것은 새로 획득한 경제적 독립성이었다고 말하고 있다.[21] 물론 그들의 수입은 충분하지 않았을 것이다. 1851년 『뉴욕 트리뷴』 편집장 그릴리(Horace Greeley)는 5인 가족을 부양하는 데 최소한 주급 10달러 37센트가 필요한 것으로 추정했다. 이 비용은 집세·식비·연료비·의복비 일체를 포함한 것으로, 여기에는 사치품목이나 의료비는 일절 포함되지 않았다. 제화공이나 인쇄공은 평균 4~6달러의 주급을 받았다. 당시 남성노동자의 주급은 평균 6달러 50센트인 데 비해 여직공의 평균 주급은 3달러 50센트였다.[22] 이렇게 낮은 임금을 받는 노동이었지만 여직공들은 난생처음으로 독립적인 경제생활을 영위하고 스스로를 책임져야 한다는 의식을 갖기 시작했다.

세번째로 여직공들이 경험한 가장 중요한 변화는 공동생활과 노동을 통해서 새로운 '질서의식과 공동체의식'을 갖게 되었다는 점이다.[23] 이들의 공동체의식은 점차 약자로서 여성노동자들 간의 연대의식으로 발전하게 되었다. 연대의식은 무엇보다도 먼저 어려운 노동환경 속에서 생겨난 여직공들 사이의 우정관계로부터 비롯되었다. 19세기는 많은 분야에서 자매애가 형성되었던 시기로 이러한 다양한 자매애는 상호 밀접하게 연결되어 서로에게 영향을 끼쳤다. 캐럴 스미스 로젠버그(Carroll Smith-Rosenbergs)는 편지와 일기장 등 풍부한 사적 사료들을 분석한 결과 여성들 간의 자매애는 개인적인 관계를 넘어 서로에게 영향력 있는 관계를 형성하게 되었다고 보았다.

이렇게 19세기 미국역사에서 여성들 사이의 우정은 감정적 교감을 바탕으로 한 매우 독특한 특징을 가지고 있었다. 특히 고학력여성들에게 자신들의 우정은 사회활동에서 부딪히는 역경을 극복하는 데 큰 힘이 되었다.[24] 19세기 친구들 간의 우정관계로 가장 유명한 예로는 참정권운동가인 엘리자베스 스탠턴(Elizabeth Cady Stanton)과 수잔 앤서니(Susan B. Anthony)의 우정으로, 이들의 끈끈한 우정은 1850년 이래 40여 년 동안 이어져 온 참정권운동에 지대한 영향을 끼쳤다.[25]

19세기 초 산업화과정에서 관찰되었던 여직공들의 경우도 고학력여성들 사이만큼이나 그들의 우정관계가 노동의식 성장에 큰 동력으로 작용했음을 알 수 있다. 19세기 산업화가 빠르게 진행되는 동안 노동현장에 입문한 여직공들에게도 우정은 변화무쌍한 사회적 변화과정에 직면해 나아가는 데서 매우 중요한 역할을 했다. 이것은 그녀들이 고향집을 떠나 낯선 환경에서 또래집단과 공동으로 거주하는 기숙사생활로부터 터득한 것으로, 이러한 환경에서 그들은 서로에게 힘이 되어주었다. 연대를 위해서 여러 방법이 동원되었는데 그중에는 문학적 감성에 의한 호소가 있었다. 그들은 "연대를 위한 사랑 안의 모든 자매애… 강인함과 열정, 단합하는 노력"을 위해 노래했다.[26] 이처럼 공동체의 환경 아래서 소녀들은 엄격한 가부장제의 통제와 지배로부터 벗어나 보다 개인적인 태도를 계발해 나가기 시작했다.

　　이와 같은 새로운 경험들을 통해서 여직공들은 점차적으로 그룹으로서의 정체성을 확립해 나갔는데 이는 노동의식을 갖춘 노동자계층의 성장으로 이어졌다. 통계에 따르면 1840년 매사추세츠 로웰 지역의 섬유공장에 고용된 직공이 8천 명이 넘었는데 이 숫자는 로웰 전체 인구의 38퍼센트에 해당했으며, 여성거주자의 47퍼센트가 넘었다.[27] 여성인구의 거의 절반이 경제활동을 했다는 것이다. 또 1840년대 매사추세츠 주 로웰에는 약 32개의 공장이 있었는데 벽돌로 지은 5~6층짜리 공장에는 250~300명의 여직공이 고용되어 다양한 생산활동에 참여하였다.[28] 그들은 고향 농촌을 떠나 도시의 노동현장에 투입되었으며 장시간노동과 저임금 등 열악한 노동환경에 노출되면서 노동의식이 싹트기 시작했다.

기숙사는 뉴잉글랜드 여러 지역에서 온 소녀들로 구성된 하나의 지역사회 또는 하나의 공동체였다. 새로운 도시환경에서 기숙사는 여직공들의 삶의 중심 역할을 했다. 여직공들은 공장에서 12시간 이상의 노동을 한 후에 대부분의 시간을 기숙사에서 보냈다. 그들은 같이 생활하면서 많은 것을 공유하기 시작했고 이 과정에서 직공소녀들 사이에 긴밀한 유대감이 형성되었다. 기숙사생활을 하는 직공들은 거리시위에 참가하는 노동자그룹에서 중요한 임무를 수행하는 경우가 많았다. 1836년 10월 해밀턴사의 여직공 95퍼센트가 기숙사에 거주했으며, 기숙사 거주자 중에서 28퍼센트가 파업에 참여했다. 자기 집에 거주하는 여직공 가운데 파업에 참여한 비율이 12퍼센트에 불과했다는 사실과 비교하면 기숙사 거주자의 참여율은 상당히 높은 편이었다.[29] 다시 말해 기숙사에 거주하는 여직공들의 파업참여율이 자택거주 여성들보다 2배가 넘었다. 같은 맥락에서, 1840년대에 진행되었던 10시간 청원 캠페인은 기숙사에서 있었던 다양한 모임으로부터 발전된 것이었다. '로웰 여성노동개혁협회'(Lowell Female Labor Reform Association, LFLRA) 조직원들은 기숙사에서 열린 각종 모임을 통해 새로운 회원을 가입시켰으며 주 입법부에 제출할 청원서의 서명을 받아내기도 했다.[30]

소녀직공들은 대부분의 시간을 같이 보냈기 때문에 동료들로부터 영향을 많이 받았다. 동료들은 때로는 자신들의 기준에 맞지 않은 언행이나 복장을 한 다른 동료들에게 강한 스트레스를 주기도 했다. 동료 여직공들로부터의 호된 조소나 놀림은 때때로 학교교육

만큼의 효력을 발휘하기도 했는데, 그들은 곧 도시에서 사용하는 언행을 습득하였다. 그들의 패션감각에도 많은 변화가 일어났다. 그와 더불어 기숙사를 중심으로 한 노동공동체의 존재는 여직공들의 노동운동 구성 및 진행에 매우 중요한 동력을 제공하였다.

이러한 공동체에서 동료들로부터의 압력은 저항운동에 가담하지 않은 동료들에게 참여를 독려하는 요인으로 작용하기도 했다. 기숙사 룸메이트가 거리에서 전개되는 노동운동에 참여하고 있는데 혼자서 일을 하러 간다는 것은 쉽지 않은 행동이었다. 1840년대 10시간 노동을 위한 청원 캠페인은 매우 긴밀한 공동체에 함께 거주하고 있었던 소녀직공들의 도움으로 가능했다. 때때로 기숙사생활은 소녀직공들이 지극히 사적인 생활을 하는 것을 어렵게 했으며 예외 없이 그룹의 규칙을 따르도록 했다. 이와 같은 규칙은 언어습관, 패션스타일 또는 이성교제, '10시간 운동'(ten hour movement) 같은 모든 일에 적용되었다.[31]

3) 『뉴잉글랜드 오퍼링』과 노동의식의 성장

19세기 산업화과정에서 여직공들은 점진적으로 노동자로서의 정체성을 지니게 되었고 열악한 노동조건의 개선을 주장하는 과정에서 노동의식은 점차 성장하였다. 그리고 노동의식의 성장에서 노동잡지들은 중요한 역할을 했다. 대부분의 잡지는 새로운 환경에서의 경험을 통해서 좀더 나은 삶과 더불어 정신적 성장을 간절히 원했던 여직공들의 염원을 반영하고 있었다. 1830~40년대에 섬유공장 여직공들은 12시간 노동 후에 언어수업, 바느질수업, 문학세미나에 참석했다. 로웰 지역 여직공들의 잡지인 『로웰 오퍼링』(Lowell Offering)은 교회목사 찰스 토마스(Charles Thomas)의 도움으로 발행되었다.[32] 이 잡지는 한 페이지에 칼럼 한 편이 실린 30페이지가량의 소책자로 가격은 6달러 25센트였다. 『로웰 오퍼링』은 주로 공장의 여직공들이 투고한 글을 실었는데 1840년부터 1845까지 총 5권이 출간되었다.[33]

여성 노동잡지의 탄생은 초기 여직공들의 정신적 성장의 결과물이기도 했다. 소녀직공들은 공장에 책을 가지고 갈 수 없었기 때문에 각자 흥미롭게 읽은 신문 칼럼이나 시 한 구절 혹은 책에서 읽은 문구가 적힌 종이 등을 공장 한구석에 붙여놓고 공유하는 기쁨을 누렸다. 이러한 공장 내 분위기는 여직공들이 진지한 목적을 가진 모임의 필요성을 점차 느끼게 해주었다. 1837년 진보적 성향을 지녔던 여직공 해리엇 커티스(Harriet F. Curtis)가 처음으로 동료 여직공들에게 교육이나 문학적 소양을 키우기 위한 작은 모임의 필요성을 제안했다. 첫번째 모임에서 커티스는 동료들을 향해 매우 고무적인 연설을 하였다. 그 연설에서 그녀는 모임의 목적과 범위에 대해서 언급하면서 공장의 열악한 환경 속에서도 여직공들의 정신적 성장을 위한 노력의 일환으로 모임의 결성이 시급함을 알렸다.[34]

1845년 여성 편집자에 의해서 발행된 『로웰 오퍼링』의 안내서에는 "우리 잡지는 다른 나라에서는 찾아볼 수 없는 유일한 것으로 미국 여직공들의 잡지일 뿐만 아니라 국내 전체를 보더라도 최상의 잡지이다"라고 씌어 있다.[35] 잡지는 척박한 노동현장에서 삶의 활력을 증진시키고 능력을 향상시키고자 함을 목적으로 하고 있었다. 잡지는 이러한 목적을 가지고 다양한 내용을 소개하였는데 그중에는 당시 고단한 노동환경에서 즐거움을 갖도록 하는 것도 있었고, 무엇보다도 이 잡지에는 노동착취에 대한 고발의 내용이 다수 포함되었다. 이러한 잡지의 등장은 여성노동자들의 의식개혁을 이루고 그들 간의 연대의식을 형성하게 하여 노동운동뿐만 아니라 다양한 정치의식을 성장시키는 데 매우 중요한 역할을 했다. 『로웰 오퍼링』에 많은 글을 기고했던 여직공들이 직장을 옮기기 시작했고 그 어떤 내용의 글이라도 세상에 나오는 것을 반기지 않은 공장주의 영향권 아래 놓이게 되자 결국 『로웰 오퍼링』은 1845년 폐간되기에 이르렀다.

『뉴잉글랜드 오퍼링』은 『로웰 오퍼링』이 폐간되고 난 후 편집자 해리엇 페일리(Harriet Farley)와 커티스(Harriott F. Curtis)가 만들었다. 이 잡지의 첫번째 이슈는 1847년 9월에 발표되었고 1850년 3월을 마지막으로 잡지는 폐간되었다. 이 기간 동안 불규칙하기는 했지만 비교적 매달 출간된 이 잡지는 『로웰 오퍼링』과 다르게 단순히 여직공들뿐만 아니라 뉴잉글랜드 전지역의 여성노동자들에게 기고의 기회를 제공했다. 또한 노동력착취 등에 대한 구체적인 내용을 포함하고 있는 『로웰 오퍼링』과 달리 좀더 정치적인 이슈인 노예제 폐지, 금주운동, 그 밖의 사회개혁 같은 내용을 실었다. 비록 발간이 불규칙하기는 했지만 여직공 출신의 페일리가 주로 편집자로 일했으며 1849년 4월에는 이 잡지의 출판인이자 소유주가 되었다. 잡지는 소설, 시, 수필, 역사, 서평 등 다양한 내용으로 구성되었다. 편집자 페일리는 『뉴잉글랜드 오퍼링』은 『로웰 오퍼링』을 구독했던 이들을 적극 환영한다면서 이렇게 말했다.

> 1845년 12월 『로웰 오퍼링』이 폐간된 후 우리는 좀더 호의적인 환경과 형식을 갖춘 새로운 잡지의 재탄생을 희망하였다. 『뉴잉글랜드 오퍼링』은 섬유공장 여직공들뿐만 아니라 섬유공장을 그만두고 교사나 선교사가 된 여성들의 글도 모두 받아들일 것이다. …우리는 스스로의 개선을 위해 타인의 감정에 대한 존중 또한 항상 중요하다는 것을 알리기 위해 노력할 것이다.[36]

페일리는 여직공들에게 공감과 지지를 보내면서 이 잡지의 순수한 목적은 '인류를 위한 관계구축'과 '진정한 민주주의의 보존'에 있으며 이와 관련된 모든 주제의 글을 투고해 줄 것을 당부하였다.[37] 그리고 잡지를 출간하는 데는 자금이 필요하기 때문에 뉴잉글랜드에 있는 5만 명의 여직공들 중 최소한 1만 명은 정기구독을 해줄 것을 요청했다.[38]

『뉴잉글랜드 오퍼링』에 투고한 글들은 뉴잉글랜드 여직공들이 제기한 다양한 문제들을 포함하고 있었다. 잡지내용의 성격에 관해서 페일리는 당시 많은 출판물들이 노동자들을 위해 사회가 무엇을 해야 할지를 확인시키기 위해서 노력하는 반면에 『뉴잉글랜드 오퍼링』은 보다 유용하게 노동자들이 자신들을 위해서 무엇을 해야 하는지를 제안하고자 한다고 설명하였다. 페일리는 편집자의 글에서 잡지가 지향하는 목표를 다음과 같이 밝히고 있다. 첫째로, 직공들에게 밝고 건강하고 유용하고 매력적인 잡지를 제공한다. 둘째로, 문학에 관심 있는 직공소녀들에게 그들의 능력과 열망을 채우기 위한 작은 도약의 발판을 마련해 주고자 한다. 셋째로, 이 작은 간행물이 문학계에 어느 정도 의미를 갖게 하고자 한다.

이 잡지는 노동자계층으로부터 지원과 후원을 받기도 했지만 또 중상모략과 공격에 직면하기도 했다. 이 문제와 관련해 페일리는 구독자들을 향한 호소문에서 "지난해 우리 잡지는 매우 불리한 환경에 놓이게 됐고 곧 잡지가 폐간되어야 할지 모르지만 우리는 최선을 다해 할 수 있는 일들을 해낼 것"이라고 밝혔다.[39] 이 글은 당시 여성노동자들을 위한 잡지를 계속 발간한다는 것이 얼마나 어려운 일이었는지를 잘 보여주는 글이라 하겠다.

『뉴잉글랜드 오퍼링』은 다양한 장르의 글로써 당시 여직공들의 노동의식 성장에 많은 영향을 끼쳤다. 잡지를 통해 본 당시 노동의식의 성장은 다음 세 가지 내용을 가지고 분석해 볼 수 있다. 이것은 첫째, 여성노동자들의 노동환경이나 임금 등 노동조건에 대한 자각이다. 둘째로, 여성노동자로서의 의무와 권리를 설명하고 노동자로서의 행동과 의식을 규정한 것이다. 마지막으로는, 노동의식을 넘어 노예제 폐지운동, 금주운동, 참정권운동 등 정치성을 띤 사회개혁 의식으로의 발전이다. 이 같은 의식의 형성이나 성장에서 잡지는 중요한 역할을 수행했다. 이 잡지의 또 다른 의미는 직공소녀들뿐만 아니라 공장을 떠난 후 선교사나 교사 직업을 갖게 된 전직 여직공들까지 그 범위가 확대되어 그들의 생각을 공유할 수 있었다는 점이다.

첫째로, 노동의식의 성장은 우선적으로 열악한 노동환경 및 노동조건에 대한 자각으로부터 시작되었다. 1830년대 후반 매사추세츠 주변지역이 미국에서 가장 규모가 큰 섬유공장지대가 되고 수익이 증가하자 경쟁은 더욱 치열해졌다. 과도한 생산은 점차 상품가격을 하락시켰고 이러한 현상은 여성노동자들의 삶에도 영향을 끼치게 되었다. 노동환경은 점차 열악해졌고 공장시스템은 그들에게 압박을 가하기 시작했다. 공장지대 여성노동자들은 세 가지 심각한 문제점에 직면해 있었는데 다름 아니라 저임금, 장시간 노동시간, 노동의 방법과 표준들의 변화였다. 무엇보다도 가장 힘든 상황은 여성노동자들에게는 노동조건에 대한 발언권이나 통제권이 전혀 없었다는 것인데, 그들은 공장주들이 결정한 임금과 노동시간을 무조건적으로 따라야만 한다는 것이었다.[40]

여직공들의 임금은 남성노동자의 1/3~1/2 정도에 불과했다. 여직공들 중 최고 임금은 당시 남성노동자의 최하 임금과 동일했다. 남성노동자의 임금은 주급 6달러 50센트인 데 비해 여직공들은 1/2 정도인 3달러 50센트에 지나지 않았다. 뿐만 아니라 여직공들은 평균적으로 하루에 12~16시간의 장시간노동을 하였다. 그들은 특히 경제적으로 고통을 받았는데 그 이유는 생활비는 급상승하는 데 반해 임금은 오르지 않았기 때문이다.

1838년 『뉴욕 트리뷴』(New York Tribune)의 한 기사에 따르면, 당시 여직공들은 평균적으로 1주일에 3달러 정도의 임금을 받았는데 그들의 집세는 1주일에 1달러 50~75센트 정도였다. 그들은 나머지 돈으로 의류·약품·교회헌금·여가를 위한 비용을 충당했으며 저축도 해야만 했다. 실직을 하는 경우에 그동안 모아놓은 소액의 저축에 전적으로 의존해야 했기 때문에 고통은 더욱 가중되었다. 노동은 대부분 매일 새벽 5시에 시작되었고 오후 7시에 마무리되었다. 노동자들은 아침식사 시간으로 오전 7시에 35분간 휴식시간이 허락되었고 점심시간으로는 오후 12시에 45분간 휴식이 가능했다.[41]

이러한 열악한 노동조건은 여직공들의 불만을 고조시켰고 점점 단체의 목소리를 내야 한다는 공감대가 형성되기 시작했다. 당시 공장 안의 노동환경은 매우 열악했다. 소음이 매우 컸고 방적기계의 먼지로 실내공기가 탁했으며 이런 환경 속에서 장시간노동을 하는 소녀들은 건강에 문제가 생기기도 했다. 특히 그들은 폐질환에 노출되는 경우가 많았다. 공장에서의 노동은 때때로 매우 위험하기도 했는데 사고소식이 하루에 평균 한 건 정도 보고되었다. 사고는 경우에 따라 심각했는데 여직공들의 머리카락이나 손가락이 기계에 끼어 큰 사고로 이어지면서 병원에 후송되는 일이 발생하기도 했다.[42] 『뉴잉글랜드 오퍼링』에는 이러한 공장생활의 고통을 토로하는 글이 소개되었다. 이 글은 공장에서 일했던 한 여직공의 편지를 발췌한 내용이다.

단지 18개월간의 공장생활 동안 나는 직공 이외에는 다른 어떠한 생계수단도 없었던, 진정으로 불쌍한 소녀였다. 그리고 병든 몸뿐만 아니라 일과 생활에 불만을 가지고 고향 버몬트로 가야만 했다는 것을 알리고 싶다. 그리고 비록 다시는 구속의 멍에에 얽히고 싶지는 않지만 『오퍼링』은 나의 기억 속에 오래 남을 것이다.[43]

이렇게 1850년 이전 여직공들의 노동운동의 토대는 어려운 노동환경에 대한 연구와 비판에서부터 시작되었다는 사실을 알 수 있다. 페일리는 공장 노동환경의 개혁이 필요하다고 설명하면서 "장시간의 노동, 비좁은 작업실, 붐비는 실내는 반드시 변화가 필요하고 개혁을 도울 것"이라고 주장하였다.[44]

둘째로, 이 잡지에는 노동자로서의 의무와 권리에 대한 내용이 실려 있었고 이는 차후 노동자들의 행동양식, 더 나아가 계급의식 형성에도 영향을 끼쳤다. 『뉴잉글랜드 오퍼링』에는 고정 칼럼인 '직공의 의무와 권리'에 관한 글이 실렸다. 이 글은 『공장생활의 빛과 그림자』(*Lights and Shadows of Factory Life*)의 저자이기도 한 뉴햄프셔의 제인 케이트(Eliza Jane Cate)의 교훈적인 글이다. 케이트는 미혼으로 공장 커뮤니티에 많은 애정을 가지고 있었고 여직공들이 스스로 건강을 보살필 것을 주장하면서 음식과 운동습관의 중요성에 대한 상담을 해주었다.[45] 그리고 여직공들의 소비의식에 대한 위험을 경고하는 내용도 포함되었다. 케이트는 검소한 생활을 강조하면서 「좋은 옷을 위한 과도한 소비의 위험을 경고」라는 글에서 다음과 같은 결론을 제시했다. "우리가 부자이거나 가난하거나 모든 경우에 검소함을 추구하는 것은 옳은 일로 여직공들은 사치를 멀리해야 한다."[46] 이 밖에 여직공들의 의무와 권리에 관한 글에는 이성교제와 자기발전, 도덕의식 등의 다양한 내용이 담겨 있었다.[47] 특히 도덕의식과 관련해서는 때때로 발생하는 여직공들의 피할 수 없는 범죄행위 등의 사례를 제시하면서 정당방위인가 범죄행위인가를 되묻기도 했다.

잡지의 고정 칼럼인 '직공의 의무와 권리'에서 다룬 다양한 주제들의 내용을 분석해 보면 당시 여직공들의 가치관이 어떻게 형성되었고 또 노동의식이 어떻게 성장했는지를 파악할 수 있다. 여기서 중요한 메시지 중 하나는 주로 사회가 그들을 위해서 무엇을 해주어야 한다는 내용보다는 그들 스스로 무엇을 해야 하는지를 강조했다는 점이다.

마지막으로, 『뉴잉글랜드 오퍼링』에 실린 내용은 노동의식과 함께 '노예제 폐지' '금주운동' '참정권운동' 등으로 시야를 넓혀나가기 시작했다. 이러한 의식의 성장은 다양한 학문적 주제를 접하게 됨으로써 가능했다. 교훈적인 수필이나 소설을 통해서 교훈적인 내용을 전달하였다. 그들은 다양한, 특히 자연에 관한 시와 교훈적인 소설이나 수필 등을 가지고 인간의 본질적인 주제를 많이 다루게 되었다. 예를 들어 프랑스정치, 멕시코전쟁을 비롯해서 알렉산더대왕, 나폴레옹, 조지 워싱턴, 위대한 여성 애트우드(Harriet Atwood)와 같은 인물을 다룬 역사적 소설 형식의 글도 있었다.[48]

노예제 반대 주장은 이 시대에 가장 중요한 주제 중 하나로 노동자계층의 여성들도 노예제가 반드시 폐지되어야 한다는 의견에 동참하고 있음을 증명해 준다고 할 수 있다. 이 내용으로 미루어 짐작건대 그동안 사회개혁운동에 관여했던 여성들은 중상류층 여성들이었으나, 노동자계층도 서서히 정치적 감각을 익히기 시작했고 노예제 폐지운동에도 관심을 갖게 된 것으로 보인다. 여성노동자들은 자신들의 상황이 착취의 대상이 되고 있는 노예들과 다르지 않음을 스스로 인지하게 되었던 것이다.[49]

해리엇 로빈슨에 의하면, 『로웰 오퍼링』의 중요한 편집자였던 커티스(Harriot F. Curtis)는 개척자이자 개혁주의적 정신력이 탁월한 인물로 노예제 반대를 주장하거나 여권운동의 관점에서는 '동일노동에 대한 동일임금' 이슈를 최초의 여성참정권 회의가 개최되기 수년 전에 이미 주장했다.[50] 독립기념일의 행진을 다룬 내용에서 편집자 페일리는 로웰 지역의 독립기념일 행진에 많은 여직공들이 참가해서 '금주를 위한 행진'을 하였고 하루 종일 술 취한 사람이 단 한 명도 목격되지 않았던 것이 매우 기뻤다고 기록하고 있다.[51]

당시 여직공에서 선교사나 교사로 전직(轉職)하는 여성들도 빈번히 생겨났다. 잡지는 선교사로 뉴잉글랜드를 떠나 알칸소로 향하는 홀(L. S. Hall)의 「안녕, 뉴잉글랜드」라는 글을 소개했다. 홀은 뉴잉글랜드에서 여직공 생활을 하면서 많은 것을 배우게 되었다고 말한다. 물론 선교사라는 직업에 막연한 두려움이 있지만 잘 극복해 나갈 수 있을 것이고, 비록 더 이상 여직공 생활을 하지는 않지만 이곳에서의 생활이 만족스러웠다고 밝히고 있다. 여직공 시절 『로웰 오퍼링』에 많은 글을 기고했던 루시 라콤은 『뉴잉글랜드 오퍼링』에도 여러 편의 글과 시를 투고했다. 로웰을 떠나 일리노이 주로 이주하면서 「안녕 로웰」이라는 글을 남겼으며 그외에도 자연과 계절을 찬미하는 시들을 쓰기도 했다.[52] 라콤은 인간이 자연으로부터 많은 것을 배울 수 있음을 알려주었고 이러한 그녀의 글은 미시시피에서 교사생활을 하고 있을 때도 계속 잡지에 실렸다.

여직공들이 뉴잉글랜드의 공장을 그만두고 교사나 선교사로 직업을 바꾸는 경우가 점점 많아졌는데 이러한 직업의 변화는 그들의 생각에 변화를 불러오기도 했다. 하지만 여직공 생활을 하면서 노동잡지를 보며 터득한 다양한 지식들은 그들의 정신적 성숙에 많은 도움이 되었다.

4) 여성 노동운동과 참정권운동의 만남

여직공들이 공장에서의 노동경험을 통해서 얻게 된 새로운 가치와 태도는 점차적으로 여성의 권리를 찾아야 한다는 차원으로 성장해 나갔다. 노동의식이 성장함으로써 자각한 그들은 1834년 진행된 한 파업에서 어떤 노동지도자가 최초의 여성운동가인 '타오르는 메리 울스턴크래프트(Mary Wollstoncraft)의 여성의 권리와 결혼에서의 불평등'에 관해 하는 연설을 들었다.[53] 그 자리에 모인 많은 여성들이 귀기울여 들었던 것은 노동자로서 여성의 처우 문제뿐만 아니라 당시 사회를 지배했던 가부장적 제도의 여러 가지 문제점에 대한 것이었다. 이런 내용은 그들이 10시간노동 규정 법안을 반대하며 입법자들에게 보내는 공개편지에도 잘 나타나 있다. 공개편지에서 여직공들은 공장생활을 통해서 자신들이 최소한 독립적인 인간으로 살

아가기 위한 자세에 관해 중요한 점을 배웠다고 밝혔다.[54]

여직공들은 공장 또는 일상 생활에서 서로 의지하는 법을 배웠으며 이러한 것은 노동운동과 여성운동이 진행되는 동안 서로간의 '연대의식'으로 발전하였다. 한마디로 여직공들은 노동운동과 여성운동의 공통점이 약자들 간의 '연대의식'이며, 이 연대의식이 매우 중요하다는 사실을 깨닫기 시작한 것이다.

1830년대에 여성 노동운동은 조직적으로 움직이기 시작했다. 1834년 뉴잉글랜드 공장주들이 직공들의 임금을 삭감하기 시작하자 이에 여직공들은 저항에 나섰다. 당시 노동운동에 참여했던 대다수 여직공들은 파업 후에 공장을 떠나 고향집으로 돌아가는 방법을 택해서 저항을 직접적인 행동으로 옮겼다. 이것은 일종의 정치적 판단에 근거한 저항이었고 여직공들의 이러한 결단력 있는 행동은 점차 강도를 더해 갔다. 1834년 2월 파업에 참여한 800여 명의 여직공들은 공장 주변을 행진하면서 다음과 같은 요구사항을 주장하며 서명에 참여했다. 다음은 그들의 요구 및 결의 사항이다. 그들은 임금문제가 해결되기 전까지 결코 타협하지 않을 것이며 단 한명의 낙오자도 없이 모두를 하나로 받아들이지 않는다면 결코 일터로 돌아가지 않을 것이다. 나아가 만일 그들 중 어느 누구도 고향으로 보내야 하는 돈을 충분히 받지 못한다면 결코 공장으로 돌아가지 않겠다는 것이었다.[55]

그 당시 자신을 노동개혁가로 소개한 한 여직공은 처음으로 대중들 앞에서 연설을 하였는데, 그 시위연설에서 임금삭감에 저항하는 것은 자신들의 의무라고 단호하게 선언하였다. 그리고 이러한 광경은 시위에 참여한 여직공들은 물론 많은 시민들을 놀라게 했다. 여성들이 가정을 벗어나 공장지대에서 일하는 것만으로도 반대에 부딪히게 마련인 당시 시대적 분위기에서 한걸음 더 나아가 여성들이 단체행동을 통한 저항운동에 참여한다는 것은 매우 과감한 행동이었다.

뉴잉글랜드 지역에서 1824년 이래로 소규모 산발적으로 진행되던 시위는 1834년 파업 후에 적극적으로 변해 갔으며 마침내 여직공들은 노동운동을 위한 조직의 필요성을 절감하게 되었다. 그 결과 1836년 '여직공협회'(Factory Girl's Association, FGA)가 결성되었고 순식간에 2500명이 서명에 참여했다.[56] 그러나 뉴잉글랜드 지역 여직공들의 파업은 매우 짧은 기간에 끝났고 이미 공장 쪽이 통보한 임금삭감의 결과를 즉각 철회시키지는 못했다. 그럼에도 불구하고 여직공들의 파업은 성공 혹은 실패를 떠나서 최초의 조직적인 파업이라는 사실만으로도 충분한 의미가 있었다.

여직공들의 시위는 점점 더 정치적 성격을 띠며 발전해 갔다. 1836년 여성노동자 1500명은 미국 독립혁명 당시 활동했던 '혁명의 딸들' 후손임을 주장하며 거리로 쏟아져 나와 시위에 나섰다. 그들은 독립혁명에서 영국정부에 항거했던 조상들의 용기와 기백을 이어받았음을 명백히 천명하였다.[57] 여직공들이 파업을 감행한 데는 두 가지 이유가 있었다. 첫째로, 임금삭감은 양키 전통의 매우 중요한 요소 중 하나인 존엄성과 사회적 평등에 대한 소녀들의 감성을 약화시켰다. 둘째로, 임금삭감은 그들의 경제적 독립성을 저해했다. 무엇보다도 파업의 가장 중요한 동기는 임금삭감을 묵과하는 사회적 분위기에 대한 소녀들의 분노가 표출된 것이다.

여직공들 사이에 회자되었던 청원 성명서를 보면 그들이 임금삭감에 저항하며 적극적으로 나서게 된 이유가 잘 나타나 있다. 여직공들은 "노조는 힘이다"(Union is Power)라는 제목의 전단지를 배포하였다. 여기서 그들은 자신들에게 가장 중요한 목표는 의문의 여지 없이 스스로의 권리를 보호하는 것이라고 밝혔다. 그들이 주장하는 내용을 들여다보면 다음과 같다. "탐욕스러운 억압의 손들은 자신들의 목적을 달성하기 위해서 우리를 노예화시키고 있고 그들은 근엄한 표정으로 시간의 압박을 이용하고 있다. …어느 누구든 도움이 필요하다면 노조 조직원들이 기꺼이 동행해 줄 것이다."[58]

1836년 10월, 여직공들은 각자 공장에서 파업이 진행되는 동안 도움이 필요한 동료들을 지원하기 위한 위원회를 구성했다. 그들은 조직화된 행동이나 파업을 단행함으로써 동료직공들의 사면 혹은 복지 문제 등을 요구하였다. 여직공들은 결코 개인적인 이익만을 바라지 않았고 자신들이 고용에서 불평등한 대우를 받는 데 대해 집단적인 저항을 한 것이다.[59]

1840년대 노동투쟁은 여성노동자들 스스로 자신들이 누구이며 무엇이 가능한지에 대한 여성의 관점을 확장시킬 수 있게 했다. 여성노동자들은 시야를 넓혀나감으로써 '젠더'와 '계층' 모두의 관점에서 바라보기 시작했던 것이다. 한 여성은 노동자신문 『지온 헤럴드』(*Zion's Herald*)에 이렇게 썼다. "나는 진심으로 기쁘다. 우리는 자매들의 무리이며 각자 타인의 고통에 공감하고 연민을 느껴야 한다."[60] 이는 그들 스스로가 그룹으로서 정체성을 인식하고 있다는 것을 의미했다. 또한 1840년대 여성노동자들은 전략을 바꾸어 '정치적 행동'을 단행하기로 했다. 물론 그들의 이런 과감한 행동에 대해 중산층 여성개혁가들 사이에서 비판적 움직임이 없었던 것은 아니다. 그러나 여성노동자들은 그들의 반응에 별로 개의치 않았다. 파업에 참여하는 여성노동자들에게는 자신들의 행동이 '혁명의 딸들'의 시도처럼 미국혁명의 이상을 실현하는 것이었다.[61]

앞에서 살펴본 바와 같이 여성노동자들은 정치적 판단을 바탕으로 조직을 만들고 노동운동의 성장을 도모해 나갔다. 다음에 소개하는 대표적인 여성 노동운동가와 참정권운동가들은 미국여성들의 참정권 획득과정에서 여성 노동지도자로서 영향을 잘 보여주었다. 또 여성 노동활동가로서 이들의 다양한 노력은 여성참정권운동의 전개과정에 큰 영향을 끼쳤다는 것을 보여주는 단적인 사례들이라 하겠다. 대표적인 여성 노동운동가로는 사라 배글리(Sarah Bagley), 해리엇 로빈슨(Harriet Robinson), 레오노라 오라일리(Leonora O'Reily)가 있고 참정권운동가로는 해리엇 블래치(Harriot Stanton Blatch)가 있으며, 이와 관련된 조직으로는 두 계층의 여성들이 함께 활동했던 '여성직업연맹'(Women's Trade Union League, WTUL)이 있다. 물론 이들의 활동이 전적으로 참정권 획득을 이루어냈다고는 할 수 없다 하더라도 그들의 생애와 각자의 조직활동은 중요한 단서를 제공해 주고 있다. 즉 이것은 그동안 장애가 되어왔던 계층 간의 차이를 줄여나가는 노력과 말 대신 행동으로 보여준 추진력이라 하겠다. 다음은 그 사례들이다.

1844년 12월, 급진적 노동운동가 사라 배글리를 중심으로

'로웰 여성노동개혁협회'(Lowell Female Labor Reform Association, LFLRA)가 조직되었다. LFLRA는 미국역사상 최초의 여성 노동조합으로 배글리는 조직의 창립자로서 초대회장을 지냈다. 이 조직의 목적은 자신들의 요구가 관철되기까지 노동을 거부하는 것이었다. 구체적으로 목표는 두 가지였는데, 노동조건을 조사하도록 영향력을 발휘하는 것과 하루 10시간 노동시간을 법제화하는 것이었다.

LFLRA는 1840년대 뉴잉글랜드 지역의 여성 노동운동을 이끌어갔다.[62] 1845년 LFLRA는 노동시간 단축을 위한 청원서에 2천 명이 서명한 것을 매사추세츠 의회에 제출했다. 청원서에 서명한 노동자들 중 3/4이 여직공이었다. 청원서의 내용에는 노동자들이 "매우 열악한 환경에서 13시간에서 14시간 노동을 하고 있고 많은 이들이 질병에 노출될 위험이 매우 크기 때문에 노동시간을 10시간으로 제한시켜야 한다"고 밝히고 있다.[63] 마침내 1845년 2월 13월 정부는 노동조건과 관련된 조사위원회를 구성했고, 배글리를 비롯한 많은 여직공들이 장시간노동으로 건강이 손상된다고 강력하게 호소했다. 실제로 주정부의 조사는 많은 노동자들이 홍역·호흡곤란·폐결핵·간염·이질 등의 질병으로 고통을 받거나 심지어 사망에 이르기도 했다고 밝히고 있다.[64] 그들의 증언에도 불구하고 위원장은 10시간노동법을 통과시키지 않았다.

이에 저항하여 LFLRA가 조직의 모토인 '재도전'(Try Again)을 실천하는 차원에서 위원장의 재선을 저지하는 운동을 추진했다. 계속해서 배글리는 매사추세츠 월섬(Waltham), 뉴햄프셔의 내슈어(Nashua)에 LFLRA의 지부를 설치했다. 1846년 LFLRA와 배글리가 총무로 일했던 '뉴잉글랜드 노동자조합'(New England Workingmen's Association, NEWA)은 하루 10시간노동을 위한 청원을 재시도했으나 또다시 실패했다. 이후로도 배글리는 포기하지 않았고 노력은 계속되었다. 이렇게 거듭된 실패 끝에 마침내 1874년 매사추세츠는 하루 10시간노동을 법으로 의무화했다.

사라 배글리에 이어 해리엇 로빈슨은 섬유공장지대의 직공들에서 출발한 노동운동이 노예제 반대운동과 그후 참정권운동으로 이어졌음을 잘 보여준 사례이다. 로빈슨은 1835년 10세 때부터 매사추세츠에 위치한 섬유공장에서 직공으로 일했고 이듬해 11세에 처음으로 파업에 참여했다. 1836년 임금인상 파업은 여성들의 저항행동의 첫번째 단계였는데, 로빈슨은 어린 나이에도 불구하고 과격한 노동운동에서 중요한 역할을 담당했다. 1845년 임금삭감 반대운동에서도 로빈슨은 주저하는 동료들을 독려하여 이끌고 운동에 적극적으로 동참했다. 훗날 그녀는 자신의 이 같은 행동을 이렇게 회고했다. "내가 뒤를 돌아다보고 나를 따르는 긴 행렬을 발견했을 때 그동안 내가 성취했던 그 어떠한 것보다 나 스스로가 매우 자랑스러웠다."[65]

비록 저항운동은 성공을 거두지 못했지만 이러한 시도는 그녀를 단련시키기에 충분했다. 나중에 로빈슨은 저서에서 여기서 생활은 긴 노동시간에도 불구하고 독서를 할 수 있는 기회를 가졌고, 산업역군으로 훈련 받는 과정에서 자신감과 규칙적인 습관의 중요성을 인식하게 되었다고 밝히고 있다. 틈틈이 『로웰 오퍼링』에 글을 기고하기도 했는데, 노예제 폐지운동을 주로 다루는 잡지 『로웰 커리어』(*Lowell Courier*)의 편집자 윌리엄 로빈슨(William S. Robinson)을 만난 것도 『로웰 오퍼링』에 실린 그녀의 시가 계기가 되었다.

그녀는 1848년에 윌리엄 로빈슨과 결혼해서는 네 자녀를 둔 평범한 가정주부로 지내기도 했지만 남편의 영향을 받아 노예제 반대운동에 열의를 가지고 있었다. 1854~57년 매사추세츠 콩코드(Concord)에 거주하는 동안 그녀는 데이비드 소로(David Thoreau) 등과 교류했고 노예제 폐지운동을 지원하는 바느질 클럽에도 가입해서 활동했다. 남북전쟁 후에는 남편과 장녀와 함께 참정권운동에 뛰어들었다. 1876년 남편이 세상을 떠난 후에도 로빈슨과 장녀는 연설과 글쓰기를 멈추지 않고 이어갔다. 1881년에는 역사적 저서로 일컬어지는 『매사추세츠의 참정권운동』(*Massachusetts in the Woman Suffrage Movement*)을 발간했다. 로빈슨은 로웰의 공장시절을 회고하며 다음과 같은 글을 남겼다.

> 로웰에 공장이 생기기 시작한 초기에 직공소녀들은 가장 낮은 계층의 여성들이었다. 그들은 노동착취에 고통받는 노예와도 같았다. …그러나 짧은 시일 내에 편견은 사라졌다. 로웰의 공장은 뉴잉글랜드 여성들의 생기와 에너지로 가득 찼다. 그들의 지적인 면모는 새로운 삶에 자연스럽게 녹아들었다.[66]

로빈슨은 노동운동을 하면서 습득한 리더십으로 남북전쟁 이후 페미니스트 운동의 지도자가 되었으며 '전국여성참정권협회'(National Women's Suffrage Association, NWSA)에서 수잔 앤서니

(Susan B. Anthony)를 도와 참정권운동에서도 매우 중요한 역할을 수행했다.[67] 로빈슨 이외에도 많은 여직공들은 여성의 사회·정치·경제적 지위 문제를 좀더 포괄적으로 고민하기 시작했다. 로빈슨과 같이 노동운동에서 리더십을 발휘한 여성들은 1848년 세네카 폴스 회의(The Seneca Falls Convention)에서 여성참정권운동의 독립선언이 발표된 이후 노동운동을 넘어 더욱 정치적 성격을 지닌 참정권운동의 지도자로 성장하게 되었다.

19세기 후반부터 노동운동을 전개해 오던 여성노동계 지도자들은 중산층 여성참정권 운동권에 적극적적으로 합류하기 시작했다. 19세기 후반 노동계의 리더로 등장한 인물은 레오노라 오라일리(Leonora O'reilly)이다. 레오노라는 노동계 지도자이자 개혁주의자로 어려서 어머니와 함께 뉴욕 동부 빈민촌에서 성장하면서 빈곤의 의미를 뼈아프게 경험했다. 그녀의 어머니는 봉제공장 노동자였고 레오노라 자신도 11세 때 공장에 취업하였다. 그녀의 어머니는 어린 레오노라를 노동자들의 모임이나 급진주의자들의 모임에 데려갔고 1886년 16세의 나이에 그녀는 노동기사단(the Knights of Labor)에 가입했고 여기서 빅터 드루리(Victor Drury) 같은 거물급 사회주의자들을 조우할 기회를 가졌다.

이윽고 레오노라는 주변 친구들의 격려에 힘입어 1886년 뉴욕에서 '여성노동자사회'(the Working Women's Society, WWS)를 조직했다. 이 조직의 활동을 통해서 수집된 다양한 정보들은 나중에 1890년 '뉴욕소비자연맹'(New York Consumers' League, NYCL)을 창립하는 데 큰 도움이 되었으며, 그 과정에서 그녀는 뉴욕의 중상류층 개혁가 여성들과의 폭넓은 친분을 쌓아나갔다. 이 기간 동안 그녀는 '하루 10시간노동 운동'을 줄기차게 전개해 나갔다. 1897년에는 여성들을 위한 '미국섬유노동자연합'(United Garment Workers of America, UGWA)을 조직하였고 연설가로 활약하면서 개혁을 주창했다. 뿐만 아니라 활동범위를 중상류층 여성들이 중심이 되어 활동하는 사회개혁클럽(Social Reform Club)으로 넓혀서 그곳에서도 중요한 역할을 담당했다. 그후 몇 년 동안 그녀는 전국을 순회하면서 강연을 했다.

레오노라는 노동조합 활동과 노동자로서 다양한 경험이 바탕이 되어 1909~10년에 진행되었던 섬유노동자 파업을 이끌어가는 활동가로서 7천 명이 넘는 관중들 앞에서 연설을 할 만큼 노동운동의 중심에 서 있었다.[68]

참정권 운동가인 수잔 앤서니는 1868년 '전국노동연합'(National Labor Union, NLU) 모임에 등장해서 자신이 주장하는 참정권은 노동자계층의 경제적 이익을 포함하는 것이라고 밝혔다. 비록 이 주장은 중산층 또는 기능적인 노동을 하는 여성들의 지지만 이끌어냈다는 한계가 있기는 했지만, 여기에는 여성노동자 출신으로 교사나 선교사로 직업을 바꾼 여성들 상당수가 포함되어 있었고 이들 역시 참정권 획득의 필요성을 절감했다.[69] 미국 여성참정권 운동의 전개과정에서 1890년 결성된 '전미여성참정권협회'(National American Woman Suffrage, NAWS)는 남북전쟁 이후 20년간 분열되어 있었던 미국 여성참정권운동의 단합과 성장을 가져왔다. 뿐만 아니라 그동안 중산층 중심으로 진행되어 왔던 참정권운동도 점차 계층 간의 연대가 필요함을 절실히 느끼게 되었다. 그에 따라 참정권운동 지도자들은 여성노동자계층과의 연대를 더 적극적으로 도모하기 시작했다.[70]

여성 노동운동과 참정권운동이 계층 간의 거리를 좁히고 뜻을 함께할 수 있었던 데는 당시 참정권운동가 해리엇 스탠턴 블래치의 역할이 매우 컸다는 것을 알 수 있다. 해리엇은 참정권운동의 대모였던 엘리자베스 스탠턴(Elizabeth Cady Stanton)의 딸로, 20세기 초에 스스로 정치적 운동에 가담했다. 더구나 그녀는 정치적 열의를 가지고 노동자계층의 여성들을 참정권운동에 적극적으로 참여시키는 것이 중요하다고 주장한 인물이다.

영국에서 체류하고 있던 블래치는 1902년 미국으로 돌아와서 초기 활동으로 '여성직업연맹'(Women's Trade Union League, WTUL)의 지도층에 참여했다. 여성노동자들을 위한 조직이기도 했던 WTUL은 여성노동운동의 중심부로서 노동자계층의 여성과 중상류층 여성들의 협력체제를 구축하는 데 중요한 조직이었다. 그동안 오로지 남성 중심으로 여성들을 철저하게 배제시켰던 '미국노동총연맹'(American Federation of Labor, AFL)과 달리 WTUL은 계층을 초월한 여성들 간의 조직으로 발전했다.[71] 1903년 AFL은 숙련공 중심의 남성 노동조합으로 여성노동자들을 조합원으로 가입시킬 의사가 없었다. 반면에 WTUL은 여성들 간의 연대감을 바탕으로 노동자와 중산층여성들 사이의 계층을 뛰어넘는 공동체를 만들고자 했다. 이와 같은 WTUL에서 블래치는 계층 간의 연대를 도모하기 위해 다양한 노력을 아끼지 않았다. 1907년 그녀는 '자립여성평등연맹'(Equality League of SelfSupporting Women, ELSSW)을 창립해서 노동자계층의 여성들을 참정권운동으로 끌어들이는 데 주력했다. 이 조직의 핵심 조직원은 2만 명의 뉴욕 동부 출신 공장·세탁·섬유 노동자들이었다. 블래치는 이렇게 많은 노동자계층의 여성들을 움직이게 하는 데 큰 역할을 하면서도 중상류층 여성들과는 지속적으로 좋은 관계를 유지하였다. 이러한 그녀의 적극적 활약은 그간 침체되어 있던 미국 여성참정권운동에 활력을 불어넣어 주었다.

20세기 초 10년간 전국적으로 참정권운동 조직원들은 적극적 행동주의로 그 전략을 전환하였다. 1908년을 기점으로 그들은 전국적으로 도시들에서 거리시위에 돌입했다. 수천 명의 여성들이 시위에 동참했고 때로는 그들 모두 흰옷을 입고 플래카드나 성조기를 들고 투표권을 주장하면서 등장하였다. 노동자계층의 여성들은 중산층여성들과 함께 시위에 참여했다. 여성노동자들은 제도 내에서 여성으로서의 억압과 노동자로서의 억압이 서로 밀접한 관계가 있다는 것을 인지하기 시작했을 뿐 아니라, 노동자로서의 억압과 노예들의 억압은 상관관계가 있다는 것을 확인했다.

블래치의 친구로 그녀와 같은 생각을 가지고 있었던 스톤(Huldah Stone)은 이렇게 주장했다. "섬유공장 여직공들은 10시간 노동 운동이 끝이라고 생각하지 않는다. …그들은 심오하게 느끼는데 그들의 임무는 노예제와 종교적·정신적·육체적 억압이 사라지기 전에는 멈추지 않을 것이다…."[72] 1915년 블래치의 '여성정치연합'(Women's Political Union, WPU)은 앨리스 폴(Alice Paul)과 루시 번스(Lucy Burns)의 '의회연합'(Congressional Union, CU)과 통합하여

'전국여성당'(National Women's Party, NWP)이 탄생했다.

앞에서 살펴본 바와 같이 블래치는 정치영역에서 노동자계층의 역할을 잘 이해하고 있었고 이는 미국 내 엘리트 개혁가들 사이에서는 매우 드문 경우였다. 그녀가 미국보다는 영국에 민주적인 정신이 훨씬 살아 있다고 주장하는 것은 의심할 여지 없이 영국 내 정치적 노동운동의 발달을 의미했다.[73] 블래치는 여성참정권에 대한 신념에서 계층 간의 연계를 계승하는 기본적인 과정을 끊임없이 탐색하였다. 그 과정에서 그 시대의 다른 개혁가들 샬롯 길먼(Charlotte P. Gilman), 플로렌스 켈리(Florence Kelley), 제인 애덤스(Jane Addams)와 그 밖의 '사회복지관운동'(Settlement House)과 노동조합 지지자들의 주장과 마찬가지로, 그녀는 여성과 노동에 초점을 맞추게 되었다. 그녀의 생각은 여성들이 수행하는 생산적인 노동은 사회적 선의에 기여하거나 여성들 스스로에게 자유와 평등의 조건을 창조한다는 데 근거해 있었다.[74]

이런 한편 블래치는 더 공격적이고 호전적인 방법을 동원하는 노동운동가들과 연합하기를 원했는데 도심을 행진하고 길거리에서 연설하는 등의 방법을 구사했다. 그녀가 연합을 원했던 이유는 참정권 획득을 위한 전략은 더 많은 대중들의 관심을 끌어들이는 것이 필요했기 때문이다. 더불어 노동자계층 여성들이 노동운동에서 보여준 수많은 전략적 경험들이 여성참정권 획득에서 매우 중요한 방법으로 작용할 수 있었기 때문이다. 이 모든 것은 여성 노동운동과 참정권운동의 만남이 이루어낸 성과였다.

5) 미국 여성참정권 획득 100년의 의미

19세기 초 산업화는 미국사회에 많은 변화를 불러일으켰다. 그중 무엇보다도 중요한 변화는 여성들의 경제적 참여와 노동운동의 등장이었다. 산업화가 가속화됨에 따라 도시에서는 노동력 부족현상이 발생했고, 그 결과 뉴잉글랜드 지역의 많은 소녀들은 농촌을 떠나 매사추세츠 주변 도심에 위치한 섬유공장에 취업을 하게 되었다. 이 지역으로 이주해 온 소녀들은 공장 기숙사에서 공동 거주하면서 여직공으로의 생활을 시작했다. 여직공들은 자신들이 성장해 온 시골 지역과 새로 이주한 도시의 공장생활의 전혀 다른 두 세계 사이에서 갈등하는 상황에 놓이게 되었다. 새로운 기숙사생활과 더불어 직면하게 된 도시의 새로운 경제적 구조는 그들을 문화적 충돌을 느끼게 했다.

하지만 로웰의 소녀들은 자의식이 강했고 고향의 집으로부터 경제적으로나 정신적으로 독립할 수 있는 기회를 스스로 매우 자랑스럽게 생각했다. 게다가 그들은 교육받은 뉴잉글랜드 여성이 되고자 하는 열망이 컸다. 기숙사에서 공동거주는 특히 여직공들이 초기 공장생활에 적응해 가는 데 매우 중요했는데, 그들은 우정을 쌓아가면서 점점 공동체 의식을 형성해 나가기 시작했다. 이런 공동체 의식을 바탕으로 여직공들은 자신들만의 정체성을 형성해 나가게 되었고 이와 함께 여성 노동운동을 시작했다.

19세기 중반 이전의 매사추세츠에 위치한 공장지역 여직공들의 경험은 산업자본주의의 영향에 대해 매우 흥미로운 사실을 제공해 주었다. 공장지대에서 여직공들은 세 가지 문제점을 가지고 있었는데, 이것은 저임금, 장시간노동 그리고 새로운 노동 방법과 환경에 대한 문제였다. 여직공들은 자신들의 노동이나 시간에 대해 통제력을 전혀 가지지 못했다. 그들은 공장주들로부터 임금책정을 일방적으로 통고받았고 고정된 노동시간에 순응할 것이 요구되었다. 매사추세츠 지역의 공장주들은 산업화 이전의 경제시스템에서는 전혀 존재하지 않았던 새로운 방법으로 여직공들을 착취했던 것이다.

여직공들은 열악한 노동조건들에 저항하였고 노동시간 단축을 위해 노동개혁운동을 전개해야 했다. 계속되는 저항의 노동운동 과정에서 여직공들은 고용주들의 '억압적 통제'에 대해 여러 노동자 잡지들과 직접적인 파업을 통해서 세상에 알려나갔다. 뿐만 아니라 그들은 노동운동을 하면서 여성들 사이의 연대의식의 중요성을 인식하게 되었고, 필요에 따라서는 직접적인 단체행동을 통해 요구를 관철시킬 수 있다는 것을 절실히 깨닫기 시작하였다. 따라서 여직공들이 보여준 공장주에 대한 도전과 저항은 노동자로서의 의식의 성장을 의미했으며 이러한 과정에서 그들이 새롭게 터득한 자신감의 직접적인 결과물이기도 했다.

19세기 중반 미국 여성운동은 중산층여성들의 재산권이나 참정권 획득운동, 사회적 개혁운동 등을 중심으로 발달하였다. 참정권운동이 전개된 이래로 이 운동에 참여하는 여성들은 대부분 중상류층 여성들이었다. 노동자계층의 여성들은 스스로를 부양하거나 가족들의 생계를 책임져야 했기 때문에 사회운동에 참여할 기회가 없었다. 그러나 19세기 말, 20세기 초에 이르러 노동자계층의 여성들이 참정권운동에 점점 적극적으로 참여하기 시작했다. 마침내 노동자계층 여성들은 참정권이야말로 자신들의 지위향상을 위한 지름길이라는 것을 인지하기 시작했다. 그들은 여성노동운동 과정에서 습득한 다양한 전략들을 참정권운동에 접목해 나갔다. 여직공들의 연대적 움직임이 여성참정권운동에 기여한 부분이 분명히 있다는 점은 부인할 수가 없는데, 특히 참정권 획득의 마지막 10년 동안 여성노동자들의 역할은 매우 중요하였다. 여성노동운동의 지도자들은 정치적으로 점점 각성하게 되었고 그와 함께 조직을 결성해서 운동을 전개해 나갔다.

이와 같은 변화들은 19세기 말, 20세기 초 여성참정권운동의 전략적 진행과정에서 중산층과 노동계층 여성들의 계층적 연대를 이끌어내는 데 중요한 역할을 했다. 노동자계층의 여성들이 참정권 획득을 위한 마지막 10여 년간 참정권운동가들과 연대해서 '말보다는 행동'의 전략을 도모함으로써 참정권운동에 새로운 활력을 불어넣어 주었던 것이다. 19세기 말 여성노동자들의 역할이 그 이전의 어느 시기보다도 더욱 중요하게 작용했던 이유이기도 했다. 미국 여성들이 참정권을 획득한 지 100년이라는 시간이 흐른 지금의 시대에 19세기 산업화과정에서 여직공들의 노동운동이 이후 미국 내 여성운동의 형태나 성격을 규정함에 있어서 중요한 방향성을 제공해 주면서 그 자체 이상의 상징성을 가졌다는 점에서 역사적 의미는 충분하다고 볼 수 있다.

1) 이 글은 1998년에 발표한 필자의 영문논문 "A Study on the Female Operatives in the New England Textile Industry in Antebellum America"의 후속편으로 이전 논문이 로웰(Lowell) 지역 소녀직공들의 이주동기 및 공장체제 적응과정에 초점을 맞추었다면 이 글은 『뉴잉글랜드 오퍼링』(*New England Offering*)에서 나타난 그 이후 노동의식의 태동과 성장, 더 나아가서는 여성참정권운동과의 교차점을 중심으로 분석을 시도하였음을 밝힌다.

2) Thomas Dublin, *Farm to Factory: Women's Letters, 1830~1860*(New York: Columbia University Press, 1981); *Women at Work: The Transformation of Work and Community*(New York: Columbia University Press, 1979); *The Story of an Industrial City*(Washington DC: National Park Service, 1993).

3) Lucy Larcom, *A New England Girlhood: Outlined from Memory*(Chicago: Northeastern University Press, 1986); Harriet H. Robinson, *Loom and Spindle*(Hawaii: Press Pacifica, 1976).

4) Wendy M. Gordon, *Mill Girls and Strangers: Single Women's Independent Migration in England, Scotland, and the United States, 1850~1881*(New York: State University of New York Press, 2002).

5) Ellen Carol DuBois, "Working Women, Class Relations, and Suffrage Militance: Harriot Stanton Blatch and the New York Woman Suffrage Movement, 1894~1909," *The Journal of American History*(vol. 74/no.1, 1987. June), pp. 34~58; *Suffrage: Women's Long Battle for the Vote*(New York: Simon and Schuster, 2020).

6) 1848년 7월 14일 뉴욕주 세네카 폴스(Seneca Falls)에서 개최된 제1회 여권회의로, 여기서는 미국여성의 역사에서 전환점이 되었던 '감정선언'(The Declaration of Sentiments)의 발표와 더불어 미국 여성참정권운동의 독자노선을 선언하였다(이창신, 『미국여성의 역사, 또 하나의 역사: 평등과 해방을 위한 끊임없는 도전』, 당대, 2017, 372~74쪽).

7) Jean E. Friedman ed, *Our American Sisters: Women in American Life and Thought*(Washington DC: Heath and Company, 1982), p. 90.

8) Jeff Levinson ed, *Mill Girls of Lowell*(Boston: History Compass, 2007), p. 6.

9) *Atlantic Monthly*(1858. August).

10) *New England Offering*(new series no. 1, 1848. April), p. 14; (http://libguides.uml.edu/c.php?g=492497&p=3373373, 2019. 8. 17).

11)   Nancy F. Cott, *History of Women in the United States: Historical Articles on Women's Lives and Activities* (New Haven: Yale University Press, 1993), p. 383.

12)   Philip Foner ed, *The Factory Girls* (Chicago: University of Illinois Press, 1977), p. 19.

13)   Dublin, *Farm to Factory*, pp. 15~17.

14)   같은 책, p. 42.

15)   같은 책, p. 35, 36.

16)   같은 책, p. 34.

17)   Victoria Byerly, *Hard Times Cotton Mill Girls: Personal Histories of Womanhood and Poverty in the South* (Ithaca: Cornell University Press, 1986), p. 192.

18)   *Atlantic Monthly* (1858. August).

19)   같은 책.

20)   Dublin, *Farm to Factory*, p. 40.

21)   Cott, *History of Women in the United States*, p. 270.

22)   Benita Eisler ed, *The Lowell Offering: Writings by New England Mill Women, 1840~1845* (Philadelphia: Lippincott, 1977), p. 19.

23)   Carroll SmithRosenberg, "The Female World of Love and Ritual: Relation between Women in NineteenthCentury America," *Signs: Journal of Women in Culture and Society* (vol.1/no. 1, 1975), p. 1, 2.

24)   Keith Melder, *Beginning of Sisterhood: The American Woman's Rights Movement, 1800~1850* (New York: Schocken Books, 1977). p. 32.

25)   *New England Offering* (vol. 1/no. 4, 1849. April), p. 76; (http://libguides.uml.edu/c.php?g=492497&p=3373373, 2019. 8. 20).

26)   Dublin, *Farm to Factory*, p. 56.

27)   Bernice Selden, *The Mill Girl: Lucy Larcome, Harriet Hanson Robinson, Sarah G. Bagley* (New York: Atheneum, 1983), p. 34.

28)   William Moran, *The Belles of New England* (New York: St. Martin's Press, 2002), p. 35, 36.

29)   Mary H. Blewett, *We Will Rise in Our Might: Working Women's Voices from Nineteenth-Century New England* (Ithaca: Cornell University Press, 1991), p. 39.

30)   Elisha Bartlett, *A Vindication of the Character and Condition of the Females Employed in the Lowell Mills against the Charges* (Lowell: Powers and Bagley, 1841), p. 38.

31) 『로웰 오퍼링』에 관해서는 필자의 이전 논문에서 상세히 다루고 있으니 참고.

32) Eisler, 앞의 책, p. 33.

33) Robinson, 앞의 책, p. 60.

34) 같은 책, p. 66.

35) *New England Offering*(vol. 1, 1847. September), p. 1; (http://libguides.uml.edu/c.php?g=492497&p=3373373, 2019. 8. 24).

36) *New England Offering*(new series no. 1, 1848. April), p. iv; (http://libguides.uml.edu/c.php?g=492497&p=3373373, 2019. 8. 28).

37) *New England Offering*(new series no. 9, 1848. December), p. 193; (http://libguides.uml.edu/c.php?g=492497&p=3373373, 2019. 8. 28).

38) *New England Offering*(vol. 1/no. 4, 1849. April), p. 76; (http://libguides.uml.edu/c.php?g=492497&p=3373373, 2019. 9. 13).

39) Veronica Beechey, *Unequal Work*(London: Verso Books, 1987), p. 48.

40) Harriet Sigerman, *An Unfinished Battle*(New York: Oxford University Press, 1994), p. 103.

41) 같은 곳.

42) *New England Offering*(vol. 7/no. 6, 1849. June), Coverii; (http://libguides.uml.edu/c.php?g=492497&p=3373373, 2019. 11. 13).

43) *New England Offering*(new series no. 2, 1848. April), p. 42; (http://libguides.uml.edu/c.php?g=492497&p=3373373, 2019. 5. 17).

44) *New England Offering*(new series no. 1, 1848. April), pp. 2~6; (http://libguides.uml.edu/c.php?g=492497&p=3373373, 2019. 5. 17).

45) *New England Offering*(vol. 7/no. 9, 1849. September), pp. 193~216; (http://libguides.uml.edu/c.php?g=492497&p=3373373, 2019. 9. 13).

46) *New England Offering*(vol. 7/no. 9, 1849. Septermber), pp. 250~60; (http://libguides.uml.edu/c.php?g=492497&p=3373373, 2019. 9. 15).

47) *New England Offering*(vol. 1/no. 4, 1849. April), p. 76; (http://libguides.uml.edu/c.php?g=492497&p=3373373, 2019. 7. 13).

48) 같은 곳; (http://libguides.uml.edu/c.php?g=492497&p=3373373, 2019. 11. 13).

49) Robinson, 앞의 책, p. 79.

50) *New England Offering*(new series no. 1, 1848. April), p. 19; (http://libguides.uml.edu/c.php?g=492497&p=3373373, 2019. 12. 13).

51)   *New England Offering*(new series 5, 1848. August), pp. 101~105; (http://
       libguides.uml.edu/c.php?g=492497&p=3373373, 2019. 12. 20).

52)   *Boston Evening Transcript*(1834. February 17). 메리 울스턴크래프트(Mary
       Wollstonecraft)는 18세기 영국의 작가이자 최초의 자유주의 페미니스트로 여
       성 스스로의 자각을 호소하는『여성의 권리옹호』(*Vindication of the Rights of Woman*,
       1792)를 저술하였고, 기존 사회관념에 도전하여 여성의 교육적·사회적 평등을
       주장하였다(Claire Tomalin, *The Life and Death of Mary Wollstonecraft*, New York:
       Anthem Press, 1975).

53)   *Voice of Industry*(1846. March 13);(http://industiralrevolution.org/original, 2019.
       12.3).

54)   *Boston Evening Transcript*(1834. February 17).

55)   Nancy F. Cott, *No Small Courage: A History of Women in the United States*(New York:
       Oxford University Press, 2000), p. 220.

56)   Dublin, *Women at Work*, p. 98.

57)   *Boston Evening Transcript*(1834. February 18).

58)   Hunt Audrey, *Women and Paid Work: Issues of Equality*(New York: St. Martin's
       Press, 1988), p. 23.

59)   Cott, *No Small Courage*, p. 221.

60)   같은 책, p. 222.

61)   *Voice of Industry*(1845. December. 5&19); (http://industrialrevolution.org/
       complete-issues.html, 2019. 3. 15).

62)   Massachusetts House Document(no. 50, 1845. March). Robinson, 앞의 책, p.
       143에서 재인용.

63)   같은 곳.

64)   Robinson, 앞의 책, p. 85.

65)   같은 책, p. 41, 42.

66)   같은 책, p. 40.

67)   The 16 boxes of Leonora O'Reilly Papers in Schlesinger Library, Radcliff
       Collection. Eric L. Sandquist "Leonora O'Reilly and the Progressive
       Movement"(Master's Thesis, 1966)에서 재인용.

68)   Mary P. Ryan, *Women in Public: Between Banners and Ballots, 1825~1880*(Baltimore:
       the Johns Hopkins University Press, 1990), p. 166.

69)   이창신, 앞의 책, 22, 23쪽.

70)   미국 노동총연맹(AFL)은 1886년 사무엘 곰퍼스가 오하이오주 콜롬버스에서 창
      립한 온건보수 성격의 노동조합이다. 이것은 미국의 초대 노동조합 중 하나이며
      현재에도 가장 강력한 노동조합 중 하나이다. 사무엘 곰퍼스는 1924년 사망할 때
      까지 회장직을 맡았다.

71)   Maureen A. Flanagan, America Reformed: Progressive and Progressivisms,
      1890s~1920s(New York: Oxford University Press, 2007), p. 133.

72)   Harriot Stanton Blatch and Alma Lutz, Challeging Years: The Memoirs of
      Harriot Stanton Blatch(New York, 1940), p. 77.

73)   Dubios, "Working Women, Class Relations, and Suffrage Militance: Harriot
      Stanton Blatch and New York Woman Suffrage Movement, 1894~1909,"
      Journal of American History(Vol. 74, 1987. June), p. 41.

제3부

20세기 중반까지의 역사

1
미국 혁신주의 시대의 환경운동과 젠더의식

1) 미국 환경운동의 뿌리, 혁신주의 시대

지구촌의 환경과 기후 위기의 징후들은 걱정을 넘어 두려움으로 바뀌고 있다. 이제는 단순히 기후의 변화(climate change)가 아니라 기후의 위기(climate crisis)로 지칭해야 한다는 주장이 지배적이다. 더욱이 2019년 발생한 팬데믹(pandemic) 이후 전세계적으로 환경과 기후의 위기에 대한 심각성은 점차 증가하고 있다. 이는 오늘날 전세계적으로 경제·외교·국방 같은 분야의 전통적인 정부정책과 나란히 환경문제를 중요한 정책의제로 삼고 있다는 점에서 잘 알 수 있다.

미국 역사가들은 현대 환경운동의 기점을 1960년대 이후 전개된 환경보호운동에서 찾고 있다. 특히 역사가 사무엘 헤이즈(Samuel P. Hays)는 자신의 저서에서 미국 환경운동의 역사는 초기 '자연보존'을 강조하던 단계에서 1960년대 아름다움, 건강 그리고 영속성을 강조하는 '환경의 문제'로 이동했다고 주장한다. 이는 다시 말해 2차 세계대전 이전 물질자원의 효율적 이용이라는 '자연보존'의 차원으로부터 전후(戰後) '환경보호'라는 주제로의 뚜렷한 변화를 의미하였다.[1] 하지만 헤이즈의 주장과는 달리 미국의 환경보호운동은 혁신주의 시대에 뿌리를 두고 있다고 볼 수 있다. 혁신주의운동의 목표는 공공성의 회복에 있었고 혁신주의자들은 정부의 역할을 확대하는 것이 미국사회의 진보를 가져올 것이라고 믿었다. 혁신주의 시대 여성 개혁운동가들은 환경문제에서도 시민의식의 고취를 중심으로 한 공공성의 회복이 바탕이 되어야 한다고 주장했다는 점이 이를 잘 말해 주고 있다.

혁신주의 시대 도시개발과 환경운동에 대한 사학사적 연구를 보면 다음과 같다. 혁신주의 시대 전문적 도시계획자나 건축가들은 도시개발에서 자신들의 '통제'를 강조하였고 이러한 남성 중심의 도시개발자들이 제기한 문제들이 연구가치가 있는 것으로 평가되었다.[2] 물론 혁신주의 시대 여성들을 중심으로 한 '도시 자치적 가사노동'(municipal housekeeping)의 사회적 공헌을 좀더 비중 있는 작업으로 해석하려는 연구도 있었다. 하지만 이러한 경향의 연구도 여성들의 노력을 남성들의 업적과 구분하면서, 여성들의 '도시 자치적 가사노동'을 공적 영역의 활동이 아닌 사적 영역인 가정으로 국한시키려 하였다.[3] 도시계획 및 환경운동에서 여성들의 역할에 대한 긍정적 해석을 시도한 연구는 1970년대 이후 시작되었다. 이 시도는 여성과 환경운동의 관계를 재조명하기 시작한 출발점이 되었다고 볼수 있다.[4] 이러한 연구는 도시개혁이나 환경운동에서 젠더 간의 차이를 다양한 각도로 분석하면서 여성개혁가들의 공적 활동이 결국 참정권운동의 원동력이 되었음을 강조하였다.

이 글의 목적은 미국의 혁신주의 시대 환경운동의 뿌리와 전개과정을 젠더의식의 관점에서 분석해 보는 데 있다. 그리고 여기서는 좀더 심층적 접근을 위해서 지역적으로는 시카고를 중심으로 살펴보았다. 여러 대도시들 중에 시카고를 선택한 이유는 다음과 같다. 우선, 산업화시대 시카고는 대도시로의 급속한 발전을 거듭하는 동안 개혁과정에 많은 문제점을 내포하고 있었다. 이 도시는 매우 열악한 거주지로 환기가 제대로 되지 않는 건물상태, 부실하게 지어진 건물, 과잉 인구밀집, 열악한 어린이 교육환경, 도시 자체의 심각한 환경, 위생문제 등이 있었다. 시카고는 점차 복잡하고 비위생적이며 살기 힘든 도시로 변해 갔으나 시정부는 이와 같은 문제를 해결하기 위한 통일된 정책이 부재하였다.

그래서 시카고 시민들은 도시의 성장과 이에 따른 환경문제를 해결하기 위해 다양한 시민단체(civic organization)를 만들었고 헐 하우스(Hull House)와 여성 시티클럽(woman city club) 등을 중심으로 능동적인 대처를 해나갔다. 제인 애덤스를 중심으로 한 헐 하우스 운동이나 여성 시티클럽을 중심으로 전개된 다양한 환경운동은 '환경정의운동' 차원으로 이해될 수 있으며 그들에 대한 기록은 사료적 가치뿐만 아니라 새로운 관점을 제시해 주기에 충분하다고 할 수 있다.

이 글의 구성은 다음과 같다. 먼저 혁신주의 시대의 환경운동을 포함한 사회개혁운동의 전개과정에서 '모성적 정치'(maternal politics)의 등장과 그 의미를 살펴보고자 한다. 다음으로 혁신주의 시대 환경운동에서 젠더의 차이를 다양한 주제를 중심으로 분석해 보고, 마지막으로는 환경정의운동과 여성 리더십에 대해 각종 여성 시티클럽의 활동과 '헐 하우스 운동'(Hull House movement)을 중심으로 접근해 보고자 한다. 이를 통해 혁신주의 시대 여성들의 활동과 리더십이 공공성 회복을 위한 환경운동에서 어떤 역할을 했는지 재조명해 볼 것이다.

2)   혁신주의 시대와 '모성적 정치'의 등장

미국역사상 혁신주의 시대(progressive era)는 대략 1890년부터 시작하여 1차 세계대전 발발 직전까지를 의미한다. 19세기 후반에 미국은 산업화가 진행되면서 자본주의의 문제가 나타났고 정치적인 부패가 기승을 부리게 되자 다양한 개혁그룹을 중심으로 '혁신주의'(progressivism)가 등장하였다. 혁신주의 운동이 지향하는 바는 사회정의 구현, 투명한 정부, 기업에 대한 보다 효율적인 규제 그리고 마지막으로 공공성의 회복 등이었다. 대체로 혁신주의자들은 정부의 역할을 확대하는 것이 미국사회의 진보를 보장하고 국민들의 복지수준을 높일 수 있을 것이라고 믿었다. 특히 20세기 초반, 구체적으로 1902년부터 1908년에 이르는 기간은 미국역사상 개혁운동이 가장 활발하게 일어나던 시기였다. 여러 주에서는 국민들의 생활과 근로 환경을 개선하기 위해 법령들을 제정하였다.

혁신주의 시대 정치적 영역은 대체적으로 남성들의 관심분야로 간주되었고 여성들은 정치적 영역보다는 도덕심을 바탕으로 한 사회적 개혁에 더 많은 관심이 있다고 믿었다. 이 시기 여성 개혁운동가들에게 사회개혁은 산업화와 관련된 다양한 사회문제들, 예를 들어 공중보건이나 사회의 안정성 그리고 위험한 환경에 노출되어 있는 아동이나 여성노동자들의 문제를 포함하고 있었다. 또한 혁신주의 시대 대도시의 환경문제도 점차 심각한 사회문제로 대두했다.

1890년부터 1900년까지 많은 중상류층 여성들은 대도시 중심의 여성클럽과 시민협회(civic association)에 가입하여 다양한 사회개혁운동을 펼쳐나갔다. 그 예로는 뉴잉글랜드·뉴욕·시카고 여성클럽 등이 있었다. 뉴잉글랜드 여성클럽은 1868년 보스턴 출신의 캐롤린 세비런스(Caroline Severance)가 중심이 되어 창립했다. 이 클럽의 창립에 참여한 여성들은 남북전쟁 이전 시대에 노예제 폐지운동, 여성권리운동, 금주운동 등에 참여한 경험이 있는 여성들이었다. 뉴잉글랜드 여성클럽 멤버들은 다양한 사회개혁운동과 함께 여성참정권을 위한 여성들의 고등교육을 지지하였다.[5] 뉴욕을 대표하는 여성조직에는 '뉴욕 여성도시자치연맹'(The Women's Municipal League in New York City)이 있었는데, 이 여성단체는 연방정부 차원의 수질 및 대기 오염물질에 대한 규제에서 공중위생국의 역할을 부각시키는 데 중요한 역할을 하였다. 또 뉴욕에서는 시민 중심의 자치적 그룹들과 시정부가 운영하는 조직들을 중심으로 쓰레기 수거 및 처리 문제 등 환경문제가 중요하게 대두되었다.[6]

혁신주의 시대는 대도시의 증가와 인구이동으로 수질 및 대기 오염과 같은 도시환경 문제가 심각하게 등장하였다. 그 당

시 사회개혁운동에 참여했던 중상류층 여성들은 이러한 사회문
제에 맞서 싸울 것을 주장하였다. 이 여성들은 19세기 중후반까
지 사회적으로 팽배해 있던 '진정한 여성성의 숭배'(the cult of true
womanhood)를 전적으로 수용하지 않았던 것이다.[7] 이들은 여성성
의 미덕에서 강조했던 공·사 영역 구분의 개념에 대해 문제를 제기
하였고 오히려 사회적·법적·정치적 개혁에 관심을 갖기 시작하였다.
개혁운동에 참여한 여성들은 참정권을 획득하기도 전에 지방정부
와 연방정부에서 그들만의 영역을 구축하기 시작한 것이다. 그들은
사회사업이나 공중보건과 같은 영역에서 새로운 진로를 개척해 나
갔으며 이러한 사회적 활동은 아내로서 또는 어머니로서의 역할을
하는 여성들에게 특히 적절한 사회적 함의가 있었다.

　　여성사가들은 당시 여성들의 이러한 활동을 '모성적 정치'
(maternalist politics)라는 개념으로 설명하였다. 여기서 중요한 점은
이러한 이데올로기는 개인으로서의 여성이 아닌 그룹을 형성한 다
수의 여성들을 의미했다. 그들은 당시 심각하게 도시환경을 해치는
길거리의 비위생적인 상태나 쓰레기·오물 처리 문제 등을 해결하기
위해 노력하였다. 그리고 그 과정에서 여성개혁가들은 정치적 감각
을 익히고 실천하면서 그들이 원하는 방향으로 일을 추진하였다.[8]

　　혁신주의 시대 모성적 정치는 주로 사회개혁운동에 적극적
으로 동참한 여성들의 주장과 활동들을 통해서 살펴볼 수 있다. 그
동안 혁신주의 시대 여성들의 개혁운동 참여는 가사노동의 연장
선상에서 해석되어 왔다. 그런 의미에서 시카고를 중심으로 활동
한 '헐하우스 운동'은 제인 애덤스가 제안한 '시민적 가사노동'(civic

housekeeping) 활동을 공적 영역으로 확대시켰다는 점에서 그 의미가 있다. 애덤스는 '시민적 가사노동'을 '도시 자치적 가사노동' (municipal housekeeping)과 동일한 개념으로 이해하였다. 그녀는 『인디애나폴리스 홈 매거진』(*Indianapolis Home Magazine*)에 실린 "도시 자치적 가사노동"이라는 제목의 글에서 '시민적 가사노동'을 다음과 같이 설명하고 있다.

> 도시는 하나의 커다란 비즈니스와 같지만 또 다른 측면에서 확대된 가정을 의미하기도 한다. …남성들은 세부적인 집안일에 대해 무관심한 것처럼 '시민적 가사노동'에도 큰 관심을 보이지 않는 경향이 있다.[9]

이렇게 '시민적 가사노동'이란 가사노동의 영역을 확대하여 공적인 영역인 도시를 자치적으로 관리하는 일을 의미하였다. 그리고 여성들은 이러한 노동을 통해서 시민으로서의 책임의식을 가지고 의무를 수행하였다. 또한 애덤스는 1904년 9월 몬태나 세인트루이스의 한 연설에서 시민적 가사노동과 이민자들의 역할에 대해 이렇게 발언하였다.

> 시민적 가사노동(civic housekeeping)을 통해서 여성들은 도시성장 과정에서 시민으로서의 책임의식을 갖게 될 것이다. …19세기를 통해서 도시는 너무 빠른 속도로 성장해 왔고 이 발전은 산업과 상업 발전을 중심으로 한 비인격적인 연합을 바탕으로 한다.

그에 반해 18세기 도시는 가정적 서비스와 가족 간의 애정과 장인정신의 완만한 연합을 바탕으로 했다. …현재 미국도시들에는 수많은 이민자들이 유입되고 있다. 도시에 정착한 이들은 스스로 변화한 사회적 요구에 부응하는 도시민으로서의 의무를 다하고자 하는 자세를 보이고 있다.[10]

그리고 애덤스는 「시정부에서 여성의 유용성」(Utilization of Women in City Government)이라는 글에서 여성의 공적인 임무와 사적인 일의 상관관계를 강조하였다. 이 글에서 애덤스는 다양한 정부기관에 대해 설명하면서 공중위생과 아동교육 같은 분야는 전통적인 여성의 역할과 밀접한 관계가 있다고 주장하였다. 여성들은 이러한 영역을 위해 남성들보다 더 많은 지식을 필요로 하고 있으며 자신들의 의견을 개진하기 위해서는 참정권을 가져야 한다는 것이었다. 애덤스는 헐 하우스 운동을 전개하면서 도시환경 문제에 관심을 가지게 되었는데 여성들이 지역사회를 청결하게 하고 개선하기 위해서는 정치에 관심을 갖는 것이 반드시 필요하다고 주장하였다.[11] 제인 애덤스가 주장하기를, 남성정치인들은 시민적 가사노동보다는 국가의 관세나 해군의 증가 등에 주로 관심을 가지고 있을 뿐 공원이나 도서관 등을 살피는 일과 쓰레기처리 등의 문제에는 관심이 없었다는 것이다. 애덤스의 이런 주장에서도 알 수 있듯이, 시카고를 중심으로 활동한 헐 하우스 운동은 여성들의 가사노동에 '시민적 가사노동'의 의미를 부여함으로써 여성들의 활동을 공적 영역으로 확대시켰다고 볼 수 있다.[12]

혁신주의 시대 여성들의 환경에 대한 관심은 도시의 청결, 공중위생, 공기오염과 도시환경 개선 등의 분야에서 다양하게 나타났다. 이러한 관심과 활동을 통해서 여성개혁가들은 도시 개혁과 환경문제에 큰 기여를 하였다. 그러나 당시 여성들의 이러한 활동은 남성들에 의해서 여전히 가사일의 연장선상에서 가내 부엌을 청소하는 것과 같은 일로 인식되었다. 여성들의 노력은 존중받을 만한 일이기는 했지만 진정한 의미의 환경운동으로는 간주되지 않았다.

그동안 혁신주의 시대 도시 계획이나 환경에 대한 연구에서는 남성전문가들을 중심으로 한 시티클럽 멤버, 도시계획가, 건축가 그리고 도시개발자들의 '기능주의적 접근'이 가치 있는 개혁정책으로 평가되었다. 이에 반해서 여성 개혁운동가들의 노력은 단지 도시경관을 위한 '미적인 접근', 즉 도시를 아름답게 꾸미는 것으로 평가 절하되었다.[13] 이는 혁신주의 시대 도시 개혁과 환경 문제에서 젠더의식의 차이가 존재했음을 의미한다.

3) 혁신주의 시대 도시개혁과 환경문제에서 젠더의식의 차이

혁신주의 시대 시카고를 중심으로 한 도시 개혁과 환경 문제에서 젠더의식의 차이는 명확히 나타났다. 우선 남성 중심의 시각에서는 도시의 기능적인 역할이 강조되면서 경제적으로 유익하고 도움이 되는 도시생활이 최대의 관건이 되었다. 반면에 여성개혁가들의 경우는 대다수 도시민들의 보람 있고 편안한 거주 문제에 집중하였다. 즉 시카고의 도시 개혁과 환경 문제에서 중대한 관건은 경제적 이윤 창출인가, 삶의 질 향상의 문제인가 하는 것이었다. 시카고 여성시티클럽 회원들은 '특별공원위원회'(special parks commission)의 남성 사업가들을 중심으로 진행하는 호수개발사업에 격렬하게 반대했다. 시티클럽 여성들의 주장은 호수전경은 모든 시카고 주민들의 이익을 위해 개방되어야 한다는 것이었다.[14]

시카고의 도시 개혁과 환경 문제와 관련된 구체적인 정책에서 젠더의식의 차이는 다음 네 가지 이슈를 통해서 나타났다. 여기에는 미시간 호수 조망권의 보존(preservation of lakefront) 문제, 도시청결(urban cleanliness) 문제, 공기오염(air pollution) 문제, 주거(housing) 문제가 포함되었다. 우선 호수전경의 보존 문제는 시카고에서 매우 중요한 이슈였는데, 그 이유는 도시 전체가 미시간 호수의 서쪽 호숫가를 따라서 25마일(약 40킬로미터) 이상 연결되어 있었기 때문이다. 그리고 최소한 미시간 호수 북쪽 방향의 반 이상은 대중들에게 열려 있는 깨끗한 청정지역이었다.

20세기 초 대니얼 번햄(Daniel Burnham)의 '시카고 계획'(Chicago plan)은 호수전경 개발에서 가장 중요한 계획이었다. 시카고 사업가들은 호수 주변지역의 개발은 좀더 많은 이윤을 창출할 수 있는 조건을 전제로 해야 한다고 주장하였다. 시카고에서 가장 오래된 남성사업가 중심의 통상클럽(the commercial club) 회원들은 시카고의 경제적 개발에 도움이 되는 '시카고 계획'을 매우 열성적으로 지지하였다.[15] 남성개혁가들이 호수전경을 둘러싼 레크리에이션 개발 가능성을 전혀 고려하지 않은 것은 아니었으나 그들은 개발논리에 근거한 계획에 더 큰 비중을 두었다. 하지만 시카고 여성개혁가들은 이러한 개발논리에 근거한 계획에 반대의사를 표명하였다. 특히 헐 하우스 운동을 주도했던 제인 애덤스는 1907년 번햄에게 보낸 편지에서 시카고 시민들, 특히 빈곤층을 위한 호수전경 보존계획을 세워줄 것을 요구하였다.[16]

제인 애덤스는 도시주민들의 레크리에이션과 휴식을 위한 오락문화에 많은 관심을 가지고 있었다. 그녀는 대중들을 위한 레크리에이션과 사회적 책무를 강조하기도 하였는데 다음은 이런 내용을 포함한 연설문이다.

우리는 계속해서 새로운 근대도시의 의미에 대해 잊고 있습니다. 그리스 시대에는 게임과 종교가 애국심의 한 부분이었고 로마 시대에는 축제를 통해서 대중들에게 휴식과 오락생활이 제공되었습니다. 그러나 요즈음 도시는 산업화와 일일노동에만 치중하는 매우 무미건조한 장소가 되었고 레크리에이션을 위한 장소의 필요성에 대해서는 전혀 관심을 갖고 있지 않습니다….[17]

또한 여성 시티 클럽은 다음과 같은 입장을 밝혔다.

우리는 호숫가에 5만 달러에 달하는 식당 관객석이 필요한 게 아닙니다. …우리는 시카고 시민들을 비롯한 대중들이 쉽게 접근할

수 있는 호수전경을 원할 뿐입니다.[18]

여성 도시클럽을 중심으로 한 여성개혁가들은 거대한 개발이 아니라, 호수의 전경이 가급적 자연을 훼손하지 않고 좀더 접근성이 좋으며 저렴한 비용으로 일반대중들이 마음껏 누릴 수 있도록 개발되어야 한다고 주장하였다. 이렇게 호수전경 보존을 둘러싼 문제는 여러 측면에서 환경을 바라보는 젠더의식의 차이를 보여주었다.

둘째로는, '도시청결'(urban cleanliness)에 관한 이슈였다. 시카고 여성클럽에서 활동한 여성들은 도시는 잘 설계되어야 할 뿐만 아니라 잘 관리되어야 한다고 생각했다. 시티클럽 여성들은 도시 곳곳에 버려진 쓰레기를 치우기 위해 노력하였으며 재활용을 위한 휴지통 설치를 시정부에 요청하였다. 그들은 또한 지역주민들에게 '도시청결'을 위한 시민교육을 실시하기 위해 시당국에 로비를 추진하였다. 도시클럽 여성들은 대중들에게 편안한 삶을 영위할 수 있도록 환경을 만들어주는 것이야말로 좋은 도시의 필수적 요소라고 생각했다. 시카고의 중상류층 유태인 여성들을 중심으로 한 '여성원조회'(Chicago Woman's Aid Society)는 시민들이 휴식을 취할 수 있는 공간을 마련하기 위해 15만 달러의 기부금을 마련하기도 하였다.[19]

도시청결 문제에 대해 남성들은 전혀 다른 시각으로 접근하였다. 남성클럽 회원이나 도시개혁가들은 도시의 청결 문제는 환경 문제가 아닌 집안일에 가까운 문제로 간주하고 크게 관심을 기울이지 않았다. 그들은 도시청결 문제가 도시 쓰레기·오물 처리문제와도 밀접한 관계가 있고 이러한 문제가 사회적 불평등을 불러온다는 여성개혁가들의 주장을 간과했던 것이다.

세번째 '공기오염 문제'에서는 젠더의식의 차이가 더욱더 드러났다. 이 문제는 환경이슈를 둘러싸고 정부와 시민의 역할부분에서 차이를 보였다.

남성개혁가들의 공기오염 문제에 전문적이고 과학적 접근은 '공기오염 감소를 위한 위원회'를 중심으로 전개되었다. 철도관계자와 도시관계자들로 구성된 이 위원회에서는 석탄사용으로 인한 문제점을 분석하고 각각의 범주를 구분하여 문제해결을 시도하였다. 또 위원회는 30만 달러를 들여 도시 전체의 공기오염 감소를 위한 조치를 취하겠다고 발표하였다.

반면에 도시클럽 여성들은 다른 해결법을 모색하였다. 시카고 여성들은 '안티 스모크 연맹'(Anti-Smoke League)을 중심으로 공기오염은 시카고 시민들의 쾌적한 환경을 악화시킨다고 주장하면서 시카고 시민들의 즉각적인 자치행동과 연대로써 문제를 해결해 나갈 것을 주장하였다.[20] 1881년 시카고에서는 각종 공장들로부터 배출되는 스모크·공기오염·쓰레기 때문에 주민들의 불만이 쏟아져 나왔고 그들은 이에 대해 매우 적극적으로 문제제기를 하기 시작했다. 여성들은 공기오염 방지 및 해결을 위해 시정부에 엄격한 연기감소 법령을 제정할 것과 스모크 감독관을 고용하여 관리할 것을 요구하였다. 그리고 시민들은 적극 동참하여 이웃 간 공기청정 유지를 위해 모니터링을 하고 솔선수범할 것을 다짐하였다.

도시클럽 여성들을 중심으로 한 이와 같은 시도는 공기오염 문제의 해결방안에서 시민 각자의 책임감은 물론 시민들의 자치적인 참여를 이끌어냈다는 점에서 의미가 있었다. 여성들은 공기오염이나 독성물질의 사회적 영향력에 대해 심각하게 고민하였고 다음과 같은 결론에 도달하였다. 즉 저임금계층이나 유색인종들은 다른 그룹들과 비교해 볼 때 위험한 환경에 더 노출되는 경향을 보였다는 것이다. 그들은 이를 가리켜 '환경적 인종차별' 또는 '환경 불평등'이라 불렀다.[21] 다행스럽게도 공기오염 문제를 두고 지역주민들은 수동적인 태도를 취하고 있지는 않았다. 많은 활동가들이 이러한 오염문제를 해결하기 위한 법률제정을 하는 데 노력하였다. 그 결과 시카고 시당국은 1881년 미국역사상 최초로 공기오염을 규제하는 법률인 '시카고 스모크 통제법'(The Chicago Smoke Control Ordinance)을 통과시켰다. 이 법률안은 산업발전과 공중위생의 연결고리를 찾고자 하는 시도에서 등장하였다.

또 10년 후 시카고에서는 '스모크 통제'를 위한 첫번째 전문적인 단체가 창립되었다. 이 단체를 중심으로 시카고 주민들은 시내 쓰레기와 공기오염을 불러일으키는 기관에 대한 지역사회의 적극적 저항을 시도하였다.[22] 각종 미디어들은 이러한 문제에 대해 대중들과 도시관계자들이 행동을 취하도록 자극하는 역할을 하였다. 『시카고 트리뷴』(Chicagon Tribune)은 사설을 통해서 환경문제를 지지하는 여론을 형성하였다.[23] 1880년대 초기 『시카고 트리뷴』은 사업체와 건물들을 상대로 하는 보건위원들을 임명하였고 그들이 정기적인 검사를 진행하여 신문사에 보고하도록 지시하였다. 그들은 시카고 시 보건처의 성의 없는 정책을 비난하는 기사를 작성하였는데 그 제목들은 "이 지역 보건조사단은 자신들의 의무들에 대해 매우 소홀하다" 또는 "불명예스러운 소홀함과 범죄에 가까운 무관심과 같다" 등이 있었다.[24] 이러한 환경문제에 대한 언론의 관심은 여성개혁가들의 주장에 어느 정도 도움을 주었다.

마지막으로, 도시주거(housing) 문제 해결을 위한 접근방법은 젠더의식의 차이를 잘 보여주는 또 하나의 경우였다. 1913년 12월 신시내티(Cincinnati)에서 개최된 주택문제에 관한 전국회의는 이러한 측면을 잘 보여주었다. 이 회의에서 주제발표를 한 시티클럽 소속 남성들은 이 문제를 다루는 데 전문성이나 사업적 방법을 강조하였다. 시카고 대표로 참석한 '시카고상거래협회'(Chicago Association of Commerce)의 프리드먼(Herbert Friedman)은 도시의 투자가치를 높이기 위해 주택에 부과하는 세금에 대한 지역구분(zonning)을 주장하였다. 이러한 지역구분은 매우 구체적인 경제적 기준을 중심으로 제시되었다.

하지만 시티클럽에서 활동하고 있던 두 여성의 의견은 남성들과 매우 상반적이었다. 당시 클럽 지도자였던 애벗(Edith Abbot)과 브레킨리지(Sophonisba Breckinridge)는 모두 정치학 박사학위 소지자로 시카고 주택문제를 면밀히 조사하였다. 이 여성들은 시카고 주택문제를 민간사업으로 해결하는 것에 반대하면서 주택위기를 극복하기 위해서는 시민들의 활동, 개혁, 자치정부의 권력을 통해서 해결해야 한다고 주장하였다. 이 두 여성은 시카고 주민들을 향해 주택개혁을 성취하기 위해서는 효율적인 시정부의 운영이 필요하며 정부가 주택관련 법규를 재정비해야 한다고 주장하였다.[25]

헐 하우스의 제인 애덤스는 또 다른 차원의 시카고 도시 내

주택의 정비에 관심을 표명하였다. 1902년 애덤스는 시카고 거주지에 화재를 방지하기 위해 좀더 효율적인 건물관련 규칙이 필요하다고 주장하였다. 애덤스는 시카고 시내 거주지의 조건들이 매우 열악한 점을 지적하면서 더 나빠질 수 있는 상황들을 방지하기 위해 효율적인 법규가 필요하다고 강조하였다.[26]

앞에서 살펴보았듯이 혁신주의 시대 환경문제를 바라보는 젠더의식의 차이는 다양했으며 또한 매우 다른 면모를 보여주었다. 여성개혁가들은 자치적 행동을 통해서 시민으로서의 각성에 대한 믿음과 계층 간의 불평등을 초래하는 문제에서 정부의 역할을 강조한 반면에, 남성들의 경우는 일반시민들이나 정부가 나서기보다는 과학적 방법을 바탕으로 한 전문가들이 환경문제를 해결해 줄 것을 기대하였다. 혁신주의 시대 여성개혁가들은 환경문제에 대한 규제가 개인이나 그룹 차원에서 국가 차원으로 발전해 나갈 수 있도록 견인차 역할을 하였다.

4) 환경정의운동과 여성 리더십

미국역사상 전국 규모의 환경단체는 20세기 초에 창립되었다. 그중 대표적인 단체들로는 1892년 '시에라 클럽'(Sierra Club)과 1905년 '오더본 협회'(Audubon Society)가 각각 설립되었다. 특히 시에라 클럽은 미국역사상 최초의 전국 규모의 환경단체로 초대 회장으로는 자연주의자인 존 뮤어(John Mur)가 임명되었다. 시에라 클럽의 설립 배경에는 자연을 보존해야 한다는 주장이 강하게 자리 잡고 있었다.[27] 시에라 클럽은 19세기 금광개발로 인한 산림훼손을 방지하기 위해 설립되었다. 초대 회장이었던 존 뮤어는 미국 국립공원 및 자연보존지역의 지정과 보호 운동을 전개해 왔고 요세미티를 국립공원으로 지정하는 데 결정적인 역할을 하였다.

이렇게 초기 전국 규모의 환경단체들의 주된 목표는 '자연보존'에 있었다. 1907년 핀쇼(Gifford Pinchot)와 프라이스(Overton Price)는 '보존'(conservation)이라는 용어를 자연의 '효율적 관리'라는 차원으로 대중화시켰다. 핀쇼의 주장에 따르면 보존의 첫번째 원칙은 개발을 전제로 하는 것이었다. 이것의 의미는, 자연자원의 사용은 당대사람들에게 혜택을 제공해야 한다는 것이었다. 즉 자연을 이용하되 '현명한 사용'을 전제로 하자는 것이었다.[28] 20세기 초 설립된 환경단체를 중심으로 한 이러한 관점은 혁신주의 시대 여성개혁가들의 주장과는 다소 차이를 보였다.

혁신주의 시대 여성 중심의 환경운동에서 중요한 목표는 '환경정의운동'(environment justice movement)이라고 할 수 있다. 실제로 환경정의운동이라는 용어의 사용과 운동의 전개는 1980년대 이후 시작되었다. 하지만 유럽계이민자들, 아프리카계미국인들 그리고 빈곤층들이 환경 불평등을 경험하고 있다는 문제제기는 이미 오래전부터 있어왔다. 혁신주의 시대 시카고의 헐 하우스를 중심으로 한 제인 애덤스(Jane Addams)와 메리 맥도웰(Mary Mcdowell)은 오랜 기간 동안 이러한 차별에 항거해서 운동을 전개해 왔다.[29] 이렇게 환경정의운동을 설명하기 위해서는 헐 하우스 중심의 환경운동과 더불어 여성 도시클럽을 중심으로 한 여성리더들의 역할과 활약을 분석하는 것이 매우 중요하다고 할 수 있다.

　　도시환경에서 볼 때 19세기 말 미국도시들의 위생문제는 매우 심각한 수준이었다. 그 당시 도시 내 공기나 수질 오염은 미국사회를 위협하기에 충분하였다. 특히 환경 불평등 문제는 심각한 사회문제였는데 이민자들의 거주지역에서는 이러한 불평등문제가 두드러지게 나타났다. 예를 들어 이민자들 주거지역의 쓰레기 처리문제는 타지역과 비교해서 지역주민들의 건강을 해칠 정도로 매우 심각했다. 도시의 쓰레기 처리문제는 사회적 불평등과 그에 따른 시민들의 저항을 설명하는 데 매우 중요한 환경이슈였다. 이러한 어려움들은 대도시가 생겨나고 많은 인구가 도시로 이동하면서부터 생겨나기 시작하였다. 특히 쓰레기 처리가 공중위생의 문제와 관련해서 어떠한 영향을 끼쳤는가를 알아보는 데는 당시 세계 각국의 대도시 상황을 비교해 보는 게 중요하였다. 그 이유는 역사적으로 볼 때 카이로·로마·아테네와 같은 대도시들에서 빈곤층과 서민층 사람들이 쓰레기 처리에 대해 심각한 문제를 가지고 있었다는 점에서 잘 알 수 있다.[30]

　　1900년 이후 10년 동안 시카고와 뉴욕과 같은 대도시에서는 쓰레기나 오물 처리시설의 부족현상으로 계속해서 '쓰레기 위기'를 경험하였다. 이러한 도시들에서는 쓰레기가 도시의 거리에 버려졌고 돼지나 그 밖의 동물들이 쓰레기조각들을 주워먹는 상황이 종종 발생하였다.[31] 『뉴욕 헤럴드』(New York Herald)와 같은 신문에서는 '왕 쓰레기'(king garbage)라는 이미지를 등장시켜 쓰레기가 어떻게 도시를 지배하는가를 간접적으로 시사하였다.[32] 시카고 도시 전체적으로 쓰레기·오물 처리시스템은 매우 부적절하였고 이 같은 상황은 도시에 큰 위협이 되었다. 시카고 지역 초기 쓰레기 처리문제와 관련된 단체들은 매우 다양하였는데 여기에는 헐 하우스, 시카고 시당국, 사설 쓰레기업체 그리고 이민자그룹이 포함되었다. 특히 이민자그룹이 관련된 이유는 그들 주변지역의 쓰레기 처리문제가 매우 심각했기 때문이다.

　　시카고 지역의 쓰레기 문제는 그 원인이 매우 다양했다. 우선적으로 시카고 시민들이 배출하는 쓰레기양이 너무 많았다. 이는 1인당생산량의 증가 및 시카고 인구의 증가에서 비롯된 문제였다. 둘째로는, 당시 시카고의 중요한 쓰레기처리회사였던 시카고 리덕션사(Reduction Company)가 파산하면서 더 이상 쓰레기를 제대로 처리할 수가 없었다. 마지막으로는, 시카고 주민들이 쓰레기처리에서 제대로 된 서비스를 받지 못하자 지속적인 불만제기와 저항운동을 해왔던 것이다.[33] 시카고는 이탈리아계와 그리스계 과일·채소 상인들이 버린 상한 과일·채소로 쓰레기가 급증하였다. 제인 애덤스의 경우 헐 하우스 주변으로 이민자들의 거주지가 집중되어 있었기 때문에 쓰레기 및 오물 처리에 대한 관심이 클 수밖에 없었다. 애덤스는 이러한 상황을 우려하면서 다음과 같이 언급하였다.

　　만일 이민자가정에서 쓰레기 오물을 잘 처리하지 못해 위생적인 문제가 발생할 경우에 그들의 자녀들이 병에 노출되어 고통을 받을 수밖에 없다. 그렇기 때문에 이민자가정은 청결을 유지해야 할 뿐만 아니라 청결문제를 해결하려는 기관에 적극 협조해야 한다.[34]

시카고의 쓰레기·오물 처리문제에 앞장선 또 다른 그룹으로는 시카고 여성클럽이 있었다. 시카고 여성클럽(The Chicago Woman's Club)은 1876년 사회개혁에 관심이 있는 시카고 여성들을 중심으로 조직되었는데 주로 주거문제, 아동복지, 참정권, 쓰레기·하수 처리 및 도시청결 문제 등과 관련된 활동을 하였다. 클럽여성들은 광고를 통해 길거리에서 침을 뱉는 것에 대해 공공위생 차원에서 반대 캠페인을 추진하였다.[35] 클럽은 다양한 위원회를 구성하였고 이를 중심으로 사회사업조직과 협력해서 지방이나 시 정부를 상대로 로비를 진행하였다.

이 클럽에서 활동했던 여성들은 특히 도시환경 문제에 관심이 많았는데 1905년에는 일리노이 지역 자연을 보호하는 법률을 지지하였다. 이들은 또한 '도시복지 전시회'(City Welfare Exhibit)와 같은 행사를 열어 시민들의 의식을 개선하려는 노력을 하였다. 이 전시회에서는 도시에 거주하는 사람들은 모두 도시를 청결하게 유지하는 데 협조해야 하며 정부와 시정부가 함께하는 '청결(clean up) 캠페인'으로 도시 전체 공·사 영역의 먼지와 쓰레기를 청소해야 한다는 점을 피력하였다.[36] 도시클럽 여성들은 환경정책의 목적을 재정의하는 데도 큰 기여를 하였다. 이들은 도시가 이윤을 창출하는 장소가 아닌 보람 있고 쾌적한 삶을 누리는 곳으로 재정의하였고,

도시의 복지를 위한 정부와 '공공의 책임'을 확대시켰다. 이들은 또한 환경운동에서 정부와 도시민을 연결시켜 주는 중개역할을 하였다고 볼 수 있다.

혁신주의 시대 헐 하우스는 시카고에서 자치적 사회개혁을 주도하는 활동에서 중심적 역할을 수행하였다. 헐 하우스는 문화, 예술, 이민자와 흑인에 대한 사법제도 정립 등을 위해서도 적극적으로 기여하였다. 이와 같은 과정에서 헐 하우스는 시카고 여성 도시클럽과 함께 도시개발과 환경개선 문제에도 많은 관심을 가지고 운동을 전개하였다. 혁신주의 시대 시카고를 중심으로 활동한 여성 도시클럽에는 헐 하우스 멤버들도 참여하였는데, 통계에 따르면 1900년부터 1911년까지 시카고 여성 도시클럽 멤버 1천 243명 중 23명의 헐 하우스 멤버들이 가입을 하였고, 5년 후인 1915년에는 2천 789명 중 43명의 헐 하우스 멤버들이 클럽에 가입하였다.[37]

환경정의운동에 앞장선 여성리더로는 누구보다도 헐 하우스 설립자인 제인 애덤스를 들 수 있다. 애덤스는 혁신주의 시대 시카고를 무대로 활약한 가장 뛰어난 개혁가로, 전국 각지를 다니면서 헐 하우스의 역사와 그 사회적 역할을 소개하였다. 블루밍턴 여성클럽에서의 강연은 헐 하우스의 기본원칙 소개와 더불어 이에 동참해 줄 것을 요청하는 내용이 잘 담겨 있었다.[38] 그녀를 중심으로 한 헐 하우스 거주자들은 다양한 개혁에 앞장섰지만 그중에서도 특히 도시 전체 쓰레기 문제에 깊은 관심을 가졌다. 당시 시카고 도시 전체적으로 쓰레기·오물 시스템은 매우 부적절하였고 이러한 상황은 도시에 큰 위협이 되었다. 헐 하우스 주변은 특히 이민자들의 거주지가 집중되어 있었기 때문에 쓰레기 수거 및 오물 처리에 관심이 클 수밖에 없었다. 헐 하우스 활동가들은 쓰레기청소차가 쓰레기를 하치장에 제대로 처리하는지 여부를 모니터링하기 위한 순찰대를 구성하였다. 애덤스는 헐 하우스 운동을 전개하면서 쓰레기감독관으로 임명되었고 그 활동을 통해서 시민들의 건강과 위생을 간과하는 도시 관료체계와 정치적 부패에 대해서도 많은 문제를 제기하였다.[39] 그녀는 또한 거리청소에서 여성들의 역할도 강조하면서 이러한 것이 단순히 거리청소의 문제가 아니라 여성들의 사회참여와도 관계가 있고 더 나아가 여성참정권 문제와도 밀접한 관계가 있음을 강조하였다. 1909년 매사추세츠 방문 연설에서 애덤스는 다음과 같은 주장을 하였다.

> 시카고에는 36명의 쓰레기감독관이 있는데 그중 여성은 단 한 명 뿐입니다. 우리 구역에 쓰레기가 넘쳐날 위기에 놓여 시청에 전화를 걸어 폴 여사(Mrs. Paul)를 보내줄 것을 요청하였습니다. …시카고에서는 무관심한 정치인들 때문에 쓰레기 처리문제를 제대로 해결하지 못하고 있습니다. …왜 여성들은 집 주위를 청결하게 유지하기 위해 쓰레기감독관을 선택하는 투표를 할 수 없는 것일까요?[40]

애덤스는 당시 여성참정권 운동을 지지하는 정치인 레이먼드(Raymond)씨의 말을 빌려 다음과 같은 사실을 설명하였다.

시카고에는 2만 개의 공무원직이 있는데 대부분은 남성들 못지 않게 여성들도 수행할 수 있는 일입니다. 시카고 시정부 규정에 따르면 성별에 의한 차별은 없어야 하지만 2만 개의 직업 중에 오직 1천 800개만이 여성들에게 할당되었습니다. 이러한 사실이 바로 36명의 쓰레기감독관 중에 단 1명만이 여성인 이유입니다.[41]

환경정의운동과 관련해 뛰어난 활동가 중에는 또 한 명의 여성 리더인 맥도웰(Mary Elisa McDowell, 1854~1936)이 있었다. 맥도웰은 쓰레기처리를 연구하기 위해 유럽행을 택했던 인물로 1903년 '전국여성노동조합연맹'(the National Women's Trade Union League)을 설립하였다. 남북전쟁이 끝날 즈음 맥도웰은 가족과 함께 시카고에 정착했고, 1890년에는 제인 애덤스와 함께 헐 하우스에서 일하기 시작하였다. 맥도웰은 시정부에 압력을 가해 고체쓰레기 감량 공장(solidwastereduction plants) 건설을 추진하였고 시민들과 함께 길거리 쓰레기 수거운동을 진행하였다. 맥도웰은 혁신주의 시대 사회적 불평등을 인지한 확실한 환경정의 운동가였다. 1913년 11월 19일 시카고 시티클럽 연설에서 '쓰레기 여사'(the Garbage Lady)로 널리 알려진 맥도웰 여사는 한 지역사회가 달성한 문명의 정도는 그 지역사회 안에서 쓰레기 처리가 얼마나 효과적 관리되고 있는지로 나타난다고 주장하였다.[42] 맥도웰은 다른 여성개혁가들과 함께 이민자들이 살고 있는 지역에 집중되어 있는 쓰레기하치장들의 비위생적인 환경에 저항하는 운동을 주도해 왔다.

메리 맥도웰은 시카고 시티클럽 멤버들에게 '시카고 쓰레기 문제'(Chicago garbage problem)에 관해서 연설하였다. 1913년 연설에서 언급한 내용은 비록 1세기 전이지만 오늘날 관점에서 보아도 '환경정의운동'에 대한 내용을 포함하고 있었다.

> 나는 여기 시카고 도시의 뒤뜰에 거주하는 시민들은 깨어 있다고 말하고 싶습니다. 우리는 과거의 끔찍한 환경으로 되돌아갈 수 없습니다. …시카고는 환경문제에서 새로운 태도를 가져야 합니다. 환경에 대한 기준은 하루하루 높아지고 있습니다. …우리는 도시 변두리에 사는 시민들에게도 이러한 새로운 규범이 적용되어야 한다고 생각합니다.[43]

맥도웰은 한걸음 더 나아가 '환경 인종주의'(environmental racism)라는 용어를 사용하기도 하였다. 그녀가 말한 환경 인종주의란 단순히 유해독성물질을 유색인종들·이민자들·빈곤그룹들의 거주지에 버리는 문제가 아니었다. 이 개념은 다양한 그룹들 사이에 생태학적·물질적·사회적·정치적·심리학적 그리고 상징적으로 소중한 자원들의 접근을 둘러싼 지속적인 차별을 의미했다. 또한 이런 소외된 그룹들에게도 가치 있는 자원에 접근할 수 있도록 동등한 기회를 제공하자는 것이 환경정의운동의 중요한 목표였다.[44] 맥도웰은 시카고 클럽 연설에서 이러한 점을 명확히 밝혔을 뿐 아니라 이 같은 내용에 대해 대중매체와 정치인들, 영향력 있는 기관들이 관심을 갖도록 지속적인 노력을 하였다. 맥도웰은 또 1895년 제인 애덤스가 러시아 유태인들이나 이탈리아계 이민자들이 거주하는 19번가의 쓰레기감독관으로 임명될 수 있도록 조력자 역할을 하였다. 그 밖에도 그녀는 일반대중들에게 쓰레기 처리시스템을 통해서 미국사회의 인종주의나 계층에 근거한 차별주의 정서가 어떻게 진행되었는지를 인식할 수 있도록 기회를 제공하였으며, 이 같은 차별에 저항하여 지역주민들이 어떠한 행동을 취해 왔고 또 앞으로 어떤 행동을 취해야 하는지에 대한 방향성을 제시해 주었다.[45]

여성 도시클럽을 통해 활동했던 여성개혁가들과 헐 하우스 운동을 주도해 갔던 여성리더들은 도시 개혁과 환경 정책의 목적을 재정의하였다. 그들에게 도시는 경제적 이윤창출을 위한 장소만이 아닌 대중들의 자유롭고 편안함을 위해 잘 관리되는 도시를 의미했다. 정부의 환경정책은 환경정의를 바탕으로 사회적 평등을 고려한 정책이어야 함을 강조했다. 혁신주의 시대 환경운동에서 여성개혁가들은 자신들의 리더십을 통해 환경문제에 대한 규제가 개인·그룹 차원에서 국가 차원으로 발전해 나갈 수 있도록 하는 견인차 역할을 하였다.

5) 공공성 회복을 위한 환경운동과 '모성적 정치'

미국 환경운동의 역사는 혁신주의 시대의 도시개혁과 '환경정의운동'에서 그 기원을 찾아볼 수 있다. 혁신주의 시대 미국의 대도시들 중 시카고는 환경운동의 뿌리를 찾아보기에 매우 적절한 도시였다.

20세기 초반까지 시카고는 수십 년간의 통제되지 않은 급성장에 따른 사회적 또는 물리적 문제점들로 고통을 받고 있었다. 시카고는 밀려드는 이민자들의 수가 많았을 뿐만 아니라 도시의 심각한 환경을 포함해 여러 가지 문제점들을 지니고 있었고 시정부는 이러한 문제에 대한 해결방안을 찾지 못했다.

일반적으로 혁신주의 시대 여성들의 환경보호를 위한 활동은 주로 사적 영역의 가사노동의 연장선상으로 간주되어 큰 의미를 부여하지 않았다. 하지만 혁신주의 시대 여성들의 환경운동과 여러 자발적 개혁활동은 '모성적 정치'(maternalist politics)로서 정치적 함의가 있었다고 볼 수 있다. 여성개혁가들은 그들 사이의 차이점에도 불구하고 '모성적 정치'를 통해 정치적 감각을 키워나갔고 참정권 획득이야말로 모든 종류의 개혁운동을 현실화시키는 데 가장 중요한 운동의 초석이 될 것이라 확신하였다.

혁신주의 시대 도시 개혁과 환경 문제는 그 방향성과 전개과정에서 젠더의식의 영향을 받았다. 도시개혁에 참여한 남성들의 경우 경제성과 합리성을 근거로 한 개혁방향을 강조한 반면에, 여성개혁가들은 도시의 위생문제나 다수의 시민을 위한 살기 좋은 도시의 쾌적함을 중시한 환경주의 입장을 강조하였다. 이를 위해 여성개혁가들은 정부의 규제를 통해서 공공성이 확보될 것이라는 점을 강조하였다. 여성개혁가들의 활동은 환경문제에 대한 규제가 개인·그룹 차원에서 국가 차원으로 발전해 가는 데 핵심적 역할을 하였다.

혁신주의 시대 시카고나 뉴욕 같은 대도시에서는 중상류층 여성들을 중심으로 수많은 여성 도시클럽들이 생겨났다. 이들은 다양한 캠페인을 벌였으며 환경정의운동 차원에서 도시 청결문제, 쓰레기 처리문제, 식수정화 그리고 공기오염 방지문제 등에 관심을 보였다. 또한 시카고 여성클럽의 활동과 제인 애덤스의 '헐 하우스' 등을 중심으로 전개된 다양한 활동은 환경운동에도 큰 변화를 불러왔다. 이제 더 이상 여성 환경운동이 개인적 차원에만 머무르는 것이 아니고 공적인 영역으로 확장되었음을 의미했다. 그들은 정치계를 압박하기 위해 로비활동에 적극 나섰으며 자발적인 시민참여운동을 전개하였다. 그 과정에서 여성들은 정치적 영향력을 높이기 위해서는 참정권 획득이 선행되어야 함을 깨닫고 함께 연대하였다.

　혁신주의 시대 미국여성들은 그들 자신을 자유롭게 해방시켰을 뿐만 아니라 미국사회에 실제로 많은 변화를 가져왔다. 그들은 전통적인 역할의 경계로부터 벗어나 혁신주의 시대의 두드러진 특징이 되었던 노동·정치·환경 문제에서 유례없는 변화를 가져왔고 앞으로 더 큰 변화의 중심에 서게 될 것을 예고하였다.

1) Samuel P. Hays, *Conservation and the Gospel of Efficiency: The Progressive Conservation Movement, 1890~1920*(Cambridge: Harvard University Press, 1959); *Beauty, Health, and Permanence: Environmental Politics in the United States, 1955~1985*(New York: Cambridge University, 1987).

2) William H. Wilson, *The City Beautiful Movement*(Baltimore: Johns Hopkins University, 1994); David Beito and Bruce Smith, "The Formation of Urban Infrastructure through Nongovernmental Planning: The Private Places of St Louis, 1869~1920," *Journal of Urban History*(no. 16, 1990. May), pp. 263~303; Stanley K. Schultz, *Constructing Urban Culture: American Cities and City Planning, 1800~1920*(Philadelphia: Temple University Press, 1989); Robin F. Bachin, *Building the South Side; Urban Space and Civil Culture in Chicago, 1890~1919*(Chicago: University Chicago Press, 2004).

3) Dolores Hayden, *The Grand Domestic Revolution: A History of Feminist Designs for American Homes, Neighborhoods, and the Cities*(Cambridge: MIT Press, 1983); Mary P. Ryan, *Women in Public: Between Banners and Ballots, 1825~1880*(Baltimore: Johns Hopkins University Press, 1990); Joseph Edward, *The Origins of Modern Environmental Thought*(Tucson: Arizona University Press, 2006).

4) Lois Wille, *Forever Open, Clear, and Free: The Struggle for Chicago's Lakefront*(Chicago: Regnery, 1972); Suellen M. Hoy, "Municipal Housekeeping: The Role of Women in Improving Urban Sanitation Practices, 1880~1917," Martin V. Melosi, ed, *Pollution and Reform in American Cities, 1870~1930*(Austin: University of Texas Press, 1980); Danel E. Burstein, "Progressivism and Urban Crisis: The New York City Garbage Workers' Strike of 1907," *Journal of Urban History*(no. 16, 1990. August), pp. 386~423; Maureen A. Flanagan. "The City Profitable, the City Livable: Environmental Policy, Gender, and Power in Chicago in the 1910," *Journal of Urban History*(vol. 3/no. 22, 1996. January), pp. 163~90; Carolyn Merchant, *American Environmental History*(New York: Columbia University Press, 2007); Ronald Sandler and Phaedra C. Pezzullo ed, *Environmental Movement*(Cambridge: The MIT Press, 2007); Susan Bukingham, *Gender and Environment*(New York: Routldge, 2020).

5) Parker M. Alison, *Clubwomen, Reformers, Workers, and Feminists of the Gilded Age and Progressive Era*(The College at Brockport: State University of the New York,

2010), p. 118.

6) Martin V. Melosi, *Garbage in the Cities: Refuse, Reform, and the Environment, 1880~1890*(Texas: Texas A&M University Press, 1981), p. 34.

7) '진정한 여성성의 숭배'(the cult of true womanhood)란 여성사가 바바라 월터 (Barbara Welter)가 제시한 개념이다. 이에 따르면 19세기 초기부터 미국사회에 서 중상류층 여성들에게 제시된 이상적 여성으로 갖추어야 하는 덕목에는 남편 에 대한 복종(submission), 종교적 신성함(piety), 성적인 정숙함(purity) 그리고 가정에 충실한 가정성(domesticity)이 포함되었다. Barbara Welter, "The Cult of True Womanhood: 1820~1860," *American Quarterly*(no. 18, 1966), pp. 151~74.

8) Seth Koven and Sonya Michel, "Womanly Duties: Maternalist Politics and the Origins of Welfare State in France, Germany, Great Britain and the United States, 1880~1920," *The American Historical Review*(vol. 4/no. 95, 1990. October), pp. 1076~108; *Mothers of a New World: Maternalist Politics and Origins of Welfare States*(North Carolina: Routledge, 1993); "Maternalism as a Paradigm," *Journal of Woman's History 5*(vol. 2/no. 96), pp. 110~26.

9) Jane Addams, "Municipal Housekeeping"(1906. 7. 22, Jane Addams Digital Edition, http://digital.Janeaddams.ramapo.edu/, 검색일: 2021. 11. 9).

10) Jane Addams, "Problems of Municipal Administration," *American Journal of Sociology*(no. 10, 1905. Jan.), p. 428.

11) Jane Addams, "Utilization of Women in City Government"(Jane Addams Digital Edition,http://digital.Janeaddams.ramapo.edu/, 검색일: 2021. 7. 15).; "Speech to the National American Woman Suffrage Convention"(1913. 11. 30, Jane Addams Digital Edition,http://digital.Janeaddams.ramapo.edu/, 검색 일: 2021. 7. 23).

12) 헐 하우스(Hull House)는 1889년 애덤스(Jane Addams)가 시카고에 설립한 미 국의 대표적인 사회복지기관이다. 영국의 토인비 홀(Toynbee Hall)의 영향을 받 은 애덤스가 이민자의 생활향상을 위해 엘렌 스타(Ellen Starr)와 협력하여 부 흥시켰다. 헐 하우스는 노동조합운동, 평화운동, 아동복지운동 등과 같은 분야 에서 활동했을 뿐만 아니라 도시환경과 위생 문제에도 큰 관심을 가지고 활동하 였다. James Hart, *Twenty Years at Hull House with Autobiographical Notes*(Urbana and Chicago: University of Illinois Press, 1990).

13) Patricia Burgness Stach, "Preparing for the Urban Future: The Theory and

Practice of City Planning," *Journal of Urban History*(no. 17, 1991. February), pp. 207~23; Maureen A. Flanagan, "The City Profitable," pp. 163~90; *Seeing with Their Hearths: Chicago Women and the Vision of the Good City, 1871~1933*(Princeton: Princeton University Press, 2002).

14)   Flanagan, 앞의 글, p. 170.

15)   '통상클럽'(the commercial club)은 번햄(Burnham)의 '시카고 계획'을 지지하였으며, 이 계획의 디자인을 위해 그에게 10만 달러를 지원하였다(Michael MacCarthy, "Chicago Business and the Burnham Plan," *Illinois State Historical Journal* 1970. Autumn, pp. 228~56).

16)   Thomas S. Hines, *Burnham of Chicago: Architect and Planner*(Chicago: University of Chicago, 1979), p. 324.

17)   *Detroit Free Press*(1907. August 4, Jane Addams Digital Edition, http://digital. Janeaddams.ramapo.edu/, 검색일: 2021. 7. 20), p. 42.

18)   *Woman's City Club Bulletin*(1916 July, 9); (1916. Oct 1916), p. 13.

19)   *Woman's City Club Bulletin*(1917. April), pp. 2~4.

20)   *Chicago RecordHerald*(1908. October, http://www.loc.gov/item/su830455131/, 검색일: 2021. 7. 3).

21)   David Naguib Pellow, *Garbage Wars: The Struggle for Environmental Justice in Chicago*(Cambridge MA: The MIT Press, 2002), p. 23, 24.

22)   같은 책, p. 25.

23)   같은 책, p. 182.

24)   *Chicago Tribune*(1881. January 28).

25)   *Woman's City Club Bulletin*(1914. January).

26)   Jane Addams, "The Housing Problem in Chicago"(1902. July, Jane Addams Digital Edition, http://digital.Janeaddams.ramapo.edu/, 검색일: 2021. 6. 28).

27)   Dorceta E. Taylor, *The Rise of the American Conservation Movement: Power, Privilege, and Environmental Protection*(Durham: Duke University Press, 2016), p. 306, 307.

28)   같은 책, p. 78, 79.

29)   Pellow, 앞의 책, p. 181.

30)   같은 책, p. 23.

31)   같은 책, p. 24.

32)   Craig Colten, "Chicago's Waste Lands: Disposal and Urban Growth, 1840~1990,"

Journal of Historical Geography(no. 20, 1984), p. 126.

33) Pellow, 앞의 책, p. 22.

34) Addams, "The Housing Problem in Chicago," p. 165.

35) *Harrisburg Daily Independent*(1896. May 1896, http://www.newspapers.com/paper/harrisburg-daily-independent/, 검색일: 2021. 6. 27), p. 9.

36) *Women's City Club Bulletin*(1915, April), p. 4, 5; *Women's City Club Bulletin*(1915, July), pp. 4~8.

37) Maureen A. Flanagan, "Gender and Urban Political Reform: The City Club and the Woman's City Club of Chicago in Progressive Era," *American Historical Review*(1990. October), p. 35.

38) Jane Addams, "Settlement Work"(1901. October, Jane Addams Digital Edition, http://digital.Janeaddams.ramapo.edu/, 검색일: 2021. 9.18).

39) Jane Addams, "Political Corruption"(Jane Addams Digital Edition, http://digital.Janeaddams.ramapo.edu/, 검색일: 2021. 7. 20).

40) Jane Addams, "Women and Clean Streets," *Seymour Tribune*(1909. January 16, http://digital.Janeaddams.ramapo.edu/, 검색일: 2021. 7. 25).

41) 같은 글.

42) *City Club Bulletin*(1913. December).

43) 같은 책.

44) Pellow, 앞의 책, p. 21.

45) 같은 책, p. 22, 23.

2
20세기 초 미국여성들의 산아제한운동

> 인생은 나에게 아주 중요한 것을 가르쳐주었다. 우리가 진정으로
> 행복해지기를 원한다면, 만일 우리가 지혜의 현인이 약속한 삶의
> 풍요로움을 즐기기를 원한다면, 우리 각자의 신념을 행동으로 옮
> 겨야 한다는 것이다. 내가 누렸던 삶의 보상은 나의 믿음을 행동
> 으로 옮길 수 있었던 특권이 있었다는 것이다.[1]

미국역사에서 산아제한의 움직임은 오랜 시기에 걸쳐 전개되었다.
산아제한이란 일반적으로 금욕과 낙태를 포함해서 여성들의 임신
과 출산 등 재생산을 통제하는 여러 방법을 의미했다. 또한 산아제
한운동이란 이러한 재생산에 대한 개인적인 통제력을 증가시키려는
노력을 뜻하는 것이었다. '산아제한'(birth control)이라는 용어는 마
거릿 생어가 1914년 피임의 합법화를 위한 운동을 시작하면서 공식
적으로 사용되기 시작하였고, 그후 점차 대중화되어 나갔다. 역사적
으로 볼 때 산아제한운동은 3단계에 걸쳐 발전해 왔으며 각 단계마
다 '재생산권의 통제'(reproductive control)를 일컫는 용어가 변화되

어 왔다.

　가장 첫 단계는 '자발적 모성성'(voluntary motherhood)의 단계로, 19세기 후반에 페미니스트들이 사용해 오던 용어이다. 이는 여성운동을 하는 여성들의 '선택'(choice)이나 '자유'(freedom) 같은 여성의 자치권(autonomy)을 강조하는 개념이었다. 두번째 단계는 1910~20년을 말하며 '산아제한'(the birth control)이라는 용어가 만들어진 시기를 의미한다. 이것은 새로운 개념일 뿐만 아니라 새로운 조직, 즉 사회주의 운동의 일환으로 1917년 페미니스트들이 독자적으로 미국산아제한연맹(The American National Birth Control League, ABCL)을 설립해서 활동하던 시기를 말한다. 이 시기는 여성의 자치권이 중시되었으며, 나아가 힘없는 노동자계층과 여성들이 힘을 키워가기 위해서 사회를 바꿔나가고자 시도한 기간이었다. 마지막 단계는 급진주의적 운동으로부터 벗어나서 자유주의 개혁 운동으로 발전한 단계를 의미하는 것으로, 이 단계에서는 1940년대 새로운 슬로건인 '가족계획'(planned parenthood)을 만들어냈다.[2] 1910년부터 1920년까지 산아제한 운동가들은 여성의 복종이 여성뿐 아니라 남성들에게까지 매우 불리하게 작용했다고 주장하였다. 그들은 산아제한운동을 통해서 남성과 여성의 평등을 추구했을 뿐만 아니라 사회 전체의 민주화를 통해서 노동자계층을 보다 강화시키고자 노력했다. 그런 의미에서 1940년대 '가족계획'은 페미니스트들의 이념을 주장했을 뿐 아니라 사회 전체의 권력구조를 재형성하기 위해 노력하였다.

1)   산아제한 관련 학계의 연구동향

현재 학계에서 산아제한에 관한 연구에서 고려해야 할 점은 피임 (contraception)과 낙태(abortion) 문제의 관계를 어떻게 규정해야 할 것인가 하는 것이다. 학자에 따라서 이 두 주제는 서로 분리시켜 논의해야 한다는 주장을 펴기도 하지만, 이 두 캠페인은 분명 유사한 점들이 존재한다고 볼 수 있다.[3] 이러한 관점을 뒷받침해 줄 수 있는 것으로는, 예를 들어 이 두 캠페인에 대한 반대파 사람들의 동기, 그들의 공적 캠페인에서의 상징성 그리고 그 결과 등과 같은 것이 있다. 두 캠페인은 모두 공적인 영역에서 여성의 활동을 지지하는 사람들에 의해서 주도되었고, 또한 이 두 캠페인 모두가 그들의 목적을 연방법 또는 주법의 새로운 규정으로 실현되었다는 점이다.[4] 산아제한운동에 관한 기존의 주요 연구와 내용은 다음과 같다.

역사가 케네디(David M. Kennedy)는 1912년부터 제2차 세계대전 사이의 마거릿 생어와 그녀가 이끌었던 운동의 성격에 대해서 정리하였다. 이 책은 생어의 생애를 개인사적인 측면에서 서술하기보다는 공적인 경력을 분석하는 데 치중하고 있다. 책의 구성을 보면 생어의 초기 잡지를 시작으로 해서, 정부 차원에서 산아제한운동이 공식적으로 인정되는 것으로 내용을 마감하는 것으로 되어 있다. 전반적으로 이 책에서는 산아제한운동의 도덕적인 측면의 논쟁과 법과 의학적인 관련성에 대해서 구조적으로 논의하고 있다.[5]

1994년 브로디(Janet Farrell Brodie)는 백인부부의 출산율이 갑자기 하락하기 시작한 1830년부터 1880년까지 미국의 피임과 낙태 문제를 논했다. 1830년을 기점으로 해서 재생산권에 대한 통제는 잭슨 시대의 시장경제 팽창과 맞물려 점차적으로 상업화되기 시작하였는데, 저자는 이러한 과정에서 재생산권에 대한 통제의 문제가 '도덕'(moral) 문제에서 '돈'(money)의 문제로 변화되었다고 주장한다. 생어가 산아제한운동이라는 용어를 만든 시기는 이 범주에 포함시키지 않았으나, 저자는 이 책에서 피임과 낙태를 모두 재생산권 통제를 위한 투쟁의 영역에 포함시켜 논하고 있다. 그리고 무엇보다도 중요한 것은 저자가 이러한 논쟁을 통해서 19세기 재생산권 통제에 관한 논의는 결혼, 성, 젠더관계와 밀접한 관계가 있다고 주장한다는 점이다. 19세기에 피임과 낙태는 결혼과 성의 측면에서 다양한 영향을 끼쳐왔다고 브로디는 지적하고 있다. 저자는 비록 재생산권 통제가 인간에게 가장 기본적인 자유를 보장해 준다는 점에서 찬성하는 입장이지만, 오늘날 이 문제가 정치적·감정적 또는 문화적인 측면과 관련해서 아주 복잡한 논쟁거리라는 점에서 19세기 재생산권 통제의 문제를 매우 조심스럽게 접근하고 있다.[6]

　　성직자로서 재생산권 문제를 분석한 데이비드(Tom David)는 재생산권을 위한 투쟁의 역사를 종교적 관점에서 분석해 놓았다. 저자는 성직자로서 재생산권 투쟁을 지지하는 입장에서 이 책을 서술해 나갔을 뿐만 아니라 그의 모든 주장이 실천을 바탕으로 하고 있다는 점에 그 의의가 있다고 할 수 있다. 저자는 실제로 1992년부터 1998년까지 '가족계획국가위원회'(The National Board of Planned Parenthood, NBPP)에서 활동하기도 했다. 다른 종교인들과 달리 저자는 가족계획, 피임, 낙태, 재생산 의료혜택 들이 신의 뜻에 반하는 것이 아니라 신의 사랑을 실천하는 신성한 일이라고 주장한다. 이 책에서 저자가 일관되게 주장하는 바는 여성의 재생산권은 안전하고 합법적으로 보장되어야 한다는 점이다. 재생산권 투쟁은 여성을 자유롭게 하고 양성평등의 가능성을 제시한다는 점에서 인권운동과 같이 매우 혁명적인 운동이라고 저자는 주장하고 있다.[7]

현재 우리 학계에는 여성의 재생산권 통제와 관련된 산아제한운동의 역사가 거의 연구되어 있지 않다고 해도 과언이 아니다. 일반적으로 재생산권 통제에 관한 논의는 19세기 말부터 20세기에 이르기까지의 미국문화를 이해하는 데 매우 중요한 부분이라고 할 수 있다. 따라서 이 장에서는 미국의 산아제한운동을 통해서 미국인들의 공적 영역과 사적 영역의 재형성과정을 알아보고자 한다.

2) 마거릿 생어와 산아제한운동의 탄생배경

마거릿 생어는 1879년 뉴욕의 작은 마을에서 태어났다. 그녀는 아주 어린 시절부터 대가족 속에서 가난과 고생, 실직, 술주정, 싸움과 빚에 시달리는 삶을 경험하였다. 무신론자였던 아버지는 생어의 어머니는 물론이고 11명의 자녀들에게 가톨릭종교를 믿지 못하게 했다. 생어는 자서전에서 가난한 대가족 출신이라는 것을 아쉬워하거나 창피해하기는커녕 오히려 형제자매들이 모두 건강하고 행복했다고 역설한다.[8]

생어는 어려서부터 부모님 영향을 크게 받으며 성장하였다. 생어의 아버지 마이클 히긴스(Micheal Higgins)는 1845년 아일랜드에서 가톨릭계 집안에서 출생하였다. 히긴스는 14세 때부터 캐나다에 있는 형의 목장에서 일을 하며 지냈다. 미국에서 남북전쟁이 발발하자 그는 뉴욕의 기병대에 입대하였고, 종전 후 미국에 남기로 결심했다. 그리고는 조각가가 되기 위해 해부학과 의학을 공부하였다. 생어의 어머니 앤 히긴스(Anne Purcell Higgins)는 자그마한 체구의 강인한 아일랜드계로, 가톨릭에 매우 헌신적인 여성이었다. 그녀의 깊은 신앙심과 보수적인 성향은 어린 생어에게 지대한 영향을 끼쳤다. 앤은 열한 차례의 출산과 수차례의 유산으로 건강이 몹시 나빠졌고, 그런 탓에 주로 집 안에서만 지내며 자녀들을 키웠다. 결국 그녀는 건강이 매우 악화되어 폐결핵에 걸려 사망하였다.[9]

생어는 중년이 될 때까지 아버지와 어머니의 상반되는 성향으로부터 영향을 받았다. 아버지의 도발적이고 예술적이면서 무신론자적인 면을 통해 생어는 어려서부터 가난한 사람들과 노동자들의 결핍에 대해 관심을 가지게 되었다. 그런 반면, 어머니의 종교적이고 조용하면서도 가정적인 면은 생어에게 좀더 안정적이고 안락한 삶을 꾸려가도록 했다. 이러한 가정환경은 생어가 학교에서 매우 조용한 학생이면서 또 한편으로는 매우 도전적으로 여성들의 참다운 권리를 찾기 위해 노력하는 양면적인 성격을 가진 사람으로 성장하게 했다. 이처럼 양면성을 지닌 그녀이긴 했지만, 생어는 어머니가 돌아가신 것을 계기로 아버지를 거부하게 되고 아버지에게 물려받은 반항적 성격은 간호사의 길로 들어서면서 사라진 것으로 보인다. 한편 생어는 간호사 생활을 통해서 여성들이 성에 대해 얼마나 무지하고 이로 인해 얼마나 고통을 받고 있는지 크게 깨닫게 된다.[10]

생어 사상의 저변은 어린 시절의 교육과 주변사람들과의 친분관계로부터 지대한 영향을 받아 형성되었다. 생어는 두 자매의 도움으로 허드슨 강 인근에 있는 한 사립학교에 들어갔다. 그곳에서 그녀는 사회경제적 수준이 비교적 높은 아이들과 함께 학교생활을 하였다. 1900년에 친구들의 도움으로 생어는 뉴욕의 화이트 병원(White Plains Hospital)에 들어가서, 비록 3개월의 짧은 기간이지만 간호사 훈련을 받았다. 1902년 윌리엄 생어(William Sanger)와 결혼한 그녀는 세 자녀를 사립학교에 보내면서 가정주부로서 10년 동안 평범한 생활을 하였다. 아내를 위해서면 무엇이든 해주었던 남편인 윌리엄 생어는 아내가 그곳 생활을 지루해하자 뉴욕의 그리니치빌리지로 이사를 가기로 한다. 그곳에서 그녀는 자신의 생애에 큰 영향을 끼치게 되는 사람들과 만나는데, 개중에는 당시 유명한 사회주의 지도자였던 유진 뎁스(Eugene Debs)가 있었고 또 유명한 페미니스트로서 '자발적 모성성'을 주장한 엠마 골드만(Emma Goldman)이 있었다. 생어는 여기서 사회주의자들과 함께 활동을 했으며 뉴욕의 여성조직책이 되었다.[11] 그뿐만 아니라 생어는 여러 사상가들로부터 여성성과 결혼에 관한 다양한 이론을 배우기도 하였다. 1910년 생어는 한낱 순종적인 주부에서 맹렬한 사회주의자로 변신하게 된다. 그녀는 급진주의를 받아들이는 과정에서 매우 다양한 변화를 경험하였고 마침내 1914년 산아제한운동을 본격적으로 시작하게 되었다.

1910~13년의 3년간은 생어가 급진주의적 사상의 영향을 받은 시기로, 그녀는 1910년 헤이스팅(Hasting)에서 한 사회주의자의 연설을 듣고 큰 감동을 받아 사회주의자의 길로 들어서서 적극적으로 활동하기 시작했다. 생어의 남편 윌리엄 생어는 사회주의 활동을 한 인물로, 한때 '국제노동협회'(International Workers of the World, IWW) 회원이었고 뉴욕에서 활동하는 사회당의 지역집행위원을 지내기도 했다. 생어는 남편과 함께 사회주의 당원들의 연설을 들으러 다녔고, 이는 생어에게 사상적으로 큰 변화를 가져다주었다. 여러 연설들 중 생어에게 큰 영향을 끼친 것은 한 독일 사회주의자가 했던 노동자들의 상황에 대한 연설이었다. 그 내용은 사회주의자들은 왜 전쟁을 반대하며, 가난한 노동자들의 생활수준을 향상시키기 위해서는 어떠한 노력이 필요한지에 관한 것이었다. 이후 생어는 자서전에서 그 연설이 자신의 삶을 완전히 바꾸어놓았다고 고백한다. 그 후 그녀는 사회주의에 관한 책들을 닥치는 대로 읽었고 마침내 사회당원이 되었다. 윌리엄 생어는 아내 생어가 한 독일 사회주의자의 연설을 듣고 난 후 어떻게 변했는지, 이렇게 토로했다. "내가 결혼한 보수적인 아일랜드계 소녀는 영원히 사라졌고 진실에 대해 알고자 하는 강인하고 지적이며 지칠 줄 모르고 또한 야망을 가진 냉정한 여성이 새로 탄생하였다."[12]

　　생어는 간호사 생활을 하면서 여성들의 빈곤한 삶을 직접 체험하게 되었다. 뉴욕 슬럼가에서의 생활은 생어로 하여금 모성의 신성함에 대해 의문을 품게 했다. 그곳은 임신한 여성들, 술 취한 남편들, 배고픈 어린아이들, 불결하고 범죄가 만연한 환경 속에서 질병을 가지고 태어난 아기들로 가득했다. 이 슬럼가에 거주하는 여성들은 거듭되는 임신으로 가정이 더욱 열악한 환경 속으로 빠져 들어갔고, 원치 않는 임신을 한 여성들은 값싼 낙태를 하기 위해 여러 곳을 전전해야 하는 형편이었다.[13]

마거릿 생어의 산아제한운동에서 무엇보다도 큰 전환점이 되었던 사건은 생어가 새디 작스(Sadie Sachs)의 충격적인 죽음을 목격한 일이었다.[14] 당시 생어는 뉴욕 로어이스트에서 간호사 생활을 하고 있었다. 1912년 7월 중순의 어느 날 28세의 허약해 보이는 작스 부인이 날카로운 기구로 스스로 낙태를 하려다 감염이 되어 생명이 위험한 상태로 병원에 후송되어 왔다. 상태가 호전되기는 했지만 이 여성이 또다시 임신을 하게 된다면 생명에 큰 지장을 줄 수 있는 상황이었다. 작스 부인은 의사에게 사정을 털어놓으며 임신을 방지할 방법을 물었으나, 의사는 그녀에게 피임에 대한 정보를 알려주기를 거부했고 오로지 "남편을 지붕에 올라가 자라고 하세요"라는 말만 반복했을 따름이다. 이런 상황에서 생어 역시 그녀에게 아무런 정보를 제공하지 못한 채, 다만 무슨 일이 생기면 그때 다시 병원을 방문하라는 말만 해주었을 뿐이다. 이 일에 대해 생어는 나중에 다음과 같은 글을 남겼다.

매일 밤 애절하게 무엇인가를 원하는 작스 부인의 허상이 내 앞에 나타났다.
나는 끊임없이 변명을 하면서 때로는 너무 바쁘다는 핑계로 그녀에게 갈 수 없다고 했다. 내가 그녀에게 할 수 있는 일이라고는 그

것에 대해 아는 바가 없다고 변명하는 것뿐이었다.[15]

이 여성에 대해 생어는 아무런 조치도 취하지 못한 채 3개월
이란 세월이 흘렀고, 어느 날 작스 부인의 남편에게서 다급하게 와
달라는 전화가 걸려왔다. 자기 아내가 고통을 호소하고 있다는 내용
이었다. 생어가 작스 부인의 집에 도착했을 때 그녀는 혼수상태였고
약 10분 후 갑자기 사망하였다. 1912년 작스의 죽음 후 생어는 그때
의 일을 회상하며 자서전에 이런 글을 남겼다.

나는 더 이상 견딜 수가 없었다. …이것은 나의 생애에서 새로운
날이 밝아오는 것과 같았다. …나는 악의 근원을 찾아서 그들의
비참함이 너무나 극에 달해 있는 어머니들의 운명을 바꾸기 위
해서 무언가를 해야 하고, 또한 이러한 문제를 해결해야 한다는
것을 절실히 깨달았다.[16]

새디 작스의 죽음은 생어에게 일생일대의 중대한 사건이 되
었다. 생어는 더 이상 간호사 생활을 지속할 수 없었으며, 그녀로 하
여금 여성해방을 위해 온 삶을 바칠 것을 결심하도록 하였다. 사실
작스 부인에게 일어난 일은 당시 여성들에게 흔히 발생할 수 있는
수천 건 중의 하나였다. 실제로 1910년 당시 연간 10만 건 이상의 낙
태가 이루어지고 있었다.[17] 마침내 생어는 여성들 스스로 자신의 몸
에 대한 통제권을 가질 수 있도록 하기 위해 특단의 조치가 필요하
다는 생각을 하게 되었다. 이제 그녀는 저항을 위한 개혁운동가가

되었으며, 그 저항에는 그만한 이유가 있었다.[18] 생어는 어떠한 희생
을 감수하더라도 더 이상 작스 부인처럼 비참하게 죽어가는 여성들
을 지켜보고만 있을 수 없었고, 드디어 산아제한운동을 하기로 굳
은 결심을 하게 되었다.

3) 산아제한운동의 전개(1910~20)

(1) 산아제한운동의 변천과정과 성성(sexuality)

산아제한에 대한 움직임은 19세기 후반에 '자발적인 모성성'을 위
한 캠페인으로부터 시작되었다. 이 관점은 부부들이 원하지 않는 임
신을 방지하기 위해 오랜 기간 부부생활을 금기시할 것을 제안하는
것이었다. 산아제한운동은 시기별로 각기 다른 계층 여성들의 이익
을 대변하였는데, 일반적으로 19세기에는 농민·장인·상인의 가족들
로 문화적 또는 종교적으로는 '와스프'(White AngloSaxon Protestant,
WASP)에 해당되는 사람들이었다. 마거릿 생어가 산아제한이라는
용어를 사용하면서 공식적으로 활동하던 시기인 1910년부터 1920
년까지 산아제한운동에 참여한 계층은 대부분 노동자계층으로, 대
다수가 이민자가족 출신이었다.

　　1910~20년은 '산아제한'이라는 용어가 만들어진 시기이자, 마
거릿 생어의 활동이 가장 왕성했던 시기를 의미한다. 1911년 생어는
뉴욕으로 이사를 하였고 급진주의에 더욱 빠져들게 되었다. 이때부

터 생어와 급진주의 페미니스트인 엠마 골드만의 친분이 시작되었다. 당시 골드만도 빈곤층을 돌보는 간호사로서, 두 사람은 1900년 파리에서 열린 신맬서스학회(NeoMalthusian Conference)에 함께 참석하였다. 골드만은 여성해방을 위한 하나의 방편으로 인구제한을 주장하였는데, 다음 글을 보면 그녀의 사상이 잘 나타나 있다.

> 여성의 계발·자유·독립성 모두 여성 자신으로부터 나와야만 한다. 첫째 여성 스스로 성적 대상이 아닌 인간임을 주장함으로써, 둘째 여성 스스로가 원치 않는 임신을 거부함으로써, 신·국가·사회·남편·가족 등에게 하인이 되는 것을 거부함으로써, 여성의 삶을 보다 단순하게 그러나 보다 깊고 풍요롭게 하기 위해서는 투표권도 중요하지만 이러한 것들이 더욱 중요하며, 이를 통해서 여성들은 보다 자유로워질 수 있다….[19]

생어는 이러한 골드만의 사상으로부터 지대한 영향을 받았다. 또한 산아제한에 대한 생각도 골드만의 강연과 그녀와의 지속적인 대화를 통해서 형성된 것이라고 할 수 있다.

마거릿 생어의 접근은 처음부터 매우 혁명적인 것이었다. 그것은 권력의 전이를 의미했고, 권력은 자연으로부터 여성 자신에게로 옮겨짐을 상징했다. 그래서 그녀는 그 운동을 '산아제한'(the birth control)이라 명명하였다. 생어는 대규모 운동을 형성하기 위해서는 조직된 군중이 기본이 되어야 하고, 그 기반이 되어줄 군중을 찾아야 하는 것이 급선무임을 인지했다.

당시 페미니스트들은 여성들을 경제적·사회적 노예상태로부터 해방시켜야 한다고 주장한 반면에, 생어는 여성들을 생물학적인 노예상태로부터 해방시키기를 원했다. 페미니스트들과 산아제한의 결합은 매우 논리적인 것으로 보였지만, 그녀의 아이디어는 페미니스트들에 비해서 너무 앞서 있었다. 생어가 페미니즘의 기본은 교회나 국가를 떠나서 어머니의 권리를 찾는 일이라고 주장하자 페미니스트들로부터의 지지기반을 잃게 되었다. 페미니스트들은 생어의 제안이 너무 앞서 있어서 자신들이 다져놓은 참정권운동을 위한 대중적 지지기반을 잃을지도 모른다는 우려를 하게 되었다. 때문에 그들은 생어의 제안을 선뜻 받아들이지 못했고 참정권 획득이 더욱 시급한 과제라고 주장하였다.

그러나 생어는 산아제한운동을 전개하기 위해서는 더 이상 시기를 늦출 수가 없었다. 통계에 의하면 1910년 초반만 하더라도 미국에서는 매년 200만 명이 낙태를 했고, 2만 5천 명이 출산으로 사망하고 있었다.[20] 페미니스트들로부터 지지를 얻지 못하자 생어는 사회주의자들과 노동운동가들에게로 눈을 돌렸다. 그리고 그녀는 당시 잡지를 출판하는 것이 대중의 관심을 모으는 데 도움이 될 것이라는 점을 알고 잡지출판을 계획하고 있었다. 생어는 남편을 파리에 남겨두고 세 자녀와 함께 뉴욕으로 돌아온 후 유럽에서의 경험을 바탕으로 미국여성을 위한 잡지를 창간했다.

마거릿 생어의 산아제한운동은 단지 가난한 사람들의 고통을 줄여주거나 부적절한 사람들의 출생률을 감소시키는 것뿐만 아니라 인간의 성 개념을 바꾸는 데 그 목적이 있었다. 생어는 산아제한운동의 가장 기본적이고 중요한 기능 중 하나는 "성적인 편견이나 터부로부터 벗어나 인간의 본성과 인간사회의 기초에 있어서 성에 대한 굽히지 않는 신념과 솔직함을 위한 것이다"고 주장하였다.[21] 생어는 20세기의 성혁명을 위해 가장 선두에 선 운동가이다. 그녀는 성이라는 것이 불결하거나 음란한 것이 아니며 성적 결합에 대한 두려움은 적절치 못하다고 설파하기도 하였다. 생어는 산아제한의 기능을 강조했을 뿐만 아니라 성적 결합이 사랑에 있어서의 즐거움을 향상시키는 과학적 성해방이라는 측면을 강조하면서 성에 대한 과학적인 설명을 시도하였다.

생어는 여성의 성성(sexuality)에 대하여 기존의 여성운동가들과는 다른 접근을 시도하였다. 샬롯 길먼(Charlotte Perkins Gilman)이나 엘지 파슨스(Elsie Clews Parsons)는 여성들이 성으로부터 해방될 것을 주장한 데 반해, 생어는 여성들의 성적인 본질을 계발할 것을 주장하였다. 그녀는 많은 미국여성들이 불감증에 시달리고 있다는 사실을 지적하면서, 이러한 불감증은 임신에 대한 두려움에서 비롯된다고 설명하였다.[22] 그렇기 때문에 산아제한은 이러한 임신에 대한 두려움을 없애줌으로써 성적인 결합에서 행복감을 극대화시켜 줄 것이며 두려움이 사라질 것이라고 주장하였다.

1911년 생어는 잡지 『뉴욕 콜』(New York Call)에 어린이들을 위한 성교육의 필요성이라는 내용을 담은 「어머니에게: 우리의 의무」(To Mother: Our Duty)라는 글을 기고했다. 이 글은 당시 이 잡지의 편집자이기도 했던 아니타 블록(Anita C. Block)으로부터 찬사를 받았다. 블록은 이 글에 대해, 성교육에 대한 생어의 방법은 실질적인 경험을 바탕으로 한 것이라며 이렇게 말했다.

> 오랜 기간 동안 성(sex)이라는 문제는 어둡고 비밀스러운 것으로
> 간주되어 왔다. 그러나 생어는 성이라는 것이 더 이상 사회의 악
> 이 아닌 인류발전을 위해 꼭 필요한 것이므로 양지로 끌어내어야
> 한다고 주장하였다. 생어가 이러한 점을 보여준 것은 매우 고무
> 적이다.[23]

생어는 미국 내에서 성과 관련된 불법유인물 유포로 체포될
염려가 있자 유럽으로 건너갔다. 그녀는 가명을 사용해야 했으며,
제대로 된 여권도 소지하지 못한 채 여러 곳으로 피해 다녀야만 했
다. 생어가 영국으로 향했을 때 영국에는 아는 사람 하나 없었고 수
중에는 겨우 몇백 달러 정도만 지니고 있었다. 이러한 선택을 할 수
밖에 없었던 이유는 그녀가 미국 내에서 만일 기소가 된다면 45년
이상의 수감생활을 해야 했기 때문이다.

생어는 사랑하는 자녀 셋을 집에 두고 떠나야 했는데, 특히
딸을 두고 떠나야 하는 것을 무척이나 가슴 아파했다. 배를 타고 가
면서 그녀는 일기에 다음과 같은 글을 남겼다. "사랑하는 나의 딸
페기(Peggy)야… 너를 보고 싶은 마음에 너무 가슴이 아파 울고 있
지만 이 일은 너는 물론이고 후손들의 장래를 위해서도 아주 중요
한 일이기 때문에 하루속히 마무리를 지어야 한단다."[24] 생어는 자
녀를 두고 떠나야 하는 현실을 초래한 당시 법에 대해 매우 분노하
고 있었다. "다행히도 나는 나의 조국을 떠나온 것을 추호도 후회하

지 않는다. 나는 지금에서야 나에게는 조국이 없다는 사실을 알았다."[25] 생어에게 영국생활은 많은 것을 배울 기회를 제공해 주었다. 그녀는 여러 강연을 들으러 다녔고, 영국의 가족계획 역사를 공부할 아주 소중한 기회를 가졌다.

1915년 1월 생어는 네덜란드를 방문하게 되었다. 그녀는 자서전에서 이 방문이 모든 여행 중에서 가장 많은 것을 가르쳐주었던 여행이라고 회고하였다. 네덜란드 여행은 앞으로의 산아제한운동에 관한 그녀의 생각을 혁명적으로 바꾸어놓았다. 생어는 더 이상 산아제한운동을 언론의 자유 관점에서 바라보지 않았다. 그녀는 산아제한운동의 대중적 확산을 위해서 팸플릿이나 책자를 가능한 많이 배포하면서 운동을 전개시켜 나가야 한다는 점을 깨달았다. 그리고 생어는 이러한 산아제한에 관한 지식의 전달은 좀더 구체적으로 생리학적 혹은 해부학적 관점이 되어야 한다는 사실도 인지했다.[26] 이렇게 생어는 네덜란드에서의 학습을 통해 피임에 대해 보다 깊이 있는 지식을 습득하였다.

1915년에 산아제한운동은 많은 변화를 겪었다. 지금까지의 산아제한이 매우 은밀한 것으로서 몇몇 특권층끼리 귓속말로 속삭이던 문제였던 것이 점차 널리 사용되는 단어가 되었다. 산아제한에 관한 기사는 신문의 첫 면을 차지하였고, 거리모임 등에서 주제가 되었으며, 이에 관한 내용의 팸플릿이 등장하였다. 1920년대에 이르러 미국에서만 20개가 넘는 산아제한연맹(the Birth Control League)이 만들어졌다. 그 목적은 의사들이 산아제한에 대한 정보를 알려주는 것을 금지하고 있는 컴스톡법(Comstock Law)을 폐지하는 것이었다. 무엇보다도 재미있는 것은 전세계의 그 어떤 나라보다도 미국이 산아제한과 관련된 법규 면에서 가장 엄격하다는 사실이다. 당시 뉴질랜드·프랑스·네덜란드에는 이처럼 산아제한을 규제하는 법이 존재하지 않았으며, 독일이나 영국의 경우도 규제의 정도가 매우 미약하였다.[27]

1916~20년은 산아제한운동이 전국적으로 확산된 시기로 볼 수 있다. 1916년 마거릿 생어는 당시 노동자계층이 많이 거주하고 있던 뉴욕 브루클린(Brooklyn)에 산아제한 클리닉을 개원하기로 결심하였다. 그러나 당시 상황에서 이런 클리닉을 열 만한 장소를 물색하기란 매우 어려웠다. 생어는 가는 곳마다 거절을 당해야 했다. 그러던 중 어렵게 한 달에 50달러로 방 2개를 겨우 빌릴 수가 있었다. 당시 생어 수중의 50달러는 그녀가 클리닉을 개원하기 위해 가지고 있었던 돈의 전부였다. 마침내 1916년 생어는 미국에서 처음으로 산아제한 클리닉을 개원하였고, 이 클리닉은 전국에서 전단을 보고 찾아온 여성들로 인산인해를 이루었다. 생어는 한번에 8명의 여성들을 모아 피임에 관한 가장 기본적인 강의를 하였다. 또한 그녀는 많은 여성들에게 『모든 소녀들이 알아야 할 것』(*What Every Girl Should Know*)이라는 팸플릿을 나누어주었다.

생어는 클리닉과 관련된 내용을 상세하게 기록으로 남겼다. 생어의 기록에 따르면, 그곳에 찾아오는 여성들의 사적인 이야기들은 매우 슬픈 내용들이었다. 그 사례를 한 가지 소개하면 다음과 같다. 어느 날 37세의 유태인여성이 클리닉을 찾아왔다. 그녀는 잦은 출산과 고된 노동으로 매우 지쳐 있는 상태였고, 만약 자신이 도움을 받지 못한다면 유리라도 삼키고 말 것이라고 토로하였다. 클리닉에는 이러한 사정을 털어놓는 여성들이 줄을 이었다.

생어는 자신이 구속을 당해야 했던 사건에 대해서도 기록에 남겼다. 클리닉을 개원한 지 9일째 되던 날 한 여성이 환자로 가장해 들어와서는 클리닉을 살펴보고 돌아갔는데 그녀는 경찰이었으며, 다음날 구속수사를 명하였다. 곧 이어 경찰 여러 명이 한꺼번에 들이닥쳤고 순식간에 클리닉은 아수라장이 되었다. 당시 클리닉을 찾았던 어머니들은 공포를 느껴 울음을 터트렸고 그들의 아이들도 따라 울기 시작했다. 경찰들은 클리닉을 샅샅이 뒤져 그동안 다녀간 464명의 여성들에 대한 기록과 팸플릿을 압수해 갔다. 생어는 경찰들의 이 같은 행동은 매우 비윤리적이라고 주장하였고 곧 이어 신문기자와 사진기자들이 함께 몰려왔고 주변의 이웃들도 모여들었다.[28]

이 사건은 대중들로부터 많은 관심을 모았다. 생어는 레이먼드 거리에 위치해 있는 레이먼드 교도소(Raymond Street Jail)까지 걸어서 가겠다고 고집했으며, 경찰들과 기자뿐만 아니라 많은 시민들이 그녀의 뒤를 따랐다. 생어는 클리닉을 개원한 죄목으로 30일을 교도소에서 보내야 했다. 그후 생어는 다시 구속되었으며 보석금을 내고 석방된 후 곧바로 클리닉 문을 열었다.

생어가 단식투쟁으로 항거하고 교도소에 수감되기를 반복하는 동안 산아제한운동은 거세게 불붙기 시작했다. 수많은 시민들이 생어에게 지지를 보냈고 심지어 그동안 냉소를 보냈던 법조인과 의사들까지 동정을 표하게 되었다. 뉴욕에 거주하던 부유한 여성들과 생어의 뜻에 동조를 한 여성들을 중심으로 그녀를 변호하기 위해서 위원회가 구성되었다. 1917년 1월 29일 브룩클린에서 열린 재판장에 50여 명의 어머니와 위원들이 재판을 지켜보기 위해서 모여들었다. 결국 1918년 뉴욕법정은 생어의 기소를 인정했지만 크레인 판사(Frederick E Crane)는 법에 대한 좀더 진보적인 해석을 내렸다. 그 결과 미국 내에서 산아제한에 대한 정보는 병원뿐 아니라 클리닉에서도 제공할 수 있게 되었다.[29] 자유주의자이자 자선사업가인 핀초트(Gertrude Pinchot)가 주축이 되어 구성된 100인위원회(the Committee of One Hundred)는 생어에게 여러 가지로 매우 유리한 여건을 마련해 주었다. 뿐만 아니라 브라운스빌 재판(Brownsville trial)이 열리는 동안 그녀를 위한 기금조성이 활발히 전개되기도 하였다.[30]

1917년 생어는 산아제한운동을 조금 더 체계적으로 전개하기 위한 조직을 만들었다. 이렇게 설립된 '전국산아제한동맹'(The National Birth Control League, NBCL)은 부분적으로 컴스톡법에 대한 일종의 저항으로부터 생겨났다고 볼 수 있다. 이 조직은 1921년 그 이름을 '미국산아제한동맹'(The American Birth Control League, ABCL)으로 바꾸었다. 1927년 그녀는 스위스 제네바에서 개최된 제1회 세계인구문제회의가 성사되는 데 큰 기여를 하였고, 또한 이 회의를 통해서 국제산아제한기구가 설립되기도 하였다. 그리고 ABCL은 1942년 '미국가족계획연맹'(the Planned Parenthood Federation of America, PPFA)으로 그 이름을 바꾸었다.

이름이 무엇이든 간에 산아제한운동은 처음부터 시대적 편견에 대해 도전하였다. 생어와 그녀의 추종자들은 법과 교회에 저항했으며, 궁극적으로 그들은 미국 내 인종적인 편견에 저항했다. 미국가족계획연맹은 인권단체를 제외하고 흑인을 회원으로서뿐 아니라 지도자로 인정한 최초의 전국 규모의 조직이었다.[31]

(2) 마거릿 생어의 출판물을 통해 본 산아제한사상

1910~20년에 생어는 다양한 출판물을 통해 매우 활발하게 산아제한운동을 전개하였다. 1913년 『모든 소녀가 알아야 할 것』을 필두로 1914년에 그녀의 대표적인 출판물인 『여성혁명』(*The Woman Rebel*)과 『가족제한』(*Family Limitation*)이, 그리고 1920년 『여성과 새로운 인종』(*Woman and the New Race*) 등이 출간되었다. 이러한 출판물들은 생어의 산아제한운동을 대중적으로 확산시키는 데 큰 기여를 하였다고 볼 수 있다.

　　『모든 소녀가 알아야 할 것』에서 생어는 미국의 어린 소녀들이 깨끗한 삶을 살지 못하는 중요한 이유는 '성기능에 대한 무지'(ignorance of the sex functions)에 있다고 주장한다. 이와 함께 여러 가지 성병을 방지하기 위해서는 소년소녀들을 위한 성교육이 시행되어야 한다는 것이다. 뿐만 아니라 생어는 좀더 구체적으로 성교육은 학교교육 이전에 어머니들이 실시해야 한다는 주장을 한다. 여성들이 이러한 교육을 어린 자녀들에게 해주기 위해선 반드시 대학교육을 받아야 할 필요는 없으며 단지 성과 출산에 대해서 이것이 매우 자연스럽고 건강한 것이라는 인식이 필요할 뿐이라고 설명한다. 그리고 소녀들은 자신의 몸과 관련하여 성적인 해부구조와 성장한 후 모성에 대한 인식을 가져야 한다. 감정적인 면에서도 사춘기 소녀들은 히스테리를 부리거나 불안함을 보이기도 하는데 가족구성원들이 그들을 이해하고 잘 보살펴야 한다. 또 모든 소년소녀들에게 성적 충동과 사랑을 혼동하지 않도록 주의를 주어야 한다는 주장이다. 재생산과 관련된 부분에서 생어는 '낙태'(abortion)와 '출산'(labor)을 구체적으로 설명하고 있다. 성병의 종류·증상·치료방법에 대해서도 설명을 잊지 않고 있다. 결론부분에서는 여성의 임신과 출산·양육은 어느 정도 여성들이 자기발전을 희생해야만 가능하기 때문에 산아제한은 반드시 필요하다고 강조한다.[32]

생어의 가장 대표적인 출판물 『여성혁명』은 매우 급진주의적이며 페미니스트의 색깔을 강하게 지닌 잡지이다. 1914년 겨울, 잡지를 발간하기에 앞서 생어는 이 잡지를 만들기 위한 사무실로 자신의 거실을 사용하였다. 여성들은 생어가 유럽에서 돌아와 뉴욕에 자리 잡은 것을 알았고, 자신들의 문제를 상담하기 위해 그녀를 찾아왔다. 그들은 원하지 않는 임신의 굴레와 노예상태로부터 탈출하는 것을 도와달라고 그녀에게 간청했다. 생어에게는 이들의 문제에 일일이 대답해 주는 것이 매우 힘든 일이었다. 그래서 이 경험들을 바탕으로 생어는 여성들 스스로 자신의 모성에 대해 통제권을 가져야 한다고 강하게 확신하게 되었고, 이와 더불어 『여성혁명』이라는 잡지를 출간하게 되었다. 아기는 '기회'가 아니라 '선택'에 의해서 이 세상에 나와야 한다, 바로 이것이 『여성혁명』의 도전을 가장 잘 보여주는 표현이다. 생어는 이 잡지의 칼럼에서 인류역사상 최초로, 세계적으로 유명해지게 되는 단어 '산아제한'(birth control)에 대해 지

속적으로 토론하게 될 것이라고 말한다.[33]

그리고 1914년 2월 그녀는 다음과 같은 성명서를 각종 신문사에 보냈다.

『여성혁명』은 글뿐 아니라—여성의 자유와 진보를 위한—사상들을 다루는 잡지이다. 여성들을 노예로 만드는 조건들, 즉 기계·성관습 그리고 모성에 대해 다루는 잡지이다. …우리는 적으로부터 도피할 것이 아니라 용감하게 저항함으로써 우리의 자유를 창조해 나가야 한다.[34]

이러한 배경 아래 1914년 3월에 『여성혁명』 창간호가 세상에 나왔고 2천여 부가 각 도시 구독자들에게 배부되었다. 생어는 주변의 급진주의자들로부터 많은 도움을 받았으나 잡지의 편집 및 재정 등 거의 모든 일을 혼자서 수행해야 했다. 또한 도덕적·법적인 모든 책임을 생어 자신이 지게 되었다. 『여성혁명』은 매우 급진주의적이고 극단적인 면을 담고 있었다. 이는 명백하게 당시 뉴욕에서 가장 급진적인 잡지였던 엠마 골드만의 『모성지구』(*Mother Earth*)의 영향을 지대하게 받았다. 생어는 당시 골드만의 무정부주의적인 아이디어를 빌려왔을 뿐 아니라 그 잡지의 어조나 형태도 차용했다.[35]

『여성혁명』이 출간된 지 불과 6개월 만에 1만 통이 넘는 편지가 잡지사에 몰려들었다. 편지의 내용 대부분은 잡지에 피임에 대한 정확하고 믿을 만한 정보를 실어달라는 것이었다. 하지만 생어는 시기적으로 적절치 않음을 인지하고 피임에 대한 구체적인 정보는 잡지에 싣지 않았다. 그런데 3월호에 이어 4·5·6월호도 출간금지가 되었다. 생어는 당국에 금지된 구체적인 이유를 물었으나 아무런 대답도 듣지 못했다. 이런 상황에 봉착하자 생어는 이 싸움이 언론의 자유와도 밀접한 관계가 있음을 깨닫게 되었다.[36]

『여성혁명』은 여성들, 특히 여성노동자들이 자신의 신체와 성을 제대로 이해할 수 있도록 돕기 위한 것이었다. 나아가 여성노동자들이 자신의 생각과 희망과 의견을 자유롭게 개진할 수 있기를 희망한다고 말했다. 『여성혁명』은 여성노동자들의 경제적 해방을 지지하는 내용도 담고 있었는데, 구체적으로는 실직, 자본주의 사회에서 노동착취 등이 포함되었다. 또 싱어는 「왜 여성들이 저항해야 하는가」라는 글을 실었는데, 이 글을 보면 1914년 봄 생어의 이상과 철학에 대해 좀더 명확하게 알 수가 있다. 여기에는 그녀의 무정부주의적인 사상이 짙게 깔려 있다.[37] 한 글에서 그녀는 여성은 절대적으로 자기 몸의 주인이 되어야 하며, 한 생명을 출산할 것인지 않을 것인지에 대해서도 여성 스스로 절대적인 결정권을 가져야 한다고 주장하였다.[38] 그녀가 산아제한을 주장하는 것은, 그 의도가 출산을 금지하려는 데 있는 것이 아니라 어머니와 아이들의 삶의 질을 보다 향상시키는 데 있었다. 생어는 여성들이 만일 육체적으로나 정신적으로 또는 재정적으로 어린아이를 돌볼 준비가 되어 있지 않다면 출산을 해서는 안 된다고 주장하였다.

이 잡지에 대한 반응은 다양했다. 급진주의자들은 대부분 이 잡지를 매우 우호적으로 평가했고, 정부의 입장에서는 문제의 소지가 많은 것으로 간주되었다. 명백하게 우체국 간부들은 1914년 4월

3일 생어가 우체국장 모건(E. M. Morgan)으로부터 받은 편지내용에 동의하는 입장이었다. 그 내용은 다음과 같다.

> 1911년 3월 4일 컴스톡법의 제211조에 의거해 『여성혁명』이라는 이름의 출판물은 법에 저촉된다는 사실을 알려드립니다.[39]

생어는 『여성혁명』을 통해서 컴스톡법을 공격했다.[40] 컴스톡 법에 저항하고 피임정보를 자유롭게 널리 알리기 위해서 「피임방지」(The Prevention of Conception)라는 글을 실었다. '피임'이라는 그 짧은 단어 때문에 『여성혁명』은 곧바로 컴스톡법의 규제대상이 되었다. 이는 생어의 목표인 정부와 정면 대결하는 것이기도 했다. 1914년 3월 『여성혁명』은 컴스톡법에 따라 출판금지 조치를 받았다. 이러한 조치에 대해서 생어는 다음과 같이 말했다.

> 우체국장(postmaster)은 『여성혁명』 창간호를 좋아하지 않았다. …그는 더 이상 우편으로 이 잡지를 보내지 말라고 통보하였다. …정부의 이러한 원칙에 수긍하기 위해서 『여성혁명』은 여성들을 위한 성적 위생(sexual hygiene)에 관해서는 전적으로 언급하지 못하게 될 것이다.[41]

여기서 '성적 위생'이라는 단어는 '피임'(contraception)의 완곡한 표현이었다. 물론 생어는 우편을 통해서 계속 출판물을 보냈다. 생어와 동료들은 『여성혁명』을 압수당하지 않기 위해서 새벽에 우체통에 직접 배달하는 일도 감행하였다. 여러 묶음의 잡지는 쉽게 발각될 우려가 있어서 최대한 신중을 기해 배달하였다.

1914년 생어는 유럽에서 수집해 온 정보를 바탕으로 해서 피임에 관해 보다 구체적인 내용을 담은 소책자를 출판하기로 결심하였다. 이를 위해서 출판사를 찾아다녔으나 20명이 넘는 인쇄업자들 어느 누구도 컴스톡법을 어겨가면서 이 소책자를 출판하기를 원하지 않았다. 그러다가 생어는 러시아 출신의 한 출판업자를 만나게 되었다. 그는 골드만의 소책자를 출판해 주기도 한 사람으로, 마침내 그에 의해서 16페이지 분량의 『가족제한』이 세상에 나오게 되었다.[42]

『여성혁명』이 산아제한에 대한 보다 철학적인 내용을 담고 있는 데 비해서 『가족제한』은 피임에 관해 구체적인 내용을 담고 있는 소책자이다. 이 소책자에서 보여주는 많은 정보들은 생어가 유럽을 여행하면서 수집한 구체적인 내용들이다. 『가족제한』의 서론에서 그녀는 "내가 생각하기에 여기에는 여성들 스스로가 원하지 않는 이상 여성들이 임신을 하지 않을 수 있게 해주는 정보가 충분히 담겨 있다고 생각한다"고 적고 있다. 또 그녀는 노동자계층의 여성들은 아이를 2명 이상 낳지 말아야 하는데 그 이유는 이들이 2명 이상의 자녀를 제대로 키우기가 힘들기 때문이라는 것이었다. 그러면서 이 같은 정보를 이웃이나 직장동료들과 함께 나눌 것을 권한다. 이 소책자에서 생어는 여성들은 자기 몸에 대해 잘 알아야 하며 모든 육체리듬의 규칙·불규칙을 스스로 체크해야 한다고 설명한다. 그리고 여성의 가임기간과 남녀가 사용할 수 있는 각종 피임기구의 효율적 방법에 대해서도 구체적으로 알려주고 있다.[43]

1920년 생어는 『여성과 새로운 인종』을 출간하였다. 이 소책자는 마치 피임에 대한 모든 정보가 담겨 있는 것처럼 광고되어 많은 여성들이 관심을 갖게 되었다. 심지어 가난한 노동자계층의 여성들도 이 책을 사서 보려고 자신들이 어렵게 번 돈을 썼지만, 실제로 여기에는 피임에 대한 구체적인 내용이 담겨 있지 않았다.[44] 이 소책자에서 생어는 산아제한에 관한 철학적 논지를 전개하고 있다. 그 내용은 다음과 같다.

근대에 들어와 가장 큰 사회발전은 성적 노예상태로 벗어나기 위한 여성들의 반란이다. 세상을 변화시키는 가장 중요한 원동력은 '자유로운 모성성'(free motherhood)으로, 출산을 통제할 수 있는 자발적이고 지적인 기능을 갖춘 모성이야말로 세상을 다시 만들 수 있다는 것이다. 이렇게 세상을 다시 만든다면 그 세상은 정치인, 개혁가, 혁명가 들의 꿈을 능가할 것이다. 오늘날 수백만 여성들이 자발적인 모성성을 외치고 있는데, 자발적 모성성이란 여성들 자신이 어떤 조건 아래서 어머니가 될 것인지 스스로 결정할 수 있어야 한다는 의미이다. 이것이야말로 여기서 언급하고 있는 가장 기초적인 반란이다. 이것이 바로 여성들을 위한 자유의 전당의 열쇠인 것이다. 여성들의 삶을 하찮게 여기는 한, 전쟁과 기근과 빈곤과 노동자들에 대한 억압은 끊이지 않을 것이다. 이러한 것들은 여성들이 자신들의 재생산능력에 대해 통제력을 가질 때만이 멈출 수 있다. 이처럼 거대한 책임을 수행하는 것을 방해하고 있는 두 가지 중요한 장애물이 있다. 하나는 법적인 장애물이다. 암흑기의 법률들은 아직도 여성들이 자신의 재생산의 본질에 대한 지식을 습득하는 것을 거부하고 있다. 그러한 지식들은 지적인 모성을 유지하는 데 필수적인 것으로서 여성들은 반드시 지식습득을 성취해야만 한다. 또 하나는 좀더 심각한 장애물로, 여성들 스스로 지니고 있는 절대적 복종이 끼치는 영향에 대한 무지이다. 여성들은 세상에 대한 그리고 생식력에 대한 복종이 세상에 얼마나 큰 해악이 되는지 전혀 인지하지 못하고 있고, 이런 상태가 지속되는 한 여성들은 악을 제거할 수가 없다. 이는 다시 말해서 여성들이 무지에 대해서 인지하고 의식을 가져야만 비로소 세상의 악을 없앨 수 있다는 것이다. 그러기 위한 첫번째 단계가 바로 산아제한이다. 산아제한을 통해서만이 여성들은 자발적 모성성을 찾을 수 있다. 자발적 모성성을 성취하고 자신의 성에 대한 기본적인 자유를 획득할 때만이 여성들은 인류의 노예상태로부터 벗어날 수 있다. 이것만이 세상을 다시 만들 수 있는 것이다.[45]

1910~20년에 생어는 이러한 다양한 출판활동을 통해서 산아제한운동을 대중들 사이에 확산시켰다. 생어는 산아제한의 근본적인 신념인 몸에 대한 스스로의 통제권을 강조하면서 여성들로 하여금 보다 적극적으로 도전의식을 가질 것을 주장하였다. 여성들은 임신과 출산에 대한 절대적 결정권을 가져야 한다. 그녀는 이와 같은 통제력의 성취야말로 가장 근본적인 자유의 획득이고 이러한 자유가 획득되어야만 모성이 존중되는 살기 좋은 세상이 될 것이라고 강조하였다.

4) 가족계획의 의미와 피임약 등장(1930~60)

1930년대 경제공황기와 제2차 세계대전 종전(終戰)까지 산아제한운동은 활발하게 전개되지 못하였다. 하지만 이 시기 산아제한운동은 급진주의적 운동으로부터 벗어나 자유주의 개혁운동으로 발전하는 단계를 맞이하게 된다. 이 단계에서 중요한 전환점이 되었던 것은 1940년대 새로운 슬로건인 '가족계획'(planned parenthood)을 만들어냈다는 점이다. 1940년대의 '가족계획운동'은 전문직에 종사하는 여성들이 대거 주축이 되어 확산되었다. 뿐만 아니라 1942년에 조직된 미국가족계획연합회(Planned Parenthood Federation of America, PPFA)의 개혁적 성향은 개인의 자유보다는 가족의 안정성을 강조하고 과학적·합리적인 사회계획과 가족의 복리 같은 관료적 용어를 사용하였다.[46] 1930년대 이후 산아제한운동에 대한 정부 차원의 움직임에도 많은 변화가 일어났다. 1930년대까지만 하더라도 미국정부는 가족계획과 관련된 그 어떤 활동에 대해서도 적극적으로 지원하지 않았다. 이런 추세는 제2차 세계대전이 끝날 때까지 지속되었다. 이러한 상황은 생어로 하여금 관심을 해외로 돌리게 하였다.

　　1936년 생어는 오랫동안 인도여행을 하였다. 인도를 여행하는 동안 생어는 간디를 만나 의견을 나누기도 하였다. 간디는 생어의 산아제한운동에 대해서는 인위적인 방법을 통한 피임은 명예롭지 못하다는 입장을 견지하였지만, 그녀의 목표의식에는 지지를 보냈다. 그후 간디는 생어에게 "무엇을 해야 할지를 아는 것은 지혜롭다는 것이고 어떻게 해야 할지를 안다는 것은 기술이지만 그것을 행동에 옮긴다는 것은 진정한 미덕이다"[47]는 말을 남겼다. 생어의 이러한 노력이 인종과 신념의 차이를 넘어 인간의 가장 기본적인 권리를 지키고자 하는 보편적 이념에 근거한다는 것이 받아들여졌던 것이다. 인도여행 동안 생어는 반응이 전혀 없는 정부를 향해 로비활동을 계속해야 하는지를 심각하게 고민하였다. 그녀의 많은 영국동료들은 이러한 노력이 소용없다고 충고해 주었는데, 그 주장에는 당시 사회적 변화가 이미 시작되고 있다는 것을 인지한 배경이 있었다.

1930년대 잡지광고를 통해서 전달되는 상업적 피임법은 정부의 규제를 무색하게 만들었다. 심지어 시어스(SEARS)의 카탈로그는 '피임약'(preventives) 광고를 하기 시작했다. 생어가 인도에 있는 동안 미국의학협회(American Medical Association, AMA)는 피임이 의술행위를 방해한다는 실제적인 증거를 찾을 수 없었다는 발표를 내어놓았다. 여론조사에서도 산아제한에 대한 긍정적 결과가 나왔다. 여론조사에 따르면 미국인 70퍼센트가 산아제한의 합법화를 지지하고 있다는 것이었다. 1930년 『레이디스 홈 저널』(Ladies' Home Journal)이 독자들을 대상으로 실시한 여론조사에서, 79퍼센트가 산아제한의 합법화를 찬성한다고 대답했다. 연구결과에 따르면, 여성들이 피임을 원하는 이유는 우생학적 혹은 사회적 고려 때문이 아닌 경제적인 관점, 즉 가족의 수입이 최대 관건이 된다는 것이었다. 교육적인 관점에서 생어의 캠페인은 어느 정도 목표를 달성한 것처럼 보였다.

또한 의사들의 처방권에도 변화가 생겼다. 의사들에게 무제한 피임처방권을 부여하는 입법안을 통과시키기 위해 100만인 서명운동을 일으켜, 1939년부터 의사들은 적절하다고 판단되는 경우 시술할 수 있는 권리와 필요한 피임기구를 공급받을 수 있는 권리를 부여받게 되었다.

1930년에 생어는 국제적인 산아제한운동을 구상하기 시작하였다. 이러한 움직임은 그녀가 1920년대와 1930년대에 아시아와 유럽을 순회하면서 시작된 것이었다. 1930년에는 영국에 '산아제한 국제정보센터'(Birth Control International Information Center, BCIIC)를 설립하였다. 또한 1930년대에 오스트레일리아에서부터 시리아까지를 망라하는 32개국의 산아제한운동 네트워크를 구축하기도 하였다. 제2차 세계대전의 종식이 다가오면서 생어는 인구증가, 특히 제3세계의 인구증가를 보며 국제적인 산아제한조직의 필요성을 절감하게 되었다. 생어는 유럽과 일본에서 활약하고 있던 산아제한운동가들의 도움을 받아 1952년 런던에서 '국제가족계획연맹'(the International Planned Parenthood Federation, IPPF)이라는 국제단체를 창립하였고, 1959년까지 이 단체의 회장직을 수행하였다.

제2차 세계대전의 종전과 함께 생어는 산아제한운동을 전개함에 있어 피임약 개발에 모든 관심을 기울이기로 결심했다. 피임약 개발이야말로 산아제한운동에 중요한 전환점이 되었다는 사실은 이론(異論)의 여지가 없다. 산아제한운동의 시작과 함께 생어는 간단하고 저렴하며 보다 효과적인 피임법을 개발하기 위해 끊임없이 노력해 왔다. 마침내 1950년 그녀는 거액의 연구자금을 확보함으로써 피임약 개발에 매우 중요한 역할을 하게 되었다.

또한 1953년 6월, 피임약 개발의 역사에서 가장 큰 사건이라

할 수 있는 캐서린 매코믹(Katherine McCormick)과 그레고리 핀커스 (Gregory Pincus)와의 만남이 이루어졌다. 매코믹은 미국의 매사추세츠공과대학에서 생물학을 전공한 여성으로 대단한 재력가였다. 하지만 그녀는 정신분열증을 앓고 있는 남편의 병을 고치기 위해 연구소를 운영하고 있었다. 생어와 매코믹의 만남은 1917년 이래로 지속되었고, 매코믹 자신이 당시 환자였던 남편과의 사이에서 아이를 낳기를 원치 않았기 때문에 여성의 피임에 대해서 줄곧 많은 관심을 기울이고 있었다. 그리고 생어와 같은 생각으로 경제적이면서도 안전한 피임약 개발이 시급함을 깨닫고 있었다.[48]

1953년 11월, 마가렛 생어는 당시 일본의 산아제한센터 책임자인 마지마 박사에게 다음과 같은 편지를 보냈다.

저는 고무나무가 가족계획을 위해 이상적인 해결책을 가져다줄 것이라는 생각에 대해서는 낙관적이지가 않습니다. 우리는 몇 달 동안, 가능하다면 더 오랫동안이라도 난자를 면역시켜 줄 수 있는 단순한 알약이나 캡슐, 아니면 한 잔의 차와 같은 것이 필요합니다.[49]

한 잔의 차와 같은 간단한 방법으로 피임을 할 수 있다면 좋겠다는 희망은 인류의 역사와 함께 시작되었고, 이러한 염원을 생어는 자신이 뉴욕에서 간호사 생활을 할 때부터 가졌었다. 그리고 생어는 인류학자들을 통해서 많은 전통사회에서는 여성들이 임신을 방지하기 위해서 한 잔의 차나 허브를 마신다는 사실을 잘 알고 있었다.[50] 매코믹과 핀커스와 만난 지 2개월 후인 1953년 스웨덴 스톡홀름(Stockholm) 회의에서 생어는 다음과 같은 연설을 하였다.

> 저는 확신하건대 이 회의에서 가장 먼저, 또한 가장 중요하게 논의되어야 할 문제는… 우리의 모든 노력을 임신을 잠정적으로 방지할 수 있는 가장 값싸고 안전한 피임약을 개발하는 것이라고 생각합니다.[51]

1917년부터 피임약 개발에 많은 관심을 기울였던 사람들은 네트워크를 형성하였다. 마침내 핀커스는 미국가족계획연맹(American Planned Parenthood Federation, APPF)의 연구비를 이용해서 구경피임약을 개발할 수 있었다.

1960년 최초로 구경피임약이 시중에 소개된 지 2년 동안의 통계를 보면 1200만 명의 여성들이 이 구경피임약을 복용하였다.[52] 구경피임약의 발명은 미국을 넘어 전세계 수많은 여성들에게 큰 변화를 가져다준 획기적인 것이었다. 1965년까지 영국의 경우는 가임 여성의 70퍼센트가 이 구경피임약을 복용하였다. 차차 다른 종류의 피임법이 개발되면서 구경피임약은 예전처럼 많은 여성들이 사용하지는 않게 되었지만, 2002년 UN의 통계에 의하면 전세계적으로 약 8퍼센트의 여성들이 사용하고 있는 것으로 나타났다. 1969년 초기의 통계에 따르면 미국에는 472개의 가족계획 클리닉(planned parenthood clinic)이 있었다. 정부나 세계보건협회(World Health Organization, WHO) 같은 국제지원기관으로부터의 지원이 증가함에 따라 마거릿 생어의 목표, 즉 필요로 하는 사람에게는 누구나 가족계획을 이용하는 것이 가능해지고 있었다.[53] 2003년 통계에 따르면 전세계 기혼여성의 62퍼센트가 피임기구를 사용하고 있는 데서 알 수 있듯이, 피임약의 개발은 인류의 역사가 시작된 이래 여성들에게 가장 큰 전환점을 마련해 준 역사적 사건이라고 볼 수 있다.[54]

1966년 9월 마거릿 생어가 82세의 나이로 세상을 떠났을 때 "20세기 초반의 기념비적인 인물로, 또 역사적으로 가장 반항적인 인물"로 찬사를 받았다.[55] 그녀가 사망할 당시 세계의 수백만 여성들이 정기적으로 피임약을 복용하고 있었다. 그녀가 전개한 산아제한운동은 평소 그녀가 희망했던 것 이상으로 여성들의 삶에 많은 변화를 가져다주었다. 생어는 안전하고 믿을 만한 피임법의 개발이 여성해방 및 인류발전에 필수조건이라는 단순한 주장을 관철시키기 위해서 반세기 이상 자신의 몸을 바쳐 싸웠다.

유명한 여성작가 펄 벅(Pearl Buck)은 생어를 "우리 시대 가장 위대한, 인류를 위한 싸움을 용감하게 이끈 운명의 여인"이라 하였다.[56] 1966년 생어가 사망하기 1년 전 미국대법원은 헌법상 미국인은 피임을 할 수 있는 권리를 가진다고 선언하였다. 이 결과를 이끌어낸 생어의 산아제한운동은 20세기 미국인들의 사적인 삶은 물론, 공적인 영역에도 근본적인 변화를 가져다주었다는 점에서 그 역사적 의의를 찾을 수 있다.

1) Margaret Sanger, *My Fight for Birth Control*(New York: Maxwell Reprint Company, 1959), p. 355.

2) Linda Gordon, *Woman's Body, Woman's Right: A Social History of Birth Control in America*(New York: Grossman, 1976), p. v.

3) 여기에는 다음과 같은 저자들이 있다. James Reed, *From Private Vice to Public Virtue: The Birth Control Movement and American Society since 1830*(New York: Basic Books, 1978); 그에 반대되는 입장 James C. Mohr, *Abortion in America: The Origins and Evolution of National Policy, 1800~1900*(New York: Oxford University Press, 1978); John Paul Harper, "Be Fruitful and Multiple: The Reaction to Family Limitation in NineteenthCentury America"(Ph. D. Diss., Columbia University, 1975); David J. Pivar, *Purity Crusade, Sexual Morality and Social Control, 1868~1900*(Westport, Greenwood Press, 1973); Carroll SmithRosenberg, "The Abortion Movement and the American Medical Association, 1850~1880" (*Disorderly Conduct: Visions of Gender in Victorian America*, New York: A, Knopf, 1985).

4) Janet Farrell Brodie, *Contraception and Abortion in Nineteenth Century America*(Ithaca: Cornell University Press, 1994), p. 253.

5) David Kennedy, *Birth Control in America: The Career of Margaret Sanger*(New Heaven: Yale University Press, 1970).

6) Brodie, 앞의 책.

7) Tom David, *Sacred Work: Planned Parenthood and Its Clergy Alliances*(New Jersey: Rutgers University Press, 2005).

8) Sanger, 앞의 책, p. 5.

9) Vicki Cox, *Margaret Sanger: Rebel for Women's Rights*(Philadelphia: Chelsea House, 2005), p. 29.

10) Alexander Campbell, "Margaret Sanger: the Early Years, 1910~1917"(Senior These: Princeton University, 1969), pp. 22~24.

11) Kennedy, 앞의 책, p. 11.

12) Margaret Sanger, *Margaret Sanger Diary, 1914*(Sanger Collection, Smith College Library, Box 29).

13) Reed Miriam, *Margaret Sanger: Her Life in Her Words*(New Jersey: Barricade, 2003), p. 14.

14) Virginia Coigney, *Margaret Sanger: Rebel with a Cause*(New York: Double-day and Company), p. 57.

15) 같은 책, p. 60.

16) Margaret Sanger, *An Autobiography*(New York: W. W. Norton&Company Inc, 1938), p. 92.

17) Reed, 앞의 책, p. 8.

18) Coigney, 앞의 책, p. 60.

19) Richard Drimon, *Rebel in Paradise: A Biography of Emma Goldman*(Chicago: University of Chicago, 1961), p. 166.

20) Coigney, 앞의 책, p. 66, 67.

21) Margaret Sanger, *The Pivot of Civilization*(New York: Brentano's 1922), p. 244.

22) Margaret Sanger, speech at Hartford, Connecticut, 1923. 2. 11, copy in MSP-LC.

23) *New York Call* 1911. 10. 22, p. 15.

24) Coigney, 앞의 책, p. 77.

25) 같은 곳.

26) Sanger, *My Fight for Birth Control*, p. 116.

27) Ellen Chesler, *Women of Valor: Margaret Sanger and the Birth Control Movement in America*(New York: Simon and Schuster, 1992), pp. 3~6.

28) Reed, 앞의 책, p. 82, 83.

29) 같은 책, p. 85.

30) Margaret Sanger, "Why I Went to Jail," *The Papers of Margaret Sanger*(Library of Congress, 1960. 2, Reel 131).

31) Coigney, 앞의 책, p. 169.

32) Margaret Sanger, *What Every Young Girl Should Know*, 1913.

33) Sanger, *Autobiography*, p. 85.

34) New York Post, 1914. 2. 27, preserve in the *Papers of Margaret Sanger*(Box 138, Library of Congress).

35) Drinnon, 앞의 책, p. 170.

36) Sanger, *Autobiography*, pp. 112~14.

37) Margaret Sanger, *The Woman Rebel*, 1914. 3, 1st.

38) Coigney, 앞의 책, p. 68.

39) E. M. Morgan to M. Sanger 1914. 4. 2, *the Paper of Margaret Sanger*(Box 3, Library of Congress).

40) 앤서니 컴스톡(Anthony Comstock)이 발안해서 컴스톡법(Comstock Law)이라고 불렀다. 이 법은 1873년에 제정되어 1920년까지 시행되었다. 컴스톡법의 제정 배경을 보면 19세기 후반 미국에서는 '사회의 정화'(social purity)를 회복시키기 위해서 다양한 그룹이 등장했고, 이들은 자유로운 성관계와 재생산을 통제해야 한다는 것을 강조하게 되었다. 이러한 배경에서 생겨난 법으로, 음란물이 공공우편을 통해서 전송되는 것을 전적으로 금지하였다. 이 법에 따르면, 피임과 낙태에 대한 내용 역시 음란물로 간주되었다. 비록『여성혁명』은 피임에 관해 자세히 묘사하고 있지는 않았지만, 우체국에서는 여전히 이 잡지를 금지시키기에 이르렀다. 이는 미국 연방형법 제211조(federal criminal law, section 211)에 의한 것이었다. 제211조는 컴스톡법의 일부로서 1873년 성급히 법제화된 것으로, 이는 성적인 정화와 의료광고의 범람을 막고자 의회에서 각종 외설적인 우편물의 유통을 금지시키도록 규정한 것이었다. 연방형법(The Federal Criminal Code)은 주제에 따라서 5개 조항—102, 211, 245, 312, 305—으로 나뉘어 있었다. 이 가운데 제211조는 가장 악명이 높은 조항이었다. 그 내용은 외설적이고 음란하고 성적으로 문란한 책·팸플릿·그림·서류·편지·인쇄물 그리고 낙태나 임신을 막기 위한 목적으로 만들어진 모든 출판물의 회람을 금지하는 것이었다. 또한 이 목적으로 만들어진 우편물이 발견되면 5천 달러 이상의 벌금 혹은 5년 이내, 아니면 두 가지 모두에 해당하는 형벌을 받게 되어 있었다. Mary Ware Dennett, *Birth Control Laws: Shall We Keep Them Change Them or Abolish Them*(New York: The Crafton Press, 1926), p. 9, 10.

41) Sanger, *The Woman Rebel*.

42) Sanger, *Family Limitation* 7. 1914.

43) 같은 책, p. 9.

44) Coigney, 앞의 책, p. 68.

45) Margaret Sanger, *Woman and the New Race*, 1920.

46) Gordon, 앞의 책.

47) Chesler, 앞의 책, p. 371.

48) Sanger-McCormick correspondence, Sanger Microfilm, Smith College.

49) Margaret Sanger to Kan Majima 1953. 11. 6(Reel 128, *The Papers of Margaret Sanger*, Library of Congress).

50) John M. Riddle, *Eve's Herbs: A History of Contraception and Abortion in the West*(Cambridge: Harvard University Press, 1997), pp. 44~46.

51) Margaret Sanger Speech "History of Birth Control in the Western World," The Fourth International Conference on Planned Parenthood. Report of the Proceedings 1953. 8. 17~22, Stockholm, Sweden(London: the International Planned Parenthood Federation, 1954), Container 255. *The Papers of Margaret Sanger*(Library of Congress), p. 9.

52) *Forbes* 2002. 12. 23, p. 158.

53) Coigney, 앞의 책, p. 178.

54) "Majority of World's Couples are Using Contraception"(Department of Information, News and Media Service Division, United Nations, New York, 2002. 5. 20), p. 87.

55) *New York Times* 1966. 9. 11, p. 12.

56) Coigney, 앞의 책, p. 176.

3
1930년대 경제대공황 시기의 젠더체계와 미국여성

1920년대 미국인들이 확신하고 있었던 미국경제에 대한 낙관주의는 1929년 주식시장 붕괴로 더 이상 그 효력을 발휘하지 못했다. 1930년대 미국의 경제대공황 상황을 살펴보면 전반적으로 물가는 폭등하였고 실업률은 증가하였으며 빈부격차는 더욱 극심해졌다. 대공황 발생 후 3년 동안 대량실업이 일어나면서 매주 10만 명이 넘는 노동자들이 직장을 잃었다. 위생에 대한 아무런 안전대책 없이 음식찌꺼기를 찾아 쓰레기통을 뒤지고 수프를 얻어먹기 위해 몇 블록이나 늘어선 긴 줄에 서서 기다려야만 했다.

경제공황 시기 루스벨트 행정부의 뉴딜(New Deal) 정책은 미국사회에 획기적인 변화를 불러왔다. 실질적으로 뉴딜 정책은 모든 분야, 즉 경제·외교·농업·노동·사회복지 제도에 직접적으로 영향을 끼쳤다. 미국역사상 가장 실용적이고 실험적인 뉴딜 정책은 그 성공여부를 놓고 다양한 평가가 이루어지고 있다. 하지만 무엇보다도 뉴딜에서 여성에 대한 정책은 매우 제한적이었다고 볼 수 있다.

이 장에서는 1930년대 경제대공황 시기 미국사회의 젠더체

계가 미국여성들에게 어떠한 영향을 끼치게 되었는지를 살펴보고
자 한다. 그동안 1930년대 대공황에 관한 여성사 측면의 연구에서
는 대부분 차별이나 좌절 등과 같은 부정적 이미지가 중요한 부분
을 차지해 왔다. 하지만 이 장에서는 경제대공황 시기 가정·사회·정
치·경제 분야에서 여성들의 경험이 차별이나 좌절로 점철되었을 뿐
만 아니라 여성운동이 결여되어 있었다는 기존 입장과는 다른 접근
을 시도하였다.

1) 경제대공황과 젠더체계의 연구동향

오랫동안 1930년대 경제대공황은 미국인들에게 큰 관심의 대상이
되어왔다. 역사가들은 대공황으로 미국사회가 사회적·경제적 위기
에 처했을 때 어떻게 집단적인 대응을 시도해 왔는지를 분석하였고,
대공황이 개인이나 단체에 어떠한 영향을 끼쳤는지를 연구하였다.
더 나아가 역사가들은 루스벨트 행정부의 정책, 대통령 자신의 일상
생활 그리고 뉴딜 정책에 대한 의회나 연방최고법원의 반응에 많은
관심을 보여왔다.

　　이러한 관심에도 불구하고 대공황 역사의 서술에서 여성문
제는 제대로 평가되지 못했다. 이 시기 여성들의 공적 영역 참여가
1960년대까지의 그 어떤 시기와도 비교할 수 없을 정도로 활발히
이루어졌음에도 불구하고, 대부분의 연구는 이 점을 간과해 버리는

경향이 있었다. 또한 학계에서는 1930년대가 여성들에게는 경제적 차별로 점철된 암울한 시기로 평가되어 왔고, 이 시기 조직적인 여성운동이나 여성단체의 부재가 이러한 주장을 뒷받침해 주었다. 몇몇 연구는 이 시기 여성들의 직업적인 차별이나 부당한 해고 등에만 관심을 기울였을 따름이다.

역사가 스탠리 레몬스(Stanley Lemons)는 자신의 저서에서 1920년대의 참정권 획득에 대해서는 큰 의미를 부여하고 있지만 그 이후의 여성운동에 대해서는 큰 관심을 보이지 않고 있다. 또한 마르크스주의 페미니즘에 근거한 역사가들은 1930년대나 1940년대 여성들의 경제활동을, 노동력이 부족한 시기에는 노동자로 고용되었다가 노동력의 공급이 수요를 능가할 때는 노동시장으로부터 축출당하는 이른바 '산업예비군'(reserve army) 이론에 기초해서 설명하는데, 대표적 인물로는 줄리엣 미첼(Juliet Mitchell)이 있다. 미첼의 주장에 따르면 여성들은 임금노동자로 노동시장에 참여하면서도 스스로를 노동자로 인식하기보다는 여전히 아내 혹은 어머니로서의 정체감을 우선시하였고, 이는 곧 계급의식의 결여로 이어졌다는 것이다. 그 밖에 마가렛 밴스턴(Margaret Benston)도 이러한 이유로 여성들의 노동시장 참여를 '산업예비군' 이론을 가지고 해석하였다. 그녀에 의하면, 이와 같은 경제적 상황에서는 이데올로기가 매우 중요한 역할을 하게 되는데, 여성들은 이데올로기의 부재로 인해서 노동시장의 변화에 부응하지 못했다는 것이다.[1]

이에 반해 루스 밀크먼(Ruth Milkman)과 앨리스 케슬러해리스(Alice Kessler-Harris)는 갖가지 편견에도 불구하고 여성들은 종종 대공황시기 동안 남성들보다도 경제적인 차별을 적게 경험했다고 주장하였다. 또 그들은 1930년대에는 페미니스트들의 활동이 미흡했다는 전통적인 해석에도 이의를 제기했다. 이러한 주장 이외에 이 시기 여성들의 정치적 활약상에 대하여, 특히 정치적 네트워크 형성에 초점을 맞추어 서술한 학자들은 이 시기가 결코 여성운동의 휴지기가 아니었다고 주장하고 있다. 그중에서도 두 편의 학위논문은 당시 활약했던 여성정치인 프란시스 퍼킨스(Frances Perkins), 몰리 도슨(Molly Dewson), 엘런 우드워드(Ellen Woodward), 마리온 그레이스 배니스터(Marion Glass Banister) 등의 역할에 관한 매우 유용한 자료들을 제공하고 있다.[2]

1990년대나 2000년대 초반의 여성사연구에서는 '젠더'(gender) 개념을 도입하여 혹독한 대공황시기에 정부가 감행한 젠더화된 정책을 논의하고 있다. 수잔 메틀러(Suzanne Mettler)는 뉴딜 정책이 어떻게 미국 내 시민권의 성격과 조직에 영향을 끼쳤는지를 살펴보면서, 특히 남성과 여성의 차이점을 집중적으로 분석했다. 랜던 스토스(Landon Storrs)는 뉴딜 정책에서의 남녀 성차별을 비롯해서 전국소비자연맹(The National Consumer's League, NCL)을 통한 여성들의 적극적인 활동을 분석하고 있다. 나아가 줄리 노브코브(Julie Novkov)는 대공황시기의 젠더·법률·노동의 관계를 법정투쟁 사례 등을 가지고 심층적인 분석을 시도하였다.[3]

2) 경제대공황 시기 젠더체계와 고용의 변화

1930년대 미국의 경제대공황은 대부분의 가정에 혹독한 시련을 안겨다주었다. 특히 공황은 생계를 전적으로 남편의 직업과 소득에 의존하고 있던 가족에게 더욱 치명적인 결과를 초래하였다. 많은 경우 경제공황으로 인해 생계담당자로서의 남편과 피부양가족으로서의 아내라는 전통적 성역할 분담이 더 이상 이루어지지 않았다. 실직한 남성들이 증가하고 그들 스스로가 사람으로서 실패하였다는 패배의식에 빠져들면서 가족의 문제점들이 심각하게 드러나기 시작하였다. 사업에 실패하거나 실직한 남편들은 가출하거나 때로는 알코올중독자가 되기도 했다.[4]

대공황의 혹독한 현실은 개인관계에서도 심각한 결과를 가져왔다. 여성들의 피임이 1936년에 합법화되었는데, 이 법안의 주요 목적은 경제적으로 형편이 어려워 자녀를 양육할 수 없는 가족에게 혜택을 주기 위한 것이었다. 또한 출생률이 급격히 하락하여 1932년에는 최하점까지 내려갔다. 대공황 초기부터 젊은이들은 경제적으로 불안정한 상황 앞에서 결혼에 대해 신중하게 생각할 수밖에 없었으며, 실제로 많은 젊은이들이 경제적인 이유로 결혼을 늦춤에 따라 결혼연령이 점차 높아졌다. 1930년대의 출생률은 줄곧 낮은 상태를 유지하였지만 1930년대 중반에 들어서면서 결혼률은 약간의 증가추세를 보였다. 대공황의 파괴적인 황폐함으로부터 벗어나고자 하는 일종의 도피처로서의 가족 개념이 더욱 강화되었던 것이다.

1930년대 미국 대공황시기 여성들은 다른 어느 시기보다 가정에서 중요한 역할을 하였다. 무엇보다도 여성들의 경제적 역할이 가장 컸다. 일단 여성들은 어려운 시기를 극복하기 위해 가정 내에서 다양한 시도를 하였다. 실직한 사람들은 자연스럽게 가족구성원들에게 도움을 요청하였다. 가족의 소득이 감소함에 따라 주부들은 가정을 지켜내기 위해 정신적·물질적 고통을 감수해야만 했다. 많은 여성들이 전통적인 방법들을 통해 경제적 위기상황을 극복해나갔다. 대공황시기 여성들의 가사활동은 더욱 큰 의미를 가졌는데, 여성들은 일단 소비를 줄이고 옷을 수선해 입고 손수 텃밭을 가꾸고 물건을 재활용하는 등 가정경제에 보탬이 될 만한 일이라면 다했다.[5] 여성들의 가사노동은 임금을 받지 않는다는 이유로 그 가치를 제대로 인정받지 못하는 경우가 많았지만, 이러한 노동도 경제의 재생산이라는 측면에서 매우 중요한 경제활동이라 할 수 있다. 경제공황 시기 여성들의 가사활동은 더욱더 큰 의미를 지니게 되었던 것이다.

　　1930년대나 40년대 여성들은 국가경제의 필요성에 따라서 자신들의 역할을 변화시켜야만 했다. 1930년대에는 경제공황이 덮치면서 가장인 남성들의 생계유지를 위해서 여성들은 가정으로 돌아가야 했고, 1940년대에는 전쟁에 참여한 남성들을 대신해서 경제영역에 참여해야 했으며 전쟁이 끝난 후에는 귀향한 남성들에게 일자리를 내주어야 했다. 그러나 이러한 경제적 변화에도 불구하고 이두 시기 모두 여성들의 경제참여는 서서히 증가추세를 보였다. 혹독한 현실 속에서 남녀 성역할은 이전시대와 비교해 변화하였지만, 여성들에게는 행동에 대한 선택범위가 제한되었다.

경제공황기의 공식적인 실직률은 30퍼센트에 불과했다. 하지만 대공황의 피해가 극심했던 대도시나 농촌지역에서는 실직률이 이보다 더 높은 것으로 나타났다. 특히 기혼여성이나 소수계층의 여성들이 실직의 피해를 더 많이 입었던 것으로 보인다. 미혼여성들도 예외는 아니었다. 또 많은 기업들이 35세 이상의 여성들에게는 대체로 고용의 기회를 주지 않는 경향이 있었는데, 이러한 이유 때문에라도 사회보장법(Social Security Act)의 필요성이 절실해졌다.

1929년 대공황이 덮쳤을 당시 미국의 노동시장은 성별이 엄격하게 분리된 직업체계를 갖추고 있었다. 이러한 양상은 경제공황을 거치면서 더욱더 강고해졌다. 여성들은 사무직·서비스직종에서 급속도로 우위를 차지하게 되었고, 이에 반해 남성들은 생산직에 많이 종사하였다. 1890~1930년에 여성노동력 증가의 85퍼센트는 이러한 사무직 및 서비스직종에 종사하는 여성들이 차지했다. 이렇게 여성들 대부분이 사무직이나 서비스직종에 종사함으로 해서 이 직종들은 '여성의 일'이라는 이미지가 강하게 형성되었고, 궁극적으로 여성 노동시장에서 필수적인 부분으로 자리 잡게 되었다.

경제공황 시기에는 이런 여성의 일로 알려진 직종의 실직률보다 남성들의 직종인 생산직의 실직률이 더 높은 것으로 나타났다. 여성들의 실직률이 낮은 이유는 성별로 구분된 여성의 직업군이 남성의 직업군보다 대공황의 영향을 비교적 덜 받았기 때문인 것으로 풀이될 수 있다. 이러한 설명이 가능한 이유는 노동시장을 살펴보면 20세기에 걸쳐서 성별로 구분된 직업군이 형성되었기 때문이다. 타이피스트나 간호사 같은 여성의 직업군이 있는 반면에, 트럭운전수나 중공업분야의 노동자 같은 남성의 직업군이 존재했다. 통계적으로 보면 20세기 직업군은 성별에 따라 형성되어 있음을 쉽게 파악할 수 있다. 실직률 통계에 따르면, 남녀의 실직률 차이는 크지 않았지만 경제적 호황을 누릴 때든 불황기에 접어들었을 때든 여성들은 다양한 형태의 차별을 겪어왔다. 뿐만 아니라 여성들은 항상 불완전한 고용 상태에 놓여 있었고 그렇기 때문에 여성들의 경우는 단기간의 불규칙적인 고용형태가 많은 것으로 나타났다. 특히 여성들은 시간제노동자인 경우가 많기 때문에 통계적으로 잘 나타나지 않았다. 따라서 경제공황 이후 여성들의 실직률이 남성들의 실직률보다 높았다는 것이라기보다 '여성의 직업군'에서 여성들이 실직하는 사례가 많았던 것으로 볼 수 있다.

그러나 공황의 골이 깊어짐에 따라서 여성들의 상황은 남성들보다 점점 더 악화되어 갔다. 1937년 직업에 따른 실직률의 통계를 보면 여성의 실직률은 14.9퍼센트인 데 비해 남성들의 실직률은 13.9퍼센트로 나타났다. 실직률에 관한 통계들은 너무 빈약하기 때문에 경제공황기 노동시장에서 여성들의 상황을 정확히 파악하기란 매우 힘든 일이다. 그러나 여성들이 경제공황기에 접어들면서 사회적 분위기에 따라서 가정으로 복귀하였던 것은 사실이다. 남성 노조위원들은 걸핏하면 여성들이 '남성들의 일'을 차지하고 있다고 비난했으며 여성들 때문에 남성들의 일이 절대적으로 부족하다고 주장하였다. 특히 기혼여성들에 대한 비난이 가장 심했다. 미국노동총연맹(American Federation of Labor, AFL) 집행부는 "남편이 가장 안정적인 직업을 가지고 있는 여성들에게는 노동고용에서 차이를 두어야 한다"고 주장하였다. 1936년 갤럽 폴(Gallup Poll)에 따르면, 여론조사에 응한 응답자의 82퍼센트가 "기혼여성은 만약 남편이 직업을 가지고 있다면 취업을 하지 말아야 한다"고 답했다.[6]

이러한 태도는 연방정부에도 적용되었는데, 1932~37년에 연방정부가 기혼여성 1600명을 해고시킨 데서 명백히 드러난다고 볼 수 있다.[7] 많은 주에서는 과거에 적용되었던 법률을 내세워, 여성들에게 결혼과 동시에 직장을 그만두도록 강요하였다. 그럼에도 불구하고 해고된 기혼여성들은 가족의 생계를 위해서 계속 노동시장의 문을 두드려야만 했다. 생계부양자인 남편이 실직했을 때 여성들은 적은 수입이라도 가족을 위해 벌어들여야 했던 것이다. 1930년대 초 정부는 직업을 가지고 있는 기혼여성들을 공공연히 비난함으로써 높은 실직률에 대한 국민들의 불만을 조금이라도 희석시키려고도 들었다. 극도로 심각한 경제상황에서 일반사람들의 분노는 사회적으로 힘을 가진 사람들에게 향했다기보다는 애매한 직업을 가지고 있는 기혼여성들에게 돌아가 그 비난이 쏟아졌다.

고용주들은 남성들로 대체할 수 없는 직종에 한해서만 여성들을 고용하고 정리해고 대상에서 제외시켰다. 전국적으로 모든 주에 걸쳐서 기혼여성들은 정부관련 직종에서 해고되었다. 여성들은 학교나 대학 또는 병원에서 일하다가 해고당하는 경우가 많았다. 이러한 동향의 결정타는 1932년 정부공무원과 관련해서 발효된 경제법 제23조(Economy Act, Article 23)의 '기혼자 관계조항'이었다. 이법에 의하면 정부기관이 부득이 정리해고를 단행해야 할 경우 해고대상의 제1순위가 기혼자였다.[8] 그렇지만 이 법조항은 고용주의 편견에 의해서 편의적으로 이용되기 일쑤였다. 이 법안이 의회에 제출되었을 때 공정성을 견지한 소수의 의원들은 이것이 기혼여성들에게 끼칠 위험성을 우려하는 목소리를 내었다. 이때 하원은 이미 뉴딜 정책을 통과시킨 상태였고, 결국 이 경제법은 통과되었다.

그리고 이 법에 근거해서 정부는 2년에 걸쳐 수천 명의 기혼여성을 해고시켰다. 이 법에 따라 기혼여성들을 해고했을 때 명분으로 내세운 것은 경제적 이유였다. 그러나 실제로 고위층에는 이런 명분이 해당되지 않았다. 가령 의원의 부인이 남편의 비서로 근무하는 경우, 소득이 연간 5천 달러에 달했음에도 그들이 이 법에 의해서 해고되는 사례는 거의 없었다. 당시 여성국에서 조사한 통계에 따르면, 이 시기 해고된 여성 10명 중 9명이 생계를 위해서 직장이 절실히 필요한 여성들이었다. 주로 남편이 직업을 가지고 있기는 하지만 생계유지가 어렵거나 부모나 그 밖에 부양할 가족구성원이 많은 경우였다. 이렇게 아내가 직장에서 해고되면 남편의 연간소득이 생계유지를 위한 최저생활비에 훨씬 못 미치는 경우가 빈번히 발생하였다. 때에 따라서는 아내보다 소득이 적은 남편이 직장을 그만두었는가 하면 혹은 불이익을 당하지 않기 위해서 원치 않는 이혼을 선택하는 부부들도 증가하였다.

기혼여성들처럼 미혼여성들의 처지도 어렵기는 마찬가지였다. 미혼여성들은 결혼한 여성들에 비해서는 고용기회가 비교적 유리한 편에 속했지만 남성들과의 경쟁에서는 우선권을 넘겨주어야만 했다. 한 기록에 의하면, 1934년 뉴욕시만 하더라도 7만 1천 명의 독신여성이 집 없이 떠돌아다녔다. 그들의 생활모습은 아침에 일자리를 찾으러 직업소개소를 돌아다니다가 오후에는 기차역에서 휴식을 취하고 밤에는 지하철을 타고 배회하였다. 그들은 대공황시기 무상으로 배급되었던 치킨수프로 끼니를 때웠다. 그들 중 일부는 다른 실직자들이나 빈곤층의 사람들처럼 그룹을 조직하였다. 비록 회원은 소수에 불과했지만 실직미혼여성협회(Association of Unemployed Single Women, AUSW)를 조직하여 정부단체에 압력을 가하기도 했다. 그러나 많은 경우 어려운 가정형편을 견디지 못해 가출해서 직업을 찾아나섰던 10대 소녀들은 매춘부가 되는 것이 자신들의 생계를 위해 가장 쉬운 일임을 발견하게 되었다.[9] 1933년 실직한 젊은 남성들을 위해서 민간자원보존단(Civilian Conservation Corps, CCC)이라는 구호 프로그램이 수립되었지만, 직업을 찾아서 거리를 방황하는 4만여 명의 집 없는 소녀들을 위해서는 아무런 대책도 마련되지 않았다.

연방여성국(Women's Bureau) 국장으로 재직한 매리 앤더슨(Mary Anderson)은 방황하는 소녀들과 직장을 잃은 400만 여성들을 위해서 정부가 대책을 세워야 한다고 주장하였다. 뒤늦게 백악관에서 회의가 개최되었는데, 그곳에서 연방긴급구호청(Federal Emergency Relief Administrator, FERA) 청장 해리 홉킨스(Harry Hopkins)는 정부의 잘못된 정책에 대해 깊은 사과를 표하며 다음과 같이 말하였다.

여성들은 다른 어느 집단보다도 관심을 적게 받고 있습니다. …지금 정부는 그들을 위한 자금을 마련해 돌보기로 했습니다. 그들을 위해 무엇인가 마련되어야 한다는 것을 깨닫고 있지만 아직은 많이 부족한 것 같습니다. …이에 대해 매우 유감스럽게 생각합니다.[10]

대공황 시기는 그동안 어렵게 생계를 꾸려가던 흑인 여성노동자들에게 더욱 힘든 때였다. 대공황 이전에 백인여성들보다 취업률이 높았던 흑인여성들은 가진 돈도 거의 없는 상태에서 실직을 당해야 했다. 취업 가능한 제조공장의 일자리와 사무직은 흑인여성들에게 차단되어 있었으므로, 그들은 가내용역으로 몰려들게 되었다. 1930~40년 가내노동자는 약 25퍼센트 증가하였고 대부분이 흑인이었다. 1930년 전체 가내노동자의 55퍼센트가 유색인종이었고, 1940년에 이르러서는 그 비율이 64퍼센트 내지 거의 2/3에 도달했다.[11] 연방정부에서 제공하는 실직보호 프로그램은 그들에게 해당되지 않았다. 전통적으로 이루어져 온 고용에서의 차별이 계속되었다. 1938년 여성국의 발표에 따르면, 흑인 노동자계층 여성의 10퍼센트가 제조업에 종사하였는데 이 수치는 1890년대의 7퍼센트와 비교해 아주 조금 증가했을 뿐임을 알 수 있다.

흑인여성들의 경우 사무직이나 은행원과 같은 직종에 종사하기란 결코 쉬운 일이 아니었다. 그들이 백인에 비해서 경제공황을 잘 극복할 수 있었던 것은, 백인들은 경제적 압박에 익숙하지 않지만 그들은 오래전부터 이러한 압박에 잘 훈련되어 있었기 때문이다. 백인들의 경우는 흑인들에 비해 경제적으로 훨씬 유리한 입장에 놓여 있었다. 통계에 의하면 1939년 흑인의 연평균소득은 백인의 약

38퍼센트에 불과했다. 워싱턴에는 비교적 중산층의 흑인들이 거주하고 있었음에도 불구하고 흑인여성들의 경우 1940년대까지는 정부관련 사무직에 종사할 수가 없었다.[12] 구제 프로그램은 흑인을 차별하였고, 이에 수백 명의 흑인들은 뉴딜의 구제 프로그램을 담당하는 백인들이 흑인들을 소외시키고 있다고 불만을 토로하였다. 뉴딜 정책은 여전히 소수그룹인 여성들에게도 동등한 혜택을 주지 못했다.

3) 시대의 상징, 엘리너 루스벨트

경제대공황 시기 루스벨트 정부의 뉴딜 정책은 여성들에게 유익한 프로그램을 제공하지 못했다. 실행 초기 많은 여성들은 이에 대해 불만을 토로했지만, 정치적 영향력을 가지지 못한 상태에서 불평은 별 효력을 발휘하지 못했다. 이러한 상황을 바꾸어놓은 사람이 바로 엘리너 루스벨트였다. 그녀는 루스벨트 행정부의 이런 뉴딜 정책에 대해 비판의 글을 썼으며, 영부인이라는 지위를 이용해 라디오방송, 신문칼럼, 책, 연설 등을 통해서 여론을 형성해 나갔다.

엘리너는 남녀관계에 관해서 어느 정도 전통적인 사고를 가지고 있었다. 무엇보다도 그녀는 여성들의 관심은 남성 중심의 조직체에서는 절대적으로 부족한 동정과 자비를 베푸는 것에 초점을 두어야 한다고 생각했다. 그녀의 이러한 생각은 가부장제 아래서 남성은 전문적이고 가장으로서의 역할을 수행해야 하며, 이에 반해서 여성은 감성적으로 집안일을 담당하고 자선을 베푸는 일에 적합하다는 전통적인 관념에 근거해 있었다. 그녀는 여성은 자비로운 마음을 지녔고 이에 반해 남성은 두뇌와 능력을 지녔다고 생각했다. 엘리너는 위기상황에 직면했을 때 남성들은 '싸워야 한다'는 놀라운 성향을 가지고 있고, 천성적으로 평화를 사랑하는 여성은 남성의 이러한 저돌성을 완화시켜 주는 능력을 가졌다고 믿었다.[13]

이러한 생각은 이전의 제인 애덤스나 그 밖의 사회주의 페미니스트들의 생각과 같은 것으로, 부정적인 측면과 긍정적인 측면을 동시에 가지고 있었다. 제인 애덤스처럼 엘리너도 가장 중요한 것은 가정이라고 생각했다. 그녀는 복잡한 근대사회에서 여성들이 공공영역에 참여하는 것은 우선적으로 가정을 지키기 위한 하나의 방법으로 간주되어야 한다고 믿었다. 엘리너는 정부의 편견을 없앰으로써 여성들의 영역을 확대시키는 데 큰 기여를 하였지만, 어떤 면에서 엘리너의 이런 전통적인 생각은 여성들이 진정한 책임을 수행해야 하는 자리에 임명되는 것을 저해하는 요인이 될 수도 있었다.

엘리너의 이러한 태도는 그녀 자신이 빅토리아 시대의 스타일로 양육되고 일찍 결혼했기 때문이었다. 그녀는 유년시절 어머니를 여의고 매우 엄격한 할머니 밑에서 성장하였고, 먼 사촌인 루스벨트와 결혼해 15년 동안 매우 수줍고 가정적인 여성의 삶을 살아왔다. 엘리너는 시어머니에게 순종적인 며느리였고, 루스벨트가 1913~20년에 해군부 차관보로 또 1920년 부통령후보로 대통령선거에 출마할 때까지 남편 뒤에서 조용히 내조를 하던 아내였다. 그러나 두 가지 사건이 그녀의 삶에서 전환점 역할을 하였다. 하나는 1917년 그녀의 남편 프랭클린 루스벨트와 루시 머서(Lucy Mercer)의 관계를 알게 된 것이고, 또 하나는 1921년 프랭클린이 소아마비에 걸려 정상적인 생활을 할 수 없다는 사실을 알게 된 것이었다.

첫번째 사건은 그녀에게 큰 상처를 안겨주었다. 이 사건으로 엘리너와 프랭클린 루즈벨트의 사이는 점점 멀어져 갔으나, 그녀는 결혼생활을 유지하기로 결정하였다. 그것은 그녀 자신이 이혼이라는 것을 용납할 수 없었고, 또 이혼으로 프랭클린의 정치적 경력에 흠집을 내고 싶지 않았기 때문이다. 아무튼 이 사건을 계기로 루스벨트 부부는 전통적인 부부관계에서 정치적 파트너관계로 변화하였다. 두번째 사건은 루스벨트가 갑자기 소아마비에 걸린 후 엘리너에게 다가온 커다란 변화였다. 엘리너는 남편의 정치적 경력에서 상담자로서의 새로운 역할을 담당하게 되었다. 그녀는 시어머니의 강인한 정신력을 닮아갔다. 프랭클린에게도 정치적 활동을 포기하지 말라고 독려하였으며 그녀 자신도 더 이상 소극적으로 가정에 머물지 않고 정치적 영역으로 활동을 확대해 나갔다. 그녀는 부유한 가정주부들이 누리던 사회활동을 스스로 포기하고 점차 정치적 활동을 해나가기 시작했다. 그녀는 여성유권자동맹(League of Women Voters, LWV), 전국소비자연맹(National Consumer's League, NCL), 민주당(Democratic Party)과 특히 여성노조연맹(Women's Trade Union Labor, WTUL) 등에서 적극적으로 활동해 나갔다.[14]

엘리너는 천성적으로 매우 소극적이었고 대중 앞에서 연설하는 데 익숙하지 않았다. 그러나 그녀는 루스벨트를 대신해서 정치적 활동을 하기 위해서 대중들 앞에서 훌륭하게 연설할 수 있는 기술을 습득하였을 뿐만 아니라 정치인으로서의 면모를 갖추려고 노력하였다. 그러나 이런 개인적인 장애를 극복했다고 해서 모든 문제가 해결된 것은 아니었다. 루스벨트의 대통령 임기중 언론은 영부인으로서 엘리너의 행동에 우호적인 태도를 보이지 않았다. 하지만 엘리너는 이에 굴하지 않고 루스벨트의 비공식적인 조언자 역할을 잘 수행하였다. 엘리너는 자서전 4권, 아동을 위한 책 7권 그리고 550편이 넘는 기사를 썼으며 30년 동안 1년에 50회 이상의 연설을 했다. 엘리너는 미국인들에게 가장 인기 있는 신문칼럼 중 하나였던 「나의 하루」(My Day)를 26년(1936~62) 동안 집필하였으며 수많은 잡지의 글을 통해 미국인의 가치를 전파하였다.[15]

대공황기 루스벨트 행정부에서 대통령 자신뿐만 아니라 엘리너의 역할이 무엇보다도 여성들의 네트워크 형성에 지대한 영향력을 발휘했다. 그녀를 통해서 많은 여성지도자들이 프랭클린과 대면할 기회를 가졌으며, 노동과 사회복지 정책에서도 큰 역할을 수행할 수 있었다. 그녀는 영부인으로서의 역할을 통해서 개혁을 위해 많은 노력을 하였고 동료들의 충성심을 고무시켜 뉴딜 정책에서 정치적인 자매애(sisterhood)를 형성하는 데 중요한 역할을 하였다. 뉴딜의 정치적 네트워크를 형성한 여성정치인들은 엘리너를 자신들의 정신적 지주로 생각했다. 1936년 한때 노동위원회 자문위원을 맡았던 로즈 슈나이더만(Rose Schneiderman)은 "나는 수백만의 미국인들이 마음속에서는 엘리너에게 표를 던졌다는 것을 확신한다"고 쓰고 있다.[16] 1930년대에 엘리너는 워싱턴에서 전략적으로 중요한 위치에 있었으며 여성들이 정치적 역량을 제대로 발휘할 기회를 가질 수 있도록 조력자 역할을 하였다. 그녀의 일상생활은 「나의 하루」라는 신문칼럼을 통해서 일반인에게 널리 알려졌다. 몰리 도슨(Molly Dewson)은 이러한 엘리너의 일상생활에 대해서 "당신의 생활은 투명한 샐러드그릇을 들여다보는 것처럼 모든 사람들이 다 알고 있는 듯합니다"[17]라는 글을 보내기도 했다.

　　루스벨트 대통령은 정부의 요직에 여성들을 임명하였는데, 여기서도 엘리너는 지대한 공헌을 하였다. 여성들을 정부요직에 앉히기 위해서 엘리너가 시도한 것은 이들에게 대통령을 만날 수 있도록 기회를 제공하는 일이었다. 그녀는 여성정치인들의 어려운 문제를 해결하기 위해서도 대통령과의 면담자리를 주선해 주었다. 몰리 도슨은 "내가 어떤 일들을 해결하려 할 때, 루스벨트 여사께서는 저녁식사 자리에서 대통령의 옆자리에 앉도록 해주셨고 저녁식사가 끝나기도 전에 문제가 해결되는 경우가 많았다"[18]고 회상한다. 몰리 도슨의 경우와 같이 워싱턴의 많은 여성들은 해결해야 할 문제가 있을 때면 대통령의 도움을 받기 위해서 엘리너에게 연락을 하였다. 여성국의 매리 앤더슨은 엘리너는 여성들이 직면해 있는 문제가 무엇인지 이해하고 있었다고 회상하면서 그녀는 여성들을 돕기 위해서 최선을 다했다고 말했다.[19]

　　엘리너 루스벨트는 노령연금 정책에도 큰 기여를 하였다. 1934년 2월, 그녀는 사회보장제도를 위한 미국협회에서 가진 모임에서 다음과 같은 연설을 하였다.

우리는 오랫동안 노인들의 보살핌을 구빈원(poor house)을 통해서 해왔습니다. 저는 이런 방법이 결코 바람직하지 않다고 생각합니다. 앞으로는 이러한 일을 좀더 바람직한 방법으로 해결해 나가야 하고, 여러 주에서 노인연금법을 통과시켜서 점차 해결해 나가야 한다고 생각합니다.[20]

이 연설에서 엘리너는 당시 뉴욕주 등지를 중심으로 실시되고 있던 노인연금법을 거론하면서 그 장단점을 세밀히 지적하고 보다 융통성 있는 연금법을 시행할 것을 강조하였다.

그녀는 또한 흑인들을 위해 많은 노력을 기울였다. 엘리너가 처음 백악관에 들어갔을 때는 흑인들이 안고 있는 문제의 심각성을 알지 못했다. 그러나 1930년대에 그녀는 미국 곳곳을 돌아보면서 경제공황이라는 것이 모든 계층에게 동일한 영향을 끼치는 것이 아니라는 사실을 깨닫게 되었으며 월터 화이트(Walter White), 매리 베순(Mary Bethun), 필립 랜돌프(Philip Randolph) 같은 인권운동가들과 함께 일하면서 인종차별 문제의 심각성을 인지하게 되었다. 1938년 인류복지를 위한 남부학회 모임에서 그녀는 인종차별을 비판하고 소작인들에게 좀더 동등한 대우를 해줄 것을 주장하였으며, 미국사회에서 백인과 흑인이 평화롭게 조화를 이루며 살아갈 때 더 나은 사회를 만들 수 있을 것이라고 보았다. 1936년 전국도시연맹(National Urban League, NUL)에서 한 연설에서 그녀는 흑인들에게 동등한 기회의 보장이 필요함을 역설하면서 그러기 위해서는 흑인들에게 교육기회의 확대와 생활환경 개선, 특히 아동의 건강증진을

위한 정부의 프로그램이 필요하다고 주장하였다.[21]

엘리너 루스벨트에게 정부의 목표는 모든 국민의 삶을 향상시키는 것이었다. 그녀의 정치적 신념은 공공의 참여, 교육에 대한 헌신, 여성과 청년층을 포함한 소수계층의 요구에 대한 인식 등을 목표로 하는 민주주의를 성취하는 것이었다. 엘리너는 루스벨트 대통령의 훌륭한 보조자로서 뉴딜 정책의 수행에서 최선을 다해 그를 도왔다. 초기에 미국여성들은 정부의 보호를 받지 못했고 뉴딜 정책의 주변부에 머물러 있었다. 그러나 엘리너는 지속적으로 루스벨트 행정부의 뉴딜 정책에 있어 여성차별의 문제를 비판했으며, 이를 계기로 서서히 변화를 가져오게 되었다. 이러한 일들이 진행되는 동안 루스벨트 대통령은 엘리너를 격려했으며 그녀의 이러한 노력에 큰 존경을 표하였다.

4) 경제대공황 시기 여성운동과 정치적 네트워크

1920년 미국여성들의 참정권 획득은 오랜 시일에 걸쳐 진행되어 온 투쟁의 결실이었다. 참정권 획득 이후 여성들은 희망에 부풀어 있었으나, 여전히 재산권이나 양육권 등과 관련해서 법적 차별이 존재했다. 하지만 1920년대 들어와서 미국여성들의 공적 영역 참여에 점진적인 변화가 있었다. 1920년에 하원에 17명, 상원에 1명의 여성의원이 있었다. 물론 대부분의 여성들이 남편이 사망한 후 공석을 채우기 위해 자리에 오른 경우였지만, 그들은 보통 의원들과 비교해서 매우 탁월한 업무 수행능력을 갖추었음을 인정받았다. 이것과 비교해서 입법부에 1921년에는 총 29명이던 여성이 1929년에는 149명으로 증가하였다.[22] 1930년대 들어와서는 행정부나 사회적 분위기도 그들에게 우호적으로 바뀌었다. 참정권 획득 이후 여성들이 마침내 자신들의 목표를 더욱 공고히 다질 수 있는 분위기를 맞이하게 되었던 것은 바로 1930년대의 일이었다.

경제대공황 시기 페미니즘과 여성단체에 대한 관심은 예전과 비교해 소원해진 것처럼 보였다. 경제공황은 물론 계급이나 젠더에 대한 관심을 감소시켰으며 개인보다는 사회에 대한 관심을 더 갖도록 분위기를 조성해 나갔다. 하지만 많은 여성들이 여전히 여성문제에 관심을 기울이고 있었는데 그중 여성들이 가장 관심을 가졌던 여성운동의 이데올로기는 사회주의 페미니즘이었다.

그 예로 여성유권자동맹은 연방이나 주 정부의 법제정에서 중요한 역할을 했으며 그 결과, 1936년에 사회보장법(Social Security Act)이 제정되었다. 여성클럽총연합회(General Federation of Women's Clubs, GFWC)는 여성문제에 대한 접근에서 상대적으로 온건한 편이었지만 나름대로의 노선을 구축해 나갔다. 그 밖에 여성들은 평화문제에 관심을 갖게 되었다. 1920년대에 캐리 채프먼 캣 (Carrie Chapman Catt)은 평화주의(pacifism)를 외치는 여성들을 중심으로 평화단체를 설립하였다. 또 1925년에는 평화운동에 앞장서는 국제여성평화자유연맹(Women's International League for Peace and Freedom, WILPF) 같은 단체가 창립되었고 일정한 성공을 거두었다. 그 결과 1931년에 제인 애덤스(Jane Addams)가 노벨평화상을 받았고, 1934~35년에 상원의원 헤럴드 나이(Herald Nye)의 주도 아래 실시되었던 의회의 군수산업에 대한 조사는 여성평화단체들의 로비활동의 결과였다.[23] 당시 여성참정권 획득 이후 활동을 중단했던 전미여성참정권협회(National American Woman Suffrage Association, NAWSA)는 여성유권자동맹을 설립하여 민주주의와 여성의 시민권 획득을 위한 여성들의 교육을 책임졌다.

1930년대에 여성그룹들은 여성해방을 위한 노력을 지속적으로 전개해 나갔다. 1936년 주요 여성단체들은 여성국의 마가렛 앤더슨을 주축으로 해서 만들어진 여성권리헌장(Women's Charter)을 중심으로 단합하는 움직임을 보였다. 그러나 이것은 평등권 수정안(Equal Rights Amendment, ERA)을 둘러싸고 분열하면서 구체화되지는 못했다. 대부분의 여성단체들은 가계부양자가 아닌 기혼여성의 취업을 금지하는 주 법률안이나 국가공무원직에 남편과 아내가 모두 고용되는 것을 금하는 연방법안에 항의하거나 반대하는 로비활동을 전개하였다.

NAWSA의 회장을 역임한 캐리 채프먼 캣과 이전에 활동했던 참정권 운동가들은 1930년대 여성들의 진보적인 움직임에 대해 매우 긍정적인 반응을 보였다. 1930년대 여성들의 중요한 성취는 20년 전 여성참정권 운동에 적극 가담했던 여성들에게도 매우 중요한 의미를 부여해 주었다. 캐리 채프먼 캣은 엘리너 루스벨트에게 다음과 같은 편지를 보냈다.

새 정부가 들어선 후 저는 새로운 수집을 시작해야 한다는 의무 감이 들었는데, 그것은 여성정치인들의 사진이었습니다. 이제 저는 준비가 되었습니다. 그리고 그 가장 가운데 당신이 계십니다. …퍼킨스(Perkins), 오웬(Owen), 울리(Wooley), 애봇(Abbot), 앤더슨(Anderson) 그리고 다른 여성들은 매우 보기 좋은 그룹들이고 이후 우리가 맞이하게 될 훌륭한 여성정치인들의 도약입니다.[24]

엘리너 루스벨트는 유능한 여성들이 뉴딜 정책에 동참할 수 있도록 기회를 만들어주었고 그녀 자신은 그들의 중심에 있었다. 여성들은 정치인이나 전문직에 종사하는 남성들 중심으로 형성된 네트워크와 유사한 형태의 네트워크를 만들었다. 네트워크 안의 여성 정치인으로는 민주당 여성국장을 지냈던 몰리 도슨, 루스벨트 행정부에서 가장 중요한 여성각료로 노동부장관을 역임한 프란시스 퍼킨스(Frances Perkins), 뉴딜 정책 중 중요한 여성고용 프로그램의 책임자였던 엘런 우드워드(Ellen Woodward) 등을 들 수 있고, 그 밖에 다른 많은 여성들도 민주당이나 여성·아동보호국(Women's and Children's Bureau of the Labor Department, WCBLD) 등에서 큰 활약을 보였다. 그들은 민주당 내 여성들의 지위 향상을 위해 노력했고 더 나아가 여성들을 위한 구제 프로그램과 사회보장법 제정에 상당한 영향력을 발휘한 인물들이었다. 이 가운데서 특히 몰리 도슨, 프란시스 퍼킨스, 엘런 우드워드는 여성들의 네트워크 형성과 뉴딜 정책뿐 아니라 차후 여성정치인력 형성에도 큰 기여를 하였다.

몰리 도슨은 1932년부터 1937년까지 민주당 여성국장으로 활동하면서 여성들이 정부의 정책에 관심을 갖도록 하는 데 큰 기여를 했다. 1940년 정부가 개최한 한 파티에는 여성 70명이 테이블에 앉아 있었는데, 이들은 모두 민주당이나 연방정부에서 중요한 자리를 차지하고 있었다. 이 자리에서 도슨은 "1930년대에 루스벨트 대통령과 엘리너 여사가 여성들에게 제공해 준 기회는 미국여성들의 지위를 크게 바꾸어놓았다"면서 감사의 뜻을 전했다.[25] 1933년부터 1945년까지 노동부장관을 지낸 프란시스 퍼킨스도 뉴딜 네트워크에서 매우 활발하게 활동한 여성이었다. 그녀는 각료로 발탁된 후 노동부에 여성정치인들을 기용하였고 또 그녀의 뒤를 이어 많은 젊은 여성들이 정치에 입문하게 되었다. 비록 때때로 퍼킨스가 여성문제에 대해 무심한 것이 아닌가 하는 평가를 받기도 했지만, 네트워크에서 그녀의 역할은 매우 상징적이고 영향력이 있었다고 볼 수 있다. 마지막으로, 엘런 우드워드는 1930년대 워싱턴에서 가장 영향력 있는 여성 중 한 사람이었다. 도슨이나 퍼킨스와 달리 우드워드는 엘리너와 개인적인 친분관계가 없었다. 일찍이 사회복지 분야에서 경험을 풍부히 쌓았고, 1930년대에 사회구제 프로그램을 운영하는 데 지대한 영향을 끼쳤다.

백인여성들의 우정에 기초한 네트워크의 활용은 특히 유능한 여성들의 경우에 더욱 분명하였다. 그들의 우정은 공적인 영역과 사적인 영역 혹은 정부기관과 시민단체의 경계를 넘나들었으며 이러한 방법으로 '여성들의 정치문화'(women's political culture)를 형성해 나갔다. 아동국에서는 유아의 평균수명에 대한 연구 프로젝트에 이러한 수백 명의 자원봉사자 네트워크를 충분히 활용하였다. 1920년에 플로렌스 켈리(Florence Kelly)의 NCL도 여성국과 관련된 조사를 하는 데 이러한 방법을 동원했다.

　이와 같은 협동체제는 뉴딜 정책에서도 지속적으로 이루어졌다. 가장 좋은 예가 1936년 ERA를 둘러싼 여성운동의 분열을 극복하는 과정에서 잘 나타났다. 여성헌장을 발표하기 위한 초기의 모임에는 백인여성들을 중심으로 한 여러 시민단체 대표들이 참여하였다. 이러한 단체들에는 LWV, WTUL, 미국대학여성협회(American Association of University Women, AAUW) 등이 있었고, 또한 주정부와 연방정부에서 활동하고 있는 여성들도 참석하였다. 여성헌장의 1차 초고는 당시 여성국의 지도자였던 앤더슨이 작성했고, 2차는 뉴욕주 노동국(New York State Department of Labor)의 여성부문 지도부였던 프리다 밀러(Frieda Miller)가 수정했으며, 그 다음에는 뉴욕주 노동부의 대표를 지낸 로즈 슈나이더맨이 마지막으로 여성헌장을 작성했다. 여성헌장의 기초를 다지는 과정은 이러한 네트워크 활용의 가장 좋은 예가 되었다.[26]

　여성들의 정치적 네트워크 형성에서도 인종차별은 존재했다. 흑인여성들은 종종 뉴딜의 사회복지 정책에서 자신들의 활동을 제대로 평가받지 못하는 경향이 있었다. 그 이유는 사회복지 정책이 대부분 백인 중심으로 실시되었기 때문이다. 백인여성들의 개혁을 위한 네트워크는 여성 사회복지 정책에 어느 정도 영향을 끼쳤다고 볼 수 있다. 하지만 흑인여성들의 연방 복지 프로그램에 대한 영향력은 이 시기에 매우 미약했던 것으로 보인다. 사실상 노령보험(old-age insurance), 실직보상(unemployment compensation), 노동자보상(workmen's compensation)과 같은 연방 보조 프로그램들은 흑인을 철저히 배제시켰다. 흑인여성들이 정부관료가 되는 사례는 매우 드물었고, 이에 따라 백인여성들과 공식적으로 관계를 맺기란 매우 힘든 일이었다. 그리고 국가적 차원에서 개혁을 위해 네트워크를 형성하는 경우라 해도 백인여성들은 흑인여성들을 배제시켜 왔다.

하지만 흑인여성 중에도 뉴딜 정책에서 활동했던 여성이 있었는데 다름아니라 메리 베순(Mary M. Bethune)으로, 그녀는 백인여성들과 어느 정도 관계를 유지하고 있었다. 노예의 딸로 태어난 베순은 역경을 극복하고 매우 유능한 교육자가 되었다. 전국흑인여성연합회(National Association of Colored Women, NACW) 회장을 역임했고, 1935년에는 전투적인 프로그램을 추구한 전국흑인여성협의회(National Council of Negro Women, NCNW)를 설립하기도 했다. 때에 따라서 베순의 경우는 공격적이지 못한 점에 대해 비판을 받기도 했지만, 그녀는 네트워크 형성에서 무엇이 필요한지를 충분히 인지하고 있었다. 베순은 1938년 백악관에서 개최된 흑인여성들의 회의에서 뉴딜 정책에 보다 많은 흑인여성들이 대표로서 활동해야 한다고 주장했다.[27] 그녀는 자신이 흑인이며 흑인을 위한 프로그램에 더 많은 관심을 가지고 있다고 주장했으며, 뉴딜 행정부에서 흑인여성들의 문제를 해결해 나가기 위한 하나의 보호막 역할을 하였다.

흑인여성들의 네트워크 형성에서는 교육이 매우 중요한 작용을 하였는데, 이는 많은 여성들이 교육자이거나 혹은 교육기관을 창설하는 데 큰 도움을 주었다는 공통점을 가지고 있었기 때문이다. 흑인여성들의 네트워크는 고등학교나 대학교 동창생들을 중심으로 형성되었고 차차 그 범위를 넓혀나간 것으로 알려져 있다. 백인여성으로 흑인여성들 조직의 일원이었던 여성들도 있었다. 여기에는 흑인조직인 전국유색인지위향상협회(National Association for the Advancement of Colored People, NAACP)의 창립멤버인 제인 애덤스, 플로렌스 켈리, 줄리아 래스롭(Julia Lathrop), 메리 맥도웰(Mary McDowell), 릴리언 왈드(Lillian Wald), 그레이스 애봇(Grace Abbott) 등이 있었다.

네트워크를 형성한 여성들은 서로에게 조언자 역할을 했으며, 서로를 훈련시켰다. 백인여성들 간의 네트워크는 전국소비자연맹과 사회복지관(settlement house) 같은 사회개혁 단체를 통해서 형성되었다. 흑인들의 네트워크는 대학을 통하거나 아니면 NACW나 그 밖의 여러 지방단체들을 통해 형성되었다. 백인여성들의 경험은 세대 간 친밀감이나 결합을 매우 용이하게 해주었는데, 왜냐하면 젊고 새로운 자원자들은 나이든 자원자들과 함께 살면서 그들의 활동상황을 매우 자세하게 관찰할 기회를 가질 수 있었고 이러한 것들이 도움이 되었기 때문이다. 이러한 단체에서 지도자들은 회원들을 보호하거나 도움을 주기도 했는데, 이와 같은 관계는 제인 애덤스가 앨리스 해밀턴, 릴리언 왈드 그리고 플로렌스 켈리와 관계를 유지해 나가는 데서 잘 알 수 있다. 이러한 네트워크의 움직임은 구성원들이 주정부나 연방정부의 관료가 된 후에도 지속되었다. 연방정부에서 여성들에 의해서 운영된 조직 중에서 가장 중요했던 아동국이나 여성국의 지도자들은 특히 부하 여직원들과의 개인적 친분관계를 잘 유지하였다.

여성 네트워크를 통해서 활동한 여성들은 뉴딜의 사회·경제적인 개혁이 여성들에게 직접적인 영향이 미치도록 노력하였다. 1933년 엘리너 루스벨트와 WTUL, LWV, WCL과 같은 단체의 여성대표들은 여성들을 위한 긴급구호를 위해 마련된 백악관 회의에 초대를 받아 자신들의 주장을 피력하였다. 1933년에는 구제단체인 FERA와 민간사업청(Civil Works Administration, CWA)의 프로그램에 여성들을 포함시켰다. 1935년까지 공공사업추진청은 프로그램 전체 고용의 약 15퍼센트를 차지하는 약 35만 명의 여성을 프로그램에 수용하였다. 연방긴급구호청이나 나중에 젊은 남성들의 CCC에 해당되는 전국청년청(National Youth Administrator, NYA)에는 실직여성들의 고용을 위한 상설 직업훈련원이 만들어졌다. 1935년에는 사회보장법이 제정되어 주정부 차원이나 지방에서 도움을 필요로 하는 어린이들을 위한 기금을 제공했고, 또 어머니와 어린아이를 위한 주정부의 보조 프로그램들이 만들어졌다. 이러한 노력들을 통해서 경제공황 시기 여성들의 정치적 네트워크는 뉴딜 정책에 광범위하게 영향을 끼쳤다고 볼 수 있다.

그동안 미국 여성운동은 1920년 참정권 획득과 더불어 더 이상 호응을 받지 못했고, 1960년대 들어와서 다시 새로운 물결을 일으키기까지 오랜 휴지기를 거쳤다고 평가되어 왔다. 하지만 미국여성들은 1920년 참정권 획득에 이어 그동안 자신들에게 금지되어 왔던 정치영역에서의 활동을 조금씩 넓혀나갔다. 이러한 움직임은 대공황 시기에 들어와서 어려움 속에서도 기회를 맞이하게 되었다. 여성유권자동맹, 전국소비자연맹, 여성노조연맹, 여성국과 아동국 등과 같은 조직을 통해서 여성을 위한 토대를 마련하기에 이르렀다. 1930년대에 엘리너 루스벨트를 중심으로 해서 프란시스 퍼킨스, 매리 앤더슨, 몰리 도슨 등의 여성들이 네트워크를 형성해 미국정치의 전면에 나서서 활동하기 시작했다. 이들의 네트워크는 더 이상 사적인 것이 아니었다. 친분관계로 맺어진 이들의 협조체제는 정치적 네트워크로 발전하였다. 이들은 뉴딜 정책의 구체화 작업을 통해서 미국을 사회복지 국가로 만드는 데 공헌하였을 뿐만 아니라 이후 여성들의 정치적 활동영역을 확대시키는 데 중요한 역할을 담당했음을 알 수 있다.

1) Stanley J. Lemons, *The Woman Citizen: Social Feminism in the 1920s*(Urbana: University of Illinois Press, 1975); Juliet Mitchell, *Woman's Estate*(New York: Vintage Books, 1990); Margaret Benston, "The Political Economy of Women's Liberation," *Monthly Review*(no. 21, 1969).

2) Ruth Milkman, "Women's Work and Economic Crisis: Some Lessons of the Great Depression," *Review of Radical Political Economics*(no. 8, 1976. Spring); Alice Kessler-Harris, "A History of Women Workers: The Great Depression as a Test Case"(unpublished, Cambridge: Radcliffe Institute, 1977); Elsie George, "The Women Appointee of the Roosevelt and Truman Administration: A Study of Their Impact and Effectiveness"(Ph. D. Diss., Harvard University, 1966).

3) Suzanne Mettler, *Dividing Citizen: Gender and Federalism in New Deal Public Policy*(Ithaca: Cornell University Press, 1998); Landon R. Y. Storrs, *Civilizing Capitalism*(Chapel Hill: University of North Carolina Press, 2000); Julie Novkov, *Constituting Workers, Protecting Women: Gender, Law, and Labor in the Progressive Era and New Deal Years*(Ann Arbor: University of Michigan Press, 2001).

4) Peter Filence, *Him/Her Self*(Baltimore: Johns Hopkins University Press, 1986), pp. 153~57.

5) Milkman, 앞의 글, p. 82.

6) Valerie Kincade Oppenheimer, *The Female Labor Force in the US*(Berkeley: University of California Press, 1970), p. 44.

7) William H. Chafe, *The American Woman: Her Changing Social, Economic, and Political Roles 1920~1970*(New York: Oxford University Press, 1972), p. 111.

8) Mettler, 앞의 책, p. 42.

9) Thomas Minehan, *Boy and Girl Tramps of America*(New York: Farra, Straus and Giroux, 1934), p. 75.

10) Genevieve Parkhurst, "Is Feminism Dead?" *Harper's Magazine*(no. 170, 1935. May), p. 744.

11) Janet M. Hooks, "Women's Occupations through Seven Decades," *Women's Bureau Bulletin*(no. 218, Washington DC: US Government Printing Office, 1947), pp. 142~44.

12) Linda Gordon, "Black and White Visions of Welfare: Women's Welfare

Activism, 1890~1945," *Journal of American History*(vol. 78/no. 2, 1991. September), p. 571.

13) Eleanor Roosevelt, *It's up to the Women*(New York: Frederick A Stoles, 1993), pp. 202~206.

14) Blanche Wiesen Cook, *Eleanor Roosevelt, 1933~1938*(New York: Viking, 1999), p. 2, 3.

15) Allida M. Black, *Courage in a Dangerous World: the Political Writings of Eleanor Roosevelt*(New York: Columbia University Press, 1999), p. 2.

16) Rose Schneiderman to Eleanor Roosevelt, 1936. 11. 6(Franklin D. Roosevelt Library, Hyde Park, New York).

17) Molly Dewson to Eleanor Roosevelt, 1939. 6. 30(FDRL).

18) Mary W. Dewson, "An Aid to the End"(unpublished autobiography, 1949), p. 2.

19) Mary Anderson, *Women at Work*(Minneapolis: The Lund Press, 1951), p. 178.

20) Black, 앞의 책, pp. 20~22.

21) 같은 책, p. 34, 35.

22) Parkhurst, 앞의 글, p. 741.

23) Chafe, 앞의 책, p. 115.

24) Carrie Chapman Catt to Eleanor Roosevelt, 1933. 8. 15(Eleanor Roosevelt Papers, FDRL).

25) Dewson, 앞의 글, p. 191.

26) Florence Kelley to Anderson, 1920. 6. 24(box 843, Women's Bureau Papers); Anderson to Dewson, 1920. 8. 23(같은 곳); Anderson to Mary Van Kleeck, 1937. 1. 8(folder 22, box. 1, Mary anderson Papers, Schlesinger Library, Radcliffe College).

27) Gordon, 앞의 글, p. 565.

4
제2차 세계대전 시기 '리벳공 로시'와 젠더문제

미국역사상 수차례의 전쟁은 미국여성들에게 커다란 변화를 가져
다주었다. 우선, 미국독립전쟁은 여성들에게 가정규율을 지켜나갈
의무와 시민으로서 자녀의 도덕교육을 책임질 의무를 그 핵심으로
하는 '공화주의적 모성'(republican motherhood) 개념을 보편화시키
는 데 큰 역할을 하였다. 19세기 중반의 남북전쟁은 특히 중상류층
여성들의 활동영역을 다양하게 확대시켰으며 나아가 전후(戰後) 여
성 노동운동이나 참정권운동에 앞장서게 되는 많은 여성지도자들
을 배출하였다. 또한 제1차 세계대전에서 여성들의 공헌은 그들에
게 참정권을 부여한 19번째 수정안 통과에 직접 또는 간접적으로
영향을 끼쳤다. 2차대전에서의 대규모 동원은 유례없이 많은 수의
여성노동력 편입을 초래하였다.

　　미국정부는 이러한 전쟁들을 치를 때마다 여러 가지 방법을
동원하여 '여성의 애국시민화'를 꾀하였다. 이것은 정치통제, 공공선
전 그리고 매스미디어 등의 매체를 통해서 이루어졌으며, 이러한 면
모를 가장 잘 드러내 보여주는 것이 바로 제2차 세계대전 동안 미국

정부의 정책과 '리벳공 로시'(Rosie the Riveter)의 이미지를 통한 젠더 이데올로기의 구축이다. '리벳공 로시'는 방위산업 분야에 종사하는 여성을 상징하는 것으로, 그녀의 얼굴은 각종 잡지의 표지와 광고의 전면을 장식했다. 이 이미지를 이용해서 정부는 여성의 전통적인 여성성을 전혀 잠식하지 않으면서도 방위산업체에서 일하는 여성들의 시민으로서의 애국적 의무를 부각시킴으로써 여성들을 대규모로 동원하였다.

1) 제2차 세계대전과 여성사 연구동향

미국역사가들은 제2차 세계대전이 미국여성들에게 끼친 영향에 대해 다양한 해석을 내어놓고 있다. 특히 전쟁의 영향으로 600만 여성이 4년 동안 유급노동력으로 편입되었다는 사실이 가지는 역사적 의미에 대해서는 매우 상반된 의견들을 내어놓고 있다.

우선 윌리엄 체프(William H. Chafe)와 수잔 하트만(Susan Hartman)의 경우에는 제2차 세계대전은 미국여성사에 전환점을 제공한 사건으로서 수많은 미국여성들이 집을 벗어나 직업을 가질 수 있는 길을 열어주었을 뿐만 아니라 제2기 여성해방운동의 등장에도 큰 기여를 했다고 주장하고 있다. 반면에 레일라 러프(Leila J. Rupp)는 2차대전 시기 여성들의 경제참여는 차별의 장벽이 일시적으로 낮아지는 결과를 가져왔을 뿐 미국사회 안에서 여성의 지위와 기회에 영속적인 영향을 끼치지는 못했다고 주장한다. 앤더슨(Karen Anderson)과 캠벨(D'Ann Campbell), 밀크먼(Ruth Milkman)은 제2차 세계대전이 미국여성들에게 체프가 주장한 것만큼의 획기적인 전환점이 되지는 못했다는 해석을 내렸다. 그들은 노동시장에서 여성의 역할이나 지위가 여전히 남성들에 비해 열악했다는 점을 지적하면서, 전쟁 동안 많은 여성들이 노동시장으로 유입되었지만 그러한 변화는 지속성을 가지지 못했다고 분석하였다. 그들의 주장에 따르면, '리벳공 로시'의 이미지가 바로 그 같은 측면을 잘 보여주는 것으로서, 전쟁의 종료와 더불어 방위산업체에 종사하던 여성들은 갑자기 직장을 떠나야 했다는 것이다. 이렇게 미국의 여성사가들은 여성에 대한 2차대전의 영향을 둘러싸고 매우 첨예한 대립을 보여주고 있다.[1]

제2차 세계대전 동안 여성들의 전시노동 문제는 '리벳공 로시'로 집약될 수 있으나, 이러한 그룹의 여성들이 전쟁종결과 함께 사라졌기 때문에 역사서술 부분에서 큰 주목을 받아오지 못했다. 이 장에서는 제2차 세계대전과 미국여성들의 경험을 전시에 국가의 대중동원과 여성정책, 공공선전 등의 동향을 통해서 살펴보는 데 그 의의가 있다. 특히 리벳공 로시를 통한 젠더 이데올로기의 영향을 분석해 보고자 한다. 미국정부는 전시의 노동력 보충을 위해 어떤 방법을 동원해서 여성들을 노동의 장으로 유인했으며, 여기에 동원된 정책과 매스미디어의 영향은 어떠했는가? 또 전쟁 동안 여성들에게 요구된 애국심은 남성에게 요구된 그것과 어떻게 다르고 이는 당시의 어떤 이데올로기를 내포하고 있었는가? 전쟁 동안 여성들의 노동조합 활동은 어떻게 전개되었으며 그 한계점은 무엇인가? 그리고 전시에 정부가 주장해 오던 여성의 역할들이 전후에는 어떤 명목으로 변화되어 갔으며 이러한 딜레마는 무엇을 의미하는가? 이상을 살펴봄으로써 이 장에서는 내셔널리즘과 젠더의 상관관계를 복합적으로 접근해 보고자 한다.

2) 국가 총동원정책과 여성의 애국시민화 프로젝트

1941년 12월 7일 일본의 진주만 기습으로 마침내 미국정부가 내린 참전 결정은 미국 여성과 남성 모두의 삶에 똑같이 돌이킬 수 없는 변화를 가져다주었다. 진주만 폭격 후 1년 이내에 18~39세의 수많은 미국인들이 직장을 버리고 참전하였으며, 그 결과 1600만 명이 넘는 남성들이 전쟁에 뛰어들었고 여성들도 예외는 아니었다.[2] 제2차 세계대전의 참전으로 미국정부는 전쟁에 직접 개입하면서 총력전을 펼치기 위해서는 '후방'에 있는 여성들의 협력이 불가피하다는 것을 인지하고 여성들의 조직화를 추진해 나갔다. 미국정부의 참전 결정은 무엇보다도 일상생활을 정치화했으며, 여기서 주된 책임을 맡은 사람은 바로 가정을 지키던 여성들이었다.

　　전시체제 아래서 온 국민이 겪어야 했던 가장 큰 변화는 설탕, 고무, 가솔린, 커피 등을 포함한 생활필수품 부족현상이었다. 동부의 가솔린 공급은 20퍼센트 정도 감소했고, 많은 제품의 생산이 중단되었다. 『비즈니스위크』(*Business Week*)에 따르면, 진공청소기·토스터 등 전기제품의 생산중지는 수많은 미국인들이 더 이상 이전과 같은 삶을 누릴 수 없을 것 같은 분위기를 조성하였다고 기록하고 있다.[3] 루스벨트 정부는 공급부족에 따른 가격상승을 억제하기 위해서 '가격행정사무국'(Office of Price Administration, OPA)을 설치하여 수요와 공급을 통제하였고, 20가지 생활필수품목을 설정하여 배급제를 실시하였다. 또한 1942년 1월 정부가 발족한 '전시생산국'(War Production Board, WPB)을 중심으로 대대적인 물품 수집운동이 실시되었다. 1942년 전국적으로 고무 수집운동이 실시되었는데, 루스벨트 대통령은 "고무로 만든 제품―오래된 정원용 호수, 낡은 우비, 장갑―등 그 무엇이든 전쟁에 승리하기 위해서 수집해야 한다"고 국민들에게 호소했다. 또 정부는 여성들에게 '승리의 텃밭' (victory garden)을 가꾸도록 요청하였다. 한때 전국적으로 200만에 가까운 수에 이르렀던 '승리의 텃밭'은 전국 채소생산량의 1/3을 담당하기도 하였다.[4] 이렇게 미국정부는 후방의 평범한 일에서조차 애국심을 강조함으로써 열렬한 국민주의 분위기를 고조시켜 나갔다.

여성들은 전쟁의 승리를 위하여 지역사회 동원의 책임을 맡게 되었다. 자원봉사 활동으로 숙달된 여성들은 전시체제하 사회적 요구에 대규모로 부응하였다. 그 가운데 300만 명의 여성이 적십자사에 자원봉사를 하였다. 남북전쟁 동안 활약했던 클라라 바튼 (Clara Barton)이 창립한 미국적십자사는 제2차 세계대전 동안에도 여성들을 중심으로 매우 활발한 활동을 펼쳐나갔다. 여성들은 또 민방위를 위하여 구급차를 운전하거나 비행기를 관측하였으며, 애국심 발휘라는 이름 아래 병사들에게 보낼 통조림을 만들고 과자를 포장하는 일과 같이 가정에서 흔히 하던 일들에 공동으로 참여하였다. 경제공황 시기에 미국여성들은 집안일을 함으로써 가족의 생계를 위해 지혜를 발휘하였다면, 이제는 남성들이 전쟁터에 나감에 따라 집안일뿐만 아니라 전쟁의 승리를 위해 지역사회 동원의 책임까지 맡아야 했다.

1942년에 이르러 경제상황이 남성노동자의 가용공급을 모두 흡수하게 되자, 오직 여성고용만이 산업수요에 부응할 수 있다는 인식이 광범위하게 퍼져나갔다. 전시체제하 여성 노동인구의 증가는 역사적 조류를 바꾸어놓은 것처럼 보였다. 1940년 4월부터 1943년 4월까지 14세 이상 여성 노동인구의 노동참여 비율은 26퍼센트에서 30퍼센트로 증가하였고 최고 34퍼센트까지 늘어났다.[5] 1941년 초 상황을 살펴보면, 여성노동자의 약 60퍼센트가 섬유산업체나 전통적으로 여성을 위한 직업에 종사하였고 1퍼센트 정도가 방위산업체에 고용되었다. 항공관련 7개 업체는 약 10만 명의 노동자들을 고용하였는데, 그중 3개 업체에서는 여성을 한 명도 고용하지 않았고 4곳은 1퍼센트 정도만 여성노동자들을 고용하였다.[6]

연방고용국의 조사에 따르면, 여성을 자발적으로 고용하는 문제에 대한 고용주의 인식이 1942년에 전환점을 맞이하게 되는데 고용주들은 1~7월의 새로운 일자리 비율을 추산하면서 그중에서 여성이 차지할 수 있는 비율을 29퍼센트에서 55퍼센트로 상향조정하였다. 그동안 산업체에서 여성을 고용하지 않았던 주요 원인 가운데 하나는 남성노동자들이 여성과 함께 일하거나 여성의 부하직원이 되기를 거부하였기 때문이다. 하지만 공장에서 남성노동자의 수가 크게 줄어들고 산업생산의 수요가 점차로 증가하면서, 고용주들은 여성노동자를 받아들이는 것이 불가피하다는 것을 인지하였다.

1942년 루스벨트 대통령은 "어느 지방 고용주들은 여성들을 고용하기를 꺼려합니다. 또 어떤 지방에서는 흑인들을 고용하기를 꺼려합니다. 하지만 우리는 더 이상 이러한 편견에 사로잡혀 있어서는 안 됩니다"라고 연설하였다.[7] 정부는 때로는 필요에 의해서 기업에 압력을 가해 여성들을 고용하도록 촉구하였다. '미국고용서비스'(The US Employment Service)는 정기적으로 여성과 남성의 고용이 비교적 순조롭게 이루어질 수 있도록 노력하였다. 우선 전쟁물자의 필요성으로 1차적으로 사무직, 즉 타이피스트·비서·교환수 등의 수요가 늘어남에 따라 중산층여성들의 취업률이 증가하였다. 2차적으로는 남성들이 주로 근무하고 있던 실험실, 은행, 사업체 등의 자리가 여성들로 대체되었다. 당시 여성들이 가장 만족스러워한 직업은 방위산업체에 종사하는 것이었다. 방위산업체는 대체로 남성들의 일로 간주되어 오다가 전쟁으로 인력 부족현상이 발생함에 따라 여성들에게 대대적으로 기회를 제공하게 되었다. 방위산업체에 종사하는 여성들은 다른 직종보다도 높은 임금을 받을 수 있었는데, 특히 항공관련업체는 가장 높은 임금을 책정해 놓고 있었다.

전시산업의 확대는 여성들의 저임금이나 고용장애를 해소시키는 데 어느 정도 기여를 하게 되었다. 하지만 고용차별이 완전히 사라진 것은 아니었다. 일단 고용된 후에도 여전히 여성들에게 적합한 직무가 한정되어 있었다. 1942년 여름에 조직된 '전시정보국'

	최저임금/시간당	최고임금/시간당
항공관련업체	1.02	1.15
그 밖의 방위산업체	0.89	0.93
기타 산업체	0.60	0.85

* 출처: *National War Labor Board Memorandum on Equal Pay*, 1944.

(단위: 달러)

(Office of War Information, OWI)은 방위산업체의 일들이 여성들에게도 적합하다는 여론을 이끌어내기 위해 많은 노력을 기울였다. 그럼에도 불구하고 사회 전반적으로 이러한 여성의 새로운 역할에 대해서 여전히 환영하는 분위기는 아니었다. 경제공황을 겪으면서 전통적인 역할이 강조되었던 사회적 분위기가 전쟁을 겪으면서 다시금 혼란에 빠지게 되었던 것이다.

그러나 정부는 1943년이 되어서야 직접 나서서 여성고용을 적극적으로 창출해 내기 시작하였으며, 마침내 기혼여성들의 고용지체 현상이 서서히 사라졌다. OWI는 세 가지 기본 전략을 통해서 중산층여성들을 노동시장으로 유인했다. 첫째는, 광고를 통해서 여성들에게 전쟁관련 산업에 종사하는 것 자체도 집안일 성격에서 크게 벗어나지 않는다고 강조하는 것이었다. 두번째 전략은 전쟁관련 사업에 참여하는 것이 그들의 사랑하는 아들이나 남편의 생명을 구하고 전쟁이 신속히 끝날 수 있도록 돕는 것이라고 주장하는 것이었다. 마지막으로는, 전쟁관련 일을 하지 않는 여성들을 애국심이 부족하다고 비난하는 것이었다.

전쟁이라는 위기에 놓이면서 고용창출을 통한 국가의 이익을 위해서는 그동안 지켜왔던 여성의 지위나 역할에 대한 재규정이 전제되어야 했다. 그를 위해서 일단 정책입안자들은 여러 가지 여성적 특징들에 대한 장점을 부각시키려고 노력하였다. 여성들의 뛰어난 손놀림, 정확성, 단순노동에 잘 어울린다는 점들이 부각되었고, 이러한 것들이 더없이 적절한 장점이 되었다. 또 한편으로 그들은 그동안 여성들에게 해로운 영향을 끼친다는 이유로 중공업분야의 고용을 방지하고 여성노동자를 위한 보호법 제정을 추구해 오던 기존의 입장을 바꾸게 되었다. '전시인력위원회'(War Manpower Commission, WMC) 위원을 지낸 하워드 레퍼(Howard J. Lepper) 소령은 실험결과를 토대로 16세 이상의 여성은 보호법에 규정된 내용보다도 훨씬 더 많은 일들을 충분히 해낼 수 있다고 주장하였다. 이것은 실제로 그동안 중공업분야의 직업 중 20퍼센트 이상이 여성에게 해로운 직업으로 분류되어 왔던 점에 미루어보아 매우 다른 접근이었다. 그들은 오히려 중공업분야의 일들이 남성은 물론 여성들에게도 적합하다는 논리를 전개시키기 위해서 여성과 남성의 능력차이를 좁혀나갔다. 여러 이유로 해서 전쟁은 고정화된 여성과 남성의 성역할의 차이에 대한 그동안의 여러 관념에 관심을 집중시켰다.[8]

전시 여성고용 문제에서 가장 특이할 만한 사실로는 기혼여성의 취업률 증가를 들 수 있다. 1940년 전체 여성노동자 중 미혼여성은 48.5퍼센트, 기혼여성은 36.4퍼센트 그리고 미망인이나 이혼여성은 그 나머지 15.1퍼센트를 차지하는 것으로 나타났다. 그러나 전시체제하에서는 미혼여성의 비율이 40.9퍼센트, 기혼여성 45.7퍼센트 그리고 미망인이나 이혼여성이 13.4퍼센트로 기혼여성의 노동참여율이 급증했음을 알 수 있다. 기혼여성의 11퍼센트는 남편이 참전한 것으로 나타났다.[9] 1943년에 이르러 『포춘』(*Fortune*)지는 실질적으로 노동시장으로 유입될 수 있는 미혼여성이 수적으로 매우 적다는 점을 지적하면서, 산업노동자의 잠재적 자원으로 기혼여성에게 관심을 보일 수밖에 없다고 밝혔다. 또 『포춘』지는 여성의 능력에 대한 뿌리 깊은 선입견을 버리고 많은 사람들이 기혼여성을 고용하는 것을 심각하게 고려하고 있다고 설명하였다.[10]

기혼여성을 고용함에 있어서 중요하게 고려해야 할 문제는 무엇보다도 자녀양육 문제였다. 자녀보호 문제와 관련해서 전쟁 초기부터 WMC는 자녀가 있는 여성들의 우선적인 책임은 자녀를 제대로 돌보는 일이라고 주장하였지만, 기혼여성의 노동력을 필요로 했기 때문에 전통적인 성역할을 언급하는 문제는 매우 조심스럽게 접근하였다. 정부는 여성이 임신을 했다는 이유로 고용에서 제외되는 것을 금하도록 지시하였으며, 가능하면 고용주가 그러한 여성들을 위하여 노동시간을 조정해 주거나 마을에 탁아시설을 설치할 것을 권장하였다.

전시체제하에서 특이할 만한 또 한 가지 사실은 흑인여성들의 고용패턴에 큰 변화가 있었다는 점이다. 1940년 백인여성의 경우 8명 중 2명이 직업을 가지고 있었던 데 반해서 흑인여성의 경우에는 5명 중 2명이 직업을 가진 것으로 나타났다. 그리고 1940년대 초반까지만 해도 기술직에 종사하는 흑인여성은 찾아보기가 힘들었다.

1940년 흑인 여성노동자 150만 명 가운데 반 이상이 농민, 가내하인, 요리사 등의 직업을 가지고 있었다.[11]

전쟁이 발발한 후 흑인 여성과 남성들에게는 전쟁 전에는 취업의 기회가 없었던 기술직에의 고용이 증가하였다. 흑인여성의 고용확대는 전쟁무기 공장뿐만 아니라 의복, 음식, 섬유, 가죽 등을 생산하는 공장에서 이루어졌다. 가장 큰 증가는 금속, 화학 그리고 고무를 생산하는 공장이었다. 1940년 4월 3천 명 이하의 흑인여성이 고용되었던 것이 4년 후인 1944년에는 50배 이상이 고용되었다.[12] 1945년에는 200만 명 이상이 직업을 가지고 있었다. 공장노동자, 장인 등의 직업을 보유한 경우가 4배 이상으로 증가했고 심지어 많은 흑인여성들이 군에 입대하였다. 흑인여성의 직업 중 가장 보편적이었던 가내하인의 경우는 급속히 감소하는 추세를 보였다. 1942년 브루클린 해군기지에서 최초로 여자기계공 모집이 있었을 때, 지원자 6천 명 중 한 흑인여성이 99점으로 최고점수를 받았다. 이 사건은 흑인여성들에게 변화의 시기의 증거로 받아들여졌다. 그러나 흑인여성들도 백인여성과 마찬가지로 전시체제하에 가지고 있던 직업을 전후에도 지속적으로 보유하지는 못하였다. 이러한 점에서 볼 때 흑인여성들도 백인여성, 흑인남성들과 마찬가지로 전후의 상황이 변한 데 대한 실망은 마찬가지였다.[13]

전시체제하에서 사회 전반적인 분위기는 여성의 노동시장 참여에 대해 긍정적이었으나, 때로는 여성의 행동과 가치관의 변화에 대해 우려를 표명하는 경우도 많았다. 다른 어떤 분야보다도 군대에서 이러한 경향이 자주 나타났다. 미국정부가 참전을 결정한 후 많은 여성들이 과거와 비교해서 많은 변화가 생긴 군에 입대했다. 약 1천 명의 시민 항공사가 '여성항공서비스파일로트'(Women's Airforce Service Pilots, WASP)에 입대하였고, 14만 명의 여성이 여성군대(Women's Army Corps, WAC)에, 10만 명이 해군 내 여군(Women Accepted for Voluntary Emergency Service, WAVES)에 입대하였고, 그 밖에 많은 여성들도 해병이나 해안경비군으로 입대하였다. 비록 많은 수는 아니었지만 때에 따라서 여성들은 조종사나 행정직, 고위직을 차지하기도 하였다. 군대 내 업무는 일반적인 직업과 마찬가지로 성역할에 기초해서 업무구분이 되어 있었다. 그럼에도 불구하고 전시의 군대는 여성들의 입대를 위해서 최대한 노력하였다. WAC의 지휘자였던 오베타 허비(Oveta Hobby)는 "여성들은 미국의 화려한 여성상의 전통을 수행하고 있다. 그들이야말로 역사를 만들고 있다. … 전쟁이야말로 여성과 남성의 구분이 없다는 것을 증명해 주고 있다"고 주장하였다.[14] 비록 군대는 여성들에게 집안일을 대신할 일을 제공해 주었지만 실제로 집안일과 군대에서의 직무를 병행한다는 것은 불가능한 일이었다.

정부는 군입대가 여성의 여성성과 도덕적 성향에 지장을 주지 않는다는 것을 최대한 증명해 보이려고 노력했다. 군에 있는 여성지도자들은 전쟁 후에는 이러한 여성들도 결혼생활만 충실히 해내고 있는 다른 여성들과 똑같이 될 것이라고 주장했다. 이러한 공공정책은 부분적으로는 성공을 거두었지만, 여러 면에서 한계점에 부닥치게 되었다. 그것은 군에 있는 여성들에 대한 이중잣대 문제 때문이었다. 그 예로, 군대에서 남성들에게는 성관계로 전염되는 질환을 방지하기 위해 피임기구가 제공되었지만 여성들은 피임기구를 구입하기가 그리 쉽지 않았으며, 성적 질환이 발견되는 경우에도 여군은 남자군인들에 비해 더욱 가혹한 처벌을 받았다.[15]

전시광고위원회(WAC)는 전략적으로 정부의 정책에 적극 동참하였다. 여성들의 역할이 너무 중요했기 때문에 많은 기업광고들도 이러한 전투적인 정신을 가진 여성들을 모델로 내세웠다. 예를 들어 크라프트(Kraft) 사는 "미국의 여자영웅들"이라는 표제와 함께 딸이 트랙터를 운전하는 동안 어머니는 건초를 던지는 장면의 광고를 내보냈다. 그리고 "목장에서 여성과 소녀들은 돌보아야 할 일들이 많다. …지금 그들이 하고 있는 일은 당신을 놀라게 할 것이다"[16]라는 문구가 씌어 있었다. 이 광고는 여성들을 농장으로 유도하기 위한 광고로서 1943~44년에 전시정보국의 중요 캠페인에 사용되었다. 또 이러한 광고들은 여성들이 담당하고 있는 일들이 국가를 위해서 더할 수 없이 영웅적인 일들이라며 찬사를 보냈다.

이런 여성들에게 보내는 또 다른 찬사로는 그들이 얼마나 강인하고 결단력이 있으며, 불평 없이 일을 추진해 나가는가 하는 것들이 있었다. 예를 들어 벨 전화사(Bell Telephone)는 교환원들을 '서비스의 병사들'이라 불렀고 빕 매뉴팩처링(Bibb Manufacturing)이나 그 밖의 몇몇 기업은 승리를 향해 결단력을 가지고 행진하는 여성들의 광고를 내보냈다. 광고문구는 "미국여성들은 항상 강인했다. …여성들은 남성과 어깨를 나란히 하고 국가를 위해 일하고 있다"[17]와 같은 것들이었다. 이렇게 전시의 각종 광고는 여성들의 전투적인 행적을 강조하는 것이 주된 내용을 이루었다.

20세기 중반까지의 역사

전시광고는 여성의 군입대에 대한 기존의 부정적인 주장들을 잠재우기 위해서 특히 여성성에 주목하였다. '비상시고용사무국'(The Office of Emergency Management, OEM)은 해군 내 여군(WAVES)과 해상보안대 내 여군(SPAR) 고용의 적합성을 강조하였다. 이들의 광고에는 군인 서비스와 여성성에 대한 전형적인 생각과 관련시켜 다음과 같은 내용이 담겨 있었다.

여성의 군입대와 관련해서 많은 남성들이 여기에 반대하는 입장을 표명하고 있다. 이러한 문제를 해결하기 위해 남성들을 위한 교육적인 프로그램이 필요하다. 일반인이든 군인이든 모든 남성은 여성이 군복무를 하는 것은 적당하지 않다는 편견을 버리기 위해서 보다 구체적인 정보를 통한 인식전환이 필요하다…[18]

OWI도 여성들의 군입대가 성적 매력을 떨어뜨리는 것은 아니라는 것을 재확인시켜 주기 위해서 군대에 근무하고 있는 여성들의 여성성을 강조하였다. 당시 여군에 관한 1분가량의 광고는 이러한 의도를 잘 보여준다. 라디오는 청취자들에게 다음과 같은 광고방송을 내보냈다.

해군 내 여군(WAVES)에 있는 미국여성이야말로 예쁜 옷과 파티를 사랑하고 요리와 바느질 또한 능히 해낼 수 있는 진정한 미국여성입니다. 그들은 매우 여성적이고 또 자신들이 해군이라는 데 대해 매우 큰 자부심을 가지고 있습니다…[19]

정부의 끊임없는 노력과 더불어 소설가들이나 광고주들은 군복을 입은 여성들의 여성다움과 섹스어필하는 모습을 끊임없이 내보냈다. 여성의 군입대를 권장하기 위해서 씌어진 OWI의 포스터 내용은 이와 같은 사실을 여실히 드러내 보인다. "캘리포니아행 기차에서 한 군인은 한 여자영웅의 아름다움에 그만 첫눈에 반해 버렸다." 또 한 잡지광고는 아름다운 여군에게 초콜릿 한 박스를 선물하는 광고를 내보냄으로써 이러한 메시지를 전달하였다.[20] 대중매체는 끊임없이 여성에게 주어진 새로운 역할들이 전형적인 여성의 이미지나 성 정체성에는 기본적으로 아무런 변화를 가져오지 않을 것이라고 강조하였다. 국가 캠페인 지도자들은 광고업자들에게 단순히 경제적인 면이나 개인적 소득을 위해 여성들의 군입대를 선전할 것이 아니라 국가를 위한 애국심 혹은 군에 있는 남성들을 돕기 위한 기회로서 여성들의 참여를 격려할 것을 지시하였다. 여성들에게 가장 중요한 일은 여전히 그들의 삶에서 남성을 향한 의무를 다하는 것으로 이것은 곧 여성들에게 애국심을 의미하였고, 광고주들은 가능한 방위산업체에서 일하거나 군에 입대하는 것이 여성들에게 새로운 역할이 아니라는 점을 피력하고자 했다.

정부는 변화의 결과에 대한 우려를 완화시키는 동시에 여성들을 공장으로 유인하기 위해 산업체 광고주들의 적극적인 협력과 도움을 얻어 선전활동을 전개하였다. 사실 산업노동에 여성을 동원하는 것은 국가권력이 전쟁기간 동안 형성될 가치와 태도 그리고 경제에 이례적으로 개입하는 것을 의미하였다. WPB를 통해서 행정부는 무엇을 생산할 것이며, 부족한 재원을 어떻게 하면 효율적으로 사용할 수 있을 것인가에 대하여 결정하였다. WLB는 파업이나 공장의 파괴를 막기 위해 노동분쟁에 개입하였다. 그리고 OWI는 선전과 광고 계획을 조정하였다. 일단 전시인력위원회가 여성노동자를 모집하기로 결정하자, 전시노동국은 남성의 일이었던 직무를 현재 담당하고 있는 여성에게 남성과 동등한 비율의 임금을 지급해야 한다는 결정을 발표할 것이라고 공지하였다. 또 OWI는 신규모집 포스터와 팸플릿을 제작하고 소설·영화·대중매체에서의 광고를 위한 보도지침을 결정하였다. 이에 대한 반응은 즉시 나타났다. 대중매체는 정부의 이러한 정책에 적극 동참하게 되었다.

3)   대중매체의 이미지 전략과 리벳공 로시의 출현

1941년부터 1945년까지는 미국역사상 가장 독특한 시기로, 대중매체와 오락 등이 정부의 전쟁목표에 적극 부응했던 시기이다. 제2차 세계대전 동안 여성고용 창출을 위한 대중매체의 이미지 전략은 대규모로 진행되었다. 대중매체는 정부의 입장을 대변해서 여성의 다재다능함을 강조함으로써 선전효과를 극대화시켰다. 영화, 소설, 광고문구를 통한 선전효과는 여성들을 남성의 직업세계에 참여할 수 있게 하는 데 가장 효율적이면서도 잘 조직된 형태로 진행되었다. 전시광고위원회(War Advertising Council, WAC)는 기혼여성들을 전쟁관련 산업에 참여시키기 위해서 산업노동과 가사노동이 다르지 않다는 것을 지속적으로 강조하였다. 여성들에게 전통적인 가사노동과 비전통적인 산업노동의 유사성을 부각시키는 것이었다.

이러한 분위기에서 탄생한 것이 바로 '리벳공 로시'(Rosie the Riveter)의 이미지로, 이는 제2차 세계대전 동안 방위산업체에 참여한 여성들을 가리키는 용어였다. 리벳공 로시는 크게 두 범주로 나누어 설명할 수 있다. 하나는 노동자계층의 미혼여성들로, 그들은 전쟁 전부터 웨이트리스나 공장직공으로 취업해 있었으나 전쟁이 발발하면서 더 나은 보수와 노동조건의 방위산업체에서 일하기 위해 직장을 이동한 여성들이다. 이 여성들은 대부분 노조에 가입했고 직장 내 성차별에 대항해서 활동적으로 노조활동을 전개했던 여성그룹이다. 또 이들은 전쟁이 끝나면서 불어닥친 여성노동자들의 해고에 적극적으로 대응했던 계층이다. 또 하나는 전쟁발발 당시 가정에 머물러 있거나 학교에 다니고 있던 여성들로, 전쟁을 통해서 제공된 노동의 기회를 처음으로 경험한 계층이며 여기에는 대부분 백인 중상류층의 기혼여성들이 포함되어 있었다고 볼 수 있다.[21]

국민적 영웅으로서 매력적인 로시(Rosie)의 사진은 잡지의 겉표지나 포스터, 광고의 전면을 장식하였다. 로시의 이미지는 다양했지만 그중 가장 대표적인 것은 "우리는 할 수 있다"(We Can Do It) 포스터의 주인공 로시와 노먼 록웰(Norman Rockwell)의 로시로, 록웰의 로시는 1943년 5월 29일자 『새터데이 이브닝 포스트』(*Saturday Evening Post*)에 소개된 후 널리 통용되었으며 이러한 이미지는 계층과 젠더를 포함해 매우 복합적인 체계를 가지고 있었다. 록웰의 리벳공 로시는 약 30세가량의 백인여성으로 오버롤을 입고 중장비를 무릎에 놓은 채 샌드위치를 먹고 있는 모습을 취하고 있으며 배경에 깔고 있는 성조기 문양과 함께 애국적 정서가 배어난다. 록웰의 로시가 신문에 등장한 지 2주 후에 현실 속의 로시가 언론에 모습을 드러냈다. 1943년 6월 8일 뉴욕에 있는 이스턴 항공사(Eastern Aircraft Company)의 로즈 히커(Rose Hicker)와 그 동료가 리벳공으로 기록을 세우는 장면들이 미디어에 집중 보도되었다.

이러한 이미지와 사건들은 전시체제하 여성들의 경험을 상징하는 것으로 대중들에게 소개되었다.[22] 전체적으로 전시체제하에 리벳공 로시는 이렇게 연방정부 정책자, 산업지도자, 엔터테인먼트 종사자 들에 의해서 의도적으로 구축된 이미지였다. 이들은 그동안 집안일에만 전념해 왔고 노동시장의 실제 경험과는 아무런 관련이 없는 중산층여성들로서, 임금이 필요한 노동계층이 아닌 임시직 노동자들이었다.[23]

전시체제에서는 후방의 요구와 전쟁의 위기감으로 젠더의 역할과 계층구조가 잠정적으로 해체되는 상황에 놓이게 됨에 따라 공권력과 문화적 산물 사이에 새로운 연계성이 생겨나기 시작했다. 리벳공 로시에 대한 여성들의 반응은 계층이나 인종, 결혼상태 그리고 자녀수에 따라 매우 다양했다. 록웰의 리벳공 로시는 전쟁 동안 산업분야에서 중산층과 노동계층 여성들의 다양한 반응을 나타냈다. 로시의 강하고 굵은 팔의 신체적 특징은 가정보다 노동시장에 잘 어울리는 노동계층 여성들의 이미지였다. 로시의 이미지는 무엇보다도 중상류층 백인여성들을 겨냥한 것이었지만, 현실적으로 전쟁관련 산업에 종사하는 여성은 여러 연령층의 흑인·라틴계·미혼·기혼·학생·가정주부 등 다양했다. 대표적인 전시산업체가 소재해 있는 뉴욕, 로스앤젤레스, 디트로이트 같은 곳에서는 소수계층 여성노동자들의 노동시장 참여율이 10퍼센트에서 19퍼센트로 증가하는 추세를 보였다. 그러나 포스터나 광고에서는 중산층 백인여성들만 그 이미지로 표현되었다.[24]

전시에 여성들의 경험을 다룬 영화들은 이러한 '리벳공 로시'나 그 밖에 전쟁승리를 위해서 노동현장에서 땀 흘리는 여성들을 그렸는데, 간호사나 자원봉사자들의 활동도 여기에 포함되었다. 이렇게 전시의 여성을 묘사한 영화는 여성을 동원하는 역할을 하였다. 당시 미국의 유명한 여배우 캐서린 헵번(Katherine Hepburn)과 베티 데이비스(Betty Davis) 같은 여성들은 보다 지적이면서 강한 여성의 이미지를 표현해 냄으로써 미국여성들의 영웅이 되었다. 하지만 사회 전반적인 분위기는 여전히 여성의 일은 가사(家事)의 범위를 뛰어넘지 못한다는 의식이 지배적이었다. 〈1943년의 매력적인 여성노동자〉(Glamour Girls of '43) 같은 영화는 여성들에게 공장노동과 가사노동이 다를 게 없다는 확신을 심어주었다.

이 여성은 드레스의 마름질을 하는 대신 항공기 부속품을 절단하고 있습니다. 케이크를 만드는 대신에 이 여성은… 기어를 조작하고 있습니다. 짧은 견습과정을 거친 후 이 여성은 부엌에서 주스믹서기를 사용하는 것처럼 손쉽게 압축기를 사용할 수 있게 되었습니다.[25]

'리벳공 로시' 이미지는 여성의 전통적인 여성성을 전혀 훼손하지 않으면서도 중공업분야에서 일하는 여성들의 애국적 의무를 강조하였다. 리벳공 로시들의 경우 직장 내에서 그들이 담당한 일들은 대부분 남성들의 일과 구분되는 것이었다. 여성들이 참여할 수 있는 분야는 고용주에 의해서 '여성에게 적합한 일'이라고 규정된 일들에 한정되었고, 그 밖의 일들에서는 철저하게 배제되는 경향을 보였다.[26] 동등한 임금을 지급할 것이라는 약속에도 불구하고 누가 그 일을 담당하느냐에 따라서 '경미한'(light) 또는 '비중 있는'(heavy) 일로 구분되었다. 만약 남성이 그 일을 담당한다면 '비중 있는 일'이 되었고, 그 일을 여성이 담당하게 되면 경미한 일로 임금도 낮게 책정되었다.[27] 궁극적으로 동일노동 동일임금 정책은 현실적으로 한계가 있었다. 전시체제하 노동시장 구조는 "총 뒤에는 남성, 그 뒤에는 여성"(Man behind the gun, woman behind the man)이라는 슬로건이 공통적으로 적용되었다고 볼 수 있다.[28]

전쟁은 광고분야에도 직접적이고 극적인 변화를 불러왔다. 그것은 전시광고위원회(WAC)가 '작가전시위원회'(Writers' War Board, WWB)보다 더 활발하게 활동했기 때문이다. 광고는 진주만 공격 이전부터 전쟁에 대한 홍보활동을 해왔는데, 소비품을 광고하는 데 주력하기보다는 전쟁물자의 생산에 더 많은 관심을 기울였다. 1943~45년에 여성들을 방위산업체의 노동력으로 흡수하기 위해서 내놓은 광고가 전체 광고의 16퍼센트를 차지했다. 여기서 중요한 것은 광고 수량보다 광고가 차지하는 공간이었는데, 이런 광고들은 잡지 등에서 가장 핵심적인 지면에 배치되었다.

평소에 소비상품을 광고하던, 특히 가정용품을 광고하던 기업들도 이제 전시산업에 참여하고 있는 여성들을 찬미하는 광고를 내보냈다. 이러한 방식으로 광고캠페인에 참여한 기업으로는 카멜 시가레트(Camel Cigarettes), 제너럴 일렉트릭(General Electric), 블랙 앤데커(Black&Decker), 클리넥스(Kleenex), 유레카 진공청소기(Eureka Vacuum Cleaner Company) 등이 있었다.[29] 특히 유레카 진공청소기는 광고를 통해서 가장 적극적으로 여성들의 노동참여를 강조했다. 1943년 『새터데이 이브닝 포스트』에는 '유니폼, 바지, 부엌앞치마'를 입은 여성 세 명이 전쟁수행을 위해 당당히 서 있는 모습의 광고가 실렸다. 그리고 다음과 같은 문구가 씌어 있었다.

여기 유레카에서는 당신들이 전쟁에서 열심히 싸우고 있는 모습을 기억할 것입니다. 유레카에서 일하던 70퍼센트 이상의 남성들이 전쟁임무를 수행하는 동안, 이제 그 일을 여성들이 담당하고 있습니다. 그러나 전쟁이 끝나고 우리가 승리하면, 당신 그리고 우리는 평화시기의 일들로 다시 돌아갈 것입니다.[30]

여기서는 여성들은 전쟁 동안에만 임무를 수행할 것이며 종전(終戰)과 더불어 여성들은 유레카의 소비자로 돌아갈 것이라는 강력한 메시지를 전달하고 있다.

여론주도층은 대중들이 광고에 나타난 여성노동자들의 새로운 역할을 자연스럽게 받아들일 수 있게 공감대를 형성시켜 나갔다. 그 결과, 1942년 8월 미국의 대중들은 여성노동 고용의 움직임들에 대해서 긍정적인 반응을 보이게 되었다. 갤럽 폴(Gallup Poll)에 따르면 "당신은 21~35세 미혼여성들을 전쟁관련 노동을 위해 훈련시키는 데 동의하십니까?"라는 질문에 68퍼센트에 달하는 사람들이 그렇다고 대답함으로써 이 같은 생각에 동의를 표했다. 워싱턴주 시애틀에 있는 보잉항공사(Boeing Aircraft)는 여성들에게 자사에 입사할 것을 촉구하는 광고를 대대적으로 내보냈다. 그 광고는 맵시 있는 작업복을 입고 어려움 없이 배선작업반에서 일하는 미모의 여성근로자를 주인공으로 하고 있었다. 대부분의 여성노동자 이미지는 강하고 믿을 만하며, 남성들이 부재한 가운데도 후방(home front)을 지키기 위해 그에 적합한 기능을 다할 수 있다는 것이었다.

제2차 세계대전을 통해서 소설·광고 속에 나타난 여성들을 살펴보면, 광고의 방법이나 성역할의 문제, 계층의 가치문제는 매우 복잡한 이미지를 담고 있었다. 이러한 과정은 정부와 미디어산업이 국가적 목표를 달성하기 위해 여성의 이미지를 얼마나 빠르게 변화시킬 수 있는지를 명확하게 보여주었다. 그 결과, 전시 미디어에 나타난 여성의 이미지는 정부의 선전 필요성에 의해서 전략적으로 형성되었고, 거대한 문화적 힘에 의해서 강화되었다.

4) 여성의 노동운동 참여와 한계점

제2차 세계대전은 대다수 여성들을 산업역군으로 만들었을 뿐만 아니라 그들을 조직적인 노동운동에 적극 참여하게 하였다. 전시체제하 여성노조원의 수는 거의 4배나 늘어났으며 상당수 여성들이 노동조합 지도자나 노동운동가로 활약하기 시작했다.[31] 특히 1940년대에 '산업별조합회의'(Congress of Industrial Organization, CIO)는 직장 내 성차별 문제 해결을 위한 투쟁에서 주도적인 역할을 담당했다. 1940년대 여성운동은 파편화되고 활동이 미미했으나, 노조의 활약상은 매우 컸으며 여성노동자들의 적극 동참을 권고하였다. 노동운동에서 여성노동자들의 활약은 특히 '전기노동자연맹'(United Electrical Workers, UEW)이나 '자동차노동자연맹'(United Auto Workers, UAW)에서 더욱 활발히 전개되었다. 전시체제하에서 이 노동조합들은 다른 노조들에 비해 여성노조원 수가 특히 더 많았으며 직장이나 노동운동에서의 성차별에 대항해서 격렬히 투쟁하였다.

그러나 전시체제하 여성들의 노조활동은 여성운동의 일환이라기보다는 노동자계층의 결집이라는 차원에서 정당화되었다. 따라서 1940년대에 CIO 산하의 여성운동이 등장하기는 했지만 이념적으로나 조직적인 측면에서 노동운동의 범주를 크게 벗어나지 못했다고 볼 수 있다.[32]

전시체제하의 경제적 변화는 노조원 수의 증가로 이어졌다. 1940~44년 미국 노동조합원의 수는 7200만 명에서 1억 2600만 명으로 급증하였다. 여성노조원의 수는 더 두드러지게 늘어났다. 전쟁이 끝나갈 무렵이 되면 '미국노동총연맹'(American Federation of Labor, AFL)이나 CIO는 여성노동자의 조합가입을 더 이상 제한하지 않았다. 비록 AFL 같은 조직에서는 여성들에 대한 반감이 여전했으나 조직 차원에서 여성조합원들을 배제시키지는 않았다.[33] 여성노조원은 1920년 전체의 9.4퍼센트에 해당하는 80만 명에서 1944년에는 전체의 21.8퍼센트를 차지하는 300만 명으로 증가하였다. UAW의 경우 여성조합원이 1939년에는 전체 조합원의 10퍼센트인 4만 명이었는데 1945년에는 28퍼센트로 늘어났다.[34]

여성노조원의 수가 증가함에 따라서 여성들의 영향력은 점차 커져갔다. 1943년 디트로이트(Detroit)에 있는 노동사무소가 전시국(War Department)에 보낸 보고서는 "그들은 또한 전쟁물자 생산뿐만 아니라 일반적인 경제영역에서도 노동조건을 어떻게 향상시킬 것인지를 배워나가고 있다"고 기록하고 있다.[35] 전시체제하에서 노동파업에 참가한 여성들의 기록은 그리 많지 않지만, 다양한 이슈를 가지고 파업을 시도한 여러 사례가 있는데 1944년 노동파업에 참가한 노동자의 19퍼센트가 여성노동자였다는 사실이 이를 증명해 주고 있다. 비록 수적으로는 적은 여성노동자들이 파업에 참여했지만 이런 파업들은 여성들에게 소중한 경험이 되었다. 노동조합은 전시 생산업체에 종사하는 여성들을 교육시키는 데 매우 적극적이었다. 전시에 UE나 UAW는 여성 전문요원들을 고용하였고 여성들을 지도층에 배치하는 등, 특히 '여성문제'에 어느 정도 관심을 보였고, 여성들이 행정적 차원에서도 중요한 역할을 할 수 있도록 격려하였다. 무엇보다도 이러한 것들은 전시체제하에서 노조 차원에서 여성들의 충성심을 강력히 요구했음을 보여주는 것이다.

사실 노조 지도자들은 여성노조원들이 방위산업체에서 일하게 됨에 따라 발생할 수 있는 위험소지를 파악하고 있었다. 1942년에 UE의 앨버트 피츠제럴드(Albert Fitzgerald) 사장은 다음과 같은 발언을 하였다.

수천 명의 여성들이 방위산업체로 쏟아져 들어오고 있다. …만일 우리가 그 여성들을 노조에 가입시키지 않는다면 앞으로 어떤 일이 발생할지 상상해 보라. 전쟁이 끝나면 노조에 가입하지 않은 수많은 여성들이 당신의 생계를 위협할 것이며 당신의 직업을 빼앗아갈지도 모른다.[36]

결과적으로 전기회사 노조원들은 여성들의 노조가입과 지도력 육성에 적극적으로 노력하였다. 1943년 9월에 전기회사 노조 지도자들은 "보다 많은 여성들이 스태프(staff)로 활동할 수 있도록 노력할 것"을 주장하였다.[37] 1943년 2월 전기회사의 여성 스태프는 17퍼센트에 달하였다. 이는 불과 1년 전에 2퍼센트에 지나지 않았던 데 비하면 급속한 성장이었다. 1944년 말 루스 영(Ruth Young)은 여성으로는 최초로 집행위원회 위원이 되었고 18명의 여성이 지방위원회 위원장이 되는 등 지도층에서 여성들의 활약상이 두드러졌다. 여성들을 노조 지도층으로 유입한 데는 여러 가지 이유가 있을 수 있지만, 대체적으로 대다수 남성들이 참전을 위해 군에 입대한 후 노조원이 부족한 상태에서 여성들을 간과함으로 해서 생겨날지도 모르는 결과를 우려했기 때문인 것으로 보인다.

전시체제하에서 비록 여성들이 전기회사나 자동차회사에

서 세력을 확보했다 해도 여전히 낮은 수준에 머물러 있었다. '미국 여성국'(US Women's Bureau)의 보고서는 81개 중서부 지구위원회에서 지방 노조위원장 지위에 있는 여성은 4명에 불과하다고 기록하고 있다. 여성들이 노조 내에서 다양한 직위를 차지하고 있었지만, 대부분이 비서나 회계 같은 상대적으로 비중이 낮은 직책을 맡고 있었다. 또한 많은 경우 여성노조원들은 조직 내에서 부수적이거나 보조적인 역할을 담당하였다. 1946년 엘리자베스 하외(Elizabeth Hawes)는 오하이오 콜럼버스에서 열린 조합모임을 사례로 들면서 "집회가 끝나자 남성조합원들이 여성조합원들에게 음식마련 등 저녁식사를 준비하라고 시켰다"고 밝혔다. 전기회사 노조에서조차 스태프 사이에는 성별구분이 확실히 존재했던 것이다. 지방에서 여성들은 전통적으로 고착되어 있는 성역할, 예를 들어 사무직이나 비서직에 국한되어서 고용되었다. 1942년 회의에서 루스 웰먼(Ruth Wellman)은 "여성들에게는 기록을 담당하는 비서직이나 아니면 유리창을 닦는 등의 일들만 주어졌는데 이로 인해 여성들은 큰 좌절을 느껴야 했다"[38]고 불만을 토로했다.

　　노동조합 내에서 여성들의 권한이 제한될 수밖에 없었던 것은 남성들의 적대심 때문이라고도 볼 수 있다. 1944년 여성국의 조사는, 여성조합원들에 대한 남성조합원들의 태도는 양면성을 지니고 있다고 설명하고 있다. "우리 남성들은 조합에 여성들이 참여하는 것이 아직 익숙지가 않다. 여성들에게도 동등한 권리를 부여하려고 노력하고 있지만 아직도 그들의 문제를 잘 이해하지 못하고 있다." 당시 노조위원장이었던 제임스 버스월드(James Burswald)는 이렇게 고백한다. "우리에게 가장 흥미를 끄는 것은 남성조합원의 확보이다. 왜냐하면 여성조합원들의 경우에는 전쟁이 끝나면 더 이상 고용되지 않을 것이기 때문이다."[39]

노동조합 활동을 하면서 여성들이 겪어야 하는 또 다른 어려움은 문화적으로 조직화된 노동이 여성들에게는 매우 생소할 수밖에 없었다는 점이다. 1943년 전기회사의 집회에서 메리 캐서린 에디(Mary Catherine Eddy)는 다음과 같은 언급을 하였다. "여성들의 문제점은 그들이 국가운영에 한번도 참여해 보지 못했다는 점과 여성들 스스로 확신을 가지고 있지 못하다는 점이다. 무엇보다도 중요한 것은 가족부양을 책임지고 있는 여성들에게 시간과 에너지를 필요로 하는 조합의 일들은 너무도 부담스러울 수밖에 없다는 점이다." 실제로 여성들은 노동조합 모임에 참가할 시간적인 여유가 없었다. 그렇기 때문에 여성노동자들은 노동조합 프로그램을 명확하게 이해하고 행동하는 데 많은 어려움이 따랐다.

여성노동자들이 평등한 노동권을 위한 투쟁을 회피하는 또한 가지 이유는 자신들의 직업에 대해 전적으로 안전하다는 생각을 갖고 있지 않았기 때문이다. 특히 기혼여성들은 실직을 두려워했고, 자기 집에서 먼 거리에 위치한 직장을 다녀야 할 때 혹시 자녀들에게 발생할지도 모르는 불상사를 우려하고 있었다. 그들에게 자녀양육은 가장 심각한 문제였고 이 문제가 해결된 여성들은 자신들의 노동시간을 자유롭게 조정할 수 있는 여유가 생겼다. 이 점은 전시에 가장 심각한 사회문제가 '열쇠 가진 아이들'(latchkey children)이었다는 데서 잘 드러나고 있다.[40] 전기회사나 자동차회사는 여성들의 이러한 문제를 해결해 주기 위해 특별 프로그램을 개발했다. 예를 들어 전기회사의 뉴욕지구에서는 탁아와 가족 문제들을 해결하기 위해서 사회복지사를 고용하였다. 자동차회사도 공장 내에 조합 상담 프로그램을 설치하여 개인적인 문제뿐만 아니라 다양한 사회적 서비스에 관한 상담을 해주었다. 이러한 서비스들은 여성들의 활동을 어느 정도 자유롭게 해주었으나 그 광대한 수요를 충족시키지는 못했다. 1940년대 미국여성들에게는 가족에 대한 책임이 여전히 가장 큰 장애물로 존재했다.

1940년대 전시의 독특한 상황은 여러 가지 역경에도 불구하고 CIO 내에 실질적인 여성운동의 태동을 유도하였다. 마지막으로 좌파여성들은 전시 CIO의 여성 지도자 대부분을 차지하였다. 1940년대 CIO 내의 여성운동은 조직 내 활동을 자유롭게 할 수 있는 여성들의 수적인 제한 문제뿐만 아니라 노동조합의 내적 구조 문제와 세계관에 의해서 제약되었다. 한편 자치적인 여성조직이나 대다수 페미니스트들의 양식이 부재한 속에서, 노동운동은 필연적으로 여성노동자들의 이익추구를 위한 원동력이 되었다. 또 한편으로 노조는 조직의 내적 구조나 이데올로기의 필요성에 의해서 유지되고 있는 여성노조원들이 과연 무엇을 할 수 있는가와 어떻게 이슈들을 정의 내릴 것인가를 두고 많은 마찰을 빚기도 했다.

실제로 여성 노조활동가들은 노동운동에서 남성들의 세계관을 따르지 않을 경우 효과적으로 기능할 수 없다는 사실을 인지하기 시작했다. 이러한 세계관이 어느 정도 성 평등의 개념을 구축시키는 데 도움이 되기도 하였다. 사실 조합원들은 단결과 동등권을 주창하였고, 이는 곧 1940년대 성차별 반대의 기본을 제시해 주었다. 하지만 구체적으로 여성들은 자신들의 이익이 노동자계급 전체의 이익과 부합될 때만 주장을 내세울 수가 있었다. 전시체제하에서 임금이나 승진에서의 성차별에 대한 투쟁은 확실히 노동자 또는 여성노동자들에게 혜택을 가져다주었다. 그럼에도 여전히 남성노동자들이 대다수를 차지했고 권력을 행사할 수 있는 자리를 차지하고 있었다. 그래서 여성들은 자신들의 이익이 남성노동자들의 이익과 대치될 때 항상 양보를 해야 했다. 그 결과 전쟁이 종식된 후 남성과 여성 노동자들이 단결한다는 것은 점점 더 어려워졌다.[41]

5)   애국주의의 젠더화와 그 딜레마

전쟁이 끝나갈 무렵 정부는 강한 이미지의 여성상이 숭고한 희생정신을 가진 여성의 이미지와 잘 조화될 수 있도록 사회분위기를 유도해 갔다. 전시체제하 여성노동자들은 정부의 프로그램에 매우 협조적이고 어떠한 도전도 능히 견딜 수 있는 여성으로 그려졌다. 이것은 미국사회를 지키기 위하여 어려움과 노력을 기울인다는 측면에서는 어느 정도 진보적인 변화로 간주되었다. 하지만 여성들의 전시노동참여는 그들이 독립적이거나 강해질 수 있다는 측면보다 선량한 시민으로서 도덕적 책임감을 지닌 여성으로 만들어가는 데 중요한 역할을 하였다. 제2차 세계대전을 거치면서 미국정부는 대중매체에 의한 이미지 전략과 더불어 여성들의 애국시민화 프로젝트에 착수하였다. 이 작업과 함께 정부는 성별분업의 해체를 시도하는 것처럼 보였고 여기에 주도적인 역할을 담당하게 될 '리벳공 로시'의 이미지가 출현했던 것이다.

하지만 이러한 성별분업의 해체는 처음부터 전쟁수행 노력에 국한된 것이었다. 여성의 애국시민화 작업은 결코 인간을 평등화하는 장치가 아니었다. 평등화의 환상을 제공해도 그 경계에는 반드시 차별과 서열을 편입시키고 있었다. 정부에 의한 여성의 애국시민화 작업은 결국 '여성다운 참가'이든 '남성과 동등한 참가'이든 보수적 전략에 기초한 것이었다.

전시체제하에서 국가가 '후방'에 있는 여성들에게 기대한 것은 '병사를 출산'하는 역할과 '경제전의 전사'로서의 역할이었다. 미국여성들은 이러한 기대에 잘 부응했다. 여성들은 전쟁을 위한 무기 생산에 참여하면서도 재생산능력(reproduction)을 포기하지 않았다. 1940~43년에 100만이 넘는 가족이 생겨났으며 전시 출생률은 1천 명당 19.4퍼센트에서 24.5퍼센트로 증가하였다. 전시정부는 미국여성들에게 경제전 전사로서의 역할을 담당하도록 하였다. 여성의 노동시장 참여는 다양한 메커니즘을 통해서 추진되었다. 첫째는 남편의 부재로 인한 생계책임의 문제였다. 두번째는 애국심을 자극해서 노동시장의 참여를 유도하는 것이었다.

전쟁 동안 정부가 여성노동자들을 방위산업체로 끌어들이는 데 주로 사용한 방법은 애국심을 호소하는 것이었는데, '국가의 단결'(National Unity)과 '전쟁의 승리'를 위해서 애국심을 발휘할 것을 선전하였다. 하지만 여기서 애국심이라는 것은 남성의 애국심과는 다른 의미를 지니고 있었다. 남성에게 요구되는 애국심은 국가를 위해 싸우는 것을 의미했고, 여성들에게는 국가를 위해 또는 남성들을 위해서 희생하는 것을 의미했다. 이러한 방법으로 여성들에게 노동자로서의 역할을 강요하는 것은 전통적으로 남성들을 위해 희생을 강요하는 것에서 크게 벗어나지 않았다.

전쟁의 종결로 여성노동력은 급격하게 줄어들었다. 1945년 9~11월에 여성노동자 수는 1793만 명에서 1763만 명으로 30만 명이나 감소했다.[42] 전후에 여성노동자들을 가정으로 복귀시키는 데 기여한 것은 전시체제하에 여성들을 노동시장에 참여하도록 독려한 정치가와 사업가 그리고 대중매체들이었다. 남부 출신의 한 상원의원은 "전쟁터에서 돌아온 군인들에게 직장을 찾아주기 위해 여성들을 가정으로 돌려보내야 한다"고 주장했다. 1945년 가을까지 여성노동자의 해고비율은 남성보다 훨씬 높았다. 여성노동자의 해고율은 남성노동자보다 75퍼센트 더 높았고, 항공업체에서만 80만 명 이상이 해고되었는데 대부분이 여성노동자인 것으로 밝혀졌다. 또한 뉴욕주의 경우를 보면 종전 후 3개월 동안 고용국(Employment Service)에 보고된 해고노동자의 60퍼센트가 여성인 것으로 나타났다.[43] 종전 후 몇몇 기업들은 여성노동자에게 연령제한을 적용하여 45세 이상의 여성들을 해고시키기도 하였다. 전쟁 이전에는 여성노동자를 전혀 고용하지 않다가 전쟁이 발발하자 매우 적극적으로 여성노동자를 고용했던 포드자동차의 윌로 런(Willow Run)의 경우에는 1944년 여름부터 해고의 분위기가 있었고 여성노동자들이 최우

선적으로 해고를 당했으며 대부분 아무런 보상도 받지 못했다.[44]

하지만 극소수의 여성들은 해고에 따른 피해보상을 법적으로 강력히 요구하여 승소하는 경우도 있었다. 한 예로, 1948년 크라이슬러(Chrysler Corporation)에서 일하던 여성노동자 31명은 전쟁이 끝나면서 해고를 당했고, 이에 강력히 대항해서 5만 5천 달러를 보상받았다.[45] 이 법정소송 이후 많은 여성들이 해고 건을 법정으로 가지고 갔으나 큰 소득을 얻지 못했다.

전시체제하에서 여성의 역할에 대해 보수적인 사고를 반영하는 또 다른 전략이 있었다. 그것은 전쟁의 의미를 국가의 정체성 보존과 관련지어 좀더 복잡하게 설명하는 것이었다. 전시에 후방을 방어한다는 것은 미국인들의 가장 중요한 가치인 가정을 보호하는 것과 같은 의미로서, 국가의 상징으로 여성들을 이미지화하는 것이었다. 보수적 전략은 이렇게 전쟁의 의미를 개인적인 차원에서 접근했는데, 이것은 또한 '신성한 보호구역'인 가정이 더 이상 국가권력으로부터 자유롭지 못했다는 것을 의미하기도 했다. 전쟁을 드라마화하기 위한 여론주도층에 따르면, 여성은 한 국가의 시민으로서 국가를 지키느라 고군분투하는 장병들을 위해 희생해야 한다고 선전하였다. 이러한 캠페인은 전쟁의 공포 속에서 자기 가정을 지키고자 하는 어머니와 아내에게 초점이 맞춰졌다. 전시체제하의 한 광고는 이러한 가정의 중요성을 단적으로 표현해 주고 있다. 이 광고에서는 한 가정주부가 독자들에게 "나의 가정이 곧 전쟁중이다! 우리의 적들은 인간관계에서 가장 중요하게 여기는 안전성과 평화의 근원이 되는 소중한 가정을 위협하고 있다"[46]고 호소한다. 전시 여성들의 임무는 불확실성과 폭력성에 의한 가정파괴와 사랑하는 이들과의 이별로 인한 가족의 아픔과 어려움들로부터 가정과 가족을 보호해야 하는 것으로 그려졌다.

또한 그들의 역할은 군인들이 전쟁터에서 안전한 가정으로 돌아올 수 있도록 하는 데 있었다. 부드러움과 안정성의 상징인 어머니와 아내들에게 다시 온전한 가족의 결합은 국가의 생존을 위한 중요한 정신으로 받아들여졌다. 이것은 노동시장에 참여했던 여성들이 종전 후 아무런 불만 없이 가정으로 복귀하도록 하는 데 큰 기여를 했다. 진공청소기 등 가전제품 회사인 유레카(Eureka)의 광고는 여성의 이 같은 상징적인 기능을 잘 보여주었다. 젊은 어머니가 아기를 안고 저 멀리 바라보고 있는데, 은유적으로 멀리서 이들을 지키기 위해 몸 바쳐서 싸우고 있는 아버지를 묘사해 놓았다. 비록 광고에 나타난 그녀의 모습은 나약해 보였지만 텍스트는 어려운 상황에서 가족을 살뜰히 돌보는 모습을 찬미한다.

나의 아들아, 나는 밝은 내일이 올 것을 믿는단다. 지금은 너의 아버지를 볼 수 없지만 우리는 항상 희망을 가지고 살아야 한단다. …그것만이 나와 너를 특별한 관계로 만드는 것이란다. 우리 모두를 위해 그와 같은 삶을 설계해 보자….[47]

1943년의 한 광고에 나타난 이미지도 전시에 여성의 역할을 너무도 잘 묘사하고 있다. 이 광고는 한 병사가 전쟁터에서 잠시 꿈을 꾸고 있는 장면으로, 병사의 꿈에 나타난 것은 전쟁 전 평화로운 가정의 이미지이다. 광고뿐만 아니라 많은 소설들도 이러한 가정의 이미지를 담은 내용을 다루었다. 여성들은 평화로운 시절에는 미덕을 지키고 가정을 보존하는 데 중요한 역할을 했고, 이것은 가정의 안정은 곧 번영이라는 의미와도 같았다. 이렇게 전시의 미국사회는 가정주부들을 미국인들이 지키고자 하는 모든 가치를 수호하는 존재로 간주하였다. 많은 광고들은 전쟁으로 인해서 잠시 위협받고 있는 전원의 평화스럽고 안전한 가정의 모습을 보여주면서 미국인의 생활양식을 재확인시켜 주었다.

국가는 전략적으로 전쟁을 미국인들의 신념을 위태롭게 하는 주된 요소로서 가정을 위협하고 있는 것으로 그렸고, 이러한 가정에서 너무도 연약한 모습의 여성들을 보여줌으로써 잔인한 전쟁으로부터 여성들을 보호해야 한다는 이미지를 강하게 표현하기도 하였다. 특히 전쟁은 19세기 산업화와 물질문명의 팽배 현상에서 비롯된 가정의 신성화와 비슷한 양상을 띠게 되었다. 다시 말해 가정은 전쟁으로부터 가족구성원을 보호해야 하는 곳으로, 특히 연약한 여성은 휴머니즘의 상징으로서 보호되어야 하는 존재였다. 이 시대 여성들에게 요구되는 특징은 미국역사상 가장 이상적인 여성상으로 제시되었던 혁명시기의 '공화주의적 모성성'(republican motherhood)이나 19세기 중반 '진정한 여성다움의 예찬'(cult of true womanhood)에서 주장해 오던 여성상과 큰 차이가 없었다.[48] 이것은 미국역사상 시대를 초월해서 가장 이상적인 여성상은 국가를 위해서 또 가정을 위해서 끊임없이 희생하는 존재라는 것을 재확인하는 작업이었다.

여성들은 용기와 강인함을 지녀야 했고 또 국가의 이상과 정상화를 이루기 위해 국가에 봉사해야 했다. 국가의 위기는 그들의 안정을 위협하는 것이었고, 따라서 그들의 역할은 국가의 이상과 정상화 실현을 위한 수호신이 되어야 하는 것이었다. 여성과 어린아이의 중요한 자질인 순수함과 부드러움 또는 안정을 추구하는 것 등이 이러한 상황을 유지하기 위한 이상적인 특징이 되었다. 따라서 전시에 선전을 위해서 여성들에게 요구된 역할들은 강인함과 의존성, 자신만만함과 허약함, 평등주의와 보수주의가 뒤섞인 매우 복합적인 것이었다.

　　전쟁시기 미국사회가 얻은 교훈 중 하나는 이런 공격적이고 투쟁적인 기간 동안에 국가의 단결을 위해서 필요한 것은 다름아니라 이상적인 가정의 모습이라는 것, 이것은 미국체제의 모든 것을 말해 주었다. 안정적인 가정을 지키는 것이 바로 그들이 전쟁에서 열심히 싸워야 하는 이유였고, 이것은 국민들의 애국심을 고조시키는 데 충분한 조건이 되었다. 이러한 방법을 동원해서 전쟁의 목표를 가족의 문제로 사적 문제화함으로써 광고주들이나 선전을 하는 측에서는 시민들이 무엇을 가장 보호하기를 원하는지 파악할 수 있었다. 전쟁이 막바지를 향하고 있을 때 광고주들은 전후(戰後) 가정을 천국으로 만들기 위한 가정용품들을 광고하기 시작했다. 전시에 가정에 의해서 형성된 가장 중심의 이데올로기는 상징적인 가정 중심의 병사들이 힘을 다해 보호해야 하는 것으로서, 당시 감정적으로 가정의 결속을 책임져야 했던 여성들의 이미지에 지대한 영향을 끼쳤다.

이것이 바로 전시에 남성들의 부재로 인해서 막대한 대체노동력을 제공했던 여성들이 전후 그들의 새로운 역할을 계속 수행할수 없었던 것을 설명해 주고 있다. 전쟁을 겪으면서 미국사회는 많은 여성들이 전시에 수행했던 일들 때문에 그들이 그동안 성역할에 충실하면서 일반적으로 받아들여져 오던, 여성은 나약하고 기계를 다룰 줄 모르고 지도력이 없으며 공적 영역에 적합하지 않다던 기존 관념이 사라지거나 최소한 약화될 것이라고 기대했다. 하지만 전후의 결과는 새로운 성역할에 대한 이념의 생성이 아니라 여성은 가정의 수호자로서 공적인 영역에는 어울리지 않는다는 보수적인 사고였다. 그렇기 때문에 '리벳공 로시'의 이미지는 전후에 더 이상 사회적으로 환영받지 못하고 급격히 사라져 버리게 되었다. 어머니로서의 여성 이미지는 제2차 세계대전을 거치면서 극대화된 폭력적인 상태에서 희망을 심어주기에 충분하다는 공감대가 형성되면서 납득이 되었던 것이다. 모성신화는 전시의 불확실성, 빈곤이 없는 보다나은 세상에 대한 희망을 불러일으키기에 충분한 조건을 갖추었다.

임신과 양육을 담당하는 여성의 부드러운 이미지 밑에 전제되어 있는 이미지는 전쟁에서 평화로 나아가는 시기에 가장 적절한 여성의 이미지였다. 베티 프리단이 지적했듯이, 안정성을 추구하는 인간의 본능은 아주 강해서 미국사회가 보수화될 때 남성과 여성의 관계는 빅토리아 시대의 모델을 채택하였으며, 여성들은 더 이상 남성들을 대신해서 모험적인 일을 할 필요가 없었고 공적인 영역을 떠나 따뜻한 가정으로 돌아가 가족을 돌보아야 하는 것이었다. 전시에 남성들을 대신한 여성들의 대단한 지도력과 능력을 이제는 전쟁의 상흔을 달래주기 위한 노력에 쏟아야 했다. 전시에 미국여성들이 어려움을 극복하기 위해 필요했던 강인함과 성취욕 등은 더 이상 장점이 되지 못했고, 전쟁에 의해서도 사라지지 않았던 여성들만의 부드러움·자비·순진함 등이 요구되었던 것이다.[49] 이것이 바로 전시체제하에서 주장되었던 여성의 애국시민화의 딜레마였다.

　결론적으로, 제2차 세계대전에 뛰어들면서 일어난 미국사회의 여러 변화들은 다양한 양상을 띠고 있었다. 특히 여성들과 관련시켜 볼 때 정부의 정책이나 대중매체에 의한 이미지 형성과정 등은 젠더문제, 계층의 가치문제 등과 결합되어 아주 복잡하게 진행되어 갔다. 이러한 과정을 통해서 정부와 미디어산업들이 국가적 목표 달성을 위해 이미지를 얼마나 빠르게 변화시킬 수 있었는지를 명확하게 볼 수 있다. 가장 구체적인 변화는 전쟁기간 동안 여성들을 노동시장에 참여하도록 한 점과 일시적이나마 방위산업체 노동자 등과 같은 비전통적인 직업에 진입할 수 있게 한 점이었다. 제2차 세계대전 시기 광고업은 여성들을 노동시장에 참여하도록 독려하고 남성의 직업세계에 여성들이 참여하도록 하는 데 가장 효율적으로, 가장 잘 조직된 형태로 작동했다. 물론 광고주들은 정부의 영향력 아래서 이러한 관점을 주장해 왔지만, 제한된 범위이기는 해도 부분적으로 진보적 이미지의 여성상을 창출해 냈다. 그들의 성공은 여성들의 경제활동이 자본주의 경제체제에서 이윤을 창출할 때 사회적으로 여성의 이미지가 얼마만큼 빠르게 변화할 수 있는지를 여실히 보여주었다.

　전시체제하에 총 600만의 미국여성들이 노동시장에 편입되었고 이는 전체 노동자의 30퍼센트에 이르는 수치였다. 하지만 전쟁이 끝나고 여성들에게 주어졌던 경제적 기회는 더 이상 지속성을 갖지 못했다. 미국의 참전과 더불어 갑자기 대두한 '리벳공 로시'의 신화는 그것이 탄생했을 때처럼 갑작스럽게 사라졌다. 방위산업체에서 여성노동자들을 감독했던 윌리엄 멀치(William Mulchy)는 "불행하게도 전쟁이 끝났을 때 여성들은 기술과 애국심이 있었음에도 불구하고 해고를 당해야만 했다…"[50]고 탄식했다. 전쟁의 필요성에 의해서만 민족주의(nationalism)를 구하고 전쟁 후 또다시 보수화되는 경향을 보였던 것이다.

전쟁 후 많은 여성들이 원래의 자리로 돌아갈 것을 강요받았다. 여성들에게 국가를 위한 경제활동이라는 것은 더 이상 의미 있는 일이 아니었다. 미혼여성들은 중단되었던 학교로 돌아갔고, 기혼여성들은 가정으로 복귀해야 했다. 그러나 많은 여성들이 계속 직업을 유지하기를 원했다. 전쟁에 의한 성역할의 변화에 대한 기대는 매우 컸으나 그 결과는 몹시 실망이었다. 통계에 의하면 약 85퍼센트 여성이 그대로 일터에 남아 있기를 원했을 뿐 아니라 계속 일을 해야만 했다. 전시에 국가 주도 아래 실시된 총동원정책과 대중매체들의 이미지 전략에 의해서 수많은 여성들이 노동시장으로 쏟아져 나왔던 것과 똑같이, 전후에도 국가가 주도해서 조성한 사회적 분위기에 의해서 약 250만 여성들이 노동시장을 떠나야 했다.

전후에 '리벳공 로시'의 신화가 깨지면서 여성들의 가정복귀를 주장하는 사회적 분위기에도 불구하고 많은 여성들이 끊임없이 사회진출을 시도했으며, 가정과 직장 사이에서 균형을 잡으려고 노력하였다. 비록 미국사회는 더 이상 전쟁시기만큼 위급하게 여성노동자들을 필요로 하지 않았지만 여성들 스스로 경제활동을 할 수 있는 길을 찾아서 나섰다. 그것은 특히 전시체제하에서 노동조합 등의 활동을 통해 자각한 노동자의 기본권리, 노동시장의 성차별 문제에 대한 인식이 큰 도움을 주었다. 여성들은 가족을 부양하기 위해 혹은 스스로를 위해 높은 임금을 포기하려 들지 않았고, 대부분 여성의 감정은 명백한 것이었다. 루스 영(Ruth Young)이라는 여성의 발언은 이를 단적으로 보여준다.

> 요즈음 나는 사회 전반의 분위기로부터 부엌으로 돌아가야 한다는 강요를 받고 있다. 그러나 나에게 이러한 이야기는 마치 독일의 히틀러가 정권을 잡았을 때 끊임없이 강조했던 내용과 유사하게 들린다. 과연 내가 재미나 혹은 용돈 몇 푼 벌기 위해 이 일을 하는 줄 아는가? 저들은 우리 여성들이 직장일과 집안일을 병행하는 어려움을 감수하면서도 직업을 포기할 수 없는 이유를 알아야 한다. 나는 요즘 전쟁이 끝나고 벌어지고 있는 인원감축이 두려울 뿐이다. 왜냐하면 나도 그 대열의 맨 앞에 서 있기 때문이다.[51]

이렇게 여성들은 전시의 노동시장 참여와 더불어 이룩한 보다 나은 경제수준과 경제적 독립성을 쉽게 포기하려 들지 않았다.
전쟁의 영향이라면, 여성들이 어떤 직업을 가지게 되었는가 하는 점도 있었지만 그보다 더 중요하게는 경제활동에 참여한 '여성

들의 정체성' 변화를 들 수 있다. 역사적으로 볼 때 여성의 경제참여
는 젊은 미혼여성이나 빈곤여성들에게 국한되어 있었다. 중산층 가
정이라는 것이 의미하는 바는 남성 혼자서 가족을 부양할 수 있다
는 것이었다. 중산층 기혼여성이 직업을 가지고 있다는 것은 여성의
최우선 임무인 가정과 자녀를 돌보는 책임을 저버린 것으로 간주되
었다. 직장과 결혼은 병행할 수 없다는 통념 때문에 직업을 갖고자
하는 미혼여성들에게 흔히 결혼은 포기해야 하는 것으로 받아들여
졌다. 하지만 전후에 이러한 통념은 점차 사라졌다. 중상류층의 기
혼여성들도 생계문제를 떠나서 직장생활을 영위할 수 있다는 분위
기가 형성되어 갔다. 그들은 가정과 직장 사이에서 균형을 잡을 수
있도록 노력하였다. 이는 여성들의 정체성 문제에 큰 변화가 일어났
음을 의미한다고 볼 수 있다. 이미 여성들의 마음에는 변화의 필요
성이 깊이 자리 잡고 있었으며 이러한 정신은 사회적인 장애물을 극
복할 수 있게 해주었다.

　　전쟁을 통한 다양한 사회·경제적 경험은 1960년대와 70년대
여성운동 재출현의 잠재적 기반을 제공했다고 볼 수 있다. 여성의
역할이 가정에 국한되지 않는다는 인식이 사회적으로 통용되었고,
전시의 성차별에 대한 경험을 통해서 여성과 남성의 적절한 역할이
라는 전통적 가치관에 도전하는 것이 가능했다. 물론 이러한 움직
임이 전후에 곧바로 출현하지는 않았고 미국여성들의 삶에도 혁명
적인 변화를 가져다주지는 못했지만, 그럼에도 궁극적으로 그 다음
세대에 혁명적인 시도를 가능하게 해주는 기반을 제공했다는 것은
부인할 수 없는 사실이다. 따라서 제2차 세계대전으로 인해 초래된

미국여성들의 변화는 장기적인 영향이라는 측면에서 바라보아야 한다. 그리고 무엇보다 중요한 것은 이러한 과정에서 미국여성들은 어떠한 장애에도 불구하고 그들 스스로가 변화의 중심에 서 있었다는 사실이다.

1) William H. Chafe, *The American Women: Her Changing Social, Economic, and Political Roles, 1920~1970* (New York: Oxford University Press, 1972); Susan M. Hartman, *The Home front and beyond: American Women in the 1940s* (Boston: Twayne Publishers, 1982); Leila Rupp, *Mobilizing Women for War: German and American Propaganda, 1939~1978* (Princeton, NJ: Princeton University Press, 1978); Karen Anderson, *Wartime Women: Sex Roles, Family Relations, and the Status of Women during World War II* (Westport, Conn: Greenwood Press, 1981).

2) Nancy Bakerwise and Christy Wise, *A Mouthful of Rivets: Women at Work in World War II* (San Francisco: JossyBass Publishers, 1994), p. 3, 4.

3) Penny Colman, *Rosie the Riveter: Women Working on the Home Front in World War II* (New York: Random House Company, 1995), p. 8.

4) 같은 책, p. 13.

5) *The War and Women's Employment: The Experience of the United Kingdom and the United States* (Montreal: International Labour Office, 1946), p. 258.

6) Kendrick Lee, *Women in War Work* (Editorial Research Reports, Washington DC, 1942), pp. 63~77.

7) Sheila Berger Gluck, *Rosie the Riveter Revisited: Women, the War, and Social Change* (Boston: Twayne, 1987), p. 10.

8) Robert L. Daniel, *American Women in the 20th Century: The Festival of Life* (New York: HBJ Publisher, 1987), p. 151, 152.

9) "Women War Workers in Ten War Production Areas and Their Post War Employment Plans," *Women's Bureau Bulletin* (no. 209, Washington DC, 1946), p. 17.

10) "The Margin Now Is Womanpower," *Fortune* (no. 27, 1943. February), p. 99, 100.

11) "Women War Workers," *Women's Bureau Bulletin* (no. 205, Washington DC, 1941), p. 14.

12) Chester W. Gregory, *Women in Defense Work during World War II: An Analysis of the Labor Problem and Women's Rights* (New York: An Exposition University Book, 1974), p. 143.

13) *Detroit News* (1945. January).

14) Elaine Tyler May, *Pushing the Limits: American Women, 1940~1961* (New York:

Oxford University Press), p. 43.

15) 같은 책, p. 44.

16) 같은 책, p. 110.

17) 같은 책, p. 95.

18) Memo, Robert Simpson to Sutter, 1943. 9. 4(Records of the Program Manager for the Recruitment of Women, entry 90, box 588).

19) "WAVES Wanted"(Records of the Program Manager for the Recruitment of Women, Woman Power File, entry 90, box. 588).

20) Rupp, 앞의 책, p. 145.

21) Sheila Tobias, "What Really Happened to Rosie the Riveter: Demobilization and the Female Labor Force, 1945~1947"(Paper Delivered to the Berkshire Conference of Women Historians, New Brunswick, New Jersey, 1973. 3. 2), p. 4, 5.

22) Barbara Melosh, *Gender and American History since 1890*(New York: Routledge, 1993), p. 182.

23) Michael Renov, *Hollywood's Wartime Women: Representation and Ideology*(Ann Arbor: University of Michigan, 1988), p. 39.

24) Miriam Frank, Marilyn Ziebarth, and Connie Field, *The Life and Times of Rosie the Riveter: The Story of Three Million Working Women during World War II*(Emeryville: Clarity Education Production, 1982), p. 15, 16.

25) Ruth Milkman, "Redefining 'Women's Work': The Sexual Division of Labor in the Auto Industry during World War II," *Feminist Studies*(no. 8, 1982. Summer), p. 341.

26) Ruth Milkman, *Gender at Work: The Dynamics of Job Segregation by Sex during World War II*(Chicago: University of Illinois Press, 1987), p. 437.

27) Frank, 앞의 책, p. 19.

28) Margaret R. Higonnet, Jane Jensen, Sonya Michel, and Margaret C. Weitz eds., *Behind the Lines: Gender and the Two World Wars*(New Haven: Yale University Press, 1987), p. 6.

29) Maureen Honey, *Creating Rosie the Riveter: Class, Gender, and Propaganda during World War II*(Amherst: The University of Massachusetts Press, 1984), p. 109.

30) *Saturday Evening Post*(1943. 6. 26), p. 93.

31) Gladys Dickason, "Women in Labor Unions," *Annals of the American Academy of Political and Social Science*(no. 251, 1947. May), p. 71.

32) Milkman, 앞의 책, p. 84.

33) Leo Roy, *Trade Union Membership, 1897~1962*(New York: National Bureau of Economic Research, Occasional Paper 92, 1965), p. 1, 2.

34) U. S. Department of Labor, Women's Bureau, *Women Union Leaders Speak*(Memo, 1945. 4. 18~19), p. 32.

35) "Report of Conference on Women in War Industries"(1943. 3. 11~12, 14 in Records of the US Women's Bureau, National Archives, Box 1533, folder).

36) "Minutes of Conference of District #3"(1942. 3. 14, 15 in Records of UE District 3, UE Archives, folder 115).

37) *Proceedings of UE Convention*(1943), p. 92.

38) *Proceedings of UE Convention*(1942), p. 205

39) UAW War Policy DivisionWomen's Bureau Collection, WSV Archives(Series 1, box 5 folder 5~10).

40) 열쇠 가진 아이들(latchkey children)이란 어머니가 직장을 다니고 있기 때문에 열쇠목걸이를 가지고 다니는 어린이들을 의미한다("Policy of War Manpower Commission on Women Workers," *Monthly Labor Review* no. 56, 1943. April, p. 669).

41) Milkman, 앞의 책, p. 98.

42) *Monthly Labor Review*(1945. Dec.), p. 1268; (1946. Jan.), p. 163.

43) Department of Labor, State of New York, *Industrial Bulletin*(1945. Dec.), p. 20.

44) "Laid Off Willow Run Workers 'Choosy' about New Jobs, Some Loafing," *Wall Journal*(1945. 5. 4).

45) 31 Obscure Women vs. the Giant Chrysler Corporation, *Ammunition*(1948. March).

46) Honey, 앞의 책, p. 131.

47) My little son⋯ I know there will be bright tomorrow⋯(Your father) may never see you now⋯ but we must live in hope, always. That makes you and me very special kind of partners. Building together the kind of life he would want for both of us; Hartman, *The Homefront and Beyond*, p. 159.

48) 미국혁명기 여성의 역할을 미국의 사학자 린다 커버(Linda Kerber)는 '공화주

의 모성'(republican motherhood)이라는 개념으로 설명하고 있는데 이는 여성 시민은 가정성 그 자체에 정치적 의미를 부여함으로써 정당화될 수 있고, 아들을 도덕적이고 모범적인 시민으로 양육해야 할 여성의 의무를 국가에 대한 애국심과 관련지음으로써 여성에게 조국의 미래에 대해 어느 정도 기여할 수 있는 능력이 있음을 의미하였다. Linda Kerber, *Women of the Republic: Intellect and Ideology in Revolutionary America*(Chapel Hill: University of North Carolina Press, 1980). 바버라 월터(Barbara Welter)의 '진정한 여성다움의 예찬'(cult of true womanhood)은 19세기 중반 미국여성들에게 진정한 여성다움이란 남편에게 복종(submissiveness), 가정성(domesticity), 종교적 신성함(pious), 마지막으로 성적 정숙함(purity) 등의 미덕을 갖추는 것으로, 가정이라는 곳은 남성들의 주된 '공적 영역'(public sphere)에 반대되는 개념으로 치열한 경쟁사회에서 시달리는 가장들에게 안정감을 제공해 줄 수 있는 곳으로 간주되었다. Barbara Welter, "The Cult of True Womanhood, 1820~1860," *American Quarterly*(no. 18, 1960. Summer), pp. 151~74.

49) Honey, 앞의 책, p. 137.
50) Colman, 앞의 책, p. 21.
51) Ruth Young and Catherine Filene Shouse, "The Woman Worker Speaks," *Independent Women*(1945. October), p. 274, 275.

1960년대 이후의 역사

1
미국 여성사학사 연구

미국의 역사가 조앤 스콧(Joan Scott)은 여성사의 등장이 페미니스트 정치와 밀접한 관계가 있음을 지적하면서, 학구적인 여성해방론자들은 좀더 포괄적인 정치적 안건을 제시하기 위해 여성사연구의 필요성을 절감했다고 주장하였다. 따라서 1960년대에는 정치와 학계가 직접적인 관계가 있었고, 1970년대 중반 또는 후반부터 여성사연구는 정치로부터 점점 분리되어 나왔다고 설명했다. 여성사는 여성들의 자서전·전기 등의 연구를 통해 여성의 역사를 보다 학문적 분야로 정립해 나갔으며, 1980년대 후반에 등장한 젠더(gender) 개념은 어떤 이념적인 목적과 거리가 먼 중립적인 용어로 사용됨으로써 여성사가 정치로부터 완전히 분리될 수 있는 계기를 마련해 주었다. 80년대 후반 미국의 여성사연구는 하나의 학문분야로서 학계에서 영향력을 발휘하고 있었으며 이러한 현상은 미국 내 출판되고 있는 책이나 논문 등을 통해서 또는 국제적 규모의 회의나 학계의 뉴스를 통해 확인할 수 있다는 것이다. 조앤 스콧은 '여성역사운동'(women's history movement)이라는 용어를 가지고 여성사연구의 영향력과 명백성을 논하고 있다. 여성역사운동은 이전의 여성사연구가 개인적 차원에서 산발적으로 씌어졌던 것과 달리 국가 간의 교류나 학제간연구를 통해서 보다 다양한 접근을 시도하고 있다는 의미를 담고 있다.[1]

　　또 미국의 여성사가 거다 러너(Gerda Lerner)는 기존의 미국여성사 발전과정을 4단계로 설명한다.[2] 첫번째 단계는 보충사(compensatory history)로서, 유명한 여성들의 정체성과 그들의 활동을 낱낱이 기록해 놓은 것을 의미한다. 두번째 단계는 공헌사(contribution history)로 여성과 관련된 중요한 이슈나 주제 등을 정리해 놓은 것을 말하고, 세번째 단계는 이미 연구된 여성들의 공헌을 전통적인 해석에서 벗어나 재해석하는 단계로 대략 1970년대부터 80년대 중반까지 여러 여성사가들의 연구를 말한다. 마지막 단계는 1980년대 중반 이후 여성사가 젠더(gender)[3] 개념을 도입하면서 역사분석에서 새로운 틀을 갖게 되는 시기를 의미한다.

　　이 장의 목적은 미국역사 연구의 흐름 중 1960년대에 여성운동과 더불어 시작된 여성사연구의 동향에 대한 회고와 전망을 살펴보는 데 있다. 특히 1960년 이후 여성사학자들의 지속적인 관심과 노력에 힘입어 여성사가 어떻게 하나의 학문분과로 자리 잡았고, 어떠한 흐름의 변화를 겪어왔으며, 오늘날의 연구성과 및 앞으로의 연구방향은 어떠한지를 각 단계별로 분석해 보기로 하겠다. 이 장에서는 미국 여성사학사를 관찰함에 있어 큰 흐름을 앞의 여성사가들의 이론에 기초해서 살펴보되 좀더 보충하여 학제간의 연구가 여성사에 끼친 영향과 오늘날 가족사와 동성애에 관한 연구가 여성사에서 어떠한 맥락으로 이해되고 있는지를 들여다보기로 하겠다.

현재 국내에서는 여성학적 관점에서 쓴 저서와 번역서들이 많이 소개되고 있지만 서구여성사, 특히 미국여성사에 대한 관심은 이제 막 시작되고 있어서 그동안의 연구성과가 거의 없다고 볼 수 있다. 이런 시점에서 지난 30여 년에 걸쳐 미국에서 활발히 진행되어 온 여성사의 내용을 역사학적 관점에서 정리해 본다는 것은 매우 뜻 깊은 일이라고 보인다. 또한 이것은 미국여성사가 역사학의 주류에서 어느 정도의 자리매김을 하고 있는가 하는 것을 파악하는 데 매우 중요한 작업이라고 하겠다.

1) 미국여성사의 등장배경

(1) 1960년대 미국 사회운동과 여성운동

1960년대의 미국사회는 한마디로 혼란과 동요의 시기로, 암살과 폭력과 시위가 만연했고 대학생 중심의 반전운동이 전국적으로 확산되었으며 많은 젊은이들이 미국의 전통적인 가치를 거부하였다. 일반적으로 여성운동도 광범위한 사회적 변화의 소용돌이 속에서 출현하였으며, 이 과정에서 여성들 나름대로의 집단적인 정체성을 발전시키고 그들만의 공유의식을 함양할 수 있는 공간을 창출하였다. 1960년대에 등장한 반(反)문화혁명(counter-cultural revolution)은 미국의 전통적 체제와 가치를 파괴하고 새로운 가치관으로 대체하려는 문화적 혁명이었다. 그들은 혁명가이기를 자처하면서 직접적인 행동의 목표를 기성체제 타도에 두었다.

1960년대 당시 록음악축제는 하나의 문화축제로서 전국 각 지에서 개최되었는데, 그중 가장 유명한 것이 뉴욕주의 우드스톡 (Woodstock) 축제이다. 뉴욕주 북쪽에 위치해 있는 우드스톡에는 당시 40만 명의 젊은이들이 몰려들었고 며칠 동안 그들은 비와 진흙탕 속에서 '우드스톡 국가'(Woodstock Nation)의 건설을 꿈꾸기도 하였다. 대마초, 마리화나, 환각제, 청바지, 장발, 비틀즈음악은 주로 이들이 즐겼던 것들로서 당시를 상징하는 의미를 지니게 되었다. 히피문화 역시 1960년대를 대표한다고 할 수 있다. 히피들(Hippies) 은 스스로를 '꽃의 아이들'(the children of flower)이라고 부르며 기존 생활방식을 대신할 대안적 생활방식(alternative way of life)을 시도하면서 샌프란시스코의 헤이트 애슈베리(Height Ashbury) 구역 같은 곳에서 독특한 도시 하부문화를 창조하였다.

1960년대의 민권운동은 미국의 인종분리에 대항하는 것이었고 마틴 루터 킹은 비폭력적인 민권운동의 지도자 역할을 훌륭히 해냈다. 민권운동에는 많은 여성들이 참가했으며 여성회원들은 조직 내 차별과 억압을 몸소 겪으면서 독립을 계획하게 되었다. 이것은 곧 독립된 여성운동의 움직임을 낳았고, 여기에 참여한 여성들이 여성해방운동의 지도자가 되었다.

시기구분은 학자에 따라 다소 차이가 있기는 하지만 대체로 제1기는 19세기 중반부터 참정권 획득기인 1920년까지를 말하고, 제2기는 사회운동이 활발하게 진행되기 시작하고 베티 프리단

(Betty Friedan)의 『여성의 신비』(*The Feminine Mystique*)[4]가 출판된 1960년대를 일컫는다. 그 사이 1920년대부터 50년대 말까지는 미국 여성해방운동의 공백기로 볼 수 있다. 제2기 여성해방운동은 여러 면에서 제1기 여성해방운동과 차이를 보이고 있다. 제1기 여성해방운동은 남성과 다른 차원에서 여권운동이 전개되어 왔다는 한계점이 있다. 또 이념적으로 여성이 남성과 동일하게 가정과 가사노동에 참여하는 것을 목표로 하였다. 이에 반해 제2기 여성해방운동의 특징은 성의 생물학적·심리학적·문학적 측면을 강조한다는 점이다. 또한 여성문제와 여성운동 전반에 관해 모든 분야에 걸쳐 관심을 확대·증진시켜 나감으로써 실천적으로 상당한 발전을 이룩하였다.

　　제1기 여성해방운동의 종결은 1920년 미국여성들이 참정권을 획득한 그 지점을 의미한다. 미국여성들은 일단 참정권을 획득한 뒤로 여성문제에 대한 구심점을 상실하게 되었고 더 이상 어떤 응집력을 가지고 여성운동을 지속시켜 나가지 못했다. 그리하여 1920년대부터 50년대 말까지 약 30년간 여성운동은 공백기에 들어갔고, 그 사이 많은 미국여성들은 경제참여와 가정복귀의 악순환을 경험하게 되었다. 1930년대의 경제공황기에는 수많은 기혼여성들이 다시 그들이 속해 있어야 한다는 가정으로 돌아가야 했고, 1940년대에는 제2차 세계대전으로 여성들이 방위산업체나 중공업분야에서도 활발하게 활동하게 되었고 당시 기혼여성들의 경제활동으로 '열쇠 가진 아이들'(latchkey children), '8시간 고아들'(eighthour orphans)이라는 용어가 생겨나기도 했다. 1950년대 들어와서 여성들은 다시 가정으로 돌아갈 것을 종용받았지만 또 한편으로는 가정경제상 여성의 취업이 요구되는, '맞벌이부부'를 필요로 하게 되었다. 이것은 여성해방운동의 영향이라기보다 경제구조의 변화에 따른 부차적인 현상에 불과했다. 그리고 1963년 베티 프리단이 내어놓은『여성의 신비』는 당시 여성운동의 활력소 역할을 했으며 이 책의 출판은 제2기 여성해방운동의 시발점이 되었다.

1960년대 이후 여성사연구의 발전은 여성학의 등장과도 밀접한 관계가 있었다. 여성학은 1960년대 후반 새로운 여성운동의 물결 속에서 탄생했다. 당시 서구의 대학캠퍼스를 중심으로 치열하게 전개된 민권운동·학생운동·반전운동·반문화운동에 적극적으로 참여한 여성들 사이에서 여성문제에 대한 새로운 인식이 싹트기 시작했던 것이다. 많은 여성운동가들은 사회에 만연해 있는 남녀관계의 전통적인 가치에 의문을 품게 되었다. 그들은 남성들은 연단에 서서 연설을 도맡아하면서 여성들에게는 연설문을 타이핑하는 일만 시키는 데 분노를 느꼈다. 이제 여성들은 계급문제나 인종문제가 사라진다 해도 여성문제는 고스란히 남을 수밖에 없다는 생각을 하기에 이르렀다. 그리하여 여성문제는 여성들 스스로 주체가 됨으로써만 풀릴 수 있다는 확신 아래 여성운동의 이론적 뒷받침을 위한 학문연구의 필요성을 절감하게 되었다. 여성학이나 여성사의 등장은 이러한 사회적 배경을 가지고 있었으며 몇몇 대학에서 이 분야가 정식과목으로 채택되었고 학자들이 배출되기 시작하면서 그 학문적 위상을 정립해 나갔다.

여성사학자들은 그들 나름대로의 여성사연구의 필요성을 절감하면서 조직을 형성하게 되었다. 1960년대에 조직된 여성 역사학자들의 모임은 이전에 존재했던 작은 집단을 바탕으로 만들어진 것인데, 예를 들어 1929년 소집단의 선구자들이 최초의 여성전문 역사학자협회를 설립하여 1934년에 처음으로 활동을 시작했다. 버크셔 역사학회(Berkshire History Conference)는 비록 동부에 국한되어 있기는 했지만 여성 역사학자들을 대변하고 후원하기 위해 매년 서로 만나면서, 여성 후원조직 없이는 오랜 세월에 걸쳐 정착된 남성점유의 학문전통의 한계 속에서 살아남을 수 없다는 것을 인식하게 되었다. 이 학회 이외에도 여자대학을 중심으로, 때로는 남녀공학대학에서 여성해방의 취지 아래 모임을 가지면서 자신들의 조직적인 힘을 과시하기도 하였다. 1930년대 후반에 들어와서는 몇몇 여성사학자들이 식민시대와 남부여성의 역사 및 여성교육의 역사를 주제로 한 전공논문집을 발표하면서 이 분야의 발달이 이루어졌다.

1970년대 여성사학자들은 또 다른 종류의 협동적인 전략을 취했다. 1969년 미국역사학회(American Historical Association, AHA) 내에 여성역사가들의 간부회의인 '여성역사학자회의'(Coordinating Committee of Women in the Historical Profession, CWHP)를 조직하였다. 이 조직은 1970년에 미국역사학협회가 보고서를 발행하도록 했으며, 이 보고서는 AHA에 여성들의 참여를 돕는 새로운 시대를 제시했다. 여성들은 중요한 위원회 위원으로 임명되었으며 심의회에도 선출되었고, 협회의 정책결정에도 영향력을 발휘하였다. 이것은 여성사학자의 지위를 증진시키고 여성사영역을 발전시켰으며 여성사연구에 큰 기여를 하였다.

(2) 미국사회사 연구의 등장

1960년대 사회운동을 배경으로 해서 역사학계에도 큰 변화가 일어났다. 제2차 세계대전 후부터 1960년까지 미국역사학의 사조는 이른바 합의(consensus)사학으로 대변되었다. 이 학파에는 대니얼 부어스틴(Daniel Boorstin), 루이스 하츠(Luius Hartz), 리처드 호프스태터(Richard Hofstadter) 같은 사학자들이 있었다. 이들은 미국 역사·사회·문화·정치·경제의 위대함과 특수성을 강조했다. 그러나 1960년대에 접어들면서 합의학파는 '신좌파'(new left)의 도전을 받게 되었다.

신좌파는 주로 유진 제노비스(Eugene Genovese), 가브리엘 콜코(Gabriel Kolko), 에릭 포너(Eric Foner) 같은 학위를 막 끝낸 젊은 사학자들로 구성되었다. 신좌파 사가들은 이전 합의사가들이 묘사한 미국의 밝은 과거모습이나 현재모습은 모두 허위의식이라고 주장하면서 미국사회의 현재와 과거 속에 나타나는 것처럼 보이는 안정·조화·풍요의 표현 그 밑에는 불안·갈등·폭력이 깊게 도사리고 있다는 것이다. 신좌파 사가들은 외교사·사회사·노동사·정치사 분야에서 다양한 활동을 하였다. 1960년대 사회의 분위기에 영향을 받은 신좌파 사가들은 대중의 역사를 연구하지 않고서는 미국의 역사를 진정으로 이해할 수 없다고 보았다.[5] 이들은 미국체제의 전면적인 타락이 소수계층에 대한 억압과 착취로 나타났다고 주장하면서 미국 정부와 정치가들을 철저히 불신했다. 이에 따라 역사분야에서는 사회 저변에 살고 있는 대중의 생활과 여성사, 흑인사, 인디언사, 노동사, 지방사 연구가 왕성하게 이루어졌다. 이 분야들을 다루는 전문잡지들이 다시 각광을 받거나 새로운 잡지 등이 창간되었다. 하워드 진(Howard Zinn)의 『미국민중사』(*A People's History of the United States*)는 이러한 경향을 잘 보여주는 가장 대표적인 저서라고 할 수 있다. 그는 그동안 미국역사가 힘없고 헐벗고 가난하고 착취와 억압을 당하고 소외된 문맹의 사람들을 무시해 왔다고 지적하면서, 진정한 역사연구는 다수 민중의 입장에서 그들의 역할을 포함해야 한다고 주장했다.

사회사의 접근에서 나타나는 역사해석을 보면 역사 속의 르네상스는 여성들에게는 르네상스가 아니었고, 미국의 발견은 부분적으로 인디언 제거에 관한 이야기이며, 명백한 운명(manifest destiny)은 제국주의적 팽창을 합리화하기 위한 이데올로기적 정당화 이론이고, 노예제도는 한 시대에 국한된 '특별한 제도'가 아니라 미국역사에서 인종차별로 점철되어 있다고 해석하였다.

미국사회사 연구는 역사관이나 방법론 면에서 여성사연구에 많은 영향을 주었다고 볼 수 있다. 여성사가들 중에는 여성이나 남성들이 속해 있는 기관을 각각 비교분석한 사가들도 있었고, 여성들 사이의 다른 점들을 강조하는 사가들도 있었다. 여성들에 대한 서술을 중요시하면서 여성이 남성과 다른 점을 강조하였고, 그동안 일반적으로 받아들여지고 있던 미국 민주주의에 대한 서술에 도전장을 내기도 했다. 칼 데글러(Carl Degler) 같은 역사가는 새로운 역사 개념의 필요성을 인식하고 다음과 같이 말한다.

역사 또한 과거라는 것은 여성사가 그것의 한 부분이 되기 전에 개념이 바뀌어야 한다는 것이다. …왜냐하면 그동안 일반적으로 받아들여지던 과거 또는 역사라는 것은 여성들의 활동을 배제한 채 남성들의 활약상에만 몰두해 왔기 때문이다. …우리가 직면하고 있는 도전은 현재 우리가 쓰거나 가르치는 과거에 여성을 포함시켜 새로운 개념정의를 내려야 한다는 것이다.[6]

또 미국사회사 연구방법은 여성사 연구방법에 일정한 영향을 끼쳤다. 우선, 사회사는 일상생활에서 사용되는 여러 가지 자료들— 유언장, 관리문서, 회계장부—을 가지고 계량적 역사 분석방법을 사용함으로써 새로운 방법론을 제시해 주었다. 또한 사회사는 역사뿐만 아니라 사회학·인류학·인구통계학 등과 학제간연구가 가능하다는 점을 시사해 주었다. 둘째로, 사회사를 통해 정치조직 활동이나 직장생활을 하는 여성들을 연구했으며 또 새로운 조직 혹은 기관으로서 가족과 가정에 눈을 돌리게 되었다. 이를 통해서 여성사에서도 가족관계, 성문제, 출산 등의 문제도 충분히 역사적 연구대상이 될 수 있다는 것을 보여주었다. 셋째로, 사회사는 거시적 관점에서 그동안 백인남성 중심의 정치사의 서술적 접근방식에 대응할 수 있었고 인간의 삶을 분석하는 데 보다 다양한 접근을 시도할 수 있었다. 그 결과, 사회사는 그동안 정치사에는 도외시되어 왔던 그룹에 대한 연구를 통해서 여성사에 대한 관심을 높여주었다.

2)   1980년대 중반까지의 여성사 연구경향 및 그 한계점

초기 미국여성사연구는 유명한 여성들의 정체성과 그들의 활동을
낱낱이 기록해 놓은 보충사(compensatory history)의 경향이 강하게
나타났다. 그러한 여성 중에는 정치·종교 지도자나 탐험가, 과학자,
예술가 그리고 자선활동에 앞장선 좋은 집안의 여성들이 있었고 역
사서는 그들의 업적에 대한 기록이었다. 이러한 연구결과는 자서전
과 편지모음집 등으로 출판되었다.[7] 19세기 초 미국의 중상류층 여
성들은 빈곤층을 위한 자선활동뿐만 아니라 점점 노예해방운동, 금
주운동, 매춘 반대운동에 앞장섰다. 하지만 이러한 부류의 보충사적
연구는 개인의 역사 연구에 그쳤을 뿐 여성들의 활동이 미국사회
전반에 끼친 영향에 대해서는 객관적인 평가를 내리지 못했다. 이러
한 측면에서 보충사적인 여성사연구는 남성 중심의 역사서술에서
크게 벗어나지 못했다.

다음은 공헌사(contribution history)적 역사서술로서, 이 경향
은 어느 정도 개념화된 여성사 서술단계라고 설명할 수 있다. 이 방
식의 역사서술을 통해 사가들은 여성의 관점에서 역사상 중요한 이
슈나 주제 등과 관련된 운동을 기록해 놓았다. 예를 들어 여성참정
권, 노예제 폐지, 진보적인 개혁기간 동안의 '헐 하우스 운동'(Hull
House Movement)[8]이나 미국의 산업발전 기간 동안 로웰(Lowell) 지
역 여성 공장노동자들의 활동에 관한 내용이다.[9] 공헌사적 서술에
서는 주로 여성들의 참정권운동, 노동운동, 도덕개혁 운동이 미국
전체의 도덕개혁 운동이나 노동운동에 어떤 영향을 끼쳤는지를 분

석하였다. 그리고 남성 중심의 사회에서 여성억압에 대해 여성들이 어떤 방법으로 저항하였는지, 그 공헌에 대해서도 고찰했다. 이 시기에는 여성사자료들이 방대하게 수집되었으며 '여성사자료집'(women's history sources survey)이라는 주제로 미국 각 주의 고문서 자료묶음에 포함되어 있다.[10] 이를 계기로 여성사는 성격을 달리해 집단으로서 여성들의 자각, 공동체와 조직에서 여성들 작업의 가치에 대한 인식이 생기면서 이전과는 다른 새로운 문서화 태도를 보이게 되었다. 여성들은 더 이상 유명한 인물이라든가 지도력 찬양에만 매달리지 않았다.

공헌사는 여성운동, 특히 참정권운동의 조직과 그 지도자들에 대한 연구에서도 큰 성과를 올렸다고 볼 수 있다. 1881년 엘리자베스 스탠턴(Elizabeth Stanton)과 수잔 앤서니(Susan Anthony)는 여성참정권에 관한 역사서를 펴냈다. 『여성참정권 역사』(History of Woman Suffrage)는 총6권으로 구성되어 있으며, 각 주의 여성들로부터 기고문을 받아 여성운동의 역사를 체계적으로 정리하였다. 이 작업에 참여한 페미니스트들은 여성사의 부재가 여성들에게 무엇을 의미하는지 이미 알고 있었고, 미약하게나마 역사를 서술하는 사람들에게 우선적으로 필요한 것은 자료라는 사실을 깨닫게 되었다. 그들은 이 운동이 여성의 클럽운동과 결합된 최대의 대중조직이고 최대의 연합임에도 불구하고, 그 기록이 소실된다면 망각 속으로 쉽게 사라져 버릴 위험을 잘 알고 있었다. 때문에 기록을 보존해야 한다는 생각이 편집자들의 마음에 가장 중요하게 자리 잡고 있었다. 『여성참정권 역사』가 상징하는 욕구는 서술체 여성사를 쓰려는 최초의 노력이며, 또 역사의 시기마다 다양한 사회에서 여성들이 차지한 위치를 이론적으로 설명하려고 시도했다는 것이다.

　이 책은 여성사연구에 큰 공헌을 했지만 여전히 여러 가지 한계를 지니고 있었다. 낸시 아이젠버그(Nancy Isenberg)는 『여성참정권 역사』를 두고 "불완전하고 결점이 많으며 상당한 편견을 가지고 자료를 이용한 책이고 또 이 책은 몇몇 여성들의 지도력을 강조하기 위해 많은 운동가들과 선배운동가들의 역할을 무시하거나 격하시켜서 그 운동의 기원을 왜곡하고 있다"고 비판하였다.[11] 이 책에서는 남성 중심의 시각이 우선시되었고 여성의 내면 변화, 특히 주체적이면서 긍정적인 여성의 역할은 여전히 결여되었지만, 그럼에도 이 책은 서술체 여성사를 쓰고자 한 최초의 노력이었으며, 또 역사의 시기마다 다양한 사회에서 여성들의 지위를 이론적으로 설명하려고 시도했다는 점은 높이 평가될 수 있다.

　1920년대나 30년대의 개척자 역사가들 중 줄리아 스프루일(Julia C. Spruill), 메리 비어드(Mary Beard), 캐롤린 웨어(Caroline Ware) 등은 자신들의 저서에서 개척지 정착, 노예해방, 도시화, 산업화, 혁신주의 등에서 여성들의 참여에 대해 기술하였다. 특히 줄리아 스프루일은 저서에서 남부 식민지 여성들의 생활과 일에 관한 내용을 다루면서 남부 식민지에서 여성들이 중요한 역할을 했다고 밝히고 있다.[12]

　재야 여성지식인들 가운데 한 사람인 메리 비어드는 여성들의 경험에 대해 보다 정확한 분석을 시도하였다. 그녀는 1920년대에 노동운동과 여성운동을 하였으며 참정권 운동가들과 함께 수년

간 '세계여성문서보관서'(World Center for Women's Archives)를 만드는 운동을 하는 등 여성사 확립을 위해 지속적으로 활동해 왔다. 비록 이 사업은 1940년대 들어와서 후원부족으로 큰 성공을 거두지 못했지만, 그후 미국의 주요한 여성사 자료도서관의 하나인 래드클리프대학 '슐레진저 자료보관소'(Schlessinger Library Archives)가 설립되었고 현재 프린스턴대학에 있는 '미리안 홀덴'(Mirian Holden)에 소장품들이 수집되었다. 메리 비어드의 글을 비판하는 사람들도 적지 않으나 그녀는 멀리 15세기까지 거슬러 올라가 그동안 다루지 않았던 주제들을 상당수 다룬 역사가라는 점에서 그 기여도는 매우 크다고 할 수 있다. 뛰어난 훈련을 받은 역사가이면서도 스스로 학문기관에 소속되지 않겠다는 선택을 했던 비어드는 여성들은 항상 역사의 중심에서 원동력이 되어왔다고 주장했다. 메리 비어드는 여성사를 학문적인 주제로 개념화했을 뿐 아니라 이에 관한 저서도 4권 남겼다. 또 그녀는 남편이자 동료역사가인 찰스 비어드(Charles Beard)와 공동작업으로 그동안 다루어지지 않았던 주제들을 다루면서 여성의 세계관 등을 중심으로 여성들의 유리한 입장이 부각될 수 있는 역사서술을 시도하였다. "여성이 역사이며, 역사를 만든다"고 주장하면서 이러한 사실을 뒷받침하기 위해 노력하였다.[13]

세번째 단계는 그동안 활발히 진행되어 오던 공헌사를 바탕으로 이전의 전통적인 접근방식을 비판, 재해석하는 단계였다. 이 시기의 연구를 살펴보면, 그동안 여성들의 공헌에 관한 서술들은 여전히 전통적인 역사해석에서 벗어나지 못했다고 지적하면서 여성의 입장에서 여성들의 경험을 재해석하기 시작했다. 가장 대표적인 저자로는 미국혁명기 여성들의 역사를 서술한 린다 커버(Linda Kerber)를 들 수 있다.[14] 미국혁명기 여성의 역할에 관한 논의에서 린다 커버는 '공화주의 모성'(republican motherhood)이라는 이념과 이미지를 설명하면서 여성을 가정 안으로 격하시킨 공화주의 이론과 여성의 실질적인 공적 활동 사이에서 발생한 딜레마에 대한 해결책을 제시했다. 여성시민의 문제는 가정성 그 자체에 정치적 의미를 부여함으로써 정당화되었고 아들을 도덕적이고 모범적인 시민으로 양육해야 할 여성의 의무를 국가에 대한 애국심과 관련지음으로써 여성에게는 조국의 미래에 대해 어느 정도 기여할 수 있는 능력이 있다고 설명하였다.

그리고 바바라 월터(Barbara Welter)와 낸시 코트(Nancy Cott)는 19세기 여성들에 대한 재해석을 내어놓았다.[15] 이들은 각자 19세기 중반 사회에서 요구된 진정한 여성상에 관한 논의를 사회구조적 관점에서 시도하였다. 우선 바바라 월터는 19세기 여성상을 설명하는 데 '진정한 여성다움의 예찬'(the cult of true womanhood)이라는 용어를 사용하였다. 19세기 미국사회는 도시에 거주하는 중상류층의 여성들에게 가정성(domesticity), 신성함(pious), 정숙함(purity), 복종(subordination) 등의 미덕을 강조했으며 가정은 남성들의 주된 영역인 공적 영역(public sphere)에 반대되는 개념으로 치열한 경쟁사회에서 시달리는 가장에게 안정감을 제공해 줄 수 있는 곳으로 간주되었다고 보았다. 또 그녀는 이렇게 중상류층 여성들에게 강조되었던 미덕들이 저소득층 여성들에게는 해당되지 않았으며 오히려 이들의 희생 위에 이 미덕들은 유지될 수 있었다고 설명하였다. 낸시 코트는 여성들의 일기나 편지 등을 분석해서 여성들의 삶에서 물질적 환경의 변화와 여성들의 활동영역의 상관관계를 연구함으로써 19세기 여성들의 생활은 경제적 '의존성'(dependence)과 밀접한 관계가 있었다는 것을 밝혀내었다.

19세기 여성상에 대한 접근은 여성들의 연구에서만 시도되었던 것은 아니다. 로버트 그리스월드(Robert Griswold)는 가족사를 통해서 19세기 여성상과 남성상에 대한 연구를 시도했다.[16] 그리스월드는 1850년부터 1890년까지의 이혼사례 400건을 분석해서 농민·노동자·아내·가내하녀의 가정 내 생활을 연구하였다. 주로 여성들의 일기나 편지를 가지고 중상류층 여성들의 삶을 연구했던 것과 달리 여기서는 가정생활에서 남편과 아내에게 요구되는 역할분담과 부부 사이의 권력관계 등을 연구했다. 이를 통해 19세기 사회에서는 여성과 남성에게 주로 어떤 미덕을 요구했고, 이것을 어겼을 때 어떤 처벌들이 뒤따랐는지를 밝히고 있다.

이상과 같이 1980년대 중반까지의 여성사연구는 보충사나 공헌사 중심으로 꾸준히 진행되면서, 한편으로는 전통적인 역사해석에서 벗어나려는 시도가 이루어졌다. 하지만 그 주제나 연구방법에서 많은 한계점을 보였다. 그럼에도 1980년대 들어오면서 여성사연구에 새로운 패러다임이 도입되면서 큰 변화를 불러오게 되었다. 그것은 젠더 개념의 도입과 여성사의 재해석이었다.

3)   젠더 개념과 새로운 역사학의 패러다임

1980년대 중반부터 90년대에 걸쳐 미국여성사 연구의 주요 특징으로는 기존의 여성사연구에 새로운 역사학의 패러다임을 제시하고 있다는 점을 들 수 있다. 과거 여성사연구가 주로 위대한 여성들에 대한 단편적인 연구 내지는 계층이나 인종 간에 차이를 둔 여성들의 경험을 연구해 왔다면, 이제는 여성사연구에 사회화된 성을 의미하는 젠더(gender) 개념을 도입하였다. 여성사가들은 생물학적 성을 지칭하는 성(sex)이라는 용어 대신에 사회·문화적으로 형성된 성을 나타내는 젠더(gender) 개념을 사용한, 즉 역사분석의 기본 틀로 삼은 것이다. 생물학적 성에 기초한 여성사연구는 많은 한계점을 드러냈기 때문에 사회구조를 포함한 사회적 영역에 걸친 권력구조의 연구를 통해서만이 통찰력 있는 여성사를 연구할 수 있다는 것이다. 그러므로 성(sex)과 젠더의 차이를 이해하는 것은 남성과 여성의 역사적 경험의 차이를 이해하는 데 단서를 제공해 주었다.

또한 이 두 가지를 모두 포함하는 포괄적인 의미의 성성(sexuality)에 대한 논의도 제기되었다. 성성 역시 사회적으로 형성된 것으로서, 예를 들어 역사적으로 성적 선호도(sexual preference)는 사회에 따라 다르게 나타난다고 설명한다. 일찍이 여성사적 관점에서 성성의 논의가 언급된 것은 캐럴 스미스로젠버그(Carroll Smith Rosenberg)의 논문이다.[17] 성적 혹은 감정적 충동을 하나의 스펙트럼(spectrum)으로 설명하면서 한쪽 끝에는 이성애가, 또 한쪽 극단에는 동성애가 존재하며 그 중간에는 감정이나 성적 느낌들이 폭넓게 자리 잡고 있다고 주장했다. 성성 역시 그 나름대로의 역사를 가지고 있는데 그 역사를 연구함으로써 사회에서 여성들의 복종을 강요하는 데 성성이 어떤 역할을 해왔는지를 밝혀내는 것은 무척 중요하다고 지적했다. 예를 들어 19세기 중반 사회개혁 운동에 앞장섰던 제인 애덤스(Jane Adams)와 릴리안 왈드(Lillian Wald) 같은 여성들의 삶을 연구해서 이들 사이의 사적인 인간관계가 공적인 행동주의 (activism)를 유지시켜 준 원동력이 되었다고 밝힌다.

니키 케디(Nikiki Keddie)와 던 마리에타(Done Marietta)는 인간의 성을 다각적으로 분석하고 있다.[18] 우선 니키의 경우에는 젠더와 성성을 여성의 억압, 여성문화, 여성복지, 마르크스주의와 여성사, 푸코와 성성으로 나누어 다각도로 분석하고 있는데 각 주제마다 엘리자베스 팍스 제노비스(Elizabeth Fox Genoves)나 린다 고든(Linda Gordon) 같은 유명한 여성사학자들이 논평을 하였다. 던 마리에타의 경우는 오늘날의 성성을 철학적·심리학적 문제와 결부시켜 논의한 것으로, 특히 도덕적 문제와 결부시켜서는 간통, 동성애, 포르노그래피 등에 대해 페미니스트 이론을 적용시켜 분석하고 있다.

여성사가들에게 젠더는 여성사분석의 기본적인 틀을 제공하는 것이었다. 젠더에 기초한 역사적 접근을 보면 남성과 여성의 역사적 경험은 서로 큰 차이를 두고 발전해 왔고, 특히 이것은 정치적·경제적 관계뿐만 아니라 법적 관계에서도 남성과 여성의 경험차이를 낳았다. 허마 힐 케이(Herma Hill Kay)는 역사적으로 여성들이 법적으로 어떤 차별을 받아왔는지 분석했다. 예를 들어 식민지시대 이래로 기혼여성의 소유권법과 여성의 법적 지위의 변화를 추적하면서 여기서의 차이가 당시 여성들의 삶을 어떻게 남성들과 차별화시켰는지를 분석하였다.[19] 엘리스 케슬러해리스(Alice Kessler-Harris)는 사회적으로 여성의 직업으로 간주되는 분야를 분석해서 "남성과 여성에게 지급되는 임금은 중립적인 것이 아니라 사회적으로 형성되는 것이고 여성의 직업 또는 남성의 직업이라는 용어는 여러 가지 의미가 함축되어 있는 것"이라고 주장했다.[20] 여성과 남성은 라이프 사이클이나 가족들 간의 경험에 근본적인 차이가 있다. 예를 들어 산업화 초기 로웰(Lowell) 지역의 여성노동자들이 직업에 종사하게 된 이유는 남자형제들의 교육비를 충당하기 위해서였다는 점, 그들이 결혼해서 임신을 하게 되면 여성 본연의 모습인 어머니로 돌아가야 한다는 점 때문이라는 것이다. 그리고 직장 내에서 여성들이 맡게 되는 업무와 임금, 노동조합 결성과정 등에서 남성과 다른 점들에도 초점을 맞추었다.

이 시기에 여성사 연구방법에 관해 많은 연구를 한 조앤 스콧(Joan Scott)은 여성사의 이론화를 주장했다. 스콧은 저서에서 그동안의 여성사연구가 지나치게 세부적인 주제를 바탕으로 한 개별적인 연구에 치중해 왔다고 지적하면서 여성들의 다양한 삶과 지속되어 온 불평등한 삶을 설명할 수 있는 종합적인 시각을 정립할 것을 제안하였다. 그러면서 포스트구조주의를 사회사나 문화사에 적용시킬 수 있다고 보았다.[21] 특히 젠더 개념을 역사분석의 한 가지 요소로 간주하면서, 일반화시킬 수 있는 단순한 개념이 아니라고 강조했다. 여성의 역사를 연구함에 있어 단순히 여성과 관련된 사실들을 밝힌다는 것은 큰 의미가 없으며, 역사적 주제로서 그동안 도외시되어 왔던 여성을 역사의 중심에 세우기 위해서는 여성을 역사연구의 주제로 삼아야 할 뿐만 아니라 역사의 구성범주를 바꾸어야 한다고 주장했다. 젠더는 인간의 성적 차이에 관한 지식이며, 여기서 지식이란 문화와 사회에 의해 생겨난 인간에 대한 이해라고 설명하고 있다. 따라서 젠더는 오랜 기간에 걸쳐 발전되어 온 가장 중요하고 영향력 있는 사회구성 요건으로서 젠더 간의 관계가 곧 권력관계라고 보았다.[22] 한마디로 젠더와 지식은 사회적으로 형성된 것이라는 것이다.

젠더를 중심으로 한 역사연구를 시도한 분야 가운데 최근 들어 주목받는 것으로는 전쟁사연구를 들 수 있다. 이전에는 전쟁사를 하나의 전통사로 간주하여 그에 대한 연구를 꺼려 해오던 여성사 연구자들은 이제 전쟁사를 젠더체계(gender system)를 변화시키는 데 큰 영향을 끼친 역사적 사건으로 주목하기 시작하였다. 그 한 예로, 요즈음 남북전쟁사 연구에서는 그 전쟁발발 시기가 미국역사에서 여성과 남성의 영역이 명확히 구분되어 있던 시기였고, 따라서 성역할의 변화를 그 분석의 관점에서 제외시킬 수 없다는 것이 주된 연구경향이라고 보았다. 대표적인 저서로는 캐서린 클린턴(Catherine Clinton)과 니나 실버(Nina Silber)의 『분열된 가정 : 젠더와 남북전쟁』(*Divided House: Gender and the Civil War*)을 들 수 있다.[23] 여기서는 남북전쟁이 남성과 여성의 성역할에 커다란 분기점이 되었다는 논지 아래 여성성과 남성성에 대한 논의뿐 아니라 젠더와 가족이라는 포괄적인 주제도 함께 다루고 있다. 이 저서의 특징은 이러한 주제를 한 계층이나 인종에 초점을 맞춘 것이 아니라 남부와 북부, 남성과 여성, 흑인과 백인, 지도층과 일반대중 모두를 종합적으로 분석하고 있다는 점인데, 그동안의 전통적인 전쟁사 접근방식에서 벗어나 전쟁이라는 커다란 역사적 사건을 젠더관계(gender relations)로 접근한 것이었다.

1990년 린다 고든(Linda Gordon)의 학제간연구를 통해서 펴낸 『여성들, 국가 그리고 복지제도』(*Women, the State, and Welfare*)[24]는 인종(race)이나 계층(class)이 아닌 젠더(gender)가 미국의 사회복지제도를 분석하는 데 중심축을 이루면서 여성의 관점에서 다양하게 사회복지제도를 고찰했다는 데 그 의의가 있다고 볼 수 있다. 특히 이 책에서 고든은 그동안 사회복지제도 연구에서 젠더가 고려되지 않은 것이 연구에 얼마나 큰 한계로 작용했는지 지적하면서, 젠더를 중심으로 구조적인 분석을 할 때 여성적인 측면에서 미국 사회복지제도의 정책적 특징을 제대로 이해할 수 있다고 주장한다.[25]

진 보이드스톤(Jeanne Boydston)은 각종 사적 편지·일기, 신문기사에 대한 분석을 바탕으로 남북전쟁 이전시기 미국여성들의 가사노동을 살펴봄으로써 가사노동의 경제적 중요성을 재평가하였다. 보이드스톤은 여성들의 가사노동이야말로 미국 북동지역 산업화의 큰 원동력이 되었다고 주장한다. 18세기 중반까지의 역사에서 여성의 경제적 역할을 과소평가해 온 사회생활의 변화들을 살펴보았고, 이를 위해 미국독립혁명 때부터 1812년 전쟁에 이르기까지 여성과 남성의 역할변화와 남북전쟁 이전시기에 가사노동과 경제 활성화의 상관관계를 분석했으며, 가사노동에 대한 이념의 변화 또한 추적하고 있다. 보이드스톤에 따르면, 기혼여성의 바람직한 이미지는 식민지시대에는 가정 내 경제활동의 주역을 담당하는 사람이었고, 19세기에 들어와서는 비생산자로서 경제적으로 의존하는 존재였다. 따라서 보이드스톤은 19세기 시장경제 체제는 무임금노동을 무가치한 것으로 격하시킴으로써 아내 혹은 어머니의 역할을 과소평가했다고 보았다.

1990년대 여성사연구의 또 한 가지 특징으로는 학제간연구의 성과를 들 수 있다. 여성에 대한 심리학적 접근은 엘리자베스 런베크(Elizabeth Lunbeck)에 의해 시도되었다.[26] 20세기 초 정신병 연구는 정신의학의 발달과 더불어 광기상태에 대한 연구에서 인간의 정상상태와 그로부터 일탈현상에 대한 연구로 변화되었다. 런베크는 이러한 전문분야에서의 개념변화는 젠더에 대한 관심에서 시작되었다고 보았다. 1912년 건립된 보스턴 정신병원에서 시행되고 있는 정신병 분야의 남성화된 치료술 등에 대해 논하였는데, 구체적으로 병원이 실시하고 있는 환자들에 대한 정신적 치료, 환자증상에 따른 분류, 환자의 훈련 등이 모두 젠더화된 분류에 근거하고 있다는 것을 밝혀냈다.

샬롯 보스트(Charlotte G. Borst)는 오늘날 이른바 산파와 의사의 개념을 형성한 데 큰 기여를 한 젠더·이민·계층의 문화를 분석하였다.[27] 1900~30년에 산파의 도움으로 태어난 신생아는 이전에 비해 절반 이상 떨어진 15퍼센트 이하인 데 반해 의사의 도움을 받아 출생한 신생아 비율은 큰 폭으로 상승했다. 오랜 동안 산파들의 지속적인 활동 이후 이런 현상이 벌어졌다는 것은 결코 단순하게 해석될 수 없다고 보았다. 저자는 역사적 통계수치와 사회과학적 방법을 사용하여 산파와 의사를 바라보는 관점의 변화를 관찰하면서, 20세기 초반의 사회에서는 남성의사들이 대부분을 차지하고 있는 의료계가 이민자나 흑인이 대다수를 이루는 산파들보다 인기가 높았다는 것을 밝혀냈다. 이러한 사회현상이 그동안 의학계의 세력다툼으로 인한 산파의 주변화 현상으로 해석되어 온 것과 달리, 보스트는 여성들 스스로 고통이 따르는 전통적인 방법을 선택하기보다는 좀더 안전한 의사들을 택한 결과라고 설명한다.

　　오늘날 젠더 개념과 함께 여성사에서도 다양한 연구가 진행되고 있는데 동성애연구는 또 하나의 새로운 분야로 등장하고 있다. 앨런(Allan Berube)과 레이사(Leisa D. Meyer)는 자신들의 저서를 통해 미국의 1940년대와 50년대가 남성 동성애자와 여성 동성애자의 정체성과 운동이 발전하는 시련기였음을 보여주고 있다.[28] 또한 성성의 역사 측면에서 동성애자들의 사회와 그들의 문화는 어떠한 특징을 가지고 있고 주류문화와는 어떤 관계를 유지하고 있는가에 대한 연구도 나왔다.[29] 1996년에 출판된 에드워드 알우드(Edward Alwood)와 엘런 르윈(Ellen Lewin)의 저서는 동성애 문제와 관련해서 20세기에 동성애가 어떻게 사회적으로 형성되어 왔는지를 설명하고 있다.[30] 우선 에드워드는 시기적으로 제2차 세계대전에서부터 1980년대까지 미국에서 레즈비언과 게이의 생활이 미디어를 통해 어떤 이미지로 그려져 왔으며 이런 이미지들이 그들에게 어떤 영향을 끼쳤는지 분석하였다. 1960년대의 게이들의 폭동으로 알려졌던 스톤월 항쟁(Stonewall Riots)과 에이즈(AIDS) 문제가 이들 동성애자들의 이미지에 끼친 영향을 분석하면서 방송매체들에 의해 조성된 부정적인 측면을 잘 묘사하고 있다. 엘런의 경우는 특히 레즈비언들의 활약상을 통해서 그들이 과거부터 공유해 오던 경험들이 오늘날 어떠한 힘을 발휘하는지를 논하고 있다. 일반적인 서술이 아닌 여러 가지 사례를 가지고 지역적·인종적 분석방법을 시도하였다. 물론 동성애 문제는 아직도 많은 논쟁의 대상이 되고 있지만 이 분야에 관심을 갖고 있는 여성사가들은 동성애 문제를 역사상 성적 선호도와 그들 나름대로의 특수한 경험들을 토대로 해서 풀어나가고 있다.

1980년대 중반 이후 여성사가들 사이에서 여성사를 포함한 기존의 역사연구가 정치·경제·사회적 관계를 통해서만 연구되었다는 비판의 목소리가 커지면서 문화와 언어 그리고 심리적 분석 등을 통해 인간의 성관계를 규명하려는 시도가 생겨났다. 물론 앞에서 살펴본 바와 같이 이러한 방법론을 통한 연구는 그동안 은폐되어 왔던 성차별의 역사를 밝힌다는 점과 여성들의 다양한 경험들을 살필 수 있다는 점에서 여성사에 기여한 점이 크다고 할 수 있겠으나, 아직까지는 이런 다양한 경험들을 분석함에 있어 통일성이 결여되었다는 것이 한계로 지적되고 있다.

이상에서 살펴본 바와 같이 여성사연구는 역사학자들의 직접적인 동기에 의해서 등장했다기보다는 1960년대 민권운동의 영향을 받아 성장한 여성운동의 실천과정에서 태동했다고 볼 수 있다. 따라서 여성사연구는 학문적 성격과 운동적 실천 사이에서 균형을 찾아가는 것이 가장 큰 과제가 되었다. 이러한 문제에 대한 해결책으로, 역사와 정치를 구별하고자 하는 움직임이 1980년대 후반부터 시도되었다. 조앤 스콧은 이 시도가 바로 여성사연구에 젠더 개념의 도입이라고 설명하였다. 1960년대 여성사연구는 여성운동의 이데올로기를 제공해 주었다. 하지만 1980년대 후반에 이르러 여성사연구에 중립적인 개념이라고 할 수 있는 젠더 개념이 도입되면서 정치적 성향으로부터 완전한 결별을 선언하게 되었다. 여성사는 더 이상 서술에 그치는 역사가 아니라 좀더 복합적으로 여성사에 접근하게 되었던 것이다. 여성사라는 것은 물론 1960년대 여성해방운동과 더불어 학계에 등장했고, 여성해방운동은 현재 사회에서 사라지지 않았지만, 여성사에서는 그 조직이나 존재가 변화되어 왔음을 인식하고 더 이상 이론제공의 역할에 얽매이지 않게 되었다.

　　여성사가들이 당면한 과제는 그동안의 여성사연구를 통해서 여성을 하나의 독립된 정체성으로 범주화한 것을 토대로 이제는 여성들의 역사를 일반역사 속에 편입시키는 것이다. 이러한 편입은 여성들의 역사를 찾아줄 뿐만 아니라 온전한 역사를 파악할 수 있게 해줄 것이다. 여성의 역사가 여성의 과거를 얘기하고 일반적인 시대구분에 대해 이의를 제기하고 여성들이 역사적으로 많은 공헌을 했고 여성들의 사적인 생활을 정치화시키고 있지만, 이것만으로는 완전한 여성사서술을 실현할 수 없다. 역사의 분야는 보편성을 가지고 있지 않고 그 어떤 분야도 독자적으로는 온전한 역사서술을 할 수 없다는 것은 자명한 일이다. 여성사의 발전과정을 볼 때 역사연구에서 이러한 변화의 흐름을 파악하는 것은 매우 중요한 요소로서, 여성의 역사적 경험을 드러내어서 그 역사적 공헌을 미국역사의 전체적 흐름 속에서 정당하게 여성사연구의 흐름으로 파악하는 것도 중요하다고 할 수 있다.

반세기도 훨씬 전에 여성사가 메리 비어드(Mary Beard)는 여성도 항상 삶의 중심에서 생각하고 활동해 왔다고 주장했다. 이렇게 여성사에 대한 관심은 오래전에 이미 시작되었고, 1960년대 이후로 활발한 연구성과를 냈음에도 불구하고 아직까지도 전체 역사학에서 진정한 영향력을 발휘하지 못하고 주변부에 머물러 있는 것이 큰 문제로 제기되고 있다. 현 시점에서 여성사연구의 가장 큰 과제는 전문화된 기존의 역사학계에서 자리매김을 무리 없이 해나가는 일이다. 역사란 궁극적으로 인간에 대한 이해를 그 목표로 한다고 볼 수 있다. 여성사는 또한 남의 역사가 아니라 나 자신의 역사, 더 나아가 우리의 역사이다. 따라서 여성사연구야말로 그동안 한쪽 면만 고집해 왔던 인류의 역사를 온전히 볼 수 있도록 이끌어주는 새로운 역사접근임을 깨달아야 할 것이다.

1) Joan W. Scott ed., *Learning about Women: Gender, Politics and Power*(Ann Arbor: The University of Michigan Press, 1987).

2) Gerda Lerner, *The Majority Finds Its Past: Placing Women in History*(New York: Schoken, 1979).

3) 젠더 개념이 한국에 소개된 것은 1970년대 중반으로, 일반적으로 생물학적인 성의 개념으로서 근본적으로 변하지 않는 성(sex)과 구분지어 사용되고 있고, 특정 사회나 문화에 따라 형성된 성적 차이를 의미하는 용어로서 '성역할' 또는 '사회화된 성'이라고 해석되고 있으나 이 글에서는 '젠더'라고 표기하기로 한다.

4) Betty Friedan, *The Feminine Mystique*(New York: Dell, 1963).

5) Eric Foner ed., *The New American History*(Philadelphia: Temple University, 1990).

6) Carl Degler, "What the Women's Movement has Done to American History," *Soundings*(no. 64, 1981. Winter).

7) 자서전적인 글이나 전기적인 서술로는 다음과 같은 저서가 있다. Catherine Birney, "The Grimake Sisters: Sarah and Angelina Grimke," *The First American Women Advocates of Abolition and Women's Rights*(Boston: John P. Jewett Co., 1856); Frances Willard, *Glimpse of Fifty Years: The Autobiography of an American Woman*(Chicago: H. J. Smith&Co., 1889).

8) 헐 하우스(Hull House)는 1889년 젊은 대학졸업생인 제인 애덤스(Jane Adams)와 엘렌 게이츠 스타(Ellen Gates Starr)가 시카고의 가난한 이민지역에 설립한 사회복지기관으로 이민여성들의 교육 등 여러 측면의 복지운동을 주도했고 이를 계기로 미국 내 사회복지관 운동이 시작되었다.

9) Thomas Dublin, *Women at Work: The Transformation of Work and Community in Lowell, Massachusetts, 1826~1860*(New York: Columbia Univ. Press. 1979).

10) Andrea Hinding ed., *Women's History Sources: A Guide to Archives and Manuscript Collections in the United States*(2 vols. New York: R. R. Bowker. 1979).

11) Nancy Isenberg, "The CoEquality of the Sexes: The Feminist and Religious Discourse of the NineteenthCentury Woman's Rights Movement, 1848~1860"(Ph. D. Dissertation, Wisconsin: Wisconsin Madison. 1990).

12) Julia Cherry Spruill, *Women's Life and Work in the Southern Colonies*(New York: W. W. Norton. 1972).

13) Mary R. Beard, *On Understanding Women*(New York: Grosset&Dunlap, 1931);

America through Women's Eyes(New York: Macmillan, 1933); *Laughing Their Way: Women's Humor in America*(New York: Macmillan, 1934); *Women as Force in History*(Washington DC: Public Affairs Press, 1953).

14) Linda Kerber, *Women of the Republic: Intellect and Ideology in Revolutionary America*(Chapel Hill: University of North Carolina Press, 1980).

15) Barbara Welter, "The Cult of True Womanhood," *American Quarterly*(no. 18, 1966. Summer); Nancy Cott, *The Bonds of Womanhood: Woman's Sphere in New England, 1780~1835*(New Heaven: Yale University Press, 1977).

16) Griswold. Robert, *Family and Divorce in California. 1850~1890: Victorian Illusions and Everyday Realities*(Albany: State University of New York Press, 1982).

17) Carroll SmithRosenberg, "The Female World of Love and Ritual: Relations between Women in Nineteenth Century America," *Signs: Journal of Women in Culture and Society*(no. 1, 1975).

18) Nikki R. Keddie ed., *Debating Gender, Debating Sexuality*(New York: New York University Press, 1996); Don E. Marietta, Jr., *Philosophy of Sexuality*(Armonk NY: M. E. Sharpe, 1997).

19) Herma Hill Kay ed., *Sex Based Discrimination*(St. Paul, 1988). 이외에 Norma Basch, *In the Eyes of the Law: Women, Marriage, and Property in Nineteenth Century New York*(Ithaca: Cornell University Press, 1982).

20) Alice Kessler-Harris, *A Woman's Wage*(Lexington: University of Kentucky, 1990).

21) Joan W. Scott, *Gender and Politics of History*(New York: Columbia University Press, 1988).

22) Joan W. Scott, "Gender: A Useful Category of Historical Analysis," *American Historical Review*(no. 91, 1986. December); Linda Alcoff, "Cultural Feminism versus PostStructuralism: The Identity Crisis in Feminist Theory," *Sign*(no. 13, 1988).

23) Catherine Clinton and Nina Silber ed., *Divided Houses: Gender and the Civil War*(New York: Oxford University Press, 1992).

24) Linda Gordon ed., *Women, the State, and Welfare*(Wisconsin: The University of Wisconsin Press, 1990).

25) Jeanne Boydston, *Home and Work: Housework. Wages, and the Ideology of Labor in the*

Early Republic(New York: Oxford University Press, 1994).

26) Elizabeth Lunbeck, *The Psychiatric Persuasion: Knowledge, Gender, and Power in Modern America*(Princeton: Princeton University Press, 1994).

27) Charlotte G. Borst, *Catching Babies: The Professionalization of Childbirth, 1870~1920*(Cambridge: Harvard University Press, 1995).

28) Allan Berube, *Coming out under Fire: The History of Gay Men and Lesbians in World War II*(New York: Free Press, 1990); Leisa D. Meyer, *Creating G. I. Jane: Sexuality and Power in the Women's Army Corps during World War II*(New York: Columbia University Press, 1991).

29) Elizabeth Lapovsky Kennedy and Madeline D. Davis, *Books of Leather Slippers of Gold: The History of a Lesbian Community*(New York: Routeldge, 1993); Allan Berube, 앞의 책; Leisa D. Meyer, 앞의 책.

30) Edward Alwood, *Straight News: Gays, Lesbians, and the New Media*(New York: Columbia University Press, 1996); Ellen Lewin ed., *Inventing Lesbian Cultures in America*(Boston: Beacon Press, 1996).

2
1960년대 '여성의 신비'와 여성운동의 부활

미국여성의 역사에서 여성운동은 1920년 여성참정권 획득 이후 오랜 잠재기를 거쳤다. 이렇게 수십 년 동안의 잠재기를 거친 후 1960년대에 여성운동은 부활하게 되었다. 60년대 이후 새롭게 대두한 여성운동의 흐름은 다양한 양상으로 전개되기 시작하였다. 이 장에서는 미국 여성운동의 큰 흐름과 더불어 60년대 이후 여성계의 다양한 움직임을 주제별로 분석해 보고자 한다. 여성운동(women's movement)은 온건한 여성그룹에서부터 급진적인 여성그룹에 이르기까지의 활동을 모두 포함하는 포괄적인 의미로 사용되고 있는데, 크게 여권운동(women's right movement)과 여성해방운동(women's liberation movement)으로 구분된다.

우선, 여권운동은 여성운동의 한 분파로서 사회구조 속의 성차별을 없애기 위해 법적·경제적·교육적 개혁을 시도하는 운동을 말한다. 여권운동에 참여하는 여성들은 전통적으로 정치적 혹은 법적인 통로를 통해서 자신들의 목적을 달성하려고 시도했다. 그들은 전국적 규모의 조직을 형성하였으며, 구성원 대부분이 온건하거나 보수적인 페미니스트들이었다. 대체로 이들 그룹은 더 많은 회원을 확보하기 위해 첨예하게 대립하는 주제는 의도적으로 피하였다. 다음으로, 여성해방운동은 일반적으로 1960년대 초 학생운동에서 그 기원을 찾을 수 있는 여성운동의 한 분파를 의미한다. 60년대의 미국사회는 혼란과 동요의 시기로 암살과 폭력과 시위가 만연했고 대학생 중심의 반전운동이 전국적으로 확산되었다. 또한 젊은이들을 중심으로 한 반문화운동은 미국의 전통적인 가치를 파괴, 도덕적 가치를 재창조하고자 시도하였다.[1]

1960년대 사회운동의 분위기에 앞장섰던 그룹은 미국 인권운동에서 급진적 성향을 지닌 '학생비폭력조정위원회'(Student Nonviolent Coordinating Committee, SNCC)와 신좌파의 한 그룹인 '민주사회학생연합'(The Students for a Democratic Society, SDS)이다. 이 두 그룹은 젊은 백인여성들에게 매우 설득력을 가졌는데 그 이유는 그들이 추구하는 것이 양성평등의 문제였기 때문이다. 하지만 그룹 내 일을 수행해 나감에 있어 남성들은 주도적인 역할을 하는 반면에 여성들은 전통적이고 부수적인 역할만 할 수 있었다. 이러한 분위기에서 의식을 가진 여성들은 독자적인 조직체가 필요하다는 것을 절감하게 되었다.

1964년 학생운동에 가담한 여성들은 남성과의 관계에 민주적 원칙을 적용할 경우에 일어날 수 있는 결과를 탐구하기 시작하였다. 신좌파의 평등주의적 이데올로기를 자신들과 미국사회 환경에 적용하면서 곧 여성들은 성적으로 불평등한 현실을 깨닫게 되었다. 그들에게 평등주의적 공동체의 가치를 가르쳤던 바로 그 환경이 훨씬 광범위한 사회적 편견을 은폐하고 있었던 것이다. 여성해방운동에 참여한 여성들은 대부분 급진적 페미니스트로서, 심리적인 억압에 초점을 맞추어서 사회구조 속에서 여성억압의 기원·성격·정도를 분석하는 것을 주된 목표로 삼고 집단적 연대의 필요성을 강조하였다. 또 그들 대부분은 여성문제에 관한 여러 이슈들을 스스로 연구하거나 다른 여성들을 교육시키는 활동에 주력하였다.

1) 미국 여성운동의 등장배경

(1) 세네카 폴스 회의(Seneca Falls Convention)

미국에서 여성운동이 등장한 1800년대는 영토의 확장, 산업발전, 사회개혁 운동의 성장 시기이며 개인의 자유와 교육기회의 평등에 대한 주장이 팽배했던 시기이다. 여성의 기회확대를 위한 초기의 노력은 교육분야에서 시작되었다. 1830년대 노예제 폐지와 관련한 여성운동은 여성들이 최초로 정치적 분야에서 자신들의 권리를 시험한 여권운동이었다. 여성들은 노예해방운동에 가담하면서 이 운동에서조차 남성들과 정치적으로 평등한 입장에서 참여할 수 없다는 사실을 인지하게 되었다. 그들은 몇몇 기관의 회원자격이 없었을 뿐만 아니라 단순히 대중 앞에서 강연을 하는 데도 많은 장애를 극복해야 한다는 사실을 발견하게 되었다. 새라(Sarah)와 안젤리나 그림케(Angelina Grimke) 자매가 바로 이러한 운동에 앞장섰던

여성들이다. 1840년 영국 런던에서 개최된 반노예제도를 위한 국제
회의(World AntiSlavery Convention)에서 엘리자베스 케이디 스탠턴
(Elizabeth Cady Stanton)과 루크레티아 모트(Lucretia Mott)는 노예해
방운동에서까지 여성들이 차별을 받고 있다는 사실을 통감하고 마
침내 1848년 7월 14일 뉴욕주의 세네카 폴스(Seneca Falls)에서 제
1회 여권회의를 개최하였고 여기서 '감정선언'(The Declaration of
Sentiments)이 낭독되었다.[2]

    1848년부터 남북전쟁이 시작된 1861년까지 여권회의는 매년
미국의 다른 도시에서 개최되었다. 남북전쟁이 발발하자 여권운동
에 참여했던 여성들은 자신들의 주장을 일단 접고 여러 가지 방법
으로 전쟁에 참여했다. 남북전쟁은 실질적으로 여권운동에 참여한
여성들을 분리시키는 결과를 초래했다. 1869년 이념과 방법 면에
서 차이를 보이는 두 그룹이 생겨났는데 먼저 수잔 B. 앤서니(Susan
B. Anthony)와 엘리자베스 케이디 스탠턴을 중심으로 전국여성참
정권협회(National Women Suffrage Association, NWSA)가 만들어졌
고, 6개월 후 루시 스톤(Lucy Stone)을 중심으로 미국여성참정권협
회(American Woman Suffrage Association, AWSA)가 조직되었다. 이
두 조직은 NWSA가 여성참정권 문제와 더불어 결혼·교회와 관련된
논쟁의 여지가 있는 주제를 포괄적으로 다룰 것을 주장한 반면에
AWSA는 여권운동을 여성참정권에 국한시킬 것을 주장했다는 점
에서 차이를 보였다. 이러한 관계는 20여 년 지속된 다음 1890년 전
미여성참정권협회(National American Women Suffrage Association,
NAWSA)로 통합되었다. 마침내 세네카 폴스 회의에서 여성의 참정

권을 주장한 지 70여 년 만인 1920년 미국여성들은 참정권을 획득했다.

(2) 제1기와 제2기 여성운동

미국 여성운동은 크게 제1기(the first wave)와 제2기(the second wave)로 나누어볼 수 있다. 대체로 제1기는 19세기 중반부터 참정권 획득기인 1920년까지를 말하고, 제2기는 미국의 사회운동이 활발하게 전개되기 시작하고 베티 프리단의 『여성의 신비』가 출판된 1960년대를 일컫는다. 여성평등권 획득을 위한 제1기의 움직임은 1920년 연방헌법 수정조항 제19조[3] 통과와 더불어 그 막을 내렸다. 그후 여성문제가 또다시 대두되기까지는 40년이라는 세월이 흘러야 했다. 1930년대 미국은 공황의 수렁에 빠져들면서 많은 기혼여성들이 실업자 가장을 구제하기 위해 가정으로 돌아가야 했고 여성운동은 공백기에 접어들었다. 1940년 제2차 세계대전으로 여성들의 활약은 방위산업체나 중공업분야에서까지 나타났으나 전쟁이 끝나고 1950년대 들어와서는 여성들은 또다시 가정으로 돌아갈 것을 종용받았다.

19세기 중반부터 시작되어 1920년 참정권을 획득할 때까지 전개된 제1기 여성운동은 여러 측면에서 그 한계점이 발견되었다. 제1기 여성운동의 한계점은 남성과 여성을 다른 차원에서 강조했다기보다는 남성과 동등한 대우를 받는 데 초점을 맞추어서 여성운동이 전개되어 왔다는 점이다. 1960년 이전의 여성운동이 정치 또는 경제적인 측면에서의 여성운동을 강조한 데 반해 제2기[4]의 경우는 그전까지 개인적인 것으로 치부되어 왔던 미국사회 내의 통상적인 성차별 개념을 없애는 것이 기본적 성격이었다. 성적 차이, 성역할 구분은 문화적 소산 또는 사회화과정의 결과이지, 단순한 생물학적 차이에서 기인한 것은 아니라는 가정이었다.

성적인 차이라는 의미에서 볼 때 1960년대 미국사회는 과거 사회와는 많은 차이를 보였다. 그 이유는 첫째, 과거에는 여성들이 많은 시간과 힘을 임신과 육아에 쏟아야 해서 자기계발을 위한 시간투자가 거의 불가능했다. 그러나 1960년대 미국여성들은 피임약의 발달, 평균수명 연장, 출산율 저하 등으로 과거보다 더 많은 시간을 자유롭게 사용할 수 있게 되었다. 그만큼 남녀간의 생물학적 차이가 줄어들었던 것이다. 둘째, 미국경제력의 팽창으로 인력수요가 증가함에 따라 흑인이나 여성 노동인구가 필요해졌다. 실제로 미국 여성의 고용수준은 이미 1950년대부터 대다수 여성들이 직업을 가지고 있는 상태였다. 이러한 시대적 변화로 가정경제에서는 부부의 맞벌이가 필요하게 되었고, 그에 따라 여성 자신의 이중적 역할이 구조적으로 드러나기 시작했다.[5]

1960년대의 여성해방운동은 인간의 성에 대한 생각과 태도의 변화로부터 기인한 것이었다. 1920년대의 페미니스트들은 여성의 역할과 도덕에서의 혁명을 주장한 데 반해서 1960년대는 여성의 성의 중요성에 관심을 갖게 되었다. 성의 해방은 여성운동과 관련해서 여러 측면에서 주장되었다. 여성의 경제활동 참여는 여성들이 사회에서 이성을 만날 수 있는 폭넓은 기회를 마련해 주었고, 1960년대에 시판된 경구피임약은 여성들 스스로 임신을 조절할 수 있게 해주었을 뿐만 아니라 보다 자유로운 성생활을 즐길 수 있도록 해주었다. 젊은 여성들은 자유롭게 성관계를 맺을 수 있는 자유분방한 도덕관을 지니게 되었다. 많은 젊은이들에게 혼전동거는 죄악시되지 않았다. 이에 따라 동성애, 남녀의 역할구분 그리고 가족관계에 대한 생각도 변하게 되었다.[6]

1960년대 여성운동의 성장을 뒷받침해 준 또 다른 요소는 여성학이라는 학문의 등장이었다. 1960년대 여성운동의 학문적인 배경이 되었던 여성학은 60년대 후반 새로운 여성운동의 물결 속에서 탄생했다. 당시 서구의 대학캠퍼스를 중심으로 치열하게 전개되었던 민권운동, 학생운동, 반전운동, 반문화운동에 열심히 참여한 여성들 사이에서 여성문제에 대한 새로운 인식이 싹트기 시작했던 것이다. 운동의 과정에서 여성들은 왜 모든 전통적 가치에 도전하는 남성들이 유독 남녀관계에 대해서만은 전통적 가치를 고집하는가에 의문을 품게 되었다. 가령 남성들은 연단에 서서 연설을 도맡아 하면서 여성들에게는 연설문을 타이핑하는 일만 시키는 데 분노를 느꼈던 것이다.

이제 여성들은 계급문제나 인종문제가 사라진다 해도 여성문제는 고스란히 남을 수밖에 없다는 생각을 하게 되었다. 그리하여 여성문제는 여성들 스스로 주체가 됨으로써만 풀릴 수 있다는 확신 아래 그동안 잠잠했던 여성운동이 다시 일어나기 시작했다. 여성학은 교육을 받는다는 소극적 의미를 가지지 않았고 여성해방과 관련된 문제의 진단과 해결을 위해서, 성이라는 차원에서 평등의 문제와 인간화 문제를 중점적으로 다루었다. 여성해방운동이 실천적 과정이라면, 여성학은 이론적 연구라고 할 수 있다.

2) 여성해방운동의 대두

(1) 베티 프리단과 '여성의 신비'

1960년대 사회운동 출현의 분위기 속에서 제2기 미국 여성해방운동의 기폭제 역할을 한 베티 프리단의 『여성의 신비』가 세상에 나왔다. 1963년 이 책이 출판된 후 베티 프리단(1921~2006)은 미국 여성계의 대모로 떠올랐다. 프리단은 1942년 동부의 명문 스미스대학 심리학과를 졸업한 후 1947년 결혼하여 세 자녀를 두었으며, 10년 동안 전업주부로 지내면서 간간이 여성잡지에 글을 기고했다. 프리단이 이런 평범하고 행복한 주부로서의 생활에 의문을 품기 시작한 것은 동창생모임이 계기가 되었다. 1960년대까지 여성에 대한 일반적인 인식은 가사노동에 적당한 대상이었을 뿐 그들의 정체성은 무시되고 있었다. 당시 사회적 분위기에서 결혼한 여성들은 가정 밖에서 일을 한다는 것에 대해서 죄책감을 느낄 수밖에 없었다. 프리단은 이에 대해 의문을 갖게 되었고, 1957년 스미스대학 동창생들을 대상으로 한 설문조사를 토대로 『여성의 신비』를 출판하게 되었다.

'여성의 신비'(feminine mystique)는 베티 프리단이 자신의 책 제목으로 유행시킨 용어로, 여성다움이라는 미명 아래 여성에게 신비스럽게 덧씌워진 고정된 역할과 이미지를 의미하였다. 다시 말해 이것은 미국여성들의 삶의 현실과 여성들이 맞추어 살려고 애쓰는 이미지 간의 불일치를 의미하는 것이었다. 베티 프리단은 여성잡지를 포함한 각종 매체나 학자들이 작위적으로 만들어낸 '신 현모양처 이데올로기'는 당시 여성들을 가정에 속박하고, 뭔지 모를 고통에 시달리게 하였다고 주장했다. 그녀에 의하면 1960년대 사회 전반적인 경향은 여성들에게 가사노동만이 적당하고 그들의 정체성은 무시되어도 좋다는 분위기를 조성하였다는 것이다. 또한 『여성의 신비』에서는 미국의 가정을 '편안한 강제수용소'라고 묘사하면서 '이름 없는 병'(the problem that had no name)을 앓고 있는 미국여성들의 딜레마에 대해 말하고 있다. 이 책은 "뭔가 잘못된 점이 있다"는 한 주부의 일상적 체험으로 시작한다. 저자는 "여성이 엄마나 주부가 아닌 인간으로서 행동할 때 느끼게 되는 죄책감이란 덫에 나는 걸려 있다"는 문제의식을 가지고 내용을 전개한다. 이 책의 결론은 고정화된 성역할을 약화시키고 여성의 사회적 활동을 강화하는 것이 실질적 양성평등을 실현하는 방법이라는 것이다.[7]

비록 『여성의 신비』가 대중의 관심을 집중시켰지만 여성운동의 부활에는 또 다른 요인이 있었다. 프리단이 글을 쓰고 있을 때, 존 F. 케네디 대통령은 1961년 미국 내 여성의 지위를 조사하기 위한 '여성지위 대통령자문위원회'(Presidential Commission on the Status of Women)를 구성할 것을 지시하였다. 엘리너 루스벨트(Eleanor Roosevelt)가 의장을 맡고 에스더 피터슨(Esther Peterson)이 강력하게 지도한 이 위원회는 경제·가정·법제도에서 여성의 지위를 재평가하기 위하여 발족되었다. 위원회의 위원과 직원 그리고 7개

전문위원회가 노동조합, 여성단체, 정부기관에서 인선되었다. 자문위원회는 여성의 기본권을 침해하는 사회적 편견과 차별을 없애기 위한 조사에 착수하였다. 위원회의 과반수가 전국여성당(National Woman's Party, NWP)이 계속 주장해 온 '평등권 수정조항'(Equal Rights Amendment, ERA)에 반대했으며 전후시기에 전문직 여성과 여성 기업가들로부터 새로운 지지를 얻은 사람들이었다. 1963년 11월, 위원회는 미국여성들의 지위에 관한 조사서를 발표하였다. 과거보다는 좀 덜 결정론적인 입장을 취하려고 애썼던 위원회의 보고서는 "남성과 여성을 포함하여 모든 사람을 위한 법 앞의 평등은 민주주의의 근본을 이루는 것으로 이 나라의 기본법에 반영되어 있다"고 선언하였다. 이 보고서는 프리단의 책이 나왔던 비슷한 시기에 발표되었고 미국여성들의 경제적·정치적·교육적 측면을 평가해 놓았다. 의회에서는 1963년 동등임금법(Equal Pay Act)과 1964년 인권법(Civil Rights Act)이 각각 통과되었다.[8]

(2) 전국여성협회

1966년 베티 프리단과 에일린 허난데즈(Aileen Hernandez)는 전국여성협회(National Organization of Women, NOW)를 설립하였다. NOW의 설립자들은 설립목표를 여성해방이론의 구성과 여권운동을 위한 로비활동으로 설정했고, 그 설립취지를 "미국여성들을 모든 책임과 특권을 이용해서 미국사회의 주류에 올려놓음으로써 진정한 의미의 남성과 여성이 파트너십을 형성하는 것을 그 목표로 한다"고 말하고 있다. 즉 이들의 목표는 여성에 대한 차별과 편견을 제거하는 것이었다. 평등권을 인지한다는 것은 법령의 재조정을 의미했으므로, 이 조직은 1967년 상당히 포괄적인 프로그램을 만들었다. 여기에는 여성에 대한 공정한 임금, 균등한 고용기회의 보장, 낙태의 합법화, 탁아시설의 확충, 남녀평등을 위한 관련법의 개정운동 등이 포함되었다. 그러나 이 조직은 1960년대에 존재했던 불만과 차별을 날카롭게 감지한 급진주의적 여성해방론자들로부터 너무 온건하다는 비판을 받기도 하였다.

1966년에 조직된 NOW는 종종 현대 여성운동에서 오래된 관료적 조직의 전형(典型)으로 인용되고 있다. NOW는 대통령이나 주위원회(State Committee)의 활동가들을 대상으로 성차별 금지에 관한 입법 활동을 통해 두각을 나타내기 시작하였다. NOW를 중심으로 활동하는 여성들은 주로 교육수준이 높은 중상류층의 백인여성들로, 강력한 네트워크를 형성하고 있었다. NOW는 광범위한 이슈들, 즉 고용·교육·종교·가족·대중매체·빈곤 등과 관련된 여성문제를 연구하는 소위원회도 구성했다. 이런 야심만만한 의제에도 불구하고 NOW는 여성운동을 대대적으로 활성화시키는 데는 관심이 없었다. 그래서 초기 그룹의 행동강령은 오히려 온건했고 중앙정부나 평등고용기회위원회(Equal Employment Opportunity Commission, EEOC) 등과 같은 중앙정부의 관료조직에 더 초점이 맞추어져 있었다.

(3) 평등권 수정조항

평등권 수정조항(Equal Rights Amendment, ERA)은 1923년 캔자스

출신 공화당원들이 하원에 제안한 것이었다. 대략적인 내용은 이미 제75회 세네카 폴스 회의(Seneca Falls Convention)를 기념하는 전국 여성당 모임에서 발표되었다. 민주당이나 공화당 모두 1940년 이전 까지는 이 안건에 별 반응을 보이지 않았지만 공화당이 먼저 1940 년에 이 안건을 강령(platform)으로 삼았고 이어서 1944년에 민주당 이 강령으로 채택하기에 이르렀다.

1940년대에 공화당과 민주당 양당이 ERA를 인준할 때까지 의회 내에서는 이를 저지하기 위한 몇몇 움직임이 계속되었다. 필리 스 슐래플리(Phillis Schlafly)를 중심으로 한 미국 내 ERA의 반대주 자들은 ERA가 아내·어머니·가정주부로서의 여성의 역할을 변화시 킴으로써 기존의 가치체계를 위협할 것이고 양성간의 역할변화를 확대시킬 것이라고 주장하였다. 자신을 자녀 여섯을 둔 평범한 주부 라고 소개한 필리스는 ERA를 반대하면서 "ERA는 여성들에게 어 떠한 도움도 주지 못할 것이며 이미 가지고 있는 여성들의 권리마저 빼앗아갈 것이다"고 주장하였다. ERA를 둘러싼 모든 논쟁은 하원 의원 에디스 그린(Edith Green)의 주장 속에 모두 담겨 있다고 볼 수 있다. 그는 만일 ERA가 통과된다면 이것은 사회 전반에 심각한 구 조적 변화를 초래할 것이라고 주장하였다.

1923년에 처음으로 소개된 ERA는 40년 동안 대중의 무관 심 속에서 때로는 반발에 부딪히기도 했다. 새로운 여성운동의 물결 이 대두한 1960년 이후 이에 대한 관심이 새로이 생겨나게 되었다. ERA의 전개과정에서 가장 중요한 단계는 1970년 의회의 양원에 의 해 이 법안이 상정되었을 때로, 그 인준을 둘러싸고 여성운동의 분열은 여성운동의 확산에 큰 장애가 되었다. 1970년까지 ERA를 찬성하는 여성조직들이 널리 확산되었다. 1970년 5월에는 상원의원 버치 베이(Birch Bayh)가 1956년 이래 최초로 청문회를 주도해서, 여러 가지 법적인 불평등 거의 대부분을 문제 삼으면서 미국 내 또는 그 어떤 주에서도 "법 앞에서의 평등권은 성별에 따라 거부되거나 차별받아서는 안 된다"고 주장하였다. 상원의원 어빈(Ervin)을 중심으로 한 ERA의 반대자들은 여성들이 느끼고 있는 차별은 법에 의해서 생겨난 것이 아니기 때문에 ERA는 여성들에게 아무런 도움이 되지 못할 것이라고 주장하였다. 일반적으로 ERA를 반대하는 쪽은 미국법률 내 성별차이를 여성을 보호하기 위한 장치라고 말하면서 보호법이 여성들에게 더 나은 법이 될 것이라고 주장하는 사람들이 중심이 되었다. 반대세력은 대부분 노동조합, 교회조직, 보수적 우파가 주류를 이루었다.

1971년 1월에 ERA가 의회에 소개된 후 이에 반대하는 쪽의 로비활동이 활발하게 전개되었다. ERA에 찬성하는 쪽은 공화당을 지지하는 가장 보수적인 여성들에서부터 결혼 자체를 거부하는 급진주의 여성해방 운동가들까지 망라했다. 수정안 반대세력에는 매우 보수적인 남성 정치가들, 때로는 남부 출신의 남자들, 노조원들이 포함되었다. ERA를 둘러싼 두 가지 논쟁은 '동등'(equality)인가 아니면 '차이'(difference)인가 하는 문제였다. 20세기가 도래한 이래 미국사회에서는 여성에 대한 보호주의 성향이 지속되었다. 주로 노동조합이나 그들의 동맹들이 주장한 이러한 경향은 1972년까지 ERA의 가장 큰 장애요소가 되었다. 그후 10년간 미국 내에서 ERA

를 둘러싼 논쟁은 끊이지 않았다. 찬반양론으로 나뉘어 첨예하게 대립하게 되었다. 마침내 1982년 ERA 찬성을 외치는 사람들에게는 6년 동안의 노력이 허사로 돌아가게 되었다. 인준을 위해서는 전체 주의 3/4이 찬성을 해야 하는데 3개 주가 모자랐던 것이다. 미국의 여성과 남성은 연방정부나 주정부를 막론하고 법 앞에서 평등권을 갖는다는 것을 주된 내용으로 하고 있는 ERA는 여전히 그 해결을 기다리고 있다.[9]

(4) 새로운 여성잡지의 등장

여성들 대부분이 '여성운동'을 지지하면서 전통적 가족으로 회귀하는 것을 원치 않았지만, 그들은 또한 그동안의 변화에 대해서도 반감을 보였다. 『뉴욕타임스』의 여론조사에서 응답한 여성 중 거의 절반이 더 좋은 직업과 기회를 얻기 위해 20년 전보다 더 많은 것을 포기해야 했다고 답했다. 일하는 여성의 압박감은 극도로 커졌는데, 전일제 근무를 하거나 자녀가 있는 여성들의 경우가 특히 더 그러했다.

　　1970년대에는 일하는 젊은 여성들을 대상으로 한 전국 규모의 여성잡지 6종이 창간되었다. 창간한 전국 규모의 이 잡지들은 잡지의 기획내용과 이미지를 반영한 제호를 내걸었는데 『자아』(*Self*), 『현명한 여성』(*Savvy Women*), 『일하는 여성』(*Working Women*), 『일하는 어머니』(*Working Mother*), 『신여성』(*New Women*), 『미즈』(*Ms.*)가 그것이다. 이처럼 창간잡지들의 제호는 전통 여성지인 '7대 자매지'의 제호들—『가족집단』(*Family Circle*), 『여성의 하루』(*Women's Day*), 『훌륭한 가정관리』(*Good Housekeeping*), 『더 나은 가정과 정원』(*Better Homes and Garden*),

『가정주부 저널』(*Ladies Home Journal*), 『레드북』(*Redbook*)과 『맥콜』(*McCalls*)—과 대조를 이루었다.

당시 통계를 보면 전통적인 7대 자매지 독자들의 평균소득이 신규잡지 독자들의 평균소득에 훨씬 뒤진다는 것을 확인할 수 있다. 하지만 새 잡지들의 발행부수는 300만 부인 데 비해 전통 잡지들의 발행부수가 4천만 부인 데서 미루어 짐작할 수 있듯이, 대부분의 여성들이 여전히 전통 여성지를 읽고 있었던 것으로 보인다. 그러나 7대 자매지도 여성의 삶의 새로운 현실과 여성성의 변화를 반영해 나갔다. 가령 『훌륭한 가정관리』는 "나의 어머니는 정말로 당신이 무엇을 하고 있는지를 잘 알고 있었다"라는 식으로 과거를 예찬하면서, 일부사람들이 구식으로 간주하는 전통적 가치(남편, 자녀, 가정)를 되살리고 여성을 찬미하는 '신전통주의' 캠페인을 시작했다. 그러나 이 캠페인은 상담자 등과 같이, 직업을 모성과 결합시키고자 하면서도 전통적인 가족형태로는 회귀하지 않는 직업을 거론하는 식으로 발전하였다. '완만한 변화'보다는 '재빠른 변화'를 보인 고학력여성을 묘사하는 것으로 바뀐 것이다.

3) 급진적 여성해방운동, "사적인 것이 곧 공적인 것이다"

1960년대 후반에 등장한 '자매애' 개념은 당시 급진적 여성해방운동의 형성에 중요한 역할을 했다. 급진적 여성해방이론은 1960년대 말과 70년대 초에 뉴욕과 보스턴에서 처음으로 소개되었다. 19세기의 많은 페미니스트들이 노예제도 폐지운동에서 남성동료들로부터 받았던 대우로 말미암아 여성 자신의 억압을 인식하게 되었던 것과 마찬가지로, 20세기의 급진적 여성해방론자들도 신좌파(New Left) 소속의 남성 급진주의자들로부터 자신들이 받았던 경멸적인 대우에 대한 반발에서 자각이 일게 되었다. 그 구체적인 계기는 1969년 워싱턴에서 있었던 창단식 반대시위에서 생겨났다. 페미니스트들이 그 대회의 집회에 참여하고자 했을 때 관중 속에 있던 남성들은 야유를 보내고 비웃고 휘파람을 불어댔다. 여성들은 남성 급진조직 안에서 줄곧 이등시민(second class citizen)의 대우를 받으면서 강고한 남성의식에 염증을 느끼고 있었던 터라, 마침내 본질적인 민주주의를 표방하면서 본래적인 여성의 동등한 역할을 허용해 줄 여성조직에 관심을 기울였다.

급진적 여성해방론자들은 이 모든 문제가 사회에서 일어나고 있는 억압의 뿌리이고 모델이며, 여성해방론은 진실로 혁명적인 변화의 토대가 되어야 한다고 생각하게 되었다. 동시에 동일한 과정 속에서 전개되고 있는 급진적 여성해방이론의 나머지 명제들에는 다음과 같은 의견들이 포함되었다. "사적인 것은 정치적인 것이다." 부권제 또는 남성지배가 여성억압의 뿌리이다. 여성은 정복당한 계급으로서의 자신의 정체성을 인식하고 압제자 남성에 맞서 싸우기 위해 자신의 기본적인 열정을 다른 여성들과 함께하는 운동에 쏟아야 한다. 남성과 여성은 근본적으로 다르며, 다른 스타일과 문화를 소유하고 있다.

1967년과 1968년에 형성된 뉴욕의 급진적 여성해방그룹은 여성해방이론의 기본 골격을 세워나갔다. 최초의 주요 급진적 여성해방론자들의 간행물인 『제1차년도의 노트』는 1968년 6월에 나왔고, 그 뒤를 이어 『제2차년도의 노트』가 1970년에 그리고 『제3차년도의 노트』가 1971년에 출판되었다. 1968년 10월 타이그레이스 아트킨슨이 NOW 뉴욕지부 의장직을 사임한 후 결성한 그룹인 '페미니스트'(Feminists)는 1969년 여름에 일련의 의견서를 발간했다. 이 의견서들에서 급진적 여성해방이론의 중요한 관점들이 정립되었다. 이때 나타난 기본적인 명제는 정치적으로 압제적인 남성-여성의 역할 시스템이 모든 억압의 원형적인 모델이라는 것이다. 그룹 '페미니스트'는 또 결혼이 여성억압의 가장 중요한 형식화이므로 이 제도를 이론적으로든 실천적으로든 모두 거부하는 것을 급진적 여성해방론자의 일차적인 임무로 받아들여야 한다고 주장했다. 이러한 목적을 위해 이 그룹은 멤버의 1/3만 남성과 살 수 있도록 하는 회원할당제를 결정했다. 나아가 남녀의 사랑에 대해서도 이것은 여성의 취약성과 의존성, 고통에 대한 감수성을 강화시키고 여성이 지닌 인간적인 잠재력의 완전한 계발을 방해하는 것이라고 공격하였다. 이러한 비판은 슐라미스 파이어스톤(Schulamith Firestone)이 자신의 저서 『성의 변증법』(*The Dialectic of Sex*)에서 펼친 것이다.

다른 급진적 페미니스트들과 마찬가지로 파이어스톤도 페미니스트 혁명의 일차적인 목적은 생물학적인 가족관계나 결혼에 대한 강조를 끝장내는 것이라고 주장했다. 파이어스톤에 따르면, 페미니스트 혁명을 성취할 수 있는 주된 방법은 생식수단을 소유하는 데 있었다. 그것은 여성을 자신의 생물학적 운명으로부터 해방시켜 줄 테크놀로지를 사용하는 것으로, 파이어스톤은 비단 산아제한뿐만 아니라 특히 체외인공수정, 인공태반 같은 인공적인 발명품을 사용한 새로운 생식수단을 요구했다.[10]

급진적 여성해방론자들은 20여 년간 영향력 있는 저술과 지속적인 작업을 통해 주류 여성운동의 이성애주의를 와해시켜 나갔다. 1981년까지만 해도 베티 프리단은 레즈비어니즘을 페미니즘의 이단아라는 의미에서 '라벤더 청어'(lavender herring)라고 불렀다. 그러나 1980년대 말에 여성조직 내에서 게이 권리운동과 레즈비언 활동가의 정치적 세력이 증대하자 이런 태도는 변화되었다. 1988년 전국여성학회 연례회의에서는 최초로 레즈비언 연구에 관한 본격적인 토론회가 열렸다. 1989년에 NOW는 최초의 전국 레즈비언 대회를 조직했고, 전미여대생협회의 전국대회는 이 최초의 레즈비언 대회를 인정했다. NOW는 더 이상 레즈비언들을 회원에서 배제시키지 않고 성적 성향을 문제 삼지 않음으로써 더 많은 회원을 확보할 수 있었다.

미국 여성해방운동의 특징은 일반적인 운동의 조직·대표·지도자 등을 무시하고 30대여성들을 중심으로 개개인이 자유롭게 자발적·비조직적·비지도적인 집단을 형성하여 미국 여러 지역에서 독립적으로 활약하였다는 점이다. 미국 여성운동가들은 미국의 정치·경제·법률·교육·매스컴·가족·보건 등 모든 영역에서 성적 차별을 철폐하기 위하여 계몽·선도·시위·항의·소송 등 각종 방법을 동원하였다. 급진적인 젊은 여성들은 자신들이 역사를 변화시킬 수 있으며 변화시킬 것이라고 확신하고 다양한 형태의 활동을 전개해 나갔다. 그들은 여성억압의 근본적인 원인은 무엇인가? 누가 진정한 적인가? 등과 같은 이론적 문서들을 배부하는 한편, 가두연극을 통해 대중매체의 관심을 불러일으켰다. 이중 가장 대표적인 것으로는 '항의데모'(zap action)를 들 수 있는데, 이는 여성문제에 초점을 맞추어서 대중의 관심을 끌기 위해 극적인 시위를 펼치는 것을 말한다. 예를 들어 1968년 9월 7일 뉴저지의 애틀랜틱시티에서 열린 미스 아메리카 선발대회에서의 항의데모 같은 것이다.

뉴욕의 급진적 여성운동가들은 미인선발대회는 여성을 모욕하는 행사라고 규정하고 이에 항의하는 데모를 계획하였다. 여기에는 뉴욕의 여성들뿐만 아니라 워싱턴, 뉴저지, 플로리다로부터 모여든 여성들도 동참했다. 운동을 조직한 여성 중 한 사람인 캐롤 하니시(Carol Honisch)는 미인대회는 타고난 생물학적 요인으로 여성의 가치를 결정함으로써 여성도 부단한 노력을 통해서 인간의 가치를 계발할 수 있다는 의지를 말살시킨다고 주장하였다. 따라서 미인대회는 미스 아메리카 자신들뿐만 아니라 다른 모든 여성들에게까지 피해를 입힌다는 것이다.

미스 아메리카를 반대하는 데모는 1960년 제2기 여성해방운동이 시작된 이래로 대중매체의 관심을 집중시킨 최초의 시위였다. 데모에서 구사한 전략은 급진적 여성운동가들이 주로 실행한 히피 스타일의 가두데모였다. 이들은 자신들의 주장을 알리고 관철시키기 위해서, 또 여성들이 외모를 아름답게 가꾸는 데 지나치게 많은 시간을 할애하는 것에 항의하기 위해 미스 아메리카 행사장 옆에 '자유를 위한 쓰레기통'(freedom trash can)을 마련하여, 미리 준비해 온 헌 브래지어, 핀컬, 하이힐 등과 같이 여자들이 예뻐지기 위해서 많은 불편을 감수해야 했던 것들을 이 쓰레기통에 집어넣는 시위를 벌였다. 1968년의 미스 아메리카 선발대회장 앞에서 그들은 살아 있는 양[11]에게 왕관을 씌우고 여성억압의 상징물로서 거울, 브래지어, 머리띠, 『레이디스 홈 저널』 등을 '자유를 위한 쓰레기통'에 집어던졌으며 인형을 경매에 부쳤다. 한마디로 더 이상 남자들을 위한 미의 노예가 되지 않겠다는 뜻이었다. 그들은 "여성은 가축이 아니라 사람이다"(Women are people not livestock)고 외치면서 항의했다. 그러나 당시 미국언론들이 이런 식의 여성운동 전개를 남녀관계의 문제를 진지하게 이해하기 위한 것이라기보다는 비웃고 비난해 마땅한 조롱거리로 오도함에 따라, 여성해방운동에 참여하는 여성들은 '브래지어를 태우는 사람들'(braburners)이라며 조소를 받기도 했다.

이러한 항의데모는 특정 주제나 사건, 때로는 성격상 상징성을 띠는 특별한 행동이었다. 미스 아메리카 항의는 새로 시작된 여성해방운동이 전통적인 정치적 항거와는 다른 성격을 띠고 있음을 보여주었다. 이른바 급진적 여성해방론자들이 말하는 '성차별주의'는 사회의 여러 영역에서 찾아볼 수 있었고 곧바로 페미니스트들의 공격대상이 되었다. 전국적으로 방영되는 텔레비전의 영향으로 많은 사람들은 어떠한 형태의 운동이 전개되고 있는지 알게 되었다. 여성운동의 매스컴 노출의 결과는 복합적이었다. 한편으로는 새로운 여성들이 운동에 동참하는 긍정적인 측면도 있었지만, 또 한편으로는 매스컴에서 그려진 운동의 부정적인 모습들은 많은 여성들이 여성운동을 외면하는 결과를 초래하기도 했다. 그럼에도 불구하고 조직을 형성하려는 여성들에게 미스 아메리카 항의데모는 추진력을 제공해 주었다.

급진주의 여성해방 운동가들에게는 '의식화교육'(conscious raising) 또한 매우 중요한 요소였다. 뉴올리언스에서는 오래전부터 여성문제에 관한 토론이 이루어져 왔으나 1968년 가을이 되어서야 여성그룹이 형성되었다. 이렇게 그룹이 만들어지기까지는 1968년 미스 아메리카 대회 반대를 위한 항의데모가 중요한 역할을 했다. 다양한 계층의 여성—가정주부, 직장인, 학생—들이 모여앉아 사적인 문제·경험·감정·관심 등을 이야기하였다. 그러던 중 이들은 자신들이 당면한 문제가 개인의 문제가 아니라 사회의 문제, 사회구조적인 문제이며, 모든 여성의 공동 문제임을 깨닫게 되었다.

이처럼 개인적인 문제를 정치적인 문제와 결부시키는 것이 여성그룹의 의식화교육에서 중요한 방법이 되었다. 게다가 여성그룹은 7~15명 정도의 소그룹이 가장 적절한 규모였으며 이것이 대중화되었다. 의식화는 여성운동의 형식과 내용에서 중요한 부분을 이루었고 이러한 방법들이 급진적 여성해방 운동가들에게만 국한된 것은 아니었다. 자신을 여성해방 운동가라 부르기를 가장 꺼려하는 교외에 사는 전업주부들조차 이러한 방법의 의식화작업에 참여하게 되었다.

의식화교육은 뉴욕의 여성단체인 '레드스타킹'(Redstockings)이 담당했다. 이 조직은 엘렌 윌리스(Ellen Willis)와 슐라미스 파이

어스톤이 주축이 된 매우 과격한 여성단체로, 이에 동조하는 급진주의 성향을 지닌 많은 여성들이 이 조직에 가담하였다. 이 조직이 제공하는 교육지침에 따라서 토론을 진행하였으며 주제는 결혼·직장·남성 등 다양했고 대개 일주일에 한번씩 6개월 내지 1년 동안 만났다. 이 의식화교육 과정을 거친 여자들은 여성운동의 투사가 되어 여성문제 해결에 적극적으로 참여하였다. 따라서 의식화교육이 여성운동의 하나의 기능·목적 혹은 과정으로 받아들여진 데는 레드스타킹의 기여가 컸다고 볼 수 있다. 이 조직은 또한 여성억압은 여성의 행동과는 아무런 관계가 없으며 남성들이 자신들의 행동을 바꾸는 것이 가장 중요하다고 주장하는 정치적 노선을 따랐다. 의식화를 위한 소그룹은 그 절실한 필요성에 의해 조직되었고 그들은 여성들이 개인적으로 억압받는 현실을 직시할 수 있도록 도와주었다.

그러나 1968년 말에 가서는 개인적인 경험이 곧 정치적이라는 생각을 기본으로 하는 이런 의식화그룹은 더 이상 인기를 얻지 못했다. 뉴욕의 몇몇 급진주의 여성들은 그들 나름의 소규모 토론그룹을 조직하였다. 그들은 토론그룹을 통해서 개인적인 체험을 말하기보다는 좀더 정치적인 토론으로 발전시켜 나갔다. 게다가 그들은 대중적 움직임(public action)을 원했다. 이러한 배경을 가지고 등장한 새로운 그룹 마녀(WITCH)[12]는 전체 운동의 별명이 되었다. 1968년 할로윈에 첫번째 마녀들의 집회가 결성되었다. 그룹 마녀는 개인적인 차이뿐 아니라 문제점들에 대한 불평이나 분석 면에서도 다른 그룹들과 상당히 다른 양상을 띠었다. 집회는 각 도시에서 자체적으로 꾸준히 열렸고 '항의데모'(zap action)를 통해 자신들의 건재함을 알렸다.

　　여성해방운동에서 뉴욕의 그룹 마녀의 발전은 두 가지 측면에서 평가될 수 있다. 한편으로는 뉴욕의 급진적 여성들의 분열이 심화되었다. 또 한편으로는 많은 여성들, 즉 이전에는 여성해방운동에 전혀 관심을 기울이지 않았던 여성들이 호기심을 가지고 이 운동에 동참하게 되었다는 점이다. 1968년 말까지 여성해방운동의 그룹은 수적으로 급증하였으며 여기에 참여하는 여성들 스스로도 이러한 그룹의 운동이 전국적으로 일어나고 있다는 사실을 인식하게 되었다. 1968년 추수감사절에 캐나다를 포함한 미국 내 37개 주에서 200명의 여성들이 시카고에 모여 최초의 회의를 개최했다. 여성들이 곧 정치적인 그룹임을 인식하는 것은 여성들을 하나의 계층으로 자각하고 정치적인 힘을 발휘할 수 있는 첫 단계가 되었던 것이다.

4)　여성해방운동의 주요 논쟁

(1)　평화운동

제1차 세계대전 당시 여성들은 '평화운동'(peace movement)에서 큰 역할을 했다. 거의 반세기 후 미국여성들은 또다시 어머니의 역할을 강조하면서 어린이들을 보호하자는 주장과 더불어 핵개발을 반대했다. 여성들의 평화운동은 쿠바 미사일위기로 인한 소련과의 전

쟁촉발 위기와 매카시즘의 영향으로 '반미활동 하원조사위원회'
(House UnAmerican Activities Committee, HUAC)에서 조사를 받게
되었다. 1962년 12월 중순쯤 미국의사당에서는 여성평화쟁취협회
(Women Strike for Peace, WSP)라고 불리는 여성 평화운동단체와 반
미활동 하원조사위원회가 정면으로 맞붙었다. 위원회에서 과연 여
성 평화운동이 공산당과 연계되어 있지 않은지 그리고 국가보안과
관련되는 내용을 점검하는 조사에 착수하면서 양측의 정면대결이
시작되었다. 사흘에 걸친 열띤 논쟁은 WSP의 승리로 돌아갔다. 이
것은 여성들이 냉전 이데올로기와 정치적 제재에 대응해서 일어난
것으로, 미국역사상 평화운동에서 가장 중요한 움직임으로 알려져
있다.

　　1961년 11월 1일, 5만 명이 넘는 여성들이 미국 전역의 60여
개 도시에서 자기 집 혹은 직장에서 뛰쳐나와 평화를 외치며 시위
에 적극 동참하였을 때 WSP는 미국정치에 지대한 영향을 끼치게
되었다. 평화시위에 참여한 여성들은 일정한 조직에 속해 있지 않았
으며 지도자도 대중들에게 널리 알려진 유명한 사람들이 아니었다.
데모 연락망인 전형적인 여성 네트워크—구전, 편지나 전화, 학부모
회(Parent Teacher Association, PTA), 여성유권자동맹(the League of
Women Voters, LWV), 국제여성평화자유연맹(Women's International
League for Peace and Freedom, WILPF)—를 통해서 평화에 대한 소
식들이 워싱턴에서부터 재빨리 퍼져나갔다.

　　데모의 성격은 오직 각 지역에서 여성들이 무엇을 원하는지
에 달려 있었다. 예를 들어 몇몇 여성들은 행진을 했고, 또 어떤 여

성들은 지방사무실에서 로비활동을 했으며, 그렇지 않은 다른 그룹의 여성들은 지방신문에 광고를 냈다. 처음부터 WSP 운동은 엄격한 이념과 형식적인 조직구조에 반대하는 비관료적인 네트워크로 구성된 활동가들의 운동이었다. 여성 평화조직이 느슨한 조직과 지방자치를 중심으로 형성된 것은 전통적인 평화조직이 지나치게 관료적이었던 데 대한 반발이 주된 요인이었다고 볼 수 있다. 그 결과 반미활동 하원조사위원회는 모성애로 평화를 지키자는 중산층 가정주부들의 조직과 정면대결해서 뒤로 밀리게 되었다. 그들의 행동은 다분히 정치적이었으며 '여성의 신비'의 수동성과 비정치적 성격에 이의를 제기할 수 있는 환경을 조성해 주었다.

(2) 낙태문제

미국역사상 19세기 초반 여성들에게 낙태(abortion)는 큰 문제가 되지 않았다. 모든 인종과 계층의 여성들이 낙태를 할 수 있었다. 낙태에 제재를 가하기 시작한 것은 남북전쟁 이후의 시기로, 새로 탄생한 미국의사협회(American Medical Association, AMA)의 영향에서 비롯된 것이었다. AMA에서는 건강상 위험하다는 주장을 내세워 낙태시술권의 독점을 원했고, 따라서 산파나 의사자격증이 없는 낙태시술자들을 낙태시술을 할 수 없게 할 의도를 가졌던 것이다. 100년 후 또다시 의사들은 낙태관련 정책에서 기술의 발달로 태아의 초기 움직임을 파악할 수 있으므로 낙태시술이 의료적으로 안전한지 여부로 낙태의 가능성을 판단하도록 하였다. 그러나 이 정책은 의료업계가 아닌 다른 분야에서 그 결정권을 가지게 되었다. 특히 낙태를 불법화시키려는 움직임에는 여성들 자신이 아닌 의료진이 낙태논쟁의 주된 참석자가 되었다. 낙태권 옹호든 반대의 입장이든 여성들 스스로가 이 문제를 공론화하는 데 큰 역할을 했다.

낙태문제가 사회적 이슈로서 재등장한 시기는 1950년대 말로, 이때만 하더라도 여전히 낙태문제가 소수의 전문가들 사이에서만 논의되었다. 그러나 오늘날 우리가 알고 있으며 논의되고 있는 낙태문제는 소수의 엘리트 남성들 중심의 논의가 아니라 일반인들, 특히 일반여성들 사이에서 논의되고 있다는 특징을 지녔다. 이렇게 될 수 있었던 배경으로는, 새로운 기술이 개발되면서 여성들은 19세기에는 꿈도 꾸지 못했던 사회참여를 하게 되었고 이를 통해서 여성들의 삶에 커다란 변화가 일어났다는 점을 들 수 있다. 여성들은 일찍이 역사에서 찾아볼 수 없는 출산에 대한 자기결정권을 가지게 된 것이다. 즉 여성들은 언제 몇 명을 출산할 것인지를 스스로 결정할 수 있게 되었다.

1973년은 여성들의 낙태운동에 큰 획을 그은 해이기도 하다. 연방대법원이 로우 대 웨이드(Roe v. Wade) 소송에서 낙태를 인정하는 판결을 내렸다. 이 판결은 낙태의 규제완화를 불러왔으며, 많은 여성해방 운동가들에게 큰 희망을 안겨주었다. 더 이상 그들에게는 불가능이란 없는 것처럼 보였다. 제인 로우(Jane Roe)라는 가명을 사용한 사건당사자는 텍사스주 댈러스 카운티에 사는 독신녀였는데, 임산부인 그녀는 텍사스의 형사법이 규정하고 있는 낙태금지는 의학적으로 안전한 낙태를 할 수 있는 권리를 부정함으로써 자신의 개인적인 프라이버시 권리를 위헌적으로 박탈했다고 주장하였다. 그리고는 소송을 제기하였다. 당시 『뉴욕타임스』는 "연방대법원의 7 대 2 판결은 임신 초기 첫 3 개월간의 낙태를 금지하는 주법을 무효화시키면서 지금까지 매우 사적이고 개인적인 문제여야 했던 것을 공적으로 논의함으로써 불러일으켰던 감정적인 불화를 종식시킬 것"이라고 보도했다. 연방대법원의 이 판결은 비교적 극적인 여론의 변화를 가져왔지만, 낙태를 반대하는 소수 미국인들로 하여금 적극적인 행동을 취하도록 자극하는 결과를 초래했다. 당연히 사적인 관심사로 남아 있어야 하는 문제와 공공정책이나 국가의 통제대상이 되어야 하는 문제를 구분하는 기준은 계속 논쟁의 대상이 되었던 것이다.

로우 대 웨이드 사건의 판결은 낙태논쟁에 커다란 변화를 가져다주었다. 이후 낙태문제를 둘러싼 논쟁은 낙태옹호(prochoice)와 낙태반대(prolife)로 나뉘어 첨예하게 대립하면서 공론화되었다. 오늘날 낙태운동에 관한 연구들을 보면, 낙태문제를 둘러싸고 대립한 두 그룹의 여성들은 매우 다른 사회적 배경에서 등장했으며, 낙태권에 대한 생각뿐만 아니라 윤리적·종교적 생각도 서로 다르다고 볼 수 있고, 여성의 삶의 목적이나 어머니로서의 삶의 의미에 관해서도 매우 다른 생각을 가지고 있었다. 다시 말해 이것은 낙태논쟁이 단순히 낙태문제에 국한된 것이 아니라 어머니로서 삶의 의미에 대한 논의로까지 나아가게 되었음을 의미한다. 어머니로서의 역할 또는 의미는 첨예하게 대립한 두 그룹에게 가장 큰 논쟁거리가 되었는데, 여기서는 페미니스트적인 관점과 전업주부로서의 관점으로 갈라졌다. 이것은 사회적 배경뿐 아니라 가치 시스템과 경험 또한 다르다는 것을 의미했다. 따라서 낙태권 논쟁은 곧 여성의 삶의 질에 대한 논의를 의미하게 되었다.

두 입장은 철저하게 두 부류로 나뉘는데, 먼저 낙태옹호 그룹은 도시에서 성장한 고학력의 직업을 가진 여성들로 남편은 전문직에 종사하며 또 종교적인 활동을 즐기지 않는데 어떤 의미에서는 종교를 중요하게 여기지 않는다고 볼 수 있다. 이와 달리 낙태반대 그룹은 자녀를 2~3명 둔 고등학교 이상 학력의 주로 전업주부들로, 남편은 소규모 사업을 하며 대개 가톨릭신자로서 종교활동을 매우 중요한 영역의 하나로 여기고 일주일에 적어도 한번은 성당에 나가는 편이다. 그리고 낙태옹호 그룹은 상당히 진보적인 성향을 지녔고 주로 민주당을 지지하는 데 반해 반대그룹은 사회적으로 보수적인 편이고 공화당을 지지하는 것으로 나타났다. 한마디로 낙태 찬성과 반대는 그 지지계층의 교육·직업·소득·결혼 상태와 밀접한 관계가 있으며, 이들은 서로 다른 세계에서 살고 있고 다른 가치관과 종교관을 가진 것으로 볼 수 있었다.[13]

여성의 재생산과 관련된 자유는 제2기 여성운동의 시작과 더불어 페미니스트의 의식에서 가장 핵심이 되는 문제였고 오늘날까지도 중요한 문제로 남아 있다. '전미가족계획협회'(Planned Parenthood Federation of America) 회장직을 맡았던 와틀턴(Faye Wattleton)은 재생산에 대한 페미니스트의 입장을 이렇게 밝혔다. "중요한 것은 여성들이 자신들의 재생산문제와 관련해서 통제력을 가지지 못하면 다른 어떤 문제에 대해서도 통제력을 가지지 못한다는 것이다. …이것은 여성의 삶과 육체에 대한 가장 기본적인 권리의 문제이다."

(3) 탁아문제

여러 가지 사회적·역사적 이유로 지난 30여 년 동안 미국은 탁아소가 수적으로 터무니없이 모자랐다. 최초로 대규모 탁아소건립 움직임이 일어난 것은 제2차 세계대전 동안 전쟁에 나간 남성노동자들의 빈자리를 채우기 위해 600만이 넘는 여성들이 노동시장에 참여하고부터라고 볼 수 있다. 1941년 통과된 랜햄법(Lanham Act)에 따라, 정부지원금으로 전시 노동시장에 참여하는 여성들을 위해 약 3100개의 탁아소가 만들어졌다. 사무직노동자와 공장노동자 여성들의 자녀들을 위한 탁아소였다. 하지만 전쟁이 끝난 후에는 탁아소 설립자금이 더 이상 지원되지 않았다.

1969~70년 여성운동의 영향으로 탁아(child care)문제는 매우 중요한 이슈가 되었다. 보수주의자, 진보주의자, 중류층·하류층 여성, 페미니스트 등이 포함된 다양한 그룹들이 탁아시설 건립을 요구했다. 탁아시설 건립의 필요성을 주장하는 여러 가지 의견들 가운데 페미니스트들의 주장은, 자녀양육은 어머니의 책임이라는 전통적인 관점에 도전하는 것이라는 점에서 가장 많은 공격대상이 되었다. 그러나 무엇보다도 페미니스트들의 주장은 여성해방운동에서 중요한 역할을 했다고 볼 수 있다. 페미니스트들은 걸핏하면 자신들의 자유를 위해 자녀복지를 희생시킨다는 비난을 받곤 했다. 이에 대해 여성운동가들은 여성도 한 인간으로서 자신의 정체성을 찾으려고 노력하는 것에 죄책감을 가질 필요가 없다고 맞받아치면서 자신들에

게 비난을 가하는 사람들을 비판했다. 또 페미니스트들은 이러한 여성들이 오히려 가정이나 가족에 얽매어 있는 사람들보다 훨씬 훌륭한 부모가 될 수 있다고 주장했다.

다른 페미니스트 운동들과 마찬가지로, 탁아소건립 운동도 단기적 목표와 장기적 목표를 세워놓고 있었다. 단기적 목표는 그 어떤 재정적 지원이라도 다 동원해서 탁아시설이 절실히 필요한 사람들에게 그 시설을 제공하는 것이었다. 장기적인 목표는 자녀양육과 미취학아동의 교육에 급진적으로 다른 이론을 적용시키는 것이었다. 예를 들어 페미니스트들이 운영하는 탁아소는 여성과 남성 교사를 다 고용했으며 어린이들에게 여성의 역할과 남성의 역할을 구분하지 않는 교육을 실시했다. 이러한 교육방법에 대해 반(反)페미니스트들은 어린아이들이 자신들의 성정체성을 파악하는 데 어려움을 겪을 수 있다며 강하게 비난하였다. 이런 비난에 대해서 페미니스트들은, 반페미니스트들이 성역할과 성정체성 개념 자체를 혼동하고 있다고 반격을 가했다.

페미니스트들은 남성이든 여성이든 누구나 어린이양육에 대해 책임을 져야 한다고 주장했지만, 여기에는 몇 가지 문제점이 있었다. 그중 가장 중요한 것은 남성이 탁아소에서 일할 때 받는 급여는 생활비로도 충분치 않다는 점이었다. 탁아소 건립을 주장하는 페미니스트들이 요구한 내용 중 하나는 대학 내 탁아시설 설립의 중요성에 대한 것이었다. 그들은 대학이 재정적 지원을 해서 설립한 탁아소는 그 대학에 다니거나 근무하는 여성들의 교육향상에 중요한 역할을 할 것이라고 피력했다. 이러한 움직임들은 일찍이 시카고 대학을 시작으로 해서 뉴욕주립대학, 하버드대학, 피츠버그대학, 컬럼비아대학 등으로 확산되었다.

5)   보수주의의 반격과 새로운 움직임

(1)   저항세력의 도전

페미니즘의 정의는 구질서에 대한 도전을 의미한다. 다시 말해 페미니즘은 정치·사회·문화 기구들에 대해 의문을 던질 뿐만 아니라 인간의 사고 자체에 대해 문제를 제기하는 것이다. 구질서에 대한 문제제기는 항상 보수주의의 저항을 받아왔고, 페미니즘 역시 여러 형태의 저항세력들로부터 도전을 받았다. 우선 기득권층 남성들로부터의 도전이 있었다. 그리고 또 하나의 거대한 저항세력인 여성들로부터의 도전이 있었다. 다른 소수세력과 달리, 여성들은 육체적인 게토(ghetto)에 사는 것이 아니라 정신적인 게토 속에 머물러 있는 것과 같았다. 흔히 여성들은 다른 여성들과 비교함으로써 스스로를 평가한다. 페미니스트들을 향한 페미니즘에 대한 반격(backlash)은, 여성들은 가정에서 너무나 행복하다고 주장하는 것이었다. 이러한 점을 부각시킨 기사가 1971년 1월 『에스콰이어』(*Esquire*)지에 「여성의 실수」(Feminine Mistake)라는 제하로 실렸다. 기사에서는 실제로 여성들은 빵 굽는 것을 진정 좋아한다고 쓰고 있다. 이렇게 행복한 전업주부들의 주장은 베티 프리단의 『여성의 신비』에 대한 반박에서 비롯된 것이었다.

여성운동에 대한 또 다른 저항은 운동을 조소함으로써 운동 자체를 비방하는 방식이었다. 여성운동 자체의 중요성을 깎아내리거나 초점을 흐리게 만드는 식으로 운동을 조롱했던 것이다. 그 한 가지 예가, 1968년 미스 아메리카 대회 때 이에 항의하는 시위를 보도하면서 텔레비전·라디오·잡지·신문 등 대중매체들이 한목소리로 그 항의데모에 참가한 여성들을 '브래지어를 태우는 사람들'(bra-burner)이라고 불렀던 것이다. 그 밖에 여성운동가들에 대한 저항의 움직임으로는 이들을 사회적인 이단아로 취급하는 것이었다. 페미니스트들은 진짜 여자가 아니라든지 혹은 자연스럽지 못하다든지 하면서 이들을 다르게 취급하는 방식이었다. 페미니스트들에 대한 편견을 보면, 이들을 감정적으로 또는 성적으로 좌절을 느끼는 사람들이거나 아니면 남성을 증오하는 여성이나 레즈비언 등으로 간주해 버리는 것이었다. 이와 같은 형식으로 여성들에게 꼬리표를 붙이는 것은 여성운동에 참여하는 모든 여성을 한 가지 성격으로 묶어버리는 과오를 범하는 것이다.

1970년대의 대중매체는 젊은 여성들에게 여성운동의 종식을 확실히 보여주었다. 신문과 잡지는 전문직에 종사하는 커리어우먼과 주부라는 두 가지 직업에서 성공하기 위해 노력하는 과정 속에서 지칠 대로 지쳐버린 여성들에게 경종을 울렸다. 많은 대중매체들이 자녀들과 함께 시간을 갖기 위해 직장을 그만두는 고소득 전문직 여성들의 사례를 연이어 소개하였다. 1980년대 초가 되면 페미니즘의 죽음 혹은 온건하게는 포스트페미니즘에 관한 기사가 홍

수처럼 쏟아져 나왔다. 대중매체는 만혼의 여성들이 만혼으로 인한 불임으로 또 다른 꿈의 상실, 즉 자식을 낳지 못하게 될 것이라는 두려움을 가지게끔 조장하였다.

1970년대부터 여성운동의 비전이 지닌 단점을 거론하는 것은 일종의 유행이 되었다. 페미니스트들에 대한 적대감은 항상 그러했던 것처럼 동성애 공포증을 배후에 깔고 있었다. 이 배후의 공포는, 에이즈(AIDS)의 위기 때문에 동성애 공동체의 필요성 문제가 일반대중들 사이에서 논란을 일으키게 됨에 따라 1980년대를 관통하면서 공공연하게 표출되었다. 어떤 사람들은 페미니즘이 종식되었다고 보았고, 또 어떤 사람들은 진정한 페미니즘이 시작되고 있다고 생각했다. 그러나 페미니즘은 후퇴하기 시작하면서 일반대중의 관심에서 사라져 갔다. 1982년 ERA의 비준 실패 이후 대부분의 전국적인 여권단체, 즉 전국여성협회(NOW), 전국여성정치위원회(NWPC), 전국낙태권(NARAL)의 회원이 급격히 줄어들었다. 정부의 지원감축은 여성단체의 회원감소와 맞물리면서 많은 페미니즘 집단의 파괴로 이어졌다.

하지만 1980년대 내내 페미니즘의 주변화와 정형화에도 불구하고 대부분의 대학캠퍼스에서 열정적인 학생들이 집단적으로 페미니즘의 의미와 어떻게 살아갈 것인가에 대한 페미니즘의 함축적 의미를 토론하면서 페미니즘의 명맥을 이어나갔다.[14]

(2) 제3세대 페미니즘

1980년대 말 대학생들을 중심으로 한 희미한 불꽃같았던 페미니즘에 대한 주장이 90년대가 되면 새로운 페미니스트 세대의 분명하고 뚜렷한 페미니스트 목소리로 바뀌어갔다. 1991년 수잔 팔루디 (Susan Faludi)의 『반동』(*Backlash*)[15]은 레이건 시대의 반(反)페미니즘에 이의를 제기하였고, 폴라 카멘(Paula Kamen)의 『페미니즘의 숙명』(*Feminist Fatale*)은 젊은 여성들의 여성운동에 대한 무지와 열정의 병존을 탐구하였다. 90년대 중반에 이르러 제3기 여성운동 물결이 등장하였다. 이러한 경향을 보이는 1995년의 『차세대 페미니스트의 목소리』(*Listen Up: Voices from the Next Feminist Generation*), 1996년의 『페미니즘: 제3세대』(*Feminism: The Third Generation in Fiction*)』 같은 책들이 출판되기 시작했다.

　　페미니즘 제3세대는 주로 제2세대 자녀들로 구성되어 있었다. 이 그룹들은 대부분 제2세대들이 주장했던 여러 이슈들에 매우 친숙했으며 다문화적이고 동성애 인권에도 상당히 협조적이었다. 90년대의 또 하나 큰 이슈는 여성폭력에 대항하는 것이었다. 많은 페미니스트들이 다양한 형태의 폭력·가정폭력·성희롱·강간에 대해 여성들 스스로 통제력을 강화할 수 있도록 노력하고 있다.[16]

(3) 가정폭력

가정폭력(domestic violence)이란 가족구성원들 사이에서 신체적 또는 성적 학대행위를 말하는 것으로, 주로 여성이 피해자가 된다. 1970년대 미국사회는 여성에 대한 가정폭력의 문제가 공개적으로 문제화되지 않는 상태에 놓여 있었다. 법률은 가정 내에서 자행되고 있는 폭력에 적절하게 대처하지 못했고, 폭력에 못 이겨 남편을 가정폭력으로 고소하는 아내는 사회에서 지탄의 대상이 되었다. 페미니스트들은 이렇게 은폐되는 사실들을 공론화하는 데 큰 기여를 했다. 여성들을 가정폭력으로부터 보호해야 한다는 움직임이 맨 처음 일어난 곳은 1971년 영국 런던이었다. 그로부터 1년 후 미국의 페미니스트들은 런던을 여행하다가 이러한 상황을 목격하고 미국으로 돌아와 가정폭력의 희생자들을 위한 쉼터(the women's shelter)를 마련하게 되었다. 최초의 쉼터는 1973년 미네소타의 세인트 폴(St. Paul)에 세워졌다. 곧이어 이러한 쉼터들이 다른 도시들에서도 문을 열게 되었고 오늘날에는 전국 각지에 널리 퍼져 있다.

1980년대의 여성운동은 여성 개개인을 돕기 위한 프로그램과 더불어 대중들을 향해 가정폭력 의식화 작업을 시작하였고 법률적으로 가정폭력 피해자들을 보호할 수 있는 조치가 마련되도록 노력하였다. 가정폭력 문제는 1980~90년대에 구타당한 여성들 몇몇이 미디어의 주의를 끌게 되면서 대중들의 관심을 집중시켰다. 1987년에 남편 조엘 스타인버그(Joel Steinberg)에게 구타당한 아내 헤다 누스바움(Hedda Nussbaum)에 관한 기사가 세인의 관심을 불러일으켰다. 누스바움 아버지의 전언(傳言)에 따른 기사에서는 누스바움이 9년 동안 정신적·육체적으로 어떤 학대를 당했는지 자세히 밝히고 있다.

1994년 니콜 브라운 심슨(Nicole Brown Simpson)이 살해된 후, 미디어는 니콜이 미식축구 선수인 남편 심슨(O. J. Simpson)에게 얼마나 구타를 당했는지 그 내용을 폭로했다. 살해사건 이후 폭로된 심슨의 구타 소식은 전국적으로 가정폭력의 심각성을 일깨워주는 데 중요한 역할을 하였고, 대중을 의식화시키는 데 충분한 자료가 되었다. 몇 년에 걸쳐 주정부는 법률과 개혁안들을 발표하였다. 그 결과 오늘날에는 미국 내 많은 주에서 가정폭력을 행사하는 사람을 의무적으로 구속토록 하는 법이 시행되고 있다.

페미니스트들은 국가적 차원에서 여성들을 가정폭력으로부터 보호하는 법률이 제정되도록 힘을 기울였으며, 폭력으로부터 보호하는 것은 여성의 인권에 관한 문제임을 강조하였다. 1994년 '여성폭력방지법'(Violence Against Women Act)이 제정됨에 따라 페미니스트들은 목표의 일부를 성취할 수 있었다. 1990년대 중반까지 구타를 당하는 여성의 비율은 여전히 증가추세에 있었다. 미국 내 페미니스트 조직들은 15~18초당 여성 1명이—아버지, 남편, 남자친구, 오빠, 삼촌 등으로부터—구타를 당한다는 통계를 발표하였다. 한 정부기관의 보고서에 따르면 전체 폭력의 75퍼센트가 면식범에 의한 것인데, 그중 29퍼센트가 남편·전남편·남자친구·전남자친구 등 친밀한 사람들에 의해서 자행된다고 한다.

페미니스트들은 가정폭력에 대해 다각적으로 접근하고 있다. 여성쉼터는 이러한 변화를 초래하는 데 큰 역할을 하고 있고 오늘날 많은 페미니스트들이 가정폭력을 부추기는 사회구조적인 문제를 해결하기 위한 시도를 해나가고 있다.

(4) 성희롱소송의 파급효과

정치적으로 보수적이었던 1990년대 미국사회에서는 여성에 관한 이슈들 중 특히 성폭력, 낙태문제 등 여성의 몸과 관련된 문제가 대중의 관심을 집중시켰다. 특히 성희롱 문제는 90년대에 새로 부각된 논쟁거리였다. 미국에서 성희롱 용어가 등장한 것은 70년대 중반이다. 1974년 미국 코넬대학에서 여성운동가 린 페일리(Lin Farley)는 "여성과 일"이라는 여성학 세미나시간에 학생들이 여름방학 동안 일하면서 직장에서 느꼈던 불쾌한 경험담과 그로 인해 직장을 포기할 수밖에 없었던 경험담을 듣게 되었다. 린 페일리 교수와 그외 두 여성이 이런 경우에 해당되는 사례들을 법적 소송으로 확대시키고자 변호사를 찾아 나섰고, 그것이 발단이 되어 처음으로 '성희롱'(sexual harassment)이라는 용어가 생겨났다. 1977년까지 성희롱 관련 법적 소송이 3건 진행되었고, 이 소송을 통해서 직장 내 성희롱이 더 이상 개인적인 문제가 아니며 직장 내 성차별 문제로 간주되어야 한다는 것이 밝혀졌다.

그러나 성희롱 사례들 가운데 가장 많은 관심과 논란의 대상이 되었던 것은 무엇보다도 1990년대의 아니타 힐(Anita Hill) 사건이다. 이 사건은 의회청문회를 통해서 성희롱 문제를 미국 여성운동가들의 관심대상으로부터 국민 대다수의 관심대상으로 끌어올리는 데 지대한 역할을 한 중요한 사건이다.

1991년 7월, 부시 대통령은 연방고등법원의 클래런스 토머스(Clarence Thomas) 판사를 마셜 전 연방대법관의 후임자로 지명하였다. 마셜은 주로 민권사건을 다루는 민권운동의 지도자로, 연방대법원에 재직하고 있던 유일한 흑인이었다. 그의 후임자로 지명된 클래런스 토머스는 보수적인 흑인으로 평등고용기회국의 국장을 역임했었다. 이 지명에 두고, 민주당과 민권운동단체들이 거세게 반발하고 나섰다. 그 이유는 클래런스 토머스가 대법관이 된다면 연방대법원은 더욱더 보수화될 것이 확실하고, 보수파 대법관들이 지배하고 있는 법원은 흑인을 비롯한 소수민족들과 여성 등 이른바 소외계층에게 불리한 판결들을 내릴 것이라는 우려 때문이었다. 이러한 분위기에서 35세의 흑인여성 아니타 힐은 연방대법관 후보에 올라 있는 클래런스 토머스 판사를 상대로 성희롱으로 법정소송을 하게 되었다. 당시 아니타 힐은 오클라호마대학교 법과대학 교수로 재직하고 있었는데, 10년 전 자신이 토머스의 교육부 민권국장실에서 법무관으로 일하고 있었을 때 그에게 성희롱을 당했다고 폭로한 것이다. 이 소송을 통해서 많은 미국인들이 처음으로 '성희롱'이라는 용어를 듣게 되었다.

증언대에 선 클래런스 토머스는 아니타 힐의 주장을 완강히 부인했다. 이것은 자신의 명예와 관련된 문제라고 주장하면서 토머스는 민주당 진보세력이 이 문제를 정치적 목적으로 이용하고 있다고 반박했다. 몇 차례의 의회청문회에도 불구하고 아니타 힐 교수는 토머스 판사의 대법관 인준을 저지하는 데 결국 실패했다. 하지만 그녀는 전국적인 여성운동가로 부상하게 되었고 미국자유인권협회, 미국변호사협회, 미국 형사 및 변호사 협회 등이 공개적으로 아니타 힐 교수의 용기를 높이 평가한다고 발표하였다. 클래런스 토머스의 연방대법관 인준에 걸림돌로 대두되었던 성희롱 사건이 무시된 채 상원에서 연방대법관 인준이 무사히 통과되자, 수천 명의 여성들이 이에 항의하는 모임을 가지기도 했다. 클래런스 토머스와 아니타 힐 사건의 공청회 이후 뉴욕에서 150여 개의 여성단체가 신속하게 연대해서 개최한 '진실을 말하는 여성: 평등, 권력, 성적 학대 관련회의'에는 2천 명이 넘게 참가했다. 이러한 움직임 이외에도 아니타 힐의 성희롱 문제는 여러 가지 파급효과를 불러왔다. 우선 토머스의 인준청문회가 전국적으로 중계되면서 성희롱 문제에 대한 경각심이 높아져 '평등고용기회위원회'(Equal Employment Opportunity Commission, EEOC)에 접수된 성희롱 고발건수가 엄청나게 증가했다.

1993년에 '전미여대생협회'(The Association of University Women, AUW)는 8~11학년 학생들을 상대로 조사한 성희롱의 결과를 책으로 펴냈다.[17] 이 책은 심지어 초등학생들까지도 성희롱의 대상이 될 수 있다는 경각심을 일깨워주었다. 1996년에 6세 소년이 소녀에게 원치 않아하는 키스를 했다는 이유로 학교를 그만두게 되는 사건이 일어났다. 보수주의자들은 이 사건을 빌미로 해서 성희롱이라는 것이 너무 가혹하다는 것을 보여주려고 했다. 이에 대해 페미니스트들은 보수주의자들이 성희롱 사례들을 악용해서 자신들의 의견을 관철시키려 한다고 비난하였다. 1997년 미 대법원에서는 폴라 존스(Paula Jones)가 클린턴 대통령을 상대로 고소한 사건을 다루었다. 사건내용은 클린턴 대통령이 아칸소(Arkansas) 주지사 시절에 자신을 성희롱했다는 것이다. 페미니스트 그룹들은 그녀를 지지하지 않았다는 이유로 위선자라고 심하게 비난을 받아야 했는데, 사실 존스를 지지하지 않았던 주된 이유는 그녀를 재정적으로 지원해 주는 그룹이 클린턴의 반대세력인 극우보수주의자(ultraconservative)들이었기 때문이다.

1989년부터 성희롱으로 EEOC에 고발된 건수는 큰 증가세를 보였다. 사회 저명인사들이 성희롱 사건에 연루되어 경력에 치명적인 타격을 받기도 하였다. 성희롱에 대한 인식의 변화와 그로 인한 법 차원의 변화가 요구됨에 따라, 소송을 더욱 쉽게 하고 충분한 보상을 받을 수 있도록 하는 법안이 마련되었다. 무엇보다도 가장 큰 파급효과는 성희롱에 대한 의식의 변화를 들 수 있다. 성희롱이 더 이상 가볍게 넘길 문제가 아닌 힘의 우위관계에 따라 형성되는 권력의 문제라는 인식이 싹트기 시작했던 것이다.

6)   여성운동의 평가와 전망

현대 여성운동은 이데올로기가 중요한 역할을 한다는 측면에서 볼 때, 최근의 역사에서 가장 이념성을 지닌 운동이라고 볼 수 있다. 다시 말해 1960년대 후반에 활발히 진행된 여성해방의 물결은 그 이론적 바탕을 위해 여성학이나 여성사 등의 학문을 체계적으로 발전시켜 나가면서 사회운동으로서 여성운동의 체계를 구축해 갔던 것이다. 실제로 모든 현대 페미니즘 이론들이 직간접적으로 당대 여성운동의 다양한 주제 및 투쟁과 밀접한 관련을 가지고 발전해 왔다는 점이 이를 잘 증명해 주고 있다.

1960년대 후반 제2기 여성해방운동의 시기 이후 여성들은 많은 변화들을 목격했다. 이러한 변화들은 때로는 대규모 운동으로 혹은 개인이나 소규모 움직임을 통해 이루어져 왔다. 여성들은 평등과 해방을 위해 무엇이 최선책인지 고민했고 그것을 성취하고자 노력해 왔으며, 그 결과는 놀라운 것이었다. 여성들은 무엇보다도 자신들의 성(sexuality)에 대한 통제권을 갖게 되었고, 또한 교육과 고용의 기회가 확대되었으며, 성희롱(sexual harassment)이나 성차별(sexism)이라는 개념들을 통해서 법적인 차별을 공식화할 수 있었으며, 나아가 경제적 독립권을 획득할 수 있었다.

이러한 움직임을 이끌어오기까지는 무엇보다도 의식화작업을 담당해 온 여성들의 몫이 컸다고 할 수 있다. 이들은 여성들로 하여금 힘을 기르도록 했으며 독립성과 여성으로서의 보다 깊은 이해를 도모했다. 교육을 통한 지위향상 또한 빼놓을 수 없는 획득이었다. 문맹으로부터 벗어나는 수준에서부터 고등교육에 이르기까지 여성들을 위한 교육은 자신들의 정보를 교환하고 경험을 같이 나눔으로써 힘을 키워나갈 수 있는 중요한 방법이었다. 이제 여성들은 가능한 한 많은 국가재정이 빈곤층을 위한 사회사업에 사용될 수 있도록 노력하고 있으며, 직장여성들을 위한 탁아시설의 확충과 가정 내 폭력이 사라지고 성역할의 구분이 없는 평화스러운 가정을 꾸미는 것을 계획하고 있다.

여성들 스스로 개인적으로 움직이는 것보다 그룹을 형성하는 것이 훨씬 효과적이라는 것을 파악했고, 그룹활동은 자신들을 소외감으로부터 해방시켜 줄 뿐만 아니라 서로 협동함으로써 어떻게 사회를 변화시켜 나갈 것인지를 인식하게 해주었다. 여성들은 정치계·경제계 또는 법조계에서 보다 높은 지위를 확보했고 더 많은 여성들이 전문직으로 진출하기 위해 법대·의대·경영대학원에 진학하였다. 뿐만 아니라 여성들은 국제적인 모임을 통해서 연계해 나가기 시작했다. 1970년대 이래로 미국여성들은 다른 국가 여성들과 함께 UN에서 활발한 활동을 해나갔다. 국제여성의 해(1975), 여성들의 10년(1976~85), 베이징여성회의(1995) 등은 여성들이 국제적 차원에서 모일 수 있게 해준 중요한 기회가 되었다. 페미니스트들은 또한 시민단체(non governmental organization, NGO)들과의 연계를 도모하고 있다.

여성들을 위한 진정한 변화에 대한 희망은 페미니스트 지도자들에게 국한된 문제만은 아니다. 이것은 문화적·국가적 경계선을 초월한 여성들의 연계에 있다. 그들은 보다 포괄적인 범위에서 이 문제를 두고 노력하고 있다. 여성의 평등권은 곧 인권에 관한 문제라는 인식을 가졌고 매우 중요하게 받아들여지고 있다. 페미니스트들은 자신들의 목표인 모든 여성, 더 나아가서는 모든 어린이·남성들에게 당면한 조건들을 향상시키기 위해 단결해야 한다고 주장한다. 여성들은 자신들의 성공이 인류 전체를 위해서 정말 중요하다는 사실을 잘 알고 있다. 힐러리 로드햄(Hillary Rodham)이 주장하였듯이 "지난 수십 년 동안 우리가 배운 가장 중요한 교훈은 여성들이 번영하는 국가가 곧 번영할 수 있는 국가라는 사실이다."

무엇보다도 오늘날 여성계의 가장 큰 화두는 '차이의 정치학'이다. 여성운동은 과거와 비교해 볼 때 인종·민족적 배경의 차이뿐만 아니라 그들이 주장하고 있는 정치·사회적 아젠다(agenda)로 인해 다양한 차이를 드러낸다. 21세기를 향한 여성운동은 지난 세기

의 여성운동을 교훈삼아 보다 평화로운 사회를 위해 서로 협력을
통한 변화들을 추구하고 있다. 지난 몇십 년간 여성들이 하나의 공
동체의식을 가지고 여성운동을 전개시켜 왔다면, 이제는 모든 부류
의 여성들이 개인적인 생활 문제를 보다 공적인 관심사로 전환시켜
보다 새로운 방식의 움직임을 통해 자신들의 다양한 목소리를 내면
서 삶을 향상시키기 위해 노력하고 있다.

1) Eleanor Flexner, *Century of Struggle: The Woman's Rights Movement in the United States*(Cambridge: Harvard University Press, 1975).

2) '감정선언'(The Declaration of Sentiments)은 1848년 뉴욕 세네카 폴스 회의(Seneca Falls Convention)에서 최초로 낭독된 것으로, 인권선언(The Declaration of Independence)을 모델로 해서 작성되었으며 다음과 같이 시작한다. "우리는 모든 남성과 여성이 평등하게 창조되었고 창조주로부터 몇 가지 양도할 수 없는 권리를 부여받았으며 그 가운데 생명, 자유, 행복추구의 권리가 있다는 것을 자명한 진리로 선언하는 바이다." Judith Hole, *Rebirth of Feminism*(New York: Quadrangle Books, 1983).

3) 연방헌법 수정조항 제19조가 비준됨으로써 미국의 모든 여성은 처음으로 참정권을 법적 권리로 부여받았다. 수정조항 제19조는 참정권이 성별을 이유로 미국의 어느 주에서도 거부되거나 제한받지 않는다고 명시하고 있다.

4) Maggie Humm, *Modern Feminism*(New York: Columbia University Press, 1992).

5) Robert L. Daniel, *American Women in the 20th Century*(New York: Harcourt Brace Jovanovich, 1987).

6) Linda Gordon, *Woman's Body, Woman's Right*(New York: Grossman, 1976).

7) Betty Friedan, *The Feminine Mystique*(New York: Dell, 1963).

8) Judith Hole, *Rebirth of Feminism*(New York: Quadrangle Books, 1983).

9) Sharon Whitney, *The Equal Rights Amendment: The History and the Movement*(New York: Franklin Watts, 1984). ERA 인준년도 및 인준 주는 1972년 알래스카·캘리포니아·콜로라도·델라웨어·하와이·아이다호·아이오와·캔자스·켄터키·메릴랜드·매사추세츠·미시간·네브래스카·뉴햄프셔·뉴저지·뉴욕·펜실베이니아·로드아일랜드·테네시·텍사스·웨스트버지니아, 1973년 코네티컷·미네소타·뉴멕시코·오리건·사우스다코타·버몬트·워싱턴·위스콘신·와이오밍, 1974년 몬태나·오하이오, 1975년 메인·노스다코타, 1997년 인디애나 주이다.

10) Schulamith Firestone, *The Dialectic of Sex*(1970).

11) 살아있는 양(sheep)의 상징적 의미는 외모는 화려하나 지적 수준이 떨어지는 여성을 나타낸다.

12) Women's International Terrorist Conspiracy from Hell의 약자.

13) James C. Mohr, *Abortion in America*(New York: Oxford University, 1978).

14) Grande Jensen, *Finding a New Feminism: Rethinking the Woman Question for Liberal Democracy*(Rowman and Littlefield Publishers Inc: New York, 1996).

15) Susan Faludi, *Backlash: The Undeclared War Against American Women*(New York: Anchor Books, 1981).

16) Leslie Heywood & Jennifer Drake ed., *Third Wave Agenda: Being Feminist Doing Feminism*(Minneapolis: University of Minnesota Press, 1997); Maggie Humm, *Modern Feminism*(New York: Columbia University Press, 1992); Pamela Grande Jensen, *Finding a New Feminism: Rethinking the Woman Question for Liberal Democracy,*(Rowman and Littlefield Publishers Inc.: New York, 1996).

17) *Hostile Hallways: The AAUW Survey on Sexual Harassment in America's School.*

미국 원주민여성들의 땅과 생명을 위한 환경운동

1970년대 이래로 학계를 중심으로 인류가 직면하고 있는 환경위기에 대한 인식이 높아져 갔으며, 미국원주민(Native American)들은 생태계 조화의 상징이 되었다. 수족(Sioux)인 델로리아 주니어(Vine Deloria Jr.)는 그녀의 저서 『신은 홍인종』(God is Red)에서 오늘날과 같은 환경오염이 지속된다면 모든 인류는 한 세대 안에 멸종할 것이라고 경고했다. 또한 저자는 앞으로 다가올 환경재앙은 오랜 역사를 통해 기독교라는 이름으로 자행된 자연질서에 대한 거부 그리고 자연을 개발과 착취의 대상으로만 여겨온 백인들의 사고방식에서 기인한 것이라고 주장하였다.[1]

현재 미국원주민들은 다양한 환경위기 문제로 고통을 받고 있다. 원주민들이 직면해 있는 환경문제는 단지 그들이 직면한 환경위기 이상의 것이다. 이것은 그들의 생존과 관계된 것으로, 거시적으로 볼 때 '인종말살'(genocide) 문제와도 무관하지 않음을 알 수 있다. 이러한 관점에서 볼 때 원주민의 환경문제는 원주민의 자치권

보장문제, 다시 말해 그들 스스로 영토를 통제하고 그 안의 천연자원 사용과 야생동물의 관리를 하는 권리 등과 분리시켜서는 문제의 핵심을 파악할 수 없다. 또 환경문제에서 가장 중요한 부분은 아동과 여성을 포함한 가족의 문제라 할 수 있는데, 이는 원주민들의 삶의 가치와 매우 밀접한 관계를 가지고 있기 때문이다.

환경문제가 발생한 이래로 원주민여성들은 광산개발, 댐건설, 핵폐기물로 고통당하는 원주민보호구역을 지키기 위한 환경운동에서 주도적인 역할을 해왔다. 하지만 원주민여성들의 환경운동은 많은 장애요소들로 인해 상당한 어려움을 겪고 있다. 대부분 원주민여성들을 중심으로 전개되고 있는 환경운동은 저예산과 소규모 자원봉사 활동으로 유지되고 있을 뿐만 아니라, 언론의 주목도 거의 받지 못하고 있는 형편이다.

1)   원주민여성과 환경운동에 관한 연구

원주민여성들의 환경운동에 관한 연구는 여성사와 환경사적 분석방법을 통해 접근해 볼 수 있다. 상대적으로 새로운 이 두 분야의 간극을 극복하기란 쉽지 않다. 그 이유는 환경사는 특히 남성 중심의 연구분야이기 때문이다. 여기서 여성들의 참여는 무시되거나 주변화되어 왔다. 환경사연구에서 문제점은 여성들의 환경운동에 대한 연구가 거의 없다는 점뿐만 아니라 여성 환경운동가들의 주체적 역할에 대한 연구가 결여되어 있다는 점이다. 그러나 최근 들어 새로운 변화가 일어나고 있는데, 특히 여성들 중심의 '환경정의운동'(environmental justice movement)에 대한 연구가 적극적으로 전개되고 있다는 점이다.

환경정의운동은 1970년대 말부터 80년대 초에 걸쳐 미국 전체적으로 형성되었고, 환경문제를 인권 차원을 포함해 사회적 정의 구현과 결부시켜 해결하고자 하는 움직임이다.[2] 또한 여성학자들을 중심으로 해서 '에코페미니즘'(ecofeminism) 관점에서도 연구가 진행되고 있다. 에코페미니즘은 '여성생태론'으로 불리고 있는데, 페미니즘 이론과 생태학 이론을 접목시켜 환경운동을 가부장제를 중심으로 한 자본주의 체제 아래서 여성과 자연에 대한 착취의 관점에서 분석하는 것이다.[3] 그러나 에코페미니즘은 구심점의 결여로 인해 연구에 많은 한계점을 보이고 있는데 그중 가장 큰 문제는 이론적 연구에 치중하다 보니 역사적 경향이 무시되고 있다는 점이다.

환경문제와 성별의 상관관계에 대해서는 많은 학자들 사이에서 논의가 있어왔다. 그중 맥스테이(Jan McStay)와 던랩(Riley Dunlap)은 통계자료 분석을 통해 남성보다 여성이 환경문제에 더 많은 관심을 가지고 있다고 보았다. 그들은 일반대중과 큰 규모의 환경단체를 대상으로 한 우편 여론조사를 가지고 분석하였는데, 연구결과에 따르면 환경문제와 관련해서 남성들은 공적 영역의 환경활동에 많이 참여하는 반면에 여성들은 사적인 영역의 환경활동에 더 많은 관심을 표명한다는 것이다. 그들의 주장에 따르면, 여성들은 사적인 영역 즉 집안일이나 재활용, 가정 내 환경오염 물질 같은 문제에 훨씬 더 큰 관심을 가지고 있고 남성들은 정치적 행위를 포함해서 공적인 활동에 더 많은 참여가 있다는 것이다.[4] 또한 비슷한 맥락의 주장을 한 블로커(Jean Blocker)와 에크버그(Douglass Lee Eckberg)는 1989년 전화조사를 통해 환경문제에 대해 여성들은 남성들에 비해 일반적인 환경이슈보다는 지역 차원의 환경문제에 더 많은 관심을 가지고 있다는 결과를 도출하였다.[5]

나아가 1985년에 해밀턴(Lawrence C. Hamilton)은 여성들이 환경문제에 훨씬 더 큰 관심을 가지는 이유는 젠더와 부모역할이 매우 밀접한 관계를 가지고 있기 때문이라고 보았다. 그는 모성성은 자녀의 안전과 건강을 염려하기 때문에 자녀를 둔 여성들이 자녀가 없는 여성들이나 남성들보다 환경문제, 특히 지역사회 환경문제에 훨씬 더 관심을 보인다는 사실을 밝혀냈다.[6] 테일러(Dorceta E. Taylor)는 1990년대에 소수그룹 여성들, 즉 흑인여성이나 원주민여성들은 환경문제를 위험한 쓰레기 및 폐기물, 유독가스 유출, 직업의 안전과 기타 건강과 관련된 암 발병 등과 같은 환경오염과 결부시킴으로써 환경운동을 '환경정의운동' 차원에서 바라보도록 하는 데 큰 기여를 하였다고 말한다.[7]

이 장에서는 북아메리카 대륙 원주민여성들의 삶과 정체성 문제를 환경문제 차원에서 분석해 보고자 한다. 원주민여성들은 전통적으로 부족 내에서 종교적 지위가 높았음에도 불구하고 유럽인들의 출현 이후 정체성의 혼란을 겪게 되었다. 유럽인들에 의해 소개된 '기독교문화'와 '가부장적 제도'는 원주민사회 체계에 큰 변화를 불러일으켰을 뿐만 아니라 사회적 문제 등을 야기했다. 뿐만 아니라 원주민보호구역은 문명화라는 명목 아래 환경적 재앙의 희생양이 되어왔다. 원주민여성들은 이러한 여러 가지 어려움에도 불구하고 스스로 문제해결을 할 의지를 보였으며, 이것을 환경운동을 통해 펼쳐나가고 있다. 여기서는 앞에서 언급한 원주민여성들의 문제를 다양한 각도에서 분석해 봄으로써 현 미국사회에서 미국원주민들이 직면하고 있는 생존권 문제들을 파악해 볼 것이다. 또한 이러한 장애를 극복해 나가기 위한 그들의 노력을 규명해 봄으로써 앞으로 미국 원주민사회의 문제를 풀어나가는 데 중요한 단서를 찾을 수 있을 것이다.

2) 원주민 창조신화 속의 여성성과 여성의 정체성

원주민들의 창조신화를 살펴보면 여성이 주인공으로 많이 등장하고 있다. 대체로 그들이 어떻게 지구에 내려와 정착하게 되었는지를 이야기하는 내용으로 이루어져 있는데, 여기서 원주민여성들은 우주의 중심이거나 아니면 인간과 자연을 연결시켜 주는 중개자 역할을 하는 것을 알 수 있다. 또한 여성들은 종교적 의식이나 경제활동에서 중심 역할을 함으로써 부족의 정체성을 형성하는 데 매우 중요한 일을 수행해 왔다.

원주민들의 창조신화에서 여성이 우주의 중심으로 등장한 경우는 이로쿼이연맹[8]과 같이 여성의 지위가 비교적 높은 부족들에서 잘 나타난다. 신화내용을 보면 이로쿼이족은 '하늘여성'(Sky Woman)이라고 불리는 신과 같은 존재로부터 시작되었다. 하늘에서 질투심 많은 남편에게 떠밀려서 끝도 보이지 않는 호숫가에 떨어진 하늘여성은 새와 오리들의 도움을 받았고, 그리고 거북은 자기 등을 안식처로 제공해 주었다. 동물들은 하늘여성을 거들어 거북 등에 흙을 옮겨놓았고, 이것이 북아메리카 대륙의 시초가 되었다. 그후 하늘여성은 딸을 임신하게 되었고, 그 딸이 성장하여 아들쌍둥이를 출산하였다. 그중 하나인 '선한쌍둥이'(Good Twin)는 사람들을 편안히 살도록 해주었으나, '악한쌍둥이'(Evil Twin)는 모든 창조의 산물들을 파괴하였다. 결국 쌍둥이형제는 전쟁을 일으켰고, 다행히 선한쌍둥이가 승리하였다. 그는 인간들에게 정신세계와 교감하는 방법, 스스로 통치하는 방법 그리고 농사짓는 법을 가르쳐주었다.[9] 이러한 창조신화는 이로쿼이연맹의 부족들에게 부족을 있게 한 존재로서 여성의 중요성을 증명해 주고 있다. 이로쿼이족의 창조신화에서 여성이 중요한 존재로 인식되는 것은 이들이 모계사회였다는 점과 깊은 관계가 있다.

남동부원주민의 대표적 부족인 체로키족의 창조신화를 보면, 균형과 조화를 바탕으로 한 남녀관계를 잘 나타내고 있다. 여기서 여성은 인간과 자연의 중재자 역할을 하였고, 또한 그들의 세계관에는 상호 '대립'과 '조화'가 공존하였다. 이러한 믿음체계 안에서 체로키족은 여름과 겨울, 식물과 동물 그리고 농사와 사냥이 조화를 이루듯 여성과 남성이 조화를 이루며 살아왔다. 체로키 언어로 셀루는 여성 또는 옥수수라는 두 가지 의미를 함께 가지는데, 이것은 여성이 주식인 옥수수의 재배와 밀접한 관계가 있었음을 뜻한다.[10] 다시 말해 원주민들 속에서 여성들은 경제적 중추 역할을 하였음을 의미하는 것이다.

원주민여성의 정체성은 그들의 다양한 역사와 문화를 통해 알 수 있다. 그들의 성역할도 부족에 따라 매우 다양한 양상을 띠었는데 일반적으로 성역할은 몇 그룹으로 구분되었다. 첫번째 그룹에는 여성과 남성이 모든 분야에서 동등한 형태를 보이는 플라토(Plateau)와 포모(Pomo)족이 있다. 두번째로 여성의 지위가 남성의 지위보다 우월한 체로키나 이로쿼이연맹 부족들이 있다. 세번째로는 남성의 권위가 지배적인 크리크족(Creek)이 있다. 하지만 이처럼 다양한 성역할에도 불구하고 확실한 것은 남성과 여성의 역할에서 원주민여성들은 유럽여성들에 비해서 많은 자유를 누리고 있었다는 점이다.[11] 이러한 성역할의 구분은 여성들의 사회·경제적 지위와 관련해서 정체성 형성에 큰 영향을 끼쳤다.

원주민사회에서 여성들은 주로 농사를 담당했다. 이로쿼이연맹의 여성들은 특히 옥수수와 호박, 콩을 재배하였다. 이 세 가지 농작물은 원주민들의 삶을 지탱해 주는 매우 중요한 요소였다. 예를 들어 이로쿼이연맹의 한 부족인 오논다가족(Onodagas)의 용어로 이 농작물들은 tunehakwe, 즉 '삶을 유지시켜 주는 것'이었고, 세네카족에게는 Diohe'ko, 즉 '우리의 진정한 생명줄'과 같은 것이었다.[12] 이 작물들의 재배법도 원주민들의 조화로운 정신세계를 반영하듯 생태학적인 조화를 바탕으로 하고 있었다. 원주민여성들은 여성이 출산을 하는 것과 똑같은 원리로 땅을 그들의 곡물에 생명을 불어넣어 주는 모성으로 받아들였다. 모계사회의 남동부원주민 여성들은 주민 모두의 행복을 위해 협동을 바탕으로 한 노동을 하였다.

여성들은 농업에서 주도권을 가졌을 뿐만 아니라 재산소유권도 갖고 있었다. 이는 당시 유럽여성들이 결혼 후 재산소유권을 잃게 되는 현실과 비교해 보면 매우 대조적인 것이었다. 그들은 집과 곡물을 소유하고 있었다. 18세기 자연주의자인 바텀(William Bartam)은 1791년 체로키족을 방문해서 그들의 관습을 관찰한 것을 기록으로 남겼다. 그는 체로키부족의 남성들은 결혼한 후에도 부인의 재산에 대해 아무런 권리를 가지지 못한다고 기록하였다.[13] 이렇게 원주민여성들이 재산을 소유할 수 있다는 것은 유럽인들에게 매우 충격적이었다. 왜냐하면 당시 유럽여성들은 결혼을 하면 재산소유권을 가질 수 없었고 재산에 대한 소유·통제권은 전적으로 남성의 권리로 인정되었기 때문이다. 유럽인들에게는 자신들의 아내와 자녀까지도 재산으로 간주되어서 소유하는 것으로 받아들여졌다.[14]

대부분의 원주민사회, 특히 남동부원주민(Southeastern Native)들은 모계 혈통주의를 따르고 있었다. 여기서 남동부원주민들이라 하면 체로키, 척토, 치카소(Chicasaw), 머스코기(Muscogee), 세미놀(Seminole) 족을 의미한다. 이들 부족의 자녀들은 어머니 혈통을 따랐으며 어머니 직계와 평생을 함께 살았다. 이 부족들의 모계자손들은 개인 혈통뿐만 아니라 부족의 혈통을 구성하면서 하나의 사회단위를 형성하였다.

모계혈통의 전통은 그들이 어머니가족과 함께 거주하는 생활양식을 통해서 더욱 강화되었다. 남녀가 결혼을 하게 되면 그들은 어머니 또는 조모 모두와 함께 사는 경우도 많았다. 이렇게 모계혈통은 처가 거주의 방식을 취하면서 원주민부족 가족구조의 기본 형태를 구성하고 있었다. 이러한 가족형태는 부족여성들에게 보다 많은 권리를 부여해 주었다.

　　따라서 여성들은 결혼 후 출산과 노동 등의 모든 일들을 남편의 가족이 아닌 자신의 가족을 위해 수행했다. 이들에게 어머니로서의 역할은 아내 역할보다 훨씬 의미 있고 중요한 역할이 되었던 것이다. 남편이 자주 바뀔 수는 있었으나 자녀들은 어머니와 그녀의 자녀들과 함께 지냈다. 만약 아내가 자기 남편이 마음에 들지 않으면 자기가 자녀들을 데리고 떠나거나 혹은 남편보고 떠나라고 할 수 있었다. 이처럼 남편이 이혼을 당하게 되면 그는 자기 어머니 집으로 가서 함께 살았다. 부모가 이혼을 해도 그 자녀들은 가족관계의 변화를 전혀 겪을 필요가 없었는데, 다만 아버지와 헤어지게 되었다는 사실만 달라질 뿐이었다. 이처럼 모계 중심의 가족관계에서 가장 중요하게 여겨지는 자녀들은 부모이혼으로 어떠한 혼란스러운 관계를 경험할 필요가 없었다는 것이 원주민사회에서 가장 중요한 부분이었다.

　　또한 원주민부족의 경우 대가족 형태를 유지함으로써 핵가족 형태의 유럽여성들보다 더 많은 자유를 누릴 수가 있었다. 원주민여성들의 경우 자녀양육의 부담을 가족구성원들이 분담할 수 있는 기회가 많았고, 심리적으로도 자녀들에게 많은 안정감을 가져다줄 수 있었다. 그들에게 대가족은 필요할 때 도움을 주고, 또 사랑과 안정을 줄 수 있는 매우 중요한 구성원들이었다.[15] 이러한 모계혈통의 전통은 철저한 가부장제 중심의 부계혈통 전통을 유지하고 있던 유럽인들과 매우 대조적인 것이었다.

이렇게 원주민여성들은 모계사회 전통을 통해서 남성들보다 사회·경제적으로 더 많은 영향력을 행사하고 있었다. 그러나 이 모든 관계는 유럽인들의 침입으로 점차 변화하였는데, 그것은 유럽인들의 가부장적 제도의 영향을 받았기 때문이다. 유럽인들의 남성 중심의 가부장적 문화는 유럽보다 성 평등을 이루고 있는 원주민문화를 파괴하였고, 이는 원주민여성들에게 정체성 혼란을 불러일으켰다. 유럽인들은 가부장적 제도 아래서 여성들에게 '적절한 행동'(appropriate way)을 강요하였는데 이것은 엘리트 남성들에 의해 규정된 것이었다. 이 같은 문화는 비교적 높은 사회·경제·정치적 지위를 누리고 있었던 원주민여성들에게 매우 생소한 것이었다. 반대로 유럽인들은 여성의 경제·사회·정치적 지위가 높은 원주민 사회와 문화를 전혀 이해하지 못했다.

3) 원주민들의 가치체계를 통해 본 자연환경에 대한 인식

원주민문화의 기원을 살펴보는 것은 원주민과 앵글로색슨계 미국인들의 가치관의 차이를 이해하는 데 도움이 된다. 원주민과 백인의 가치관은 상당히 대조적인데, 그들의 인간관·세계관·환경관은 서로 달랐다. 그들은 비록 동일한 영토와 천연자원에 대한 통제권을 놓고 싸우고 있었지만 생명에 대해 전혀 다른 생각을 가지고 있었다. 결국 이런 가치관과 문화의 차이는 원주민과 백인 간의 갈등과 반목의 원인이 되었다. 환경은 인간의 삶의 모든 부분과 깊은 관련이 있다. 여기에는 종교, 철학, 경제적인 면뿐만 아니라 심지어 심리적인 면까지도 포함된다고 할 수 있다.

백인들은 자연환경을 개척하고 문명화시켜야 하는 대상으로 간주해 왔다. 이와는 반대로 원주민들은 자신들의 환경—호수, 시내, 강, 산, 숲—모두를 경외하며 살아갔다. 원주민들은 스스로 자연에 대해 매우 열등한 존재임을 깨달았다. 그 위대한 힘은 창조주로서, 다름 아닌 그들에게 살아갈 수 있는 환경을 제공해 주었다. 그래서 원주민들은 창조주와의 관계에서 인간은 열등한 존재임을 깨닫고 거의 모든 것을 의존하며 살아간다. 원주민들의 전설·노래·구전신화에서는 창조주에 대한 가치를 높이 평가하고 있다. 샤이엔족(Cheyenne)에 따르면 "위대한 신비가 지구와 모든 생물을 창조했을 때 인간과 동물은 평화 속에 함께 잘살았다." 구술전통은 샤이엔족 삶의 한 부분이었고 그들의 기록역사의 수단으로 사용되었다. 이러한 기록들은 그들의 정체성을 정립했으며 강화시켰고 대대로 자손들에게 전수되었다.[16]

원주민들은 조상들로부터 자연의 숭고함을 배워왔다. 자연은 원주민들이 필요로 하는 모든 것을 제공해 주기 때문에 원주민들은 자연이 자신들보다 훨씬 월등한 지위에 있다는 사실을 받아들였다.

일반적으로 자연환경은 원주민들에게 의식주를 제공함으로써 그들의 삶의 기반이 되었다. 예를 들어 평원의 원주민들은 버팔로를 사용하는 52가지 방법을 발견했다.

원주민과 앵글로색슨계 미국인들은 서로 전혀 다른 문화를 발전시켰기 때문에 그들은 서로 다른 것에 대해 중요한 의미를 부여하고 있다. 특히 원주민들은 가족 간의 유대관계 같은 정신적인 것에 큰 의미를 부여한다.[17] 원주민들은 스스로가 우주의 한 부분이라 여기며 인간이 동물이나 식물보다 더 중요한 존재라고 생각하지 않는다. 그들 모두 동등한 형제이자 자매인 것이다. 오논다가족 지도자인 리온(Oren Lyon)은 "우리 이로쿼이족은 모든 생명, 즉 새와 동물, 모든 만물은 동등하다고 생각한다. 원주민들에게 상호관계는 세대를 초월한 매우 친밀한 관계로, 이것이 바로 우리로 하여금 오랫동안 동일한 문화를 간직할 수 있게 해준 원동력이 되었다"고 주장한다.[18] 원주민들은 모든 만물의 관계에 큰 의미를 부여해 왔다. 이것은 원주민들이 인간세계의 형제자매·부모·삼촌과 마찬가지로 자연세계의 동물·나무·바위·물고기까지 모두와 친밀한 상호관계를 맺고 있다는 데서 잘 드러난다.

원주민들의 자연관을 통해서 볼 때 그들은 자연환경에 매우 의존적이다. 그들은 태생적으로 나무와 풀과 들소에게 의존해 살아가는 법을 배웠다. 원주민들은 야생동물과 식물을 이용해 식생활을 해결했으며, 또 식물과 약초들은 그들에게 약물을 제공했다. 때로는 약초가 원주민들의 정신적인 힘을 고양시키기도 하였다. 이렇게 원주민은 자연과 인간의 밀접한 관계를 존중했다.[19] 원주민들은 모든 창조물은 신성하다고 믿었고, 인간을 포함한 모든 창조물보다도 상위에 있는 그 무엇인가에 대한 믿음을 가지고 있었다. 그들은 이를 모성지구(Mother Earth)라 불렀고 모성지구는 모든 창조물을 지배하고 있었다.

원주민들은 또한 태양과 달과 별들의 힘을 믿고 있었으며 이러한 것들이 인간에게 생명을 불어넣어 준다고 믿었다. 이로쿼이연맹의 부족인 모호크족 신화를 보면 모호크족은 스스로 작은천둥(Little Thunder)의 후예라고 주장한다. 그들의 마을에서 환경운동가들은 수세기 동안 전해 내려오는 노래를 부르는데 그것은 삶을 새롭게 해주고 딸기수확에 대해 감사를 표시하고 물고기들을 부르고 모성지구의 축복에 대해 감사를 표현하는 노래이다.[20]

원주민들에게 물(water)과 영토(land)의 의미는 단순한 자연환경의 의미를 넘어 생명과도 같은 것으로 간주되고 있다. 원주민들이 즐겨 읊는 시 중에서 물에 관한 것이 있다. "물은 우리의 생명과도 같다. 우리는 물에 의존해 살아가는 사람들이다. 이 물을 위해 기도한다. 이 물로 인해 여행한다. 이 물을 먹고 마신다. 우리는 깊은 물 속에서 사는 사람들과 관계가 있다. 물을 오염시키는 것은 창조주를 존중하지 않는 것이다. 물을 찬양하고 보호하는 것은 이 땅에 사는 사람으로서 우리가 지켜야 할 의무이다."[21] 이처럼 원주민들에게 물은 자연의 순리에 따르는 생명줄과도 같은 것인데, 이러한 물이 오염되어 원주민들의 생명을 위협하고 있다.

원주민들에게 영토는 그들 삶의 큰 부분이다. 그러나 이러한 영토가 미국역사를 두고 볼 때 수많은 우여곡절을 겪어왔다. 오클라호마를 비롯해서 미국 내 원주민들의 영토는 현재 공격을 받고 있다. 우선 영토, 즉 땅을 원주민들과 유럽인들은 서로 다른 개념으로 받아들이고 있었다. 이것은 원주민들이 서구인들과 매우 다른 소유 개념을 가졌다는 점과 매우 밀접한 관계가 있다. 원주민들에게 영토는 소유의 개념보다는 그것을 통해서 자신들이 생명을 유지하고 있다는 개념으로 받아들여진다. 원주민 추장 미친소(Tesunke Witko, Crazy Horse)는 "사람들이 디디고 다니는 땅을 팔지는 않는다"고 말했다.[22]

미국 내 원주민들은 오랫동안 자신들의 영토를 되찾기 위해 많은 노력을 기울여왔다. 그 결과, 미국 내 산재되어 있는 이들의 영토에 대한 투쟁은 많은 법정소송으로 이어졌다. 미국 내 가장 오래되고 또한 가장 복잡하게 얽힌 원주민들의 영토분쟁은 이로쿼이연맹의 영토에서 일어났다. 이 영토분쟁은 미국독립전쟁 시기까지 거슬러 올라간다. 독립전쟁 후 1784년 10월 미국정부는 뉴욕주의 이로쿼이연맹 대표자들과 포괄적인 협상을 벌이게 되었다. 모든 협상은 원주민들에게 매우 불리하게 진행되었고, 결국 수세기에 걸쳐 원주민들의 영토에 대한 소유권은 연방정부로 넘어가는 결과를 가져오게 되었다.[23]

그리고 최초의 영토소유권 반환소송이 1970년 이로쿼이연맹의 한 부족인 오네이다족(Oneida)에 의해 제기 되었다. 그것은 뉴욕주 오네이다 원주민부족 대 오네이다 카운티(Oneida Indian Nation of New York v. County of Oneida, 70-CV-35 NDNY) 소송으로, 오네이다족이 뉴욕주를 상대로 오네이다부족의 영토 10만 에이커의 반환을 요구하는 소송이었다. 1986년 이 소송은 갖가지 장애에도 불구하고 오네이다부족에게 매우 유리한 판결을 이끌어냈고 일정한 영토에 대한 보상을 받게 되었다.[24]

1970년 11월 19일에는 카유가족(Cayugas)이 제기한 법정소송이 있었다. 이 소송은 카유가부족이 자신들의 영토에 대한 보상을 목적으로 1970년대 중반부터 지속적으로 주정부와 연방정부를 상대로 제기한 것이었다. 마침내 1979년 8월 카유가부족은 잠정적 동의를 얻어내었는데, 그 내용은 남부 세네카 카운티(Seneca County)의 영토 1852에이커와 동 카운티에 있는 헥터영토사용지역(Hector Land Use Area)의 3629에이커 그리고 내무장관(Secretary of the Interior)에 의해 개설된 800만 달러의 신탁재산을 제공받는 것으로 되어 있다.[25]

원주민들의 전설과 신화 등은 그들이 어떻게 이 땅에서 살기 시작했는지 말해 주고 있다. 남서부 아파치족의 전설에 따르면, 그들의 조상은 지하세계(underworld)로부터 왔고 모든 생명은 지하세계에 있을 때로 거슬러 내려간다. 서부 푸에블로 부족들(pueblos) 중에 아코마부족(Acoma)의 전설에 의하면 영적 존재가 소녀 둘을 지구의 지하세계인 Cipapu로부터 올라와 이 땅에 살도록 허락하게 되었다. 또한 샤이엔족은 다음과 같은 창조신화를 믿었다. '거대한 신'(The Great Medicine)이 지구를 창조했는데 그곳은 "항상 봄이었고, 야생열매들이 자라며, 거대한 나무들이 숲을 만들며, 맑은 시냇물이 땅을 가르며 흐르는 곳이다."[26] 애리조나의 호피부족(Hopi)은 자신들이 Sipapuni라고 부르는 한 단계 낮은 세상으로부터 지구표

507

면에 있는 제4의 세계로 등장했다고 믿고 있다.[27] 이렇게 원주민들의 전설이나 창조신화는 거대한 신이나 자연현상에 관한 내용이 주를 이루고 있다.

원주민들은 자신들이 여전히 지구환경을 존중하고 있다는 것을 매우 자랑스럽게 생각하고 있다. 그들은 서구의 '과학적'이고 '산업화된 문화'보다도 우월한 자신들만의 전통적인 지식과 가치를 가졌다고 믿고 있다. 하지만 산업화된 서구사회는 원주민들을 이해하지도, 또 그들의 지식이나 가치를 존중하지도 않는다는 것을 원주민들은 개탄하고 있다. 원주민들은 자연에 대한 믿음이 매우 강하다. 그래서 그들이 만약 서구인들에게 자신들에 대한 믿음이나 신성함을 전달하려 한다면 자연의 힘을 빌려야 한다고 굳게 믿고 있다. 원주민들의 생각에는 만약 여성폭력을 근절시키고자 한다면 여성운동이나 일반 사회운동에서는 모성지구에 대한 폭력을 멈추게 하는 것을 우선해야 한다는 것이다.[28]

원주민들은 '위대한 영'(The Great Spirit)이 자신들을 모성지구와 신성하게 연결시켜 주고 있다고 믿는다. 따라서 원주민들은 인류의 모든 창조물과 조화를 이루며 살아야 하는 신성한 의무를 지니고 있다. 이러한 이유에서 미국정부와 핵산업체들이 원주민들의 땅을 오염시키는 것은 원주민들에게 매우 고통스럽고 괴로운 일이다. 핵폐기물 문제는 원주민들에게 매우 심각한 문제로 다가올 수 있는데, 그것은 원주민들의 환경문제를 넘어 그들의 미래가 걸려 있는 인종말살(genocide)의 문제가 될 수 있기 때문이다.[29]

4)   원주민보호구역의 환경오염 문제

그가 작은 강줄기를 따라 날아다니는 야생칠면조의 소리를 들은
지 몇 년이 지났고, 늑대 울음소리가 어떤지는 거의 기억하지 못
한다….[30]

오늘날 원주민들의 영토 거의 대부분이 환경파괴의 대상이 되고 있
는데, 그 이유는 그곳이 산업이나 방위산업 제품생산에 필요한 다
양한 자원들을 광범위하게 보유하고 있기 때문이다. 현재 미국영토
의 4퍼센트 이상이 연방정부에서 공인한 500여 개 원주민부족들이
점유하고 있고 그곳에는 다량의 천연자원이 매장되어 있다. 여러 부
족들 가운데 나바호족은 물질적인 차원에서 가장 완전한 자치권을
누리고 있는 부족이다. 비록 나바호족에 비해 규모는 작지만 사우스
다코타와 노스다코타의 원주민들도 인구에 비해 많은 농토와 방목
지를 소유하고 있다.[31] 그리고 그 밖의 다른 소규모 원주민부족들의
영토도 많은 광물·목재·어획물 등을 포함하여 상당한 경제적 잠재
력을 지니고 있다.[32] 1970년대 오일파동(oilembargoed) 시기에 지질
학자들은 미국 전체 석탄매장지의 대부분이 미시시피 서쪽에 위치
하고 있다고 평가했다. 또 우라늄매장량의 40퍼센트와 오일 및 가
스 매장량의 15퍼센트가 서부의 원주민영토에 있다고 밝혔다. 이러
한 천연자원의 매장 때문에 원주민보호구역은 자원개발을 목표로
한 백인들의 개발대상이 되어왔다.

원주민영토가 백인들에 의해 개발되기 시작했을 때 그곳에

거주하고 있던 원주민들은 환경탄압의 대상이 되었다. 이렇게 환경파괴는 1492년 콜럼버스가 아메리카 대륙에 도착한 이래로 원주민과 백인의 관계를 상징해 오던 식민주의와 인종차별처럼 하나의 '명백한 운명' 아래 자행되었던 것이다. 한 원주민 환경운동가는 "오늘날 원주민들의 아메리카 대륙은 환경파괴의 실질적인 목록을 제공해 준다"고 말했다.[33] 또한 그 밖의 파괴증거들은 나바호보호구역의 구석구석에서 발견할 수 있다. 몬태나에 있는 샤이엔과 크로우 부족의 영토, 네바다의 피라미드 호수, 오클라호마 아칸소 강 석탄광산 채굴과정에서도 환경파괴가 자행되었다. 이러한 과정들은 원주민영토가 독성물질과 핵폐기물을 위한 장소로 전락해 가고 있는 확실한 증거가 되고 있다.[34]

현재 핵무기산업은 아마 가장 저물어가는 산업 중 하나일 것이다. 하지만 1948~92년에 연방정부는 핵무기산업의 연구와 개발을 위해 에너지부(Department of Energy, DOE) 예산의 65퍼센트를 포함하여 970억 달러의 보조금을 지급하였다. 1951년에 원자력에너지위원회(the Atomic Energy Commission, AEC)는 핵무기 제공을 위한 근거지로 서부쇼쇼니족(Western Shoshoni) 영토에 네바다핵실험장(Nevada Test Site)을 건설했다. 이 과정에서 원주민들은 핵무기생산으로부터 직접적인 피해를 당하기도 했다. 핵무기 실험잔해들이 주로 원주민들의 영토에 떨어졌던 것이다. 1944~52년에 로스앨러모스연구소(Los Alamos Scientic Laboratory)에서 방출된 액체와 고체 쓰레기들은 푸에블로부족의 신성한 땅을 방사선 침전물로 오염시켰다. 이는 방사선 낙진과 비교해서 10배 정도의 플루토늄(plutonium)을 포함하고 있었다.[35] 또한 1951~92년에 미국과 영국은 1054기의 핵무기를 지하나 지상에서 폭발시켰는데, 이러한 테스트에 의한 방사선 노출은 111차례에 달했다. 처음 3년 동안 220군데 이상의 장소에서 지상 테스트가 연속으로 이루어졌으며 이에 따른 방사선 노출은 지속되었다.[36]

　　미국 내 소수인종이 거주하는 지역이 환경오염에 상대적으로 더 많이 노출되어 있다는 사실은 연구를 통해서 밝혀지고 있다. 불라드(Robert D. Bullard) 교수는 자신의 저서에서 환경적 인종차별(environmental racism)에 대해 분석하고 있다.[37] 불라드 교수의 주장에 따르면, 미국 내 빈곤지역이나 인종적 소수자들이 거주하는 지역은 상류층 백인들이 거주하는 지역에 비해 갖가지 환경오염 문제가 훨씬 심각하다는 것이다. 이는 정부의 정책이 이 지역들에 차별적으로 더 많이 환경오염과 관련된 산업을 유치토록 하기 때문이다. 미국 전역에서 이처럼 소수인종들이 거주하거나 가난한 지역은 환경폐기물을 배출하는 산업들이 집중되어 있다. 게다가 이들 지역에 거주하는 사람들은 저임금과 위험한 작업환경에 더 많이 노출되어 있다. 그리고 정부에서 운영하는 '직업건강안정국'(the Occupation Health and Safty Administration, OHSA) 같은 기관에서조차 이들을 보호하기 위한 적절한 정책을 수립하지 못하고 있는 실정이다. 이러한 상황의 가장 극심한 피해지역이 바로 원주민 거주지인 것이다.

　　미국 내 많은 원자력발전소는 원주민보호구역 안이나 그 주변지역에 분포되어 있는데 그것은 원주민들이 보유하고 있는 영토에서 많은 광물이 발견되고 있는 점과 무관하지 않다고 볼 수 있다.

전세계 우라늄의 70퍼센트가 원주민들의 영토에서 발굴되고 있다. 그 밖에는 나미비아(Namibia)의 로싱 광산(Rossing Mine), 오스트레일리아(Australia)의 자불리카 광산(Jabulikka Mine) 등이 있다. 현재 미국에는 104개의 원자력발전소가 있으며, 그 대부분이 원주민 영토 안이나 근처에 위치해 있다. 미국원주민전국환경연맹(National Environmental Coalition of Native Americans, NECNA)의 창립자인 토르프(Grace Thorpe)는 나바호족이 우라늄광산의 발견으로 위험에 처해 있음을 경고했다. 오늘날 미국 내 핵산업에서 배출되고 있는 핵폐기물이 3만 메트릭톤(metric ton)에 이른다. 그리고 한 연구기관의 조사에 의하면, 가까운 미래에 핵산업은 7만 5천 내지 8만 메트릭톤의 핵폐기물을 발생시킬 것이라고 한다.[38]

원주민보호구역의 방사선 위험도 또한 매우 높은 수준에 도달해 있다. 미국정부가 규정하고 있는 1인당 최대 방사선 노출수치를 보면 그 수치는 흉부 엑스레이 촬영 1회분에 해당한다. 그러나 1997년 국가암연구소(the National Cancer Institute, NCI)에서 밝힌 바에 따르면, 원주민보호구역에서 실시된 방사선 테스트 결과 160만 명이 심각한 방사선 노출로 고통을 받고 있다고 한다. 이것은 정부가 발표한 수치보다 약 200배 많은 것으로 나타났다. 어떤 지역에서는 노출수치가 2천 내지 3천 배에 이르는 것으로 밝혀졌다. 이 연구소는 7만 5천 건의 갑상선암(thyroid cancer)의 경우 대기권 실험(atmospheric testing)이 발병원인인 것으로 추정했다. 갑상선암은 나이와 밀접한 관계가 있고 잠복기가 상당히 길기 때문에 1950년대 이전에 태어난—현재 40~50대—성인들도 여전히 위험에 노출되어 있다고 볼 수 있다. 또한 연구소의 분석결과에 의하면 방사선 노출은 다른 갑상선질병들과도 밀접한 관련성이 있다는 것이다.[39]

핵폐기물 처리에 대한 무방비 상태는 치명적인 결과를 불러오기도 하였다. 나바호보호구역에 위치하고 있는 1천여 개의 우라늄광산이 독성폐기물 생성이라는 사실을 은폐하기 위해 방치되었다. 원주민보호구역은 핵폐기물 처리를 위한 16개의 가장 적합한 장소로 여겨지고 있다. 100여 개의 제안서가 원주민 지역사회에 유독성 산업폐기물(toxic wastes)을 버리기 위해 제출되었다. 또한 원주민들의 77개 신성한 장소들이 자원추출물(resource extraction)과 개발사업들 때문에 피해를 받고 있다. 연방정부는 쇼쇼니족에게 매우 신성한 장소인 유카 산을 고단계 국가 핵폐기물을 처리하기 위한 장소로 사용할 것을 제안하였다. 또한 지난 45년 동안 네바다의 서부쇼쇼니족 영토에서는 100여 차례의 원자력 폭발사고가 있었다.[40]

원주민들의 영토에서 발생하는 환경문제 중에 우라늄 광산개발은 그 피해 면에서 가장 심각하다고 볼 수 있다. 미국정부에서는 우라늄 광산개발이 진행되는 곳 근처에는 사람이 거주하는 것을 금지하고 있는데, 그 이유는 이 방법이 개발로 인한 오염으로부터 사람을 보호할 수 있는 가장 안전한 방법이기 때문이다. 그러나 원주민들은 이러한 조치들이 바로 자신들을 강제로 이주하게 하는 원인이 된다고 간주하고 떠나기를 거부하였고, 위험을 감수하고라도 계속 거주하는 쪽을 선택하였다. 미국 내 우라늄 보유지의 2/3가 원주민영토 내에 위치해 있다. 하지만 지난 50년 동안 채굴한 광산의 80~90퍼센트가 원주민보호구역이나 근접한 곳에서 그 작업을 하였다. 다양한 사망과 질병은 이러한 채굴작업과 연관이 있었다.[41] 또한 원주민보호구역에 위치한, 방치된 우라늄광산의 광물부스러기나 폐석찌꺼기로부터 나온 방사능이 수질이나 공기를 심각하게 오염시켰다. 원주민보호구역 근처에 위치한 석탄광산은 세계에서 상위 몇 위 안에 들 만큼 큰 광산인데, 이 근처의 청소년들의 발암비율이 평균보다 17배 이상이라는 통계수치가 나와 있다. '원주민환경네트워크'(Indigenous Environmental Network, IEN)의 골드투스(Tom Goldtooth) 사무총장은 원주민보호구역의 환경산업기반 부족의 심각성에 대해 다음과 같이 지적하였다.

> 대부분의 원주민정부는 환경산업기반 개발에서 주정부보다 22년 뒤져 있다. 환경보호청(Environmental Protection Agency, EPA)은 계속 주정부와 비교해서 원주민정부에 동등한 비율로 자본을 투자하지 못하고 있다. 환경보호청은 원주민정부와 주정부에 재정적 자원을 동등하게 분배해야 할 법적 책임을 가지고 있다.[42]

뉴멕시코의 쉽렉(Shiprock) 근처에 위치한 광산은 1980년까지 운영되었다. 1980년까지 광산 지하에서 일했던 대략 150명의 나바호 중 133명이 폐암으로 사망하거나 심한 만성호흡기질환을 앓고 있다. 또한 이전까지는 부족들에게서 전혀 찾아볼 수 없었던 다운증후군이나 그 밖의 선천성질병들이 오염된 물이나 라돈가스 노출로 인해 발생하였고 또 다른 방사선 관련 질병들이 급증하였다.[43]

라구나 푸에블로 족의 경우도 예외는 아니었다. 1952년 우라늄광산이 발견된 이후 1982년 폐광이 될 때까지 엄청난 양의 우라늄이 채굴되었고, 라구나보호구역의 도로나 빌딩 건설에 저질의 우라늄광석이 이용되었다. 그 결과 푸에블로들의 암 발병률과 기형아 출산율이 증가하였다.[44]

원주민들의 식생활을 살펴보면, 백인들과 비교해서 훨씬 더 방사선 오염에 쉽게 노출된 음식들을 섭취한다. 그 이유는 원주민들의 경우 오염된 바다에서 나온 어패류 같은 것들을 음식재료로 많이 사용하기 때문이다. 통계에 따르면 원주민인구의 암 발병에 의한 입원, 기형아 출산, 혈관계나 소화계 질병 등이 600퍼센트 이상 증가했음을 알 수 있다.[45] 이러한 현상의 주요 원인은 바로 우라늄산업에 의한 환경의 오염이라고 볼 수 있다.

1950~80년에 약 1500명이 우라늄광산에서 일했는데, 그중 1/4이 원주민들이었다. 이 광산의 대부분이 원주민 나바호족과 푸에블로족이 소유하고 있던 땅이었다. 1993년 인디언건강서비스(Indian Health Service, IHS)의 루이스 아벨(Louise Abel) 박사는 광부들의 건강상태와 그에 따른 정부보상의 관계를 분석한 보고서를 발표하였다. 보고서는 1년 이상 광산 지하에서 일했던 광부 600명 중 원주민의 비율은 40퍼센트가 넘었는데, 그 가운데 1990년 방사선노출보상법(Radiation Exposure Compensation Act)에 의해서 보상을 받은 원주민광부는 겨우 5명에 불과했다고 밝히고 있다.

광산개발지역의 환경오염 문제 이외에도 원주민들은 정신적인 피해에 시달리기도 한다. 가장 격렬했던 싸움은 애리조나주 하바수파이(Havasupai) 지역에서 일어났다. 이곳의 원주민보호구역 경계선에는 부족의 가장 신성한 장소인 레드 벗(Red Butt)이 위치해 있다. 원주민들은 이곳에서 진행되고 있던 우라늄 광산개발을 저지하기 위해 제기한 법정싸움에서 패소하였다. 원주민의 전설에 따르면 조상들이 이 세상에 이르기 위해 발판이 되었던 곳이 바로 이 신성한 장소 레드 벗이며, 때때로 그들은 이곳에서 조상들과 정신적 교감을 하였다. 원주민들은 미국정부를 상대로 '종교의 자유'를 근거로 법정투쟁을 벌였으나 최근 최고연방법원 재판에서 패소하고 말았다. 그 이유는 하바수파이 법정소송에서 원주민부족의 구성원들이 자신들의 종교적 신념에 근거해서 터부시되었던 종교적인 부분의 이야기를 상세하게 밝히지 못함으로 해서 재판에서 매우 불리해졌기 때문이다. 레드 벗 개발은 그들의 마을인 수파이(Supai)의 중심부에서부터 시작되었다. 마을의 리더인 집행관 리(Lee)는 이 상황에 대해 "그들은 우라늄광산을 마을의 정상에서부터 개발하고 있다. 이러한 작업은 결국 우리 부족들을 모두 멸종시킬 것이고, 우리는 그것을 두려워하고 있는 것이다. 그들이 이 우라늄광산을 계속해서 개발한다면 우리 부족에게 미래란 없다"[46]고 주장하였다.

이러한 환경파괴로 인한 원주민들의 경제적·정신적·육체적 피해상황은 많은 원주민여성들로 하여금 자신들의 부족, 자기 가족을 보호해야 한다는 절박한 생각을 하게 만들었고 나아가 이들을 환경정의운동에 앞장서도록 하는 계기가 되었다. 원주민들이 부르짖고 있는 '환경정의'운동은 다름아니라 인종말살로부터 자신들의 부족과 가족을 지키고자 하는 생존의 절규인 것이다.

5)   원주민여성과 환경정의운동

원주민들의 의식화작업은 오랜 동안 식민지화로 인해 파괴된 원주
민 역사·문화·정체성 회복 및 찾기를 위한 다양한 사회운동의 원동
력이 되어왔다. 또 이것은 아직 파괴되지 않고 남아 있는 그들의 문
화를 보존하기 위한 노력이었다. 원주민들의 이러한 과업완수를 지
탱해 주는 두 개의 큰 기둥이 있는데, 바로 '교육'(education)과 '건
강'(health)이다. 이 두 기둥은 원주민의 생존권이 달려 있는 땅을, 환
경을, 더 나아가서는 자신들의 생명을 지키고자 하는 노력에서 매우
중요한 역할을 하였다. 이러한 과업을 완수하기 위해서는 원주민들
스스로 문제점을 파악하고 개선해 나가는 것으로는 충분하지 않았
다. 무엇보다도 원주민들이 더 이상 무능력하고 원시적인 인간들이
아니라는 사실을 백인사회에 알리는 작업이 필요했다. 그 일환으로
그들은 다양한 팸플릿을 만들어서 땅을 지키기 위한 환경정의운동
등의 여러 가지 노력들을 알리는 데 주력해 왔다. 그들의 목표는 백
인 중심의 주류사회를 향해 자신들의 자연환경을 파괴한 주원인이
인종차별에서 비롯했다는 사실을 알리는 것이었다.[47] 이러한 노력은
원주민 중심의 다양한 환경행사를 통해서 또한 원주민여성 환경운
동가들을 중심으로 한 풀뿌리활동을 통해서 점차 그 저변을 확대
해 나갔다.

　　　1995년 3월 콜로라도 덴버의 일프(Iliff)신학대학 캠퍼스에서
학회가 개최되었다. '환경적 정의에 대한 북아메리카원주민 워크숍'
(The North American Native Workshop on Environmental Justice)이

라는 제하의 학회에서는 캐나다·멕시코를 포함해서 아메리카 전역의 원주민들이 한자리에 모여 자신들의 환경문제(생태문제)를 논의하였다.[48] 참석자 대부분이 학자나 사회운동가였으며, 대략 20개 부족 출신의 사람들이었다. 또 그들의 종교는 전통적인 원주민종교에서부터 기독교에 이르기까지 다양했지만, 여기서 매우 중요한 것은 대부분이 여성이었다는 점이다.

미국 내 환경운동에서 원주민여성들의 역할은 지대하다. 그것은 사회적 약자로서 환경문제에서 가장 큰 피해를 입는 그룹이 바로 여성과 아동들이기 때문이다. 이들은 또한 다수의 여성 환경운동가를 배출하였는데 그 대표적인 인물이 위노나 라두크(Winona LaDuke)이다. 라두크는 원주민여성으로서 그들의 입장을 가장 유능하고 명확하게 대변하는 여성 중 한 명이다. 그녀는 17세의 나이로 UN에서 원주민을 대표해 연설을 한 경험도 있다. 또 그녀는 '전국홍인종국가여성들'(Women of All Red Nations, WARN)의 창립멤버이자 미네소타 백색지구보호구역 영토회복 프로젝트(Land Recovery Project on the White Earth Reservation in Minnesota)의 대표이기도 하다. 영감을 주는 연설가로서 그녀는 1996년과 2000년 녹색당(The Green Party)의 부통령후보로 출마했는데, 국가 차원의 선거에 출마한 최초의 원주민이었다. 그 밖에도 원주민들의 영토회복 투쟁에 관해 많은 책을 서술하기도 하였다. 이러한 경력을 통해서도 알 수 있는 것처럼 원주민들의 환경정의운동에서 라두크의 영향력은 실로 크다.

미국 내 환경문제에 관한 연구에 의하면, 환경오염 문제는 소수인종이 거주하는 빈곤지역에서 더욱 심각하게 나타나고 있다. 이에 따라 미국 내 소수그룹, 즉 아프리카계흑인, 원주민, 라틴계미국인 그리고 백인 노동자계층을 중심으로 조직된 환경단체들은 그들의 가족이나 이웃의 안전을 위해 지역단위의 많은 풀뿌리단체를 만들어 활동하고 있다. 이러한 소수그룹 중심의 환경단체들은 생존을 위협하는 환경재앙에 대항해 서로 연계하여 운동을 전개하고 있다. 또한 이러한 노력들은 인종차별, 빈곤, 경제적·사회적 불평등, 불평등한 환경보호정책 등과 관련해서도 미국환경보호청(US Environmental Protection Agency)의 도움을 받아 풀뿌리운동을 펼쳐나가고 있다.[49]

원주민들은 작은 풀뿌리모임을 통해 환경운동에 힘쓰게 되었는데, 이런 모임이 북아메리카에만 200여 개가 되며 여성이 큰 비중을 차지한다. 그들은 원주민들의 청정한 환경을 위해 '우리 환경의 재앙에 저항하는 시민들'(Dine CARE, Citizens Against Ruining Our Environment), '그위친운영위원회'(Gwichin Steering Committee), '남서부 환경정의 여성지구연합'(Women's Earth Alliance Southwest Environmental Justice Initiative) 같은 단체에서 활동한다. 그러나 이들 풀뿌리 환경단체는 재정상태가 좋지 못하고 대부분 5명 내지 10명의 자원봉사자들에 의해 유지되고 있는 실정이다. 그들은 때에 따라서 전국적 규모의 조직과 연합하기도 하는데, 거기에는 200여 명의 회원이 있는 '토착환경네트워크'(Indigenous Environment Network, IEN)와 같은 조직이 있다. 이 조직들은 자신들의 땅을 보호하고, 생물학적 다양성을 보존하며, 궁극적으로 환경정의를 지키기 위해 노력하는 풀뿌리그룹들에 기술적·정치적 도움을 제공하기도 한다. 그외 조직으로는 '환경과 경제 정의를 위한 남서부네트워크'(Southwest Network for Environmental and Economic Justice, SNEEJ), '지구에 명예를'(Honor the Earth, HE), '토착여성들의 네트워크'(Indigenous Women's Network, IWN), '제7세대기금'(the Seventh Generation Fund, SGF) 등이 있다. 그리고 지방조직으로는 생태체계와 문화적 행사를 서로 공유하는 '캘리포니아 바구니직조협회'(the California Indian Basketweavens Association, CIBA), '대호수 바구니직제공들'(Great Lakes Basketmakers, GLB), '노인자문위원회'(Council of Elders,CE)와 같은 그룹들이 있다.[50]

풀뿌리 환경운동모임이 만들어지는 과정을 보면, 대부분 마을의 작은 문제들에 대한 여성들의 관심에서 시작되었으며 그들의 이같은 문제의식이 큰 변화를 이끌어오게 된 것이다. 뿐만 아니라 이와 같은 풀뿌리 환경운동모임에서는 주로 여성들이 중추적인 역할을 수행한다.

원주민여성들은 모성의 소중함을 지키기 위해서 환경운동에 앞장서게 되었다. 모호크족의 '어머니들의 모유프로젝트'(The Mothers' Milk Project) 같은 풀뿌리조직이 이를 잘 보여주고 있다. '어머니들의 모유프로젝트'를 만드는 데 중심 역할을 한 사람은 모호크의 환경운동가 쿡(Katsi Cook)이다. 그녀는 여성이 곧 가장 우선시되어야 할 환경이라고 주장하였다. 그녀의 주장에 따르면, 다양한 산업에 의해서 물로 흘러 들어가는 PCBS, DDT, Mirex, HCBS 등과 같은 독성 화학물질들이 여성의 몸에 축적되고, 이 물질들은 우선적으로 모유수유를 통해 몸에서 빠져나간다는 것이다. 1980년대 초 아기들이 신성한 자연적 연결고리인 모유수유를 통해서 이러한 독극물에 노출된다는 사실을 발견했을 때 쿡은 "정말 소스라치는 충격이었다"고 토로하였다.[51] 1984년 가을 쿡과 다른 모호크 여성들은 자신들이 직면하고 있는 위험수위의 정도를 알기 위해서 한 야생물 병리학자(pathologist)를 찾아갔고, 또한 이러한 사실을 알리기 위해 올버니(Albany)에 있는 뉴욕주 보건복지부 산하의 연구소에 근무하는 화학자 부시(Brian Bush)를 찾아갔다.

이러한 조사과정을 마치고 마침내 1985년 쿡은 '어머니들의 모유프로젝트'를 만들게 되었다. 이 조직의 목적에 대해 쿡은 "어떻게 독성물질들이 모유와 함께 지역 음식물들을 통해서 우리의 몸속으로 들어가는지 그 경로에 대한 이해를 돕기 위해서"라고 쓰고 있다. 쿡은 한 인터뷰를 통해 "여성들이 환경공학학위를 따기 위해 대학으로 진학하기란 매우 힘든 일이다. 하지만 여성들은 환경오염에 의해서 가장 피해를 보는 그룹임 인지해야 한다. 따라서 이제부터 환경연구는 '어머니들의 모유프로젝트'를 통해 수행될 것"이라고 말했다. 그러면서 이 모든 과정을 여성들이 함께해 나갈 것이며, 이들은 과학이 일상생활에 어떻게 적용되어 가는지를 배우게 될 것이라고 설명하였다. 마지막으로 쿡은 이상과 같은 이유들이 바로 어머니들의 모유프로젝트를 있게 한 원동력이 되었다고 밝혔다.[52]

알래스카 원주민여성 이튼(Violet Yeaten)은 포트 그레이엄(Port Graham) 마을의 환경전문가이다. 그녀에게는 먹는다는 것이 이제 매우 위험한 일이 되었다. 그녀에 의하면 원주민들의 먹을거리

중 80퍼센트가 전통적인 음식으로 구성되어 있고, 원주민들은 1주일에 평균 12~15가지 생선요리를 만들어서 먹는다. 따라서 원주민들이 생선을 섭취하는 것은 마치 화학물질을 섭취하는 것과 같다고 봐야 한다는 것이다.[53] 이러한 관점에서 환경정의운동은 여성들을 중심으로 해서 음식문제와 밀접한 관계를 가지고 전개되었다. 핵폐기물로부터 흘러나온 폐수는 바다로 흘러 들어가고 이것이 원주민들이 주로 섭취하는 음식물을 통해 원주민들의 건강을 위협하고 있기 때문에, 원주민여성들은 생태학적인 방법과 문화적인 방법을 통해서 해결책을 찾고자 시도하고 있다. 그들은 정수를 가득 채운 큰 규모의 어항과 같은 기제를 만들어 오염되지 않은 먹이를 사용한 어류양식을 시도하는 등의 방법을 동원해서 자신들의 오염된 음식문제를 나름대로 해결하고 있다.

　　원주민들은 불충분한 재원들임에도 불구하고 지역적 단위의 싸움에서 매우 어려운 승리들을 거두었다. 물론 이러한 싸움은 원주민 전체의 성과이기도 하지만, 그 중심에 원주민여성들이 있었다. 그 성과의 구체적인 사례는 다음과 같다. 1991년 Dine CARE는 나바호보호구역의 서부지역 안에 있는 애리조나 딜콘(Dilkon)에 '재활용센터', 사실상의 유독성폐기물 소각로를 건설하려는 Waste Tech의 계획을 무효화시켰다. 1년 후 Dine CARE는 부족의 삼림사업에 착수했다. 그런데 한 원목회사가 나바호부족 소유의 영토에 있는 척사 산맥(Chuksa Mountains)의 벌목을 제안했다. 몇 년에 걸친 싸움은 결국 나바호 출신의 활동가 잭슨(Leroy Jackson)의 의문사라는 희생을 초래하게 되었다. 마침내 Dine CARE는 벌목을 중지시키는 데 성공을 거두었다. 알래스카의 그위친족(Gwichin)은 자기들 영토를 침범해서 영토 내 순록떼를 뿔뿔이 흩어지게 하는 석유채굴사업에 대해 성공적으로 대적해 싸워 승리를 거두었다. 라코타족(Lakota)의 파인리지(Pine Ridge)와 로즈버드(Rosebud) 보호구역 주민들이 중심이 된 '좋은 도로와 천연자원 연맹'(The Good Road and Natural Resource Coalitions)은 사우스다코타의 원주민보호구역에 유독성폐기물 처리시설 건설계획을 중지시키는 데 성공하였다. 미네소타주 '백색지구보호소'(White Earth Reservation)의 '백색지구영토 회복 프로젝트(The White Earth Land Recovery Project)는 몇 가지 생태학적·문화적 파괴개발 제안들을 무산시키고 보호구역 내 1천 에이커의 땅을 복구시키는 데 성공하였고 단풍나무시럽과 야생쌀 같은 지방생산품에 의존하는 전통적인 지역기반 경제를 회복하기 시작하였다.[54]

　　여성들을 중심으로 한 환경정의운동의 기본 명제는 여성이 건강해야 가족이 건강하다는 것이다. 따라서 그들이 운동을 전개해 나가는 과정에서 끊임없이 제기하는 물음은 "어떻게 원주민여성들이 건강하게 살 수 있는 사회를 재창조할 것인가?" 하는 것이다. 그 답은 바로 환경정의운동의 목표는 첫째 어린이를 위한 것, 둘째는 여성을 위한 것 그리고 마지막으로 가족을 위한 것이어야 한다는 점이다.

　　오늘날 원주민여성들은 1세기 전 그들의 할머니들이 부족의 생명을 책임지던 사회를 재현시키려 노력하고 있다. 이것은 다름 아닌 어머니가 느끼고 먹고 그리고 보는 것은 곧 어린아이에게 그대로

523

1960년대 이후의 역사

전달된다는 강한 믿음이다. 무엇보다도 이러한 믿음이 곧 그들을 환경정의운동 최전선에서 투쟁하게 만드는 원동력이 되고 있는 것이다.

현재 원주민여성들의 풀뿌리 환경운동은 심각한 재정난에 허덕이고 있으며, 대부분이 정부로부터 전혀 자금지원을 못 받고 있다. 그들은 대부분 자원봉사 활동으로 꾸려나가고 있으며, 이러한 운동들이 주류사회로부터 전혀 주목받지 못하고 있다. 하지만 그들은 결코 수동적이지 않다. 오히려 원주민여성들은 환경을 보호하고 구원하는 다양한 투쟁, 즉 광산운영, 댐건설과 핵폐기물에 저항하는 운동에서 선두적인 역할을 해오고 있다. 원주민여성들에게 환경운동은 자신들의 가족과 아이들, 나아가 부족의 생존을 위한 투쟁을 의미한다. 그들은 산업화와 핵무기산업으로 인한 환경오염이 가족들의 식생활을 위협하고 어머니들의 모유를 오염시켰다는 것을 확인하였다. 원주민여성 환경운동가들은 원주민보호구역의 여성들과 어린아이들이 치명적인 질병으로 목숨을 잃어가는 현실을 더 이상 방치할 수 없다고 외친다. 이러한 환경운동에 원주민여성들이 앞장설 수밖에 없는 이유는 무엇보다도 그들이 오랜 세월 동안 생명의 수호자로서 원주민부족의 생존을 책임져 왔기 때문이다.

수세기 동안 백인들은 원주민이 살고 있는 영토로부터 그들을 내쫓으려는 시도를 해왔지만 원주민들은 여전히 버티고 있다. 이러한 움직임의 중심에는 원주민 환경조직들의 헌신적이고 지속적인 활동이 있었다. 원주민여성 환경운동가 라두크는 매우 의미심장한 말을 남겼는데, 이는 원주민들의 역사적 발자취를 말해 주는 동시에 그들의 미래의 방향을 제시해 주는 것이기도 하다. 그녀는 온 세상을 향해 이렇게 주장하였다.

> 원주민 환경운동가들이 풀뿌리운동을 포기하지 못하는 이유가 바로 여기에 있다. 여기가 바로 우리 조상들과 후손들의 연결고리가 살아 숨쉬는 곳이다. …여기가 바로 우리 부족들이 더 이상 떠돌이생활을 하지 않고 정착해야 할 곳이다. 인간으로서의 우리 정체성은 우리의 지구창조와 관계있는 창조신화와 또 우리가 추구하는 '선한 삶'(good life, minobimaatisiwin)을 통해 전해 내려왔다. 그 지구가 바로 우리의 어머니이다. 우리가 생명을 얻은 곳, 바로 이 땅으로부터 우리가 생명을 얻었기 때문이다.

1) Jace Weaver ed., *Defending Mother Earth: Native American Perspectives on Environmental Justice*(New York: Orbis Books, 1996), p. 3.

2) David Naguib Pellow and Robert J. Brulle eds., *Power, Justice, and the Environment: A Critical Appraisal of the Environmental Justice Movement*(Cambridge: The MIT Press, 2005), pp. 3~7.

3) Karen J. Warren, *Ecofeminism: Women, Culture, Nature*(Bloomington: Indiana University, 1997), p. 58.

4) Jan R. McStay and Riley E. Dunlap, "Male-Female Differences in Concerns for Environmental Quality," *International Journal of Women's Studies*(vol. 16/no. 4, 1983. September/October), pp. 291~301.

5) Jean Blocker and Douglas Lee Eckberg, "Environmental Issues as Women's Issues: General Concerns and Local Hazards," *Social Science Quarterly*(vol. 70/no. 3, 1989. September), pp. 586~93 .

6) Lawrence C. Hamilton, "Concern about Toxic Wastes: Three Demographic Predictors," *Sociological Perspectives*(no. 28, 1985), pp. 463~86; "Who Cares about Water Pollution? Opinions in a Small Town Crisis," *Sociological Inquiry*(no. 28, 1985), pp. 170~81.

7) Dorceta E. Taylor, "Women of Color, Environmental Justice, and Ecofeminism," Karen J. Warren, *Ecofeminism: Women, Culture, Nature*(Bloomington: Indiana University Press, 1997), p. 38, 39.

8) 이로쿼이연맹의 부족들은 아메리카 북동지역에서 가장 잘 알려진 원주민부족이다. 이로쿼이연맹은 흔히 5개 연합(현재는 6개)을 의미했다. 여기에는 모호크, 오나이다, 오논다가, 카유가, 세네카 그리고 투스카로라(Tuscarora) 부족이 있으며 이들은 공통의 언어와 콩과 호박을 주식으로 하는 농업국가라는 공통점이 있었다. 또한 이로쿼이연맹은 모계혈통을 유지하였으며 50명의 추장에 의해서 지배되었다. Laura F. Klein and Lillian A. Ackerman, *Women and Power in Native North America*(Norman: University of Oklahoma Press, 1995), p. 101.

9) Linda K. Kerber and Jane Sherron D. Hart, *Women's America: Refocusing the Past* (New York: Oxford University Press, 1991), p. 31.

10) Theda Perdue ed., *Sifters: Native American Women's Lives*(New York: Oxford University Press, 2001), p. 3.

11) Klein and Ackerman, 앞의 책, pp. 230~33.

12) Sally Riesch Wagber, *Sisters in Spirit: Iroquois Influence on Early American Feminists*(Summertown: Native Voices, 2001), p. 52, 53.

13) Mark Van Doren ed., *Travels of William Bartam*(New York: Dover, 1955), p. 252.

14) Babara Alice Mann ed., *Make a Beautiful Way: The Wisdom of Native American Women*(Lincoln: University of Nebraska Press, 2008), p. 54.

15) 같은 책, p. 55.

16) Weaver ed., 앞의 책, p. 35.

17) David A. Dary, *The Buffalo Book: The Full Saga of the American Ani-mal*(Chicago: Swallow Press, 1974), pp. 45~47.

18) Winona Laduke, *All Our Relation: Native Struggles for Land and Life* (Cambridge, MA: South End Press, 1999), p. 2.

19) Weaver ed., 앞의 책, p. 33.

20) Laduke, 앞의 책, p. 3.

21) 같은 책, p. 55.

22) Ward Churchill, *Struggle for the Land: Native North American Resistance to Genocide, Ecocide and Colonization*(San Francisco: City Rights Books, 2002), p. 113.

23) 같은 책, p. 93.

24) Christopher Vescey and William A. Starna eds, *Iroquois Land Claims* (Syracuse, NY: Syracuse University Press, 1988), pp. 123~39.

25) Churchill, 앞의 책, p. 105.

26) Richard Erdoes and Alfonso Ortiz eds., *American Indian Myths and Legends*(New York: Pantheon Books, 1984), p. 83, 98, 111.

27) Harold Courlander, *The Fourth World of the Hopis: The Epic Story of the Hopi Indians as Preserved in Their Legends and Traditions*(Albuquerque: University of New Mexico Press, 1971), pp. 17~34.

28) Weaver ed., 앞의 책, pp. xi~xv.

29) 같은 책, p. 49.

30) 같은 책, p. 1.

31) US Department of Interior, BIA Report 12: Status of Mineral Information on the Pine Ridge Reservation, South Dakota(Washington DC: US Bureau of Indian Affairs, 1976).

32) US Department of Interior, Bureau of Indian Affairs, Indian Lands Map: Oil,

Gas and Minerals on Indian Reservations(Washington DC: US Government Printing Office, 1978); Presidential Commission on Indian Reservation Economics, Report and Recommendation to the President of the United States(Washington DC: US Government Printing Office, 1984).

33) Donald A. Grinde Jr. and Bruce E. Johansen, *Ecocide of Native America: Environmental Destruction of Indian Lands and Peoples*(Santa Fe: Clear Light Publishers, 1995), p. 3.

34) Weaver ed., 앞의 책, p. 3.

35) Richard O. Clemmer, *Native Americans and Energy Development, II*(Boston: Anthropology Resource Center, 1984), p. 103.

36) Ernest Callenbach, *Bring Back the Buffalo*(Washington DC: Island Press, 1996), p. 227.

37) Robert D. Bullard, *Unequal Protection: Environmental Justice and Com-munities of Color*(San Francisco: Sierra Club Books, 1996), pp. 1~3.

38) Laduke, 앞의 책, p. 97, 98.

39) Daniel Berger, "We're All Downwinders," *The Nation*(1997. October 13), p. 6; Peter Eisler, "Study Shows Contaminants Fall Out from Nevada Test Site," *USA Today*(1997. July 25~27), p. 1.

40) Laduke, 앞의 책, p. 3.

41) Christopher Vecsey and Robert W. Venables eds., *American Indian Environ-ments: Ecological Issues in Native American History*(Syracuse: Syracuse University Press, 1980), pp. 165~68.

42) Akwesasne Task Force on the Environment, "Superfund Clean up of Akwesasne: A Case Study in Environmental Injustice," *International Journal of Contemporary Sociology*(1997. October), p. 4.

43) Churchill, 앞의 책, p. 266, 267.

44) 같은 책, p. 273, 274.

45) 같은 책, p. 297.

46) Stephen Trimble, *The People: Indians of the American Southwest*(Santa Fe: SAR Press, 1993), p. 223; Mary Davis ed., *Native America in the Twentieth Century*(New York: Garland Publishing, 1994), p. 232.

47) Warren ed., 앞의 책, pp. 140~42.

48)   Weaver ed., 앞의 책, p. xv.

49)   Robert D. Bullard, *The Quest for Environmental Justice: Human Rights and the Politics of Pollution*(San Francisco: Sierra Club Books, 2005), pp. ix~xi.

50)   같은 책, p. 4.

51)   Laduke, 앞의 책, p. 18.

52)   같은 책, p. 19.

53)   같은 책, p. 21.

54)   Ralph Nader ed., *The Winona LaDuke Reader: A Collection of Essential Writings*(Stillwater, MN: Voyageur Press, 2002), pp. 56~58.

4
9·11테러 이후 부시 행정부의 여성정책

2001년 9월 11일 미국의 심장부인 뉴욕과 워싱턴에서 발생한 연쇄테러는 미국사회에 여러 가지 변화를 불러일으켰을 뿐 아니라 전세계적으로도 큰 파장을 일으켰다. 특히 9·11테러와 미국의 아프가니스탄 공격 이후 '미국의 일방적 패권주의'(PaxAmericana)는 국제사회의 화두가 되었다. 21세기 들어서 미국은 신보수세력(neoconservative)의 정치, 군사, 경제, 환경 등 국제현안 전반에 걸친 강경몰이에 미국 내 온건파와 국제사회가 맞서고 있는 형국이다. 뿐만 아니라 미국인들은 물론 전세계 사람들도 반전의 거대한 물결을 일으키며 세계의 평화를 기원하였다. 하지만 부시 행정부의 신보수세력은 미국 강경책을 주장하면서 대외정치에서는 물론 미국 내 정치현안에서도 새로운 보수주의적 물결을 일으키고 있으며, 이러한 경향은 여성정책에도 변화를 불러왔다.

그동안 9·11테러와 관련된 학문적 연구는 정치·군사·외교적인 측면이 주를 이루어왔다. 그 내용을 보면 9·11테러 이후 미국의 일방적인 외교정책이나 아프가니스탄 및 이라크와의 전쟁과 관련해서 미국의 정치적 분위기나 여론 등을 다루어온 것이 대부분이었다. 이 장에서는 2001년 미국에서 발생한 9·11테러가 미국사회에 어떤 변화를 불러왔는지 살펴보도록 하겠다. 특히 9·11테러 이후 부시 행정부가 감행한 여러 가지 보수주의적 여성정책의 내용과 그 영향을 다각적으로 분석해 보고자 한다.

부시 행정부의 신보수주의라 함은 주로 미국 외교정책에서 강경책을 주장하는 경향을 의미하고 있으나, 이 장에서는 이러한 의미와 더불어 여성정책에서 진보적인 이슈에 대해 반격을 가하는 새로운 보수주의 경향을 일컫는, 약간은 광범위한 개념으로 사용하였다. 좀더 구체적으로 말하면, 이는 부시 행정부에서 감행한 육아관련 정책에서 정부지원금 삭감이나 낙태반대의 정치적 움직임 또는 교육계에서 여성에 대한 보조금 삭감 등을 골자로 하는 부시 행정부의 보수적 여성정책을 의미하는 것이기도 하다.

1) 9·11테러 이후 신보수주의 등장

9·11테러 이후 미국사회는 지나친 애국심의 고조로 보수적인 분위기가 팽배해지고 있었다. 역사적으로 미국은 수차례 전쟁을 겪으면서 항상 애국심을 이용해서 국민들을 국가사업에 총동원시켜 왔으며, 이러한 정책을 통해서 위기를 극복하려는 의지를 보였다. 부시 행정부 역시 국가의 위기상황 아래서 미국국민들의 심리상태를 잘

이용하고 있다고 볼 수 있다. 미국정부는 '테러와의 전쟁'[1]을 주장하면서 자신들 나름의 규칙을 만들어갔고, 또 이를 통해서 자신들의 독단적인 정책을 합리화시켜 나갔다. 다시 말해 미국정부는 미국인들을 이라크 외에도 세계 곳곳에서 벌어지고 있는 테러가 최종적으로 미국본토를 목표로 할지도 모른다는 의구심을 갖도록 유도한다는 것이다. 더욱이 부시 대통령은 '악의 축' 발언으로 새로운 테러와의 전쟁에서 적을 만들어갔다.[2] 9·11테러 이후 미국인들에게 가장 중요한 이슈로는 테러와의 전쟁에서 미국인의 안전 문제가 부각되고 있다. 9·11테러 이후 미국인들은 테러가 제3세계의 문제라는 인식에서 벗어나 이제 그들 자신의 문제라는 점을 새롭게 인지해 나가기 시작했다.

　　미국의 국내문제를 구체적으로 분석하기에 앞서 미국 패권주의에 대해 살펴볼 필요가 있다. 이것은 미국의 외교문제에서 일방주의적 경향이 곧 국내정책을 추진해 나가는 과정에도 지대한 영향을 끼쳤기 때문이다. 그동안 부시 행정부를 지지해 오던 많은 미국여성들도 9·11테러 이후 부시의 여러 정책결정과정에 대해 불만을 품고, 부시 대통령과 공화당으로부터 등을 돌렸다. 미국의 한 여론조사에 의하면 미국남성들에 비해 더 많은 여성들이 부시의 정책결정과정을 불신하고 있으며, 2004년에 부시 대통령을 지지했던 여성들 중 1/3이 더 이상 공화당과 부시를 지지하지 않겠다고 응답했다.[3] 특히 국내 현안 중 미국여성들의 가장 큰 관심사라고 볼 수 있는 사회보장, 육아와 교육 정책에서 부시 행정부의 정책방향은 많은 여성들로 하여금 큰 불만을 품게 하였으며, 이러한 것은 패권주의에 입각한 대외강경책과 무관하지 않았다.

　　미국 패권주의의 특징으로는 아프가니스탄과 이라크 전쟁에서 테러와의 전쟁이라는 미명하에 국제합의가 철저히 무시되었다는 점을 들 수 있다. 또한 부시 행정부의 패권주의는 인권, 국제사회에서의 역할, 중동평화 등과 관련된 정책이 대부분 구체적 논의 없이 근본적으로 변경되었다는 점이 특징이다. 이런 변화 중 일부는 '테러와의 전쟁'이라는 미명 아래 오래 참아온 야망을 실현하려는 핵심 보수그룹에서 나왔다고 할 수 있다.

　　9·11테러 이후 '테러와의 전쟁'은 강력한 애국주의의 부활을 이끌었고 의회가 입안·제정한 '애국자법'(Patriot Act)에 의해 더욱 강화되었다.[4] 미국의 애국자법은 2001년 9·11테러 직후 테러 및 범죄 수사의 편의를 위해 시민의 자유권을 제약할 수 있도록 새로 제정된 법으로서, 정식 명칭은 '테러대책법'(Anti-Terrorism Legislation)이다. 이 법은 9·11테러가 발생한 이후 2001년 10월 26일 부시 대통령이 서명함으로써 발효되었다. '케이블 텔레비전 프라이버시 법' 및 연방헌법 제18편 제2703조를 수정하여 수사당국의 도청권한을 대폭 확대하는 등 당국에 유례없는 강력한 권한을 부여하였다. 이 법이 성립되기 전 연방법에서는 "케이블 사업자는 어떠한 계약자에 관해서도 개인을 특정할 수 있는 정보를 제공해서는 안 된다"고 규정하였다. 그러나 이 조항이 수정된 후에는 "케이블 사업자는 정부 관계자에 대해서는 그런 정보를 제공할 수 있다"로 바뀌었다. 더 나아가 수사당국의 IP주소 입수도 인정하고 있으며, 또 정부는 ISP로부터로 그 정보를 입수하기 위한 영장도 얻을 수 있게 되었다. 이 법

은 테러리즘과의 전쟁이라는 대의명분하에 미국인의 기본적인 법적 권리의 일부에 변화를 가한 것이다. 그 구체적인 예는 다음과 같다. 즉 결사의 자유를 제한하는 내용으로, 정부는 범죄행위의 증거가 없어도 종교단체와 정치단체를 감시할 수 있다. 이 법에서 신체의 자유에 관한 권리를 제한하는 내용으로는 미국인은 기소되지 않은 단계에서도 혹은 불리한 증언에 반론을 제기할 수 있는 기회를 갖기 전이라도 구속당할 수 있다는 조항이 있다. 또한 이 법에서 불법수사로부터의 자유를 제한하는 내용으로, 정부는 테러리즘에 대한 수사를 위하여 상당한 근거가 없이도 미국인의 서류나 소유물을 수색·압수할 수 있다. 뿐만 아니라 이 법에 의해 정부는 재판 없이 미국인을 무기한 구치할 수 있게 되었다.[5]

이 법을 통해서 미국정부는 국민의 인권과 기본권의 많은 부분을 국가보안이라는 이름을 내세워 침해하고 있다. 이것은 미국이 진주만 폭격 이후 시민권을 가진 일본계 미국인들을 강제수용소에 감금시키면서까지 국가의 안전을 주장했던 것과 유사한 현상이라고 볼 수 있다. 미국은 역사적으로 개인의 사생활 존중이나 언론의 자유를 매우 중요한 가치로 주장해 왔으나, 오늘날 미국사회에서는 개인의 사생활이나 언론의 자유가 국가보안이라는 미명하에 철저하게 유린당하고 있다. 이 모든 과정에서 정부는 국민들이 이러한 분위기를 자연스럽게 받아들이도록 여론몰이를 해나갔다.

9·11테러로 미국은 새로운 역사를 써나갔다. 이 새로운 역사를 만들어가는 세력은 바로 신보수주의자들이었다. '네오콘'(neocon)[6]이라 이름 붙여진 이들은 10년 전부터 새로운 세기를 만

들어가기 위한 준비를 해왔다. 미국의 헤게모니를 위해 이들은 전쟁광이라는 비판에도 아랑곳하지 않고 선제공격과 예방전쟁이라는 '부시 독트린'[7]에 따라 2001년 아프가니스탄과 2003년 이라크를 침공했다. 이들이 전쟁을 벌이는 명분은 세계 유일 초강대국인 미국이 보안관으로서 세계 질서와 평화를 무시하는 '악의 세력'을 응징하여 민주주의와 자유, 시장경제의 가치를 유지·확대한다는 것이었다.

이들이 말하는 민주주의와 자유, 시장경제는 미국식 가치의 최대 덕목이며 인류의 보편적 이상으로, 이를 통해 미국은 물론 세계의 평화와 번영에도 기여한다고 생각하였다. 네오콘들은 도덕적 우월주의를 바탕으로 군사력을 동원해서 물리적으로 자신들의 목표를 달성해야 한다고 믿고 있었기 때문에, 세계에서 가장 강력한 군사력을 보유한 미국은 이들의 생각과 의도대로 거칠 것 없이 진군하였다. 조지 부시 대통령의 취임으로 10년 만에 재등장한 이들 네오콘은 9·11테러라는 위기를 오히려 기회로 삼아 일방적 패권주의 원칙 아래 새로운 미국을 건설한다는 전략을 추진하였다.

2) 9·11테러 이후 '애국주의' 표방과 국가정체성의 젠더화

9·11테러 이후 미국 전역의 애국주의는 성조기 물결과 함께 "미국에 신의 가호가 있기를…"(God Bless America…)과 같은 내용으로 찬양되었다. 희생자들과 그 가족들에 대한 동정과 연민은 곧바로

군사적 행동을 지지하는 것과 일치하게 되었다. 미국정부의 군사적 행동에 대한 회의적 반응은 곧바로 군사적 행동의 승리를 기원하는 분위기로 변해 갔다. 미국이 세계의 자유와 평화의 수호자임을 강조하는 여론은 이러한 분위기를 더욱더 가속화시켰다. 부시의 '테러와의 전쟁'을 앞세운 정책들과 미국의 과거와 현재의 외교정책은 비난의 대상으로부터 자유로워졌다. 국가의 위기상황 아래서 애국심은 국가원수에 대한 무조건적인 지지를 요구했으며, 이러한 지지가 미국 내 대중매체를 통해 전파된 메시지의 대부분을 차지하였다.

9·11테러 이후 미국의 애국주의를 생산해 내기 위한 테크놀로지의 이용은 매우 다양해졌다. 이러한 현상은 단지 미국 내에서뿐만 아니라 다른 국가의 사람들에 의해서도 다양하게 형성되어 갔다. 미국인들의 애국주의 담론화과정은 이전에는 전혀 볼 수 없었던 범세계적인 또는 범문화적인 현상으로 진행되어 갔다. 이것은 미국은 자유주의 국가라는 상징과 이념 아래 미국 내뿐만 아니라 미국에 의해서 지배되고 있는 모든 국가에서 미디어와 소비문화를 통해 전파되어 갔다.[8]

국가의 정체성은 시대에 따라 변화한다고 볼 수 있다. 9·11테러 이후 미국은 국가적 위기라는 상황 속에서 곧바로 젠더화된 '대중적 담론'(public discourse)을 형성하였고, 이는 곧 미국정체성의 변화를 불러왔다. 이 모든 과정을 통해 젠더는 더욱 양극화되어 갔다. 9·11테러 이후 대중적 담론에서 가장 중요한 것은, 미국이라는 국가가 남성답지 못하고 너무나 여성적 성격을 띠고 있기 때문에 좀더 안전해지기 위해서는 더욱 남성적으로 변화되어야 한다는 점이었다. 9·11테러 이후 젠더화된 대중적 담론은 대통령 연설문이나 일반시민들의 언급을 통해서 형성되어 갔고, 매스미디어 보도는 여론 형성에 가장 큰 영향을 주었다. 이러한 대중적 담론과정을 분석해 보면 그 내용이 전쟁에 대한 육체적 강인함이나 폭력적으로 징벌을 추구하는 반응들을 합리화하는 것들임을 알 수 있다. 또한 테러로 인한 부상이나 정신적 충격에 대한 온정적인 태도들은 나약함이나 여성적 코드로 인식되었다.

2001년 9월 11일 테러 이후 2002년 10월 12일까지 약 1년 동안 『뉴욕타임스』에 실린 각종 기사와 사설, 독자편지 등을 살펴보면 국가적 정체성의 재정립이 의도적으로 공격적이고 남성적인 방향으로 바뀌어갔다는 사실을 확인할 수 있다. 2001년 9월 12일자 『뉴욕타임스』를 보면 9·11공격의 비극적 상황에 대한 내용을 절대적으로 다루고 있다. 세계무역센터의 붕괴와 펜타곤 공격 등을 전하면서 미국인들의 슬픔과 애도, 두려움에 대해서 대서특필하였고, 정치적 또는 군사적 지도자들이 상처 입은 국가를 재건하기 위해 질서회복과 신뢰회복의 필요성을 논하고 있다. 신문들은 공격당한 장소의 비참함을 극적으로 묘사했으며 사망자 숫자와 목격자들의 인터뷰를 상세히 다루었다.[9]

9·11테러 이후 가부장제도는 국가의 생존과 밀접하게 연결되었다. 여론의 반응은 두려움·분노·비탄에 빠진 미국인들에 대한 것이었고 정치·군사 지도자들은 상처 입은 국가의 질서와 신념을 회복시키려 노력하였다. 9·11테러 이후 3개월 내내 『뉴욕타임스』나 『워싱턴포스트』지는 미국의 문제해결 방법에서 비군사적인 방

법보다는 군사적 해결방안에 지지를 보내는 의견들에 더 많은 지면을 할애하였다. 이러한 사실은 미국 내 미디어 감시그룹인 '페어'(Fairness and Accuracy in Reporting, FAIR)에서 출판하는 잡지 『엑스트라!』(EXTRA!)에서 자세히 보도되고 있다. 이 잡지에 따르면, 9·11테러가 발생한 지 3개월이 지난 시점에서 『뉴욕타임스』와 『워싱턴포스트』의 관련기사를 분석한 결과 44개의 기사가 미국의 군사적 행동을 지지하는 내용이었고 단 2개 기사만 비군사적인 해결방법을 지지하는 내용이었다.[10] 그리고 미국 내 독자들은 대통령의 현명한 행동에 대해 아무런 의심 없이 무한한 지지를 보냈다. 『뉴욕타임스』의 한 보도에 의하면, 취임 이래 최대의 위기를 맞이한 부시 대통령은 비열한 테러행위를 끝까지 추적해 응징할 것을 굳게 맹세하였다.

9·11테러 이후 부시 대통령은 연설문 등을 통해서 강인하고 도전적인 지도력을 구축해 나갔다. 국가의 위기상황 앞에서 부시 대통령의 남성다운 힘은 더욱 강조되었다. 그는 9·11테러가 발생한 지 채 하루도 안 되어 테러리스트들의 동기에 대해 정의내리고 그들의 목표가 실패했다고 발표했다. 9·11테러 이후 부시 대통령은 국민들에게 전하는 연설에서 이 테러는 새로운 종류의 전쟁으로 미국인들의 자유를 위협하고 있다고 주장하였다. 이로써 그는 이 위기를 단순한 위협을 넘어 미국에 대한 '전쟁선포'라고 그 의미를 바꾸어놓았으며, 2001년 9월 21일 '양원 연석회의'(Joint Session of Congress)의 연설에서 다음과 같이 발언했다.

오늘밤, 우리는 위험에 빠져 있는 국가를 바라봅니다. 자유를 위협하는 적들은 우리나라를 향해 전쟁을 선포하고 있습니다. …우리의 적은 테러리스트들을 돕는 국가를 포함하여 테러리스트들의 급진적 네트워크입니다. 이들은 20세기의 모든 살인적 이데올로기의 계승자들입니다….[11]

2002년 6월 1일, 부시 대통령은 200주년 기념 웨스트포인트 졸업식에 참석해 다음과 같은 연설을 하였다.

우리는 적과의 전쟁에서 비행기를 파괴하고 그들이 등장하기 전에 최악의 공격으로부터 우리를 방어해야 합니다. 우리가 살고 있는 세계에서 유일한 안전은 행동을 취하는 길입니다…. 미국은 도전 그 이상의 목표를 위해 군대를 강화할 것입니다….[12]

9·11테러 이후 『뉴욕타임스』에 실린 9·11테러 관련기사들을 보면, 여성적 연약함과 수동성에 대한 두려움을 극대화시키면서 남성적 강인함이나 추진력을 열망하게 했다. 이러한 분위기를 조성해서 남성성의 지혜와 힘을 찬양하도록 하였다. 그 좋은 예로서 9월 12일자 『뉴욕타임스』에서는 힐러리 클린턴(Hillary R. Clinton) 상원의원을 두고 "뉴욕 민주당 상원의원 힐러리가 눈물을 보였다"고 보도하였다.[13] 클린턴 행정부 당시 힐러리가 보여주었던 너무나 남성적이고 공격적인 면모 때문에 『뉴욕타임스』는 그녀가 단지 눈물을 보였다는 이유 하나만으로도 민주당이라는 집단의 대표성으로 띄웠

던 것이다.

2001년 9월 12일자 『뉴욕타임스』의 내용을 보면 부분적으로 시민들과 저소득층 공무원들을 여성적인 희생자로 부각시킴으로 해서 국가를 매우 미약하고 공격받기 쉬운 장소로 만들어갔다. 2001년 9·11테러 이후 그해 가을에 한 반전(反戰)사이트는 반전과 반인종차별을 주장하는 일련의 사건들에 관한 긴 목록을 소개하고 있었지만 주류 언론매체들은 이러한 '테러와의 전쟁'에 대한 저항에 대해서는 거의 관심을 보이지 않았다. 이렇게 미국에서는 대통령 정책을 반대하는 여론에의 접근이 철저히 봉쇄되어 있었고, 대부분의 미국인들은 이 같은 의견이 있다는 사실 자체도 알지 못했다.[14]

1991년 제3기 페미니즘의 등장에 큰 영향을 끼친 『반동』 (*Backlash*)의 저자 수잔 팔루디는 미국 보스턴의 한 대학에서의 강연에서 9·11테러 이후 매스컴이나 그 밖의 잡지통계를 분석해 본 결과 오늘날 미국 내 현상을 '젠더 쇼크'(gender shock)라고 표현할 수 있다고 말했다. 특히 9·11테러공격 이후 대중문화는 여성들의 전통적인 성역할을 재강화시킴으로 해서 여성들을 가정으로 복귀시키려 하고 있다고 주장하였다.[15] 그녀의 주장에 따르면 미국 내 대중매체들은 국가적 위기에 페미니스트 운동을 비난해 왔고, 9·11테러 이후 광고나 극우 정치운동은 특히 페미니스트 운동에 대해서 매우 부정적이라는 것이다.

보수주의적 작가 누난(Peggy Noonan)은 강한 남성적 미덕을 갖춘 남성들의 전형이 사회에서 다시 이상적인 남성모델이 되어가고 있다고 말하면서 그들은 우리 모두가 "어디로 가야 안전한지 말해 준다"고 하였다. 문화비평가 파글리아(Camille Paglia)는 일터에서의 양성평등이 남성들을 여성화시키고 그들의 투쟁능력을 저하시켰으며 국가적 안정성을 위협하고 있다고 주장하였다. 오늘날 많은 대중매체들에서는 남성들의 진정한 남성다움을 강조하면서 여성들에게는 다시금 '낭만적이고 세련된 여성미'를 갖출 것을 권하고 있다. 심지어 한 화장품회사의 광고에서는 여성모델이 맨해튼의 그라운드 제로 앞에서 립스틱을 바르는 포즈를 취하고 있다. 이 광고이미지의 이면에서는 강한 정치적 메시지를 전하고 있는데, 즉 독립성을 요구하는 것으로부터 잠시 해방되라고 주장하는 것이다.

9·11테러를 앞세운 반(反)페미니스트들의 반격이 보수주의적 언론에만 국한된 것은 아니었다. 2001년 9월 30일 『뉴욕타임스』는 테러리스트들의 공격의 결과 미혼여성들은 더 이상 남편감을 고르는 데 까다롭게 굴지 않는다면서 그들은 지금 외로움과 두려움에 떨고 있다고 보도하였다. 테러리스트들의 공격의 결과로 모든 광고와 여론이 전하고자 하는 메시지는 "여성들은 더 이상 평등을 원하지 않는다. 그들은 오직 근육과 배지를 가진 남성들로부터 보호받기만 원할 뿐이다"라는 것이라고 팔루디는 지적하였다.[16]

9·11테러 이후 미국여성들의 입지는 지난 30년 동안의 페미니스트들의 승리에도 불구하고 어떤 면에서 이전보다도 훨씬 열악해졌다고 할 수 있다. 1974년에는 오늘날과 비교해서 정치지도자나 전문직 여성의 수가 남성보다 훨씬 적었음에도 불구하고 여성들은 여전히 사회를 변화시키기 위해 열정적으로 노력하였다. 이러한 열정은 여성들에 대한 성차별을 제거하는 데 쏟아졌고 일정한 성과를

이루었다. 하지만 9·11테러 이후 페미니즘은 어느 정도 후퇴한 듯 보였다. 이 같은 사실은 정기간행물 색인을 살펴보면 더욱 명백해지는데, 1972년 편에서는 페미니즘(feminism)이라는 제목 아래 여성들이 구시대의 체제를 바꾸기 위해 노력한 도전들을 다룬 각종 논문들을 찾아볼 수 있는 데 비해 2004년 편에서는 소수의 기사만 있을 뿐만 아니라 그중 반 이상이 페미니즘을 공격하는 내용이다. 기사들 대부분이 파편화되어 가는 페미니즘에 대한 내용이고 여성정치에 관한 논문들은 주로 다른 국가들을 다루고 있었다. 부시 행정부는 노동부의 여성국을 해체했고 '사후피임약'(morning after pill)의 승인을 지연시켰으며, 무엇보다도 낙태에 대해 무차별적인 공격을 시도하였다.

미국의 정책결정과정을 보면 여론과 대중매체의 영향력이 매우 크다고 할 수 있다. 따라서 부시 행정부의 보수적인 여성정책 결정과정에도 여론과 대중매체가 지대한 영향을 끼친 것으로 보인다. 9·11테러 이후 미국의 주요 방송에서 여성이 담당하던, 여성의 정치·사회적 지위 향상을 목적으로 편성된 프로그램들이 점차 사라졌다. 또한 이전에 많은 여성들로부터 존경을 받아왔고 큰 영향력을 발휘했던 사회운동가나 페미니스트들도 대중매체에서 점점 볼 수 없게 되었다. 이를 대신해서 미국사회에서는 또다시 전통적인 가족가치를 내세우면서 가정의 소중함이나 어머니 또는 아내의 역할을 강조하는 프로그램들이 인기를 얻었다. 이는 국가가 불안할수록 가정에서 수호신 역할을 하는 어머니나 아내들이 가족을 따뜻한 가정의 품안에서 편히 쉴 수 있도록 해야 한다는 19세기 초반의 '진정한 여성다움의 예찬'(the cult of true womanhood)[17]의 재등장이라고 볼 수 있다.

또한 9·11동시테러 이후 미국사회에서는 국가안전을 내세워 사회적으로 또다시 남성다움이 강조되었다. 뿐더러 전통적인 남성다움과 여성다움이 마케팅 전략으로 활용되어 각종 광고에서 여성다움을 강조하는 화장품이나 패션스타일 등이 재등장하고, 1970년대 유행했던 강인한 남성들이 다시 인기를 얻었다. 이 모든 현상은 9·11테러 이후 '애국주의' 표방과 더불어 젠더를 양극화시키고 국가의 정체성을 남성화시키려는 정치적 의도가 강하게 작용한 결과라고 볼 수 있다.

3) 부시 행정부 여성정책의 보수화 흐름

미국 공화당과 민주당의 당론을 분석해 보면, 일반적으로 소외계층의 입장을 대변하는 민주당과 달리 공화당은 기득권층을 옹호하는 입장을 취하고 있다고 볼 수 있다. 이러한 당의 입장은 여성정책과 관련해서도 예외가 아니다. 9·11테러 이후 부시 행정부는 여성정책의 결정과정에서 이러한 보수화 흐름을 더욱 가시화시켜 나갔다. 특히 백악관 내 여성과 관련된 정보의 제공에도 제동이 걸렸고, 정책적으로도 예산삭감 문제 등을 포함해 많은 변화가 일어났다.

한 여성단체의 분석결과에 따르면, 부시 행정부는 은밀하게 정부 산하기관의 웹사이트에서 여성관련 주제에 대한 정보를 삭제하거나 수정한 것으로 나타났다. 2004년 4월 중순에 발표된 '국가여성연구위원회'(National Council for Research on Women, NCRW)의 보고서에 따르면 주로 삭제된 정보는 '임금평등'(pay equity)이나 '육아정책'(childcare) 등과 같은 주제인 것으로 보인다. 또한 이 연구결과에 의하면 '여성노동국'(Department of Labor's Women's Bureau, DLWB)의 웹페이지 단독으로 최소한 25개 출판물이 수정되거나 삭제되었다는 것이다. 예를 들어 국가암센터(The National Cancer Institute, NCI)의 웹사이트는 2002년에 낙태와 유방암은 밀접한 관계가 있다는 논리를 중심으로 글을 실었다. 이는 과거의 발표에서 과학자들이 유방암과 낙태는 연관성이 전혀 없다고 주장한 데 대응해서 수정된 내용을 실은 것이다. 뿐만 아니라 NCRW의 조사에 따르면 '백악관 내 여성 자진 빈곤퇴치사무국'(Office of Women's Initiatives and Outreach in the White House, OWIOWH)이나 '대통령여성중계위원회'(President's Interagency Council on Women, PICW) 같은 주요 정부기관이 폐쇄된 것으로 밝혀졌다.[18]

부시 행정부의 여성정책 변화에서 가장 중요한 부분은 예산삭감 문제로, 이것은 여성의 의료보험과 교육문제를 포함한 사회보장(social security)에 지대한 영향을 끼치게 되었다. 최근 제시한 사회보장의 내용을 보면, 예산삭감의 대상은 소득 2만 달러 이상의 은퇴노동자들뿐만 아니라 그 미망인이나 자녀들에게까지 적용되는 것으로 밝혀졌다. 이것은 또 연봉 2만 달러 미만의 미망인까지 포함될 가능성이 있는 것으로 보인다. 전국여성법률센터(National

Women's Law Center, NWLC)는 이러한 통계에 따르면 거의 70퍼센트에 달하는 은퇴노동자와 가족들에게 영향을 끼치게 될 것이라고 하였다.[19] 여성정책연구소(The Institute for Women's Policy Research, IWPR)의 보고에 따르면, 여성들은 경제공황이 시작된 2001년부터 2004년까지 30만 개가 넘는 직업을 잃었고 그 결과 여성취업률이 0.5퍼센트 하락했다. 더욱이 미혼모의 실직률은 9.5퍼센트에서 10.2퍼센트로 상승했다고 발표하였다.[20]

2004년 부시 행정부와 의회의 보수주의자들은 중산층을 확대하고 빈곤층을 돕기 위한 연방정부 예산을 삭감하기로 결정했다. 미국사회의 경우 남성에 비해 여성 빈곤층이 훨씬 많다는 점에서 짐작할 수 있듯이, 이 결정은 여성들에게 더 큰 타격을 주었다. 미국 여성계는 부시 행정부와 보수주의 정치가들이 여성들의 의지와는 상관없이 그들을 노동시장에서 끌어내어 전업주부의 상태로 되돌려놓으려 하고 있다고 강한 우려를 표명하면서, 지난 40년간 노력해 온 여성의 지위 향상에 심각한 장애가 될 수 있음을 시사했다.[21]

의료법과 관련해서도 변화가 예상되고 있다. 클린턴 행정부의 '가족과 의료휴가법'(the Family and Medical Leave Act) 내용은 다음과 같다. 즉 이 법에 의하면 피고용인은 중병이나 출산으로 12주간의 휴가를 신청할 수 있고, 비록 무보수이지만 직업을 보장받을 수 있다. 이로써 노동자들은 가족과 직업 중 하나를 선택해야 하는 어려운 상황을 피할 수 있었다. 그러나 현재 이 법에 반대하는 그룹들은 휴가를 신청할 수 있는 사유를 제한하는 것을 전제로 법을 수정할 것을 부시 행정부에 지속적으로 요구하고 있고, 변화가 불가피할 것이라는 예측이 나오고 있다.

　　교육과 모성 관련 프로그램의 예산삭감도 미국여성들에게 심각한 문제로 대두했다. 부시 행정부는 의회에 제출한 2006년도 연방정부 예산결정안에서 교육부 예산 중 5억 달러를 삭감할 것을 제안했고, 이 제안은 2005년 4월에 통과되었다. 교육부의 예산 삭감은 특히 10대 여성들에게 큰 영향을 끼칠 것으로 보이는데, 그 이유는 저소득층 학생의 비율이 남학생보다 여학생이 훨씬 높기 때문이다. '능력개발 프로그램'(Talent Search Program)에 참여하는 학생의 약 61퍼센트가 여학생이라고 발표한 교육기회위원회(Council for Opportunity in Education)는 예산삭감이 10대 여학생들의 고등교육 보장을 약화시킬 것이라고 주장했다. 백악관은 또한 모성관련 프로그램의 예산 삭감을 제안했다. 2002년 부시 대통령은 여성의 임신기간중 또는 출산 후 건강을 위해 제공되는 보조금의 예산 삭감을 제안하였고, 유아 사망이나 질병의 저하를 위한 프로그램인 건강시작 프로그램(Healthy Start Program)의 예산을 동결시켰다.[22]

　　부시 행정부 여성정책의 보수화 분위기는 국내정책에만 국한된 것이 아니었다. 2004년 9월 말경, 미 국무부는 이라크여성들의 민주화교육을 담당할 기관들을 발표하였다.[23] 수혜기관들 중 대표적인 그룹은 워싱턴에 본부를 둔 반페미니스트 조직인 '독립여성포럼'(Independent Women's Forum, IWF)이다. 진보적 여성계는 이 조직은 국제적 교류나 민주주의 향상을 위한 활동경험이 부족한 조직일뿐만 아니라, 부시 행정부의 보수적 여성정책에 앞장서고 있다고 주장하였다.

이 조직은 1992년 극우여성들이 중심이 되어 설립되었고, 조직의 설립목적은 "희생자로서의 여성이라는 이념과 급진적 페미니즘 이데올로기와의 결별"에 있다고 하였다.[24] 1991년 당시 연방대법원 대법관 임명과정에서 성희롱 혐의를 받고 있던 클래런스 토머스를 지지하면서 이 조직은 더욱 성장하였다. 이 조직의 설립자는 부통령 부인 체이니(Lynn Cheney), 노동부장관 차오(Elaine Chao), 헤리티지 재단(Heritage Foundation)의 부회장이었던 오베른(Kate O' Beirne) 등으로, 부시 행정부와 탄탄한 인맥관계를 맺고 있는 인물들이었다. 국무장관이었던 파월(Colin Powell)은 이 조직은 이라크여성들과 함께 일하면서 2005년 1월 치를 선거에서 이라크여성들이 투표를 할 수 있도록 그리고 미디어나 비즈니스 기술을 습득할 수 있도록 돕게 될 것이라고 밝혔다.[25] IWF 홈페이지에 따르면 이 조직은 '12개월 여성지도자 프로그램'(12month Women Leaders Program)과 '민주주의 네트워크 정보와 협조 센터'(Democracy Network Information and Coordination Center, DNICC)를 운영하면서 이라크여성들의 민주주의와 정치적 향상을 위한 교육에 활용할 것이며, 그들과 네트워크를 형성할 예정이라고 보도하였다.[26]

부시 행정부는 또한 IWF의 '여성폭력방지법'에 대한 반대입장 표명에도 불구하고 이 조직의 회장인 포텐하우어(Nancy M. Pfotenhaur)를 '여성폭력방지 국가자문위원회'(Naitonal Advisory Committee on Violence Against Women, NACVAW) 자문으로 임명했다. IWF는 미국에 여성의 고위직 승진 제한이 존재한다는 사실과 여성과 남성의 '임금격차'가 실재한다는 사실을 인정하지 않았다. 이 조직은 또한 교육과 스포츠 부문에서 여성과 소녀들에 대한 차별을 금지하고 있는 타이틀 나인(Title IX)에 대해서도 반대입장을 표명하고 있으며 여성에 대한 모든 형태의 차별 철폐를 위한 유엔회의를 반대하였다. 그럼에도 불구하고 부시 행정부는 이 조직의 인물들을 여성문제에 관한 유엔위원회에 미국대표로 파견하였다.

미국의 많은 진보적인 여성단체들은 부시 행정부의 이라크 프로젝트를 위한 IWF의 선택이 미국뿐만 아니라 이라크여성들의 지위 향상에도 큰 걸림돌이 될 것이라고 비난하고 있다. '다수 페미니스트 재단'(Feminist Majority Foundation, FMF)의 회장 스밀(Eleanor Smeal)은 "내부거래에 대해 말해 보자면, IWF는 워싱턴 정가의 극우보수 책략가 소그룹을 대표한다"[27]고 지적하면서 IWF의 비도덕성을 비판했으며, 전국여성협회(the National Organization for Women, NOW)의 회장인 갠디(Kim Gandy)는 "이것은 조지 부시가 자신의 캠페인 지지자들이나 정치적 동지들에게 자금을 지원해 주는 것과 똑같은 것이다. …만일 미국이 진정으로 이라크여성들에게 민주주의와 시민의 권리의 중요성에 관한 이슈들을 교육하기를 원한다면 IWF는 아주 잘못된 선택이다"[28]라고 강하게 비판하였다.

4) 여성건강 정책: 낙태논쟁

미국 대통령선거전에서 항상 첨예한 논쟁대상이 되는 부분 중 하나가 바로 여성건강 정책과 관련된 낙태문제이다. 민주당후보들은 낙태찬성의 입장을 취해 온 반면에 공화당후보들은 낙태반대 입장을 강하게 고집해 왔다. 두 번에 걸친 대통령선거전에서 부시는 낙태에 대해 반대입장을 고수해 왔다. 9·11테러 이후 미국사회의 보수화 물결을 타고 부시 행정부의 낙태반대 입장은 2003년 '부분적 낙태금지'(Partial Birth Abortion Ban) 법안의 인준 등으로 더욱 가시화되었다. 미국여성계는 이러한 과정에서 표출된 부시의 입장에 대해 깊은 우려를 표명하였다. 부시 행정부는 낙태로 인한 배아의 파괴를 인간생명을 하찮게 여기는 테러리스트들과 동일시할 기회로 삼아 이용하였던 것이다.

2002년 부시 대통령은 제29주년 로우 대 웨이드(Roe v. Wade) 판결[29] 기념행사에 대한 인터뷰에서 낙태반대론자들을 향해 생명의 소중함을 강조하였다. 또 그는 사회가 약하고 불완전하고, 심지어 원치 않는 생명에 대해서도 책임과 의무를 다해야 한다고 주장하였다.[30] 부시 대통령은 이날을 '인간생명에 대한 국가적 신성함의 날'(National Sanctity of Human Life Day)로 선언하면서 다음과 같이 언급하였다.

> 9·11테러로 우리는 악의 존재를 목격하였습니다. 이 악은 생명의 존귀함을 전혀 알지 못합니다. …지금 우리는 모든 악의 근원에 대항해서 싸우고 있고 이는 곧 모든 생명을 수호하기 위해 싸우는 것입니다.[31]

이렇게 부시 대통령은 9·11테러로 인한 희생과 낙태에 의한 생명손실이 서로 무관하지 않다는 것을 강하게 암시하였다. 뿐만 아니라 부시의 이러한 입장은 그외 정책으로 점차 가시화되었다.

부시 행정부는 인간 연구지원자들의 안전을 감독하는 '인간 연구보호자문위원회'(the Advisory Committee on Human Research Protection, ACHRP)의 임무를 배아(embryo)연구까지 확대시키도록 했다. 이러한 입장변화는 '배아'나 '태아'(fetus)를 '인간'(personhood) 의 범주로 간주하면서 낙태를 반대하는 부시 행정부의 입장을 보여 주는 또 다른 단면이었다. 『워싱턴포스트』지는 많은 미국인들이 이러한 움직임을 매우 부적절한 정치적·종교적 침해로 보고 있으며, 또 이 수정안은 과학자들의 치료약 개발을 위한 유전적 배아연구를 저해하는 요인으로 작용할 것이라는 우려를 낳고 있다고 보도하였다.[32]

2003년 1월 22일 로우 대 웨이드 판결 30주년 기념행사 자리에서 미국여성들은 낙태권에 대한 불투명한 미래를 걱정해야만 했다. 그동안 로우 대 웨이드 판결은 미국여성들에게 자신들의 생명과 신체를 통제할 수 있는 선택과 큰 기회를 부여해 주었고 많은 여성들이 이러한 권리들을 행사할 수 있게 해주었다. 30주년 기념사에서 『미즈』(Ms.)잡지 대표이자 '다수 페미니스트 재단' 회장인 스밀 (Eleanor Smeal)은 다음과 같은 연설을 하였다.

우리는 생명을 지키기 위해 싸워야 합니다. 이것은 또한 우리가 과거로 회귀할 것인지 아니면 미래를 향해 전진할 것인지를 결정할 것입니다. 지금 세계 곳곳에서 많은 여성들이 부시 행정부의 퇴행적인 '국제가족계획정책들'(international family planning policies) 때문에 죽어가고 있습니다. 전세계의 개발도상국에서 해마다 불법과 비위생적인 낙태로 인해 최소한 7만 명(아니 그 2배가 넘을 수도 있는) 여성들이 죽어간다는 사실은 매우 충격적입니다.[33]

부시 행정부는 미 법무부(US Department of Justice) 시민권분과(Civil Rights Division)에서 낙태절차에 대한 새로운 금지안을 시행하도록 하였다. 사실 거의 유사한 주법(state law)이 이미 3년 전에 위헌판결이 난 상태인데도 불구하고 애쉬크로프트(John Ashcroft)의 지휘 아래 법무부는 이 법의 수호를 위해 애를 썼다. 사법위원회 소속 민주당의원들은 정부가 이 법의 시행을 앞두고 형사분과(Criminal Division)가 아닌 시민권분과에 책임을 이관한 것을 보고, 이는 자유민주주의 원리에 어긋나는 것으로서 시민권 보장을 위한 연방정부의 역할을 축소시키는 일이라고 비난하였다. 낙태를 반대하는 그룹들은 부시 행정부의 이 같은 결정을 태아를 위한 시민권 보장이라고 옹호하면서 로우 대 웨이드 판결의 결정적 번복을 향해 한걸음 더 나아간 것이라고 환호하였다.

부시 행정부가 여성건강 정책에서 보수적인 입장을 고수하는 또 다른 시도는 국제사회에서 인구정책에 대한 미국의 입장이었다. 미 하원은 중국정부의 강제적 인구억제 정책을 지원한다는 억지스러운 논쟁을 근거로 5천만 달러의 가족계획 지원금이 유엔인구기금(United Nations Population Fund, UNPF)에 사용되는 것을 규제하였다. 부시 행정부와 법률가들은 수백만 달러의 유엔인구기금이 중국의 '한 자녀'(one child) 정책에 투입되고 있다는 이유로 유엔인구기금을 비방하였다. 이에 대해 유엔의 공식적 대표자들은 이 프로그램이 낙태를 직접적으로 권장하지 않는다고 주장하였다. 이미 조사위원회의 진상조사에 의해 밝혀졌음에도 불구하고 부시 행정부는 2002년에 프로그램 지원금 3400만 달러를 회수했으며, 2004년 예산 정책과정에서 이미 자금요청을 중단하였다. 유엔인구기금은 2003년에도 미 하원의 투표결과에 따라 자금을 지원받지 못하게 되었다.[34] 많은 관계자들은 이러한 결정들이 결국 수많은 여성과 어린이들을 희생시킬 것이라고 비판하였다. 유엔인구기금에 따르면 이와 같은 예산감축은 200만 명의 원치 않는 임산부와 80만 건의 낙태, 4700명 산모의 죽음, 7700명의 5세 미만 유아의 죽음을 초래하게 될 것이라고 한다.[35]

낙태문제에서 가장 심각한 문제는 2003년 하원에서 통과된 이른바 '부분적 낙태금지법'(Partial Birth Abortion Bill)이었다. 이 법은 표면상 "부분적 낙태의 금지는 원하는 임산부의 건강을 증진시키기 위한 것이다"라는 내용을 담고 있다.[36] 하지만 캘리포니아주 민주당 하원의원이자 하원의장인 펠로시(Nancy Pelosi)는 부시의 법률인준에 대해 "미국 전역에서 여성들의 뺨을 때린" 처사라고 비난하였다. 그녀는 법안통과를 축하하는 자리에서 분노 섞인 목소리로 "이 축하자리에 모인 남성들은 다름 아닌 여성들의 건강과 생명을 구할 수 있는 의료적 절차에 대한 권리를 박탈한 것을 축하하는 잔치를 벌이고 있다"고 맹렬히 비난하였다.[37] 2003년 연례회의 연설에서 부시 대통령은 의원들에게 대통령이 승인할 수 있는 법안을 제시해 줄 것을 주장하였으며 이 법안은 2003년 초에 상원을 통과하였다. 또한 이 법안에 대해 전미가족계획협회(Planned Parenthood Federation of America, PPFA)와 전국낙태협회(National Abortion Federation, NAF)를 포함한 낙태찬성그룹들은 이미 대통령이 서명한 법안을 금지시키기 위해 즉각 법정소송을 착수할 것이라고 발표하였다.[38]

2004년 12월 부시 대통령은 매 회기년도 중 여러 가지 정부 프로그램에 배분될 예산규모를 결정하는 다목적세출예산안의 마지막 수정안으로서 이른바 '낙태차별금지법'(Abortion Non-Discrimination Act)에 서명하였다. 이것은 원래 '전미가톨릭사제학회'(US Conference of Catholic Bishops)가 제안한 것으로, 이 수정안의 통과는 미국사회의 출산 의료서비스에 큰 영향을 끼칠 것으로 예상되었다. 낙태차별금지법에 따르면, 의료보험회사나 의사는 낙태에 관한 상담이나 시술 또는 낙태를 원하는 사람에게 그에 적합한 치료나 정보를 제공할 수 없게 되어 있다.[39] 당시 많은 여성단체들은 1973년에 어렵게 승소한 로우 대 웨이드 소송의 입지가 매우 취약해질 수 있다는 위기의식을 느끼고 있었다. 이것은 부시 대통령이 연방대법원 대법관직을 사임한 비교적 진보적인 성향의 오코너 대법관 후임으로 보수 성향의 존 로버츠를 지명했다는 점에서 더욱 심각한 문제가 아닐 수 없었다. 미국여론은 여성인 오코너 후임으로 여성을 임명하거나 아니면 히스패닉계인 알베르토 곤살레스를 지명할 것이라고 관측하고 있었다. 하지만 대통령의 결정은 이러한 예측을 빗나간 것으로, 이는 확실한 보수주의자를 후임 대법관으로 지명함으로써 낙태권 문제를 더욱 확고히 하고자 하는 의도라고 볼 수 있었다. 2005년 1월 '낙태반대론자들의 행진'(March for Life) 연례 행사 중 부시 대통령은 워싱턴에 모여든 낙태반대론자들을 향해 현 행정부는 낙태반대의 분위기를 조성해 나가고 있고 어느 정도 진전을 보이고 있다고 연설하였다.[40]

2005년은 제4차 유엔국제회의에서 참가국들이 여성의 정치참여·교육·고용·건강·인권 향상을 위해 '베이징선언문'(Beijing Declaration)과 '행동강령'(Platform for Action)에 동의한 지 10년이 되는 뜻 깊은 해였다. 그러나 6천여 명이 모인 뉴욕의 유엔회의석상에서 부시 행정부는 낙태와 관련해 베이징선언문을 실천할 수 없다는 입장을 표명하는 등 여성문제에서 부정적인 입장을 보였다.[41] 미국여성들에게 낙태권 문제는 단순히 낙태의 문제가 아닌 그들의 사회·경제·정치적 지위와 밀접한 관련이 있다는 점을 감안할 때, 부시 행정부의 보수적 입장 고수는 미국여성들의 출산통제권 문제에 매우 불리한 상황이 되었다.

9·11테러 이후 부시 행정부는 국가적 안전을 빌미로 여성의 신체에 대한 자유를 구속하고, 여성의 사회참여를 제한하고, 교육의 기회를 축소시켰다. 미국 내 여성운동가들은 미국사회가 과거의 보수주의적 경향으로 회귀하면서 여성들의 사회·경제적 지위 하락을 가져오고 있는 데 대해 우려하고 있으며, 오랜 투쟁 끝에 어렵게 이루어온 여성의 낙태권 문제나 여성복지 문제에서도 퇴행이 이루어

지는 것이 아닌가 하고 우려를 표명했다. 심지어 몇몇 학자들과 운동가들은 페미니즘이 사라져 가는 것은 아닌지 의문을 제기하기도 하였다. 그들은 9·11테러 이후 페미니즘의 행보에 대해 심각하게 고민하였다.

미국의 유명한 언어학자이자 사회비평가인 촘스키(Noam Chomsky)가 동시다발테러 사건에 대한 미국의 대응을 두고, 성급한 공격은 오히려 악영향을 초래할 것이라고 경고하였다. 또 사학자이자 사회운동가인 진(Howard Zinn)은 미국이 테러를 끝낼 수 있는 유일한 방법은 폭력의 악순환 고리를 끊고, 이 문제를 평화적으로 해결하는 것이라고 역설하였다. 9·11테러로 사랑하는 가족의 일원을 잃은 가족들은 부시 행정부의 독단적인 힘의 외교에 대해 지지를 거부하였으며 이른바 '평화로운 내일'(Peaceful Tomorrow)이라고 일컫는 그룹을 형성하였다. 9·11테러로 남편을 잃은 애먼슨(Amber Amundson)은 한 일간지와의 인터뷰에서 "우리는 폭력에 대한 폭력적 대응이 결코 올바른 해결방법이 아님을 너무나 잘 알고 있습니다…"[42]라고 힘주어 말했다. 반전과 평화를 외치고 있는 미국여성들은 부시 행정부의 정책을 두고 폭력의 고리를 끊는 것만이 엄청난 희생에 대한 올바른 대응이라고 주장하였다. 그들은 또한 이 위대한 국가의 기술과 자원을 자유라는 이름으로 테러와 증오로부터 대화로 이끌어낼 것을 강력히 외쳤다.

1) 테러리즘(terrorism)이란 용어의 사용은 시기적으로 큰 변화가 있었다. 18세기에는 국가에 의한 폭력적 행동들, 예를 들어 프랑스혁명 시기 공포정치와 같은 것을 의미했다. 19세기에는 무정부주의자들에 의한 저명한 정치가들의 저격과도 같은 행동들을 포함시키는 의미로 사용되었다. 20세기에 들어와 테러리즘은 대체로 비국가적인 단체, 즉 자치적이거나 아니면 국가가 스폰서가 되는 그룹들이나 개인들에 의해 생겨나는 정치적인 폭력을 의미했다. 9·11테러 이후 테러리즘에 대해 부시 대통령과 그의 국가안보팀 구성원들은 '미국의 국가안보'(American's National Security)를 위협하는 행위로 인식하고 있다. Brigitte L. Nacos, *MassMediated Terrorism: The Central Role of the Media in Terrorism and Counterterrorism*(New York: Roman and Littlefield Publishers INC, 2002), pp. 17~20.

2) Gayatri Chakravorty Spivak, "Terror: A Speech after 9·11," *Boundary*(no. 2, 2004. Summer), p. 96.

3) Margaret Talev, "Women Fed up with Dubya and His Policies," *Capitol Hill Blue*(2005. June 23).

4) 같은 글, p. 84.

5) Robert E. Denton Jr. ed., *Language, Symbols, and the Media: Communication in the aftermath of the World Trade Center Attack*(New Brunswick: Transaction Publishers, 2006), pp. 51~53.

6) 미 공화당에는 '강경'이라는 입장은 같지만 각론에서 차이를 보이는 세력들이 공존하고 있다. 대외정책적 측면에서 이들을 다시 구분하면, 크게 흔히 온건보수파라 불리는 '전통적 보수주의자'(paleoconsevative)와 '신보수주의자'(neo-conservative)로 나눌 수 있다. 전통적 보수주의자들은 국제문제에 선택적으로 개입하는 일종의 '방어 현실주의'를 표방한다. 반면 네오콘이라 불리는 신보수주의자들은 미국 제일주의를 내세우며 '팍스아메리카나'라는 세계를 지배하는 논리로 선제공격을 통해 새로운 미국제국을 건설하려는 세력이다. 네오콘 대부분은 부시 행정부에 들어가 국방부와 국무부, 국가안보회의(National Security Council, NSC), 부통령비서실 등에서 외교·군사 정책을 주도하고 있는 실무자들이다. Jim Lobe, "All in the Neocon Family," *AlterNet*(2003. March 26), p. 1; Channels Bush, "Neoconservative Vision," *AlterNet*(2003. February 27), p. 3.

7) '부시 독트린'은 지난 2001년 9월 11일 발생한 미 항공기 테러사건과 관련하여 테러와의 전쟁 수행을 위한 원칙을 담은 부시 행정부의 정책이다. 이 독트린에서 백

악관은 전세계에 두 가지 선택을 요구했다고 볼 수 있다. 첫째, 테러리스트들을 보호하는 국가는 이들을 인도할 것인가 아니면 그들과 운명을 같이할 것인가? 둘째, 전세계 국가들은 테러리스트 편에 설 것인가 아니면 우리 편에 설 것인가? 부시 독트린은 2002년 9월에 발표되어 국가안보전략문서를 통해 거의 공식화되었다. Peter Singer, *The President of Good and Evil*(New York: Penguin Books Ltd., 2004), pp. 177~79.

8) Inderpal Grewal, "Transnational America: Race, Gender and Citizenship after 9/11," *Social Identities*(vol. 9/no. 4, 2003), p. 535.

9) Agosin Marjorie ed., *To Mend the World: Women Reflected on 9/11*(New York: White Pine Press, 2002), p. 14.

10) David E. Sanger, "A Somber Bush Says Terrorism Cannot Prevail," *New York Times*(2001. Sept. 121), p. 1.

11) Denton Jr. ed., 앞의 책, p. 80.

12) Singer, 앞의 책, p. 178.

13) Jim Dewyer, "A Tough City Is Swept by Anger, Despair and Helplessness," *New York Times*(2001. Sept. 12), p. 1.

14) Julie Drew, "Identity Crisis: Gender, Public Discourse and 9/11," *Women and Language*(vol. 27/no. 2, 2004. Sept. 22), p. 72.

15) Harvard University, *Harvard University Gazette*(2005. April 28).

16) 같은 곳.

17) '진정한 여성다움의 예찬'이란 월터(Barbara Welter)에 의해서 소개된 개념으로, 19세기 중상류층 여성들에게 요구되었던 4가지 덕목, 즉 가정성, 신성함, 정숙함, 복종을 의미하며, 가정은 남성들의 공적인 영역에 반대되는 사적 영역으로 치열한 경쟁사회에서 시달리는 가장들에게 안정감을 제공해 줄 수 있는 곳이라는 개념이다(Barbara Welter, "The Cult of True Womanhood," *American Quarterly* no. 18, 1996. Summer).

18) The National Council for Research on Women, "Missing: Information About Women's Lives," *NCRW*(2004. March), p. 3.

19) National Women's Law Center, "Private Accounts Would Dismantle Social Security Safety Net: Lawmakers Must Examine the Particular Impact of Private Accounts on Women and Families," *NWLC*(2005. May 17), p. 8.

20) 같은 곳.

21) Jane Frickson, "Legislative Update: Bush Administration and 108th Congress Damage Women's Rights Economic Status," *National NOW Times*(2004. Fall), p. 2.

22) The White House, "House Democrats Claim Bush Budget Devastates Spending for Children's Programs," *The White House Bulletin*(2001. March 21).

23) Anne Lewis, "Anti-Feminists for Iraqi Women," *AlterNet*(2004. Oct. 14), p. 2.

24) Independent Women's Forum, "About IWF," *IWF*(2004. Oct. 27).

25) US Department of State, "Grant to Support Democratization Training for Iraqi Women: Statement by Secretary Colin L. Powell"(2004. September 27).

26) Lewis, 앞의 글, p. 2.

27) Jim Lobe, "Politics: AntiFeminist Group to Train Iraqi Women in Politics," *IPS-Inter Press Service*(2004. Octorber 54), p. 3.

28) Linda K. Stamps, "Anti-Feminist Group Awarded Grant to Train Iraqi Women in Democracy"(National Organization for Women Website, 2004. October 27).

29) Roe v. Wade, 410 US 113 (1973). 미국 내 낙태는 1973년 연방대법원의 로우 대 웨이드 판결로 부분적으로 합법화되었다. 이 판결은 그동안 여성들에게 매우 불리했던 낙태의 불법화에 어느 정도 희망을 가져다주었다. 텍사스주 댈러스 카운티에 거주하던 제인 로우(Jane Roe)라는 가명을 사용한 한 독신녀는 텍사스의 형사법이 규정하는 낙태금지는 의학적으로 안전한 낙태를 할 수 있는 권리를 부정함으로써 사생활권을 박탈했다고 주장했다. 낙태권을 프라이버시 권리로 선언한 '로우 대 웨이드' 판결은 낙태반대론자들을 각성시킴으로써 미국사회의 대립과 반목을 일으킨 매우 중요한 법적 판결이 되었다. Kristin Luker, *Abortion: The Politics of Motherhood*(Berkely: University of California Press, 1984), pp. 142~44.

30) The White House, "President's Phone Call to March for Life Participants," *The White House Bulletin*(2002. Jan. 22).

31) The White House, "National Sanctity of Human Life Day, 2002," *The White House Bulletin*(2002. Jan. 18).

32) Rick Weiss, "New Status for Embryos in Research," *Washington Post*(2002. Oct. 30), p. 3.

33) Eleanor Smeal, *Ms.*(2003. January), p. 27, 28.

34) Julliet Eilperine, "House Blocks Family Planning Funds," *Washington Post* (2003.

July 16), p. 2.

35) Stephen Collinson, "US Withdraws Millions from the UN Population Fund Over China Program," *Agence France Press*(2002. July 22), p. 4.

36) Jason Abaluck, "Perspective," *Harvard-Redcliffe's Liberal Monthly*(2003).

37) Rick Weiss, "Bush Signs Ban on Late Term Abortions into Effect," *Washing-ton Post*(2003. Nov. 6), p. 7.

38) Julliet Eilperine, "Houses Votes to Restrict Abortions," *Washington Post* (2003. June 5); Robin Toner, "House Bans an Abortion Method," *New York Times*(2003. June 5), p. 6.

39) Rebecca Vesely, "California Sues US over Budget's Abortion Ban," *Women's Enews*(2005. Feb. 7).

40) National Organization for Women, "Second Term Could Mean the End for Roe," *National NOW Times*(2005. winter).

41) Allison Stevens, "US Engages in Tugof War at Beijing Plus 10," *Women's Enews*(2005. March 7); Colum Lynch, "US Drops Abortion Issue at UN Conference," *Washington Post*(2005. March 5), p. 3.

42) Howard Zinn ed., *The People Speak: American Voices, Some Famous, Some Little Known*(New York: Harper Collins Publishers Inc, 2004), p. 80.

5

퍼스트레이디 미셸 오바마의 생애와 미셸 효과

1) 미셸 효과

2008년 미국 대통령선거전은 역사상 최초의 흑인 대통령후보 버락 오바마(Barrack Obama)와 여성 대통령후보 힐러리 클린턴(Hillary Clinton)이 민주당 대통령후보로 경합을 벌였다는 점에서 세계적으로 중요한 관심사가 되었다. 여기에 최초의 흑인 퍼스트레이디 후보였던 미셸 오바마(Michelle Obama)는 많은 언론의 집중을 받았다.

미셸에 대한 초기 언론의 관심은 그다지 긍정적이지 않았다. 미국의 보수언론들은 미셸의 화난 흑인여성의 이미지를 강조하였고, 그녀 또한 이러한 언론에 대해 불쾌감을 노골적으로 표현하였다. 하지만 버락 오바마가 2012년 재선에 성공한 이래 미국에서 미셸의 인기는 오바마 대통령보다 훨씬 높아졌다. 미셸은 오바마 대통령의 가장 든든한 정치적 자산이 되고 있을 뿐만 아니라 그녀의 가족적 가치관과 패션감각, 퍼스트레이디로서의 새로운 리더십이 지대한 관심거리가 되고 있다.

미국역사상 퍼스트레이디들은 매우 다양한 역할을 수행해 왔다. 미국 초대대통령의 부인 마사 워싱턴(Martha Washington)은 전형적인 아내로서의 퍼스트레이디 역할을 수행하였다. 마사 워싱턴 이후 미국인들에게 아직까지도 큰 사랑을 받고 있는 퍼스트레이디들 중에는 엘리너 루스벨트(Elearnor Roosevelt), 레이디 버드 존슨(Lady Bird Johnson) 그리고 재클린 케네디(Jacqueline Kennedy) 등이 있다. 미국인들이 그녀들을 좋게 평가하는 이유는 다양한데, 이는 곧 퍼스트레이디의 역할이 무엇을 의미하는지를 잘 보여주는 예이기도 하다.

1990년대 한 여론조사에 따르면 미국인들이 퍼스트레이디들에게 기대하는 역할은 대통령을 보좌하고 패션의 유행을 선도하거나 자선단체에서 활동하거나 아니면 대통령에게 자문을 해주는 역할 등이 있었다. 그러나 무엇보다도 미국인들은 여전히 자신들의 퍼스트레이디가 모성을 위한 새로운 패러다임을 제시해 주기를 기대하는 것으로 나타났다.[1] 그러한 점에서 퍼스트레이디 미셸 오바마는 아내나 어머니 역할 외에도 기존 퍼스트레이디들이 보여주었던 다양한 역할들을 조화롭게 수행하고 있는 21세기형 퍼스트레이디의 전형을 보여주고 있다는 점이 이 글의 기본 논지라 하겠다.

현재 국내에서는 미국의 퍼스트레이디 미셸 오바마의 생애와 패션에 관한 번역서들은 많이 소개되어 있다. 그것들은 주로 미셸 오바마의 개인사를 중심으로 한 내용들이거나 아니면 개인적 패션감각을 중심으로 한 논문이나 책들이다. 학문적으로 그녀의 정치철학이나 리더십 또는 '미셸 효과'(Michell Effect)에 관한 깊이 있는 연구는 매우 미흡하다고 할 수 있다. 원래 '미셸 효과'라 함은 2010년 뉴욕대 예르마크 교수가 『하버드 비즈니스 리뷰』(*Harvard Business Review*)에 소개한 개념으로 미셸의 패션이 미국경제에 미친 파급효과를 의미한다. 하지만 이 글에서는 미셸 오바마가 미국 최초의 흑인 퍼스트레이디가 된 이후 미국사회에 끼친 다양한 영향을 포괄적으로 의미하는 용어로 사용하고자 한다.

이 글의 주요 목적은 현재 미국의 퍼스트레이디인 미셸 오바마의 등장과 미셸 효과를 그녀의 가족적 가치관, 정치철학, 패션철학 등 다양한 각도에서 좀더 심도 있게 살펴보는 데 있다. 이를 위한 사료로는 신문과 잡지, 방송 등의 다양한 매체에서 다룬 미셸 오바마의 인터뷰자료와 연설문 등으로 이 글에서는 그녀의 철학과 주장을 이 같은 원문을 가지고 분석을 시도하였다. 그에 따른 중요 쟁점들은 첫째 2008년과 2012년 두 번의 대통령선거를 치르면서 강인하면서도 부드러운 카리스마를 지닌 여성으로 미국 유권자들에게 비친 미셸 오바마의 성장배경 속 '미국적 꿈'(American Dream)의 잉태과정과 그녀의 정치철학의 진화과정, 둘째 미셸 오바마가 퍼스트레이디가 된 후 패션 아이콘으로 자리 잡는 과정 속에서 버락 오바마의 아젠더, 즉 '변화'와 '희망'을 패션을 통한 소통방법으로 재창출해 가는 과정, 마지막으로 새로운 시대의 새로운 퍼스트레이디로서 과거의 퍼스트레이디들과 차별화된 리더십을 구축해 가는 과정 등이다. 특히 미셸 오바마는 강한 여성(power woman)에서 강한 아내(power wife)로, 더 나아가 강한 엄마사령관(momin chief)으로 변화를 모색하면서도 모든 영역에서 강인함과 당당함을 잃지 않는 모습을 보여주고 있는데 이러한 자신감의 근저에는 그녀만의 어떤 철학이 있는지도 살펴보고자 한다.

이 글에서 시도된 이러한 쟁점들의 논의는 현시대를 살아가는 퍼스트레이디로서 미셸 오바마의 리더십의 새로운 면모를 제시해 줄 뿐만 아니라 21세기의 새로운 여성적 리더십의 미래에 대한 전망을 해보는 계기가 될 것이다.

2) 미셸 오바마, '강한 여성'에서 '강한 아내'로의 변화

2009년 1월 20일 버락 오바마 행정부가 시작되면서 미국은 두 명의 여성에게 관심을 초집중하였다. 첫째는 미국역사상 최초의 흑인 퍼스트레이디 미셸 오바마이고, 두번째는 미 국무장관에 임명된 전 퍼스트레이디 힐러리 클린턴이었다. 이 두 여성은 모두 '강한 여성들'(power women)이었다.

그러나 퍼스트레이디를 지내고 그녀 스스로 정치적 경력을 쌓아가는 힐러리와는 다르게 미셸은 '강한 아내'(power wife)의 이미지가 더욱 강하게 비춰졌다. 이는 버락 오바마가 대통령에 출마하겠다고 선언한 이후 미셸이 점차적으로 변화를 모색한 결과이기도 했다. 그러나 여기서 중요한 점은 '강한 아내'의 이미지가 전통으로의 회귀, 즉 전형적이고 수동적인 아내의 이미지와는 상반된다는 점이다. 이것은 21세기 새로운 모성성의 패러다임을 전제로 여성으로서의 강인한 정체성을 잃지 않으면서도 남편과 자녀를 포함하여 가정을 이끌어주는 모성의 이미지 창출을 의미한다. 이러한 미셸의 강인함은 그녀의 성장과정이 매우 중요한 역할을 했다고 볼 수 있다.

1964년 1월 17일 시카고에서 출생한 미셸 오바마는 부모 프레이저 로빈슨(Fraser Robinson)과 마리안 실드 로빈슨(Marian Shields Robinson)의 관심과 사랑을 받으며 성장했다. 어린 미셸에게 부모는 큰 울타리가 되어주었고, 정신적 지주로서 부모는 존경의 대상이 되었다. 미셸의 부모는 매우 헌신적이었고 열심히 일했으며 그들 덕분에 미셸과 오빠는 부모가 미처 꿈꾸어보지 못했던 기회를 꿈꿀 수가 있었다. 그리고 이러한 부모의 태도는 미셸의 인격형성에 지대한 영향을 끼치게 되었다. 그녀의 부모는 인종차별 문제를 자주 언급하였고, 미셸에게 용기를 북돋워주었다. 인종차별을 경험한 부모는 미셸에게 인생이라는 것이 언제나 정당한 대가를 얻는 것은 아니지만, 그래도 원하는 것을 얻으려면 열심히 노력하라고 가르쳤다. 덕분에 미셸은 어려서부터 자기 의사표현을 확실히 하는 어린이로 성장할 수가 있었다.[2] 그녀의 오빠는 성장기 경험을 바탕으로 미셸이야말로 자신이 아는 그 어떤 사람보다도 열심히 일하며 또한 강인한 여성이라고 말했다. 그는 어린 시절을 이렇게 회고한다.

> 내가 농구연습을 마치고 집에 돌아왔을 때 미셸은 어떤 일에 몰두하고 있었고, 내가 소파에 앉아 텔레비전을 보고 있을 때도 그녀는 여전히 일했고, 내가 텔레비전을 끄고 자러 갈 때까지도 그녀는 일을 멈추지 않았다.[3]

미셸의 어린 시절 이러한 강인함과 당당함은 퍼스트레이디로서 그녀가 항상 정직하고 매사에 자신감을 가지고 문제를 해결해 나갈 수 있도록 하는 데 밑거름이 되었다.

학창시절 미셸은 매우 활동적이고 열성적인 학생이었다. 흑인 여성이 프린스턴 대학과 하버드 로스쿨을 다니는 것은 그리 쉬운 일이 아니었다. 프린스턴 대학은 미셸에게 매우 낯선 곳이었다. 특히 시카고 남부에서 온 가난한 흑인소녀에게 프린스턴 대학은 무척이나 잔인했다. 대학입학 첫날 들어간 기숙사의 룸메이트는 얼굴도 마주치지 않은 채 방을 바꿔버리기도 했다. 미셸은 후에 이곳에서의 생활을 "나는 때때로 이곳 캠퍼스에 어울리지 않는 손님과 같은 느낌이었다"고 회고하였다.[4] 소수의 흑인학생들 중 한 명이었던 미셸은 소수자를 위한 기회가 많지 않다는 걸 알았으며 이런 분위기의 프린스턴에서 살아남기 위해서는 실력으로 증명하는 길밖에 없다는 것을 깨달았다. 미셸이 프린스턴 대학에 진학했을 때 그곳은 흑인학생이 전체 학생의 10퍼센트가 채 못 되는, 흑인에 대해 높은 벽으로 둘러싸인 학교였다. 그런 환경에서 학교생활을 하면서 미셸은 생산적인 방법으로 차별의 격차를 줄이기로 마음먹고 '제3세계 센터'와 같은 단체에 참여해 활동하기도 하고, 흑인학도 열심히 연구하였다.[5] 이러한 학창시절의 경험은 미셸이 인종문제에 대해 좀더 냉철한 판단을 할 수 있도록 하는 데 큰 도움을 주었다.

미셸이 하버드 법대를 졸업한 후 법률회사에 취업했을 때 그녀는 그 즉시 팀에서 두각을 나타내기 시작했다. 회사에서 그녀가 담당했던 일은 마케팅과 지적 재산권에 관한 업무였다. 그중 아르코

(Arco)와 관련된 일에서 미셸은 능력을 최대한 발휘하여 회사상사들을 놀라게 하였다. 그녀와 같이 일했던 동료 에이머(Nate Eimer)는 『내셔널 로 저널』(*National Law Journal*)과의 인터뷰에서 "미셸은 어떤 사건의 분석이든 철저히 끝내지 않고서는 결코 입을 열지 않았다"[6]면서 그녀가 단연 능력이 뛰어난 동료였다고 밝혔다. 미셸 오바마와 일해 본 경험이 있는 사람들은 모두 그녀가 정력적인 사람이며, 항상 준비되어 있고 무엇인가를 반드시 이루고야 마는 사람이라고 평가하였다. 이것은 그녀가 아내, 엄마, 병원행정가 그리고 대통령선거전에서 강인한 동반자로서의 책임감을 발휘하는 데 있어 균형감각을 잃지 않았던 모습에서도 잘 드러났다. 어떤 일을 수행하든 미셸은 그 일에 최선을 다할 뿐만 아니라 결과적으로 최고의 성공을 이루어내는 강한 여성이었다.

미셸의 강한 여성뿐만 아니라 정치인의 강한 아내(power wife)로서의 역할수행은 2004년부터 시작되었다. 버락 오바마는 2004년 시카고 선거에서 대중들을 향한 강력한 연설로 대중들의 관심을 한몸에 받게 되었다. 이 연설은 매우 강한 인상을 심어주었다. 오바마의 정치적 영향력이 커짐에 따라 미셸 오바마 역시 정치인의 아내로서 관점의 전환이 필요해졌다. 버락 오바마는 한 가정의 가장 이상의 의미를 지니게 되었다. 오바마는 더 이상 한 여자의 남편이 아닌 세상의 관심이 집중된 인물이 되었고 미셸은 이런 갑작스러운 변화에 적응해 나가야 했다.[7] 오바마가 정치에 진출한다고 했을 때 미셸은 처음에는 반대하였다. 미셸과 버락 오바마는 여러 면에서 상반되었다. 버락은 이상주의자였고 반대로 미셸은 현실주의

자였는데, 당시 현실적으로 공직출마는 어려운 상태에 있었다. 하지만 그러던 어느 날 오바마는 미셸에게 자신의 포부를 말하면서 희망에 가득 찬 모습을 보여주었고 미셸도 이를 받아들이게 되었다. 하지만 미셸에게 가정과 자녀교육은 매우 중요한 문제였기 때문에 선거운동 당시에 미셸은 자신도 참여하되 아이들이 잠자리에 들기 전까지는 가급적 집에 돌아올 것이며 집에 있는 시간에는 아이들과 정성을 다해서 놀아주기로 약속했다. 선거운동 기간 동안 오바마는 미국의 '변화'와 '화합'을 주장했고, 그런 마음으로 정치를 하고자 하는 것을 미셸은 높이 평가하게 되었다.

　　미국에서 정치인의 아내가 되기란 결코 쉬운 일이 아니었다. 정치인의 강한 아내가 된 후 미셸은 정치적 무대로 차차 그 활동범위를 넓혀갔다. 미셸의 첫 정치적 활동은 대중들 앞에서 남편 버락 오바마를 간단히 소개하는 일부터 시작되었다. 초기에 미셸은 대중 앞에서 연설하는 것이 매우 어색하고 편치 않았지만 점차 이러한 일들에 익숙해지기 시작했다. 미셸의 연설은 여러 면에서 진화를 거듭해 왔는데 이 점은 매우 중요한 의미를 지니고 있었다. 초기 연설에서 그녀는 버락 오바마와의 개인적 이야기를 관중들에게 호소력 있게 표현하였다. 그것은 그녀와 버락 오바마의 관계가 서로의 결점을 잘 보완해 주는 관계임을 알리는 내용들이었고, 이는 버락 오바마가 정치적으로 경력이 부족한 점을 어느 정도 보완해 주었다. 이러한 면모는 대통령선거 전략에서도 미셸이 버락 오바마의 강인하고도 영향력 있는 내조자임을 강조함으로써 긍정적인 효과를 거두었다. 2007년 뉴욕에서의 한 행사에서 미셸은 다음과 같은 발언을 하였다.

> 나는 솔직히 항상 나의 남편이 미 전역을 순회할 때 사람들을 대
> 하는 태도를 볼 때면 겸손해지고 많이 놀란다. …버락은 하버드
> 법대 재학중 『로 리뷰』(*Law Review*) 편집장을 지내고 시민변호사,
> 베스트셀러 작가 등의 매우 화려한 경력을 가지고 있지만 우리
> 집에 사는 버락 오바마의 실생활을 보면 실수투성이인 평범한 남
> 편이다.[8]

미셸은 이렇게 버락 오바마의 단순한 결점들을 나열함으로써
버락 오바마의 인간다운 면모를 강조하였다. 미셸은 정치기금 마련
행사에도 적극적으로 참여했다. 2007년 3월 미셸은 아이오와(Iowa)
지인의 집에서 최초의 단독 파티를 열었고, 한 달 뒤 시카고에서 최
초 단독 기금마련 이벤트를 개최하였다. 뉴스 리포트에 따르면 기금
마련 파티에서 미셸은 75만 달러의 기금을 마련하였다. 2008년 미
셸은 오바마의 캠페인을 통해서 강한 정치인의 아내로서 이미지를
더욱 확고히 하였다. 그중에서도 미셸은 『유에스 위클리』(*US Weekly*)
나 『액세스 할리우드』(*Access Hollywood*), 『피플』(*People*) 같은 잡지나 〈더
뷰〉(The View)와 같은 텔레비전 쇼에 참여하여 정치인의 아내로서
적극적인 모습을 보여주었다.[9] 이렇게 미셸의 정치적 행보는 단순한
연설을 시작으로 해서 차차 정치적 기금마련, 미디어를 통한 적극적
홍보활동 등 실질적으로 버락 오바마의 정치적 경력을 돕는 강한
아내의 이미지로 변신을 거듭했다.

이러한 미셸의 정치적 행보에 장애물이 없었던 것은 아니다. 2008년 대통령선거전이 한참 진행될 때 힐러리 못지않게 미셸 오바마도 상대 진영으로부터 공격의 대상이 되었다. 『보스턴 글로브』의 한 기자는 "강인하고 솔직한 아내들은 후보, 특히 민주당후보를 유약하고 비애국적으로 보이게 만든다"라는 기사를 썼다.[10] 버락 오바마가 대통령에 당선된 후에도 어려움은 마찬가지였다. 미국의 첫번째 흑인 퍼스트레이디인 미셸 오바마의 초기의 이미지는 대체로 부정적이었다. 그녀는 무뚝뚝하고 충동적이고 때로는 남편 버락 오바마가 양말을 제대로 벗어놓지 못한다는 등의 에피소드를 거침없이 말하는 지나치게 솔직한 이미지를 가지고 있었다. 오바마의 최고 참모인 데이비드 악셀로드(David Axelrod)는 『뉴요커』(The New Yorker)와의 인터뷰에서 미셸의 지나치게 정직한 면은 "때때로 사람들에게 시기를 불러일으키기도 한다"고 말하였다. 심지어는 그녀는 애국심까지 의심받기도 했다. 2008년 2월에 있었던 밀워키 행진에서 그녀는 "성인 시절 처음으로 나는 진심으로 나의 국가가 자랑스럽다"고 말했는데 이것이 문제가 되었다. 『내셔널 리뷰』(National Review)의 보수주의 성향을 지닌 한 기자는 이 발언을 보도하면서 그녀를 '불평부인'(Mrs. Grievance)이라고 부르기 시작했다. 또 신문의 특별기고자인 토마스는 그녀를 '화가 난 흑인여성'(angry black woman)이라 부르기도 했는데 이는 나중에 보수적 언론매체인 〈폭스 뉴스〉(Fox News)를 통해 확산되었다.[11]

미셸은 흑인사회 또는 일하는 여성들과의 정서적 교감을 통해서 오바마 행정부에 대한 지지를 이끌어내었다. 이것은 미셸이 오바마의 강한 아내로서의 역할을 충실히 해내었다는 증거가 되었다. 대부분의 사람들은 버락 오바마 혼자였다면 대통령이 될 수 없었을 것이라고 말했다. 그 배경에는 흑인들 중에 오바마를 지지하지 않는 그룹이 있었는데, 그 이유는 오바마가 저소득층 흑인이 아니라서 미국흑인들의 진정한 고통을 모를 것이라고 생각했기 때문이었다. 하지만 미셸은 전통 흑인 중심의 마을에서 자랐기 때문에 흑인사회와의 연결고리가 될 수 있었다. 미셸의 존재는 오바마에게 투표할 욕구를 되살리는 데 결정적 역할을 했다.

또한 미셸은 오바마가, 일하는 중산층가족들과의 교감이 가능하도록 하는 데 중요한 역할을 하게 되는데 이는 평소에 오바마가 미셸의 일하는 엄마(working mom)로서의 고충을 서로 나누면서 시작되었다. 오바마가 정치적 경력을 갓 쌓아가던 무렵 미셸은 일하는 엄마의 어려움을 토로하며 노골적으로 불만을 드러내기도 했다. 뿐만 아니라 그녀는 일하는 엄마들이 자녀들을 훌륭하게 키우고 싶다는 욕구와 사회적인 성취를 이루고 싶다는 욕구가 상충될 때 어떠한 갈등을 느끼게 되는지를 솔직하게 표현함으로써 오바마가 직장을 다니는 중산층 엄마들의 고충을 납득할 수 있게 하였다.

2008년 오바마가 대통령에 당선된 이후 미셸은 TV에 활발하게 출연하였다. 그녀가 출현한 프로그램 종류도 코미디, 청소년 대상 시트콤, 다이어트 리얼리티 쇼에 이르기까지 실제로 매우 다양하였다. 이 같은 시도는 정치적인 의도이기보다는 대중에게 좀더 가까이 다가가기 위한 것이었다. 그리고 무엇보다도 미셸은 방송을 즐기면서 했는데 실제로 이것은 버락 오바마의 재선에 큰 도움이 되었다. 방송출연의 경우 미셸은 논란이 될 만한 발언은 삼갔다. TV에 출연해서도, 논란이 될 만한 실업이나 건강보험 등의 이슈에 대한 질문을 받기보다는 미군의 명예를 드높이거나 어린이 비만의 위험성을 강조하는 캠페인 등에 초점을 맞추었다.

2008년 〈바버라 월터 쇼〉에 출현한 버락과 미셸은 앞으로 지내게 될 백악관 생활과 관련한 질문을 받았다. 그 질문은 미셸이 백악관 생활에 크게 부담을 느끼고 있지는 않은가 하는 것이었는데, 미셸은 "나는 오히려 백악관 생활을 기대하고 있는데 우리가 그곳에서 무엇을 할 수 있는가에 매우 흥미를 느낀다"고 답변하였다.[12] 또 바바라 월터가 미셸에게 커리어를 그만둔 것을 어떻게 느끼는가 하고 묻자, 미셸은 이것은 더 큰 변화를 모색하기 위한 작은 희생에 불과하다고 답변하였다. 더불어 자신은 버락 오바마가 대통령직을 잘 수행하기를 바라며, 어린 두 딸이 평범하게 잘 자라주기를 희망한다고 말했다. 인터뷰에서 백악관에 들어가서도 두 딸이 자기들 방과 침대 정리는 스스로 하도록 이미 백악관 직원들과 말을 끝낸 상태라고 덧붙였다. 이를 두고 버락 오바마는 "우리 가정은 엄마가 행복할 때 우리 가족 모두가 행복하다"고 언급했다.[13]

'강한 여성'에서 정치인의 '강한 아내'로 그 역할을 넓혀나가면서 미셸은 스스로 새로운 정체성 형성을 위해 많은 노력을 하였다. 나중에 그녀는 이 과정에서 느꼈던 어려움은 없었는지, 질문을 받았는데 그녀의 대답은 가족을 제대로 이끌기 위해서는 어떤 사람이 되어야 할지 알았기 때문에 반대와 맞서면서도 모든 일을 명확하게 할 수 있었다는 것이었다. 이렇게 미셸이 새로운 정체성을 찾아가는 데 좀더 확신을 갖고 임할 수 있었던 데는 무엇보다도 아는 것을 과장하거나 간과하지 않고 솔직해지려고 노력하는 자세가 큰 도움이 되었다. 그녀의 이러한 노력은 한 지역신문과의 인터뷰에 잘 나타난다.

> 저는 단지 제 자신이 되려고 노력할 뿐이고, 될 수 있는 한 진짜가 되려고 할 뿐이에요. 제가 모든 연설에서 전하려는 것은 '그냥 당신 자신의 모습'을 지키라는 거예요. 그렇게 하는 것은 생각보다 쉬운데 그것은 다름 아닌 다른 사람 행세를 하지 않아도 되는 한, 다른 누구보다 나를 더 잘 알게 된다고 믿기 때문입니다.[14]

2008년 버락 오바마가 대통령직을 수행하면서 미셸 오바마는 또 한번의 변화된 이미지를 창출하게 된다. 그것은 대통령의 '강한 아내'에서 가족적 가치와 '백악관 부엌 텃밭' 캠페인을 주도하는 미국인의 강한 '엄마사령관'(mominChief)으로의 이미지 변신을 의미했다.

3) '가족적 가치'와 '백악관 부엌 텃밭' 캠페인

미국의 퍼스트레이디는 고유한 임무를 맡은 의미 있는 자리로 다양한 활동을 할 수 있다. 역대 퍼스트레이디들 중 엘리너 루스벨트는 경제공황을 극복하기 위한 여러 가지 캠페인을 제시했고, 낸시 레이건은 불법마약 추방을 위한 캠페인, 재클린 케네디는 '백악관 미화' 그리고 바바라 부시는 가족적 가치와 문맹퇴치 캠페인 등 다양한 분야에서 많은 의미 있는 활동을 전개해 왔다.[15]

2009년 오바마 행정부가 시작된 이래 퍼스트레이디 미셸 오바마는 이전 퍼스트레이디들의 활동들을 바탕으로 다양한 캠페인을 구상하였다. 2008년 대통령선거전에서 미국인을 향한 버락 오바마의 메시지는 '인종적 화합' '변화' 그리고 '희망'이었다. 미국인들은 화합을 바탕으로 한 변화된 미국사회를 원했고, 그들에게는 미래에 대한 희망이 절실히 필요했다. 오바마 행정부가 이러한 정치철학을 바탕으로 정책을 수행해 갈 때 미셸 또한 퍼스트레이디 입장에서 미국인들에게 화합·변화·희망의 메시지를 전달하기를 원했다. 그것은 미셸의 정치철학의 바탕이 되었던 가족적 가치의 중요성을 부각시키고 국민의 건강, 특히 어린이들의 건강을 증진시키는 일이었다. 이 모두 강한 '엄마사령관'이 실행할 수 있는 것들이었다. 2008년 선거에서 승리한 뒤 미셸은 다음과 같은 인터뷰를 하였다.

> 나에게 가장 중요한 일은 계속해서 엄마사령관 역할을 해내는 것입니다.
> 우리 가족이 겪고 있는 이 과도기에 나는 두 딸이 이 상황을 편안하게 받아들이고 계속해서 그들이 우리에게 가장 중요한 존재라는 것을 알도록 하는 일입니다.[16]

이것은 그녀가 다른 무엇보다도 딸들의 정서적 안정을 중요하게 생각한다는 점을 잘 나타내주고 있다.

미국인들에게 가족은 매우 중요한 의미를 지니고 있다. 미셸 오바마는 오늘날 미국사회에서 나타나고 있는 가족붕괴의 심각성을 인지하고 가족을 지켜나간다는 것이 얼마나 어려운 일인가를 강조하였다. 그녀의 이러한 주장은 단순히 전통적 가치를 넘어 다양한 의미를 지닌 아젠다가 되었다. 가족적 가치를 주장함에 있어 내세운 이미지는 그녀 자신이 미국 상류층 출신이 아닌 행복한 중산층가정 출신으로 미국인들에게 가정이라는 것이 얼마나 즐거운 공간인지를 심어주려 노력해 왔다는 점이다.[17] 이는 1980년대 미덕의 리더십을 발휘하면서 가족적 가치가 미국인들에게 얼마나 중요한 가치인지를 강조했던 전 퍼스트레이디 바버라 부시의 리더십과도 일맥상통하면서 보수적인 중산층의 지지를 도모했다.

공화당 대통령 조지 부시의 퍼스트레이디였던 바버라 부시는 와스프(White Anglo Saxon Protestant, WASP)의 가족적 가치와 자녀교육의 중요성을 강조한 것으로 유명하다. 1989년 워싱턴에서 개최되었던 한 언론모임에서 그녀는 "가정에서 자녀들은 가장 먼저 고려되어야 할 대상입니다. 여러분이 어떠한 직업을 가지든 간에 자녀를 돌보는 일은 가장 먼저 해야 하는 일입니다"[18]라고 말하면서 가족의 중요성을 강조하였다. 또 그녀는 "우리는 가족으로부터 큰 힘을 얻습니다. … 당신이 일반사람들로부터 고립된 위치에 있을 때 당신은 자녀들이나 친한 친구들을 더욱 의지하게 됩니다"[19]라는 말을 하기도 했다. 이렇게 가족적 가치의 중요성은 보수성향의 공화당정권에서 주로 강하게 주장했던 아젠다였다.

　이러한 맥락에서 미셸의 가족적 가치의 주장은 미국 보수층의 지지를 끌어내는 데 기여하게 되었다. 그러나 미셸이 가족적 가치를 강조하는 메시지는 바버라 부시의 주장과는 어느 정도 차이가 있었다. 전형적인 와스프 가족을 대표하는 바버라와는 다르게 미셸은 일하는 엄마를 둔 가족이나 소외된 그룹의 가족에 더 많은 관심을 보였다. 그 예로 미셸은 이전의 퍼스트레이디들은 신경을 쓰지 못했던 미군가족들을 돕는 일에 관심을 갖고 있었다. 군인들이 복무를 마치고 귀향하면 상당한 적응기간이 필요하며 군인들이 민간인으로서 보통의 생활을 시작할 무렵에 재입대하는 경우에도 가족들이 도움을 필요로 하였다. 이러한 어려움을 알고 있는 미셸 오바마는 현재 군인가족을 위한 다양한 일들에 관심을 갖고 그들을 적극적으로 돕고 있다.

　가족의 중요성을 강조하는 배경에는 미셸의 성장기 행복했던 가족적 분위기가 큰 영향을 끼쳤다. 자녀교육 방법에서 미셸에게 중요한 롤 모델은 부모였다. 미셸의 부모는 매우 헌신적이었고 그들 덕분에 미셸과 그 오빠는 부모세대에 미처 꿈꿔 보지 못했던 좋은 기회를 가질 수가 있었다. 미셸의 오빠 크레그(Criag)는 한 인터뷰에서 이런 말을 했다.

　　미셸은 매우 정직하고 규율을 잘 지킨다. …그녀가 아이들을 사랑스럽게 키울 수 있었던 배경은 우리 부모님이 우리를 키운 방법과 매우 유사하게 아이들을 키웠기 때문이다.[20]

미셸의 훈육방침은 굉장히 엄격한 것으로 알려져 있는데 이 것은 미셸의 부모로부터 물려받은 철학이 그 바탕에 깔려 있기 때문이다. 그녀는 아버지께서 가르쳐주셨던 인내를 통해 단 열매를 얻는 방법, 어머니께서 가르쳐주셨던 세상을 향해 당당하게 질문하는 방법으로 아이들이 자신의 생활을 스스로 통제할 수 있는 능력을 키울 수 있도록 가르쳤다.

우선 미셸이 가족에 대한 소중함을 강조하는 것은 첫째 일하는 엄마로서 자녀양육에 대한 중요성 부분이었고, 둘째로는 같은 맥락에서 가족들의 건강, 특히 어린 두 자녀의 건강을 중요하게 생각하는 점이었다. 퍼스트레이디의 첫번째 임무는 좋은 엄마가 되는 것이었다. 미셸은 하버드 로스쿨 출신의 변호사이지만 항상 두 딸의 엄마 구실을 가장 우선순위에 놓았고, 미국인들은 이를 매우 높이 평가하였다. 비록 스케줄이 매우 바쁘지만, 미셸은 두 딸의 관리에 전혀 소홀하지 않았다. 미셸에게 이러한 일을 하는 것은 너무나 당연한 것이었다.[21] 2008년 미셸은 두 딸에게 안 좋은 영향을 끼칠지 모른다며 선거운동에 동참하지 않겠다고 주장하다가, 결국 오바마에게서 금연하겠다는 약속을 받아내고 선거운동에 나선 것은 유명한 일화다. 퍼스트레이디가 된 후에도 이러한 생각은 변함이 없었다. 미셸 오바마에게 퍼스트레이디로서 첫번째 아젠다가 무엇이냐고 물어보면, 그녀는 확고하게 자신이 가장 소중하게 여기는 일은 두 딸 말리아와 나타샤를 돌보는 일이라고 주저 없이 대답했다. 2008년 2월 한 인터뷰에서 미셸은 이렇게 말했다.

나에게 제일 중요한 것은 내 아이들이 똑바로 설 수 있도록 하는
것이고, 그들이 충분히 사랑받고 있다고 느끼게 하는 것이다. …
나는 엄마로서의 임무가 가장 중요한 전문직 여성이다.[22]

　여기서 중요한 것은 미셸이 엄마의 역할을 중시하고 있지만
그녀 스스로 일하는 전문직 여성임을 간과하지 않는다는 점이다. 버
락 오바마도 미셸이 훌륭한 엄마인 것에 찬사를 보내고 있다. "미셸
은 우리 두 딸에게 아주 훌륭한 엄마입니다"라고 버락 오바마는 한
언론지의 인터뷰에서 말했다.[23] 대통령선거를 위한 캠페인 활동기간
에도 미셸은 무엇보다 어린 두 딸의 환경이 예전과 다름없이 일상적
이 되도록 하기 위해 최선을 다했다. 대통령 재임시절 동안에도 두
딸의 사생활은 되도록 지켜줄 수 있도록 노력하고 있는데 이는 백악
관의 다른 부분이 언론에 노출될 때도 두 딸은 될 수 있으면 노출되
지 않도록 하고 있는 점이다.[24]
　미셸이 가족의 소중함을 주장함에 있어 자녀양육 이외에 중
요하게 생각하는 또 하나는 가족의 건강, 특히 어린 자녀들의 건강
문제였다. 2009년 그녀는 의사와 상담한 끝에 딸들에게 건강한 라
이프스타일을 제공하지는 못했다는 것을 깨닫게 되었고 결국 식생
활의 변화를 모색하게 되었다. 가족들은 더 이상 건강하지 않은 음
식을 섭취하지 않았고 될 수 있으면 신선한 채소와 과일을 먹는 식
생활을 하게 되었다. 그 결과 이러한 식습관이 건강에 지대한 영향
을 끼친다는 점을 깨닫게 되었다.[25] 이러한 깨달음을 바탕으로 미셸
은 어린이 건강, 특히 어린이 비만문제에 관심을 갖기 시작하였다.

미셸은 비만문제를 해결할 수 있는 방법이 유기농채소를 먹는 일이라고 생각했고, '어린이 비만퇴치 캠페인'(Let's Move!)을 시작하면서 국민들의 건강한 식습관을 장려하기 위해 '백악관 부엌 텃밭'(White House kitchen garden)을 가꾸기 시작했다.[26]

미국역사상 텃밭 가꾸기 운동을 전개한 퍼스트레이디로는 제2차 세계대전 당시 퍼스트레이디였던 엘리너 루스벨트를 들 수 있다. 2차대전 발발과 더불어 미국인들의 식생활에는 큰 변화가 일어났다. 그 당시 미국인들이 즐겨 먹던 통조림은 유럽으로 파병된 군인들에게 보내야 했기 때문에 국민들이 소비하기에는 턱없이 부족했다. 그 결과 많은 미국인들은 자신들의 뒤뜰에 '승리의 텃밭'(victory garden)을 가꾸게 되었고, 미국인들은 음식의 40퍼센트에 해당하는 과일과 야채를 텃밭에서 소출했다.[27]

미셸은 어린 시절 제2차 세계대전 당시 어머니가 승리의 텃밭에서 옥수수, 토마토, 완두콩, 시금치를 길러서 그것들을 먹었던 경험을 듣곤 했는데, 당시 시카고는 승리의 텃밭을 주도했던 주이기도 했다. 시카고에는 1천 500개가 넘는 마을 텃밭이 있었고, 25만 가구가 뒷마당에 승리의 텃밭을 가꾸고 있었다. 미셸 오바마의 텃밭작업은 백악관에 직접 승리의 텃밭을 만든 엘리너 루스벨트에게서 영향을 받은 것이기도 했다. 엘리너 루스벨트의 텃밭 이후 많은 퍼스트레이디들이 백악관 뜰에 정원을 꾸며왔지만 먹을거리를 생산해 내기 위한 텃밭을 만든 것은 미셸 오바마가 처음이었다.[28]

2009년 4월 퍼스트레이디 미셸 오바마는 백악관 남쪽 잔디에 텃밭을 가꾸기 시작했다. 이러한 백악관 텃밭을 계기로 미국 전역에서는 어린이들의 건강과 웰빙과 관련해서 그들에게 무엇을 먹여야 하는지에 대해 이야기하기 시작했다. 그녀는 엄마이자 퍼스트레이디로서 미국 어린이들의 치솟는 비만율과 어린이들의 건강문제에 더 많은 관심을 갖기 시작했다. 그리고 텃밭을 가꿈으로써 이러한 이슈에 관심을 기울이게 되기를 희망했다. 이렇게 가족들의 먹을거리를 개선하는 동안 미셸은 미 전역의 텃밭들이 가족들의 건강에 지대한 영향을 끼치게 되리라는 것을 알게 되었다. 2009년 백악관의 텃밭에서는 다행히도 씨앗들이 싹을 띄워 뿌리를 내렸고, 각종 과일과 채소들이 무난히 자라났다. 마침내 백악관의 정원은 미국인들에게 새로운 선물과 교훈을 가져다주었다.[29]

미셸 오바마의 '백악관 부엌 텃밭'은 여러 면에서 의미를 지니게 되었다. 이는 버락 오바마 대통령의 '변화'와 '희망'의 리더십을 퍼스트레이디 입장에서 전개하면서 국민들에게 가깝게 다가가기 위한 하나의 좋은 방법이 되었다. 미셸 오바마는 자신의 저서에서 봄은 희망과 새로운 시작이라는 주제로 글을 쓰면서 이를 백악관 부엌 텃밭과 연결시켜 설명하였다. 그녀는 백악관 텃밭은 미국인들이 먹고 있는 음식에 관한 또는 이러한 음식이 아이들의 건강에 끼치는 영향에 대한 국민적 소통을 시작하는 계기가 된다고 설명하였다. 궁극적으로 '백악관 부엌 텃밭'은 어린이들을 위한 미셸의 '희망'을 표현한 것이고 한 알의 씨앗을 심음으로써 어떤 큰 변화를 가져오듯이 모든 어린이들에게도 어떠한 변화가 있게 될 것임을 강조하고 있다.[30]

백악관 텃밭의 가장 중요한 목적 중 하나는 '국민과의 소통'의장을 마련하는 것이었다. 텃밭을 만든 목적은 백악관이 '국민의 집'(people's house)인 것처럼 백악관의 정원도 '국민의 정원'(people's garden)이기 때문이라고 미셸은 밝혔다. 그러면서 이 정원을 국민들과 함께 나누기를 희망했다. 백악관측은 텃밭을 가꾸기 위해 워싱턴에 위치한 밴크로프트(Bancroft) 초등학교 학생 23명을 초대하였다. 이 초등학교는 40개가 넘는 국가로부터 온 학생과 선생님들로 구성된 다국적 이중언어를 사용하는 학교로 미국이 다문화사회라는 것을 단적으로 보여주는 곳이었다. 마침내 2009년 4월 9일 텃밭은 모종을 심을 수 있게 준비되었고, 밴크로프트 초등학교 어린이들의 동참은 매우 상징적인 의미를 갖게 되었다.

텃밭 가꾸기는 인종적 화합에도 좋은 기회를 마련해 주었다. 이는 텃밭이 백악관과 원주민들의 교두보 역할을 하게 되었던 점을 보더라도 잘 알 수 있다. 미국원주민들은 백악관 텃밭의 첫번째 텃밭지기가 되었다. 미셸은 백악관 부엌 텃밭이 원주민들에게 특별한 의미를 지니게 되기를 희망했다. 2011년 6월 3일 미국 알래스카의 젊은 원주민들이 백악관 텃밭 가꾸기 운동에 동참했다. 특히 그들은 세 자매로 불리는 옥수수·콩·호박을 재배하는 전통을 기념하기 위해 참여하게 되었는데 이러한 행사는 매우 뜻 깊은 일이었다. 2011년 6월 3일 원주민 지도자인 푸른 하늘(Blue Sky)을 중심으로 원주민들은 미국원주민 박물관이 기증한 체로키 흰옥수수, 방울뱀콩, 세미놀 호박씨를 심었다. 이후 이 파종은 백악관 텃밭에서 가장 성공적인 작물재배가 되었다.[31]

미셸 오바마는 텃밭 가꾸기 사업을 구상할 때부터 어린이들이 텃밭을 가꾸는 데 큰 역할을 하게 될 것을 기대했다. 특히 백악관을 한번도 방문해 보지 못한 어린이들을 위한 공간으로 활용하려 하였다. 미셸은 채소재배의 또 다른 목적은 '평등의식'(equality)에 있다고 주장하면서, 어린이들의 이 같은 반응에 대해 "좋은 음식을 공유하는 경험은 서로 좋은 감정을 갖게 한다"고 말했다.[32] 미셸은 어린이들이 백악관 텃밭을 가꾸도록 초대했을 뿐만 아니라 그들의 학교를 방문하여 텃밭 가꾸는 것을 돕기도 했다. 이러한 작업들은 미셸이 국민들과 끊임없이 소통하려는 노력을 보여주는 것이었다. 백악관 부엌 텃밭은 사람들을 함께할 수 있게 해주었는데 특히 가족, 친구들, 이웃들, 심지어는 전혀 모르는 사람들조차 성공적인 수확을 희망하는 같은 마음을 갖게 하였다. 그리고 그들에게 함께 일할 수 있는 기회를 제공해 줌으로써 서로 협조할 수 있도록 해주었다.

마침내 2010년 2월 '백악관 부엌 텃밭' 캠페인은 '어린이 비만퇴치 캠페인'(Let's Move!)을 전개하는 배경이 되었다. 이 캠페인은 세대 간 어린이 비만문제를 해결하기 위한 총괄적인 프로그램으로 부모·공무원·학교선생·의료진·전문가·어린이 들 스스로가 참여하는 캠페인이 되었다.[33] 이 캠페인은 어린이들에게 건강한 음식을 먹을 것과 어린이들이 더 활동적이도록 권하는 운동을 펼쳐나가고 있다. 미셸은 이 캠페인을 통해 어린아이들의 만성적인 비만문제를 학교나 커뮤니티가 중심이 되어 해결해 나가기를 희망하면서 운동을 적극적으로 전개해 나가고 있다.

4)   패션 아이콘 퍼스트레이디

현대사회에서 유권자들은 복잡한 정책적 이슈들에 의존하기보다는 단순하게 비교·판단할 수 있는 이미지에 근거해서 후보자를 결정하는 경향이 있다. 따라서 정치인들에게 이미지 관리는 매우 중요하다고 볼 수 있다. 특히 정치인들의 패션 스타일은 곧 그들의 정치적 성향과 이념을 나타내주기 때문에 현대정치에서 패션 이미지는 의사소통의 수단이 되기도 한다. 클린턴 행정부에서 국무장관을 지냈던 매들린 올브라이트(Madeleine Albright)는 상황에 따라 차별화된 브로치를 달았으며, 협상결과를 묻는 기자들에게 "내 브로치를 읽어라"는 대답을 즐겨했다.[34]

이와 같이 미국에서는 패션이 정치적으로 매우 중요한 전달수단으로 사용되었다. 정치인들 못지않게 그들의 배우자들도 노출 빈도가 높기 때문에 선거기간이나 재임 당시 그들의 패션 스타일이 정치적으로 매우 중요하게 평가되고 있다. 특히 미셸 오바마의 경우에는 역사상 최초의 흑인 퍼스트레이디로 주목을 받았기 때문에 정치유세에 나선 순간부터 정치인이 된 것과 다름이 없이 패션 이미지가 정치적으로 큰 영향을 끼쳤다.

미셸 스타일이 말해 주는 패션의 의미는 버락 오바마의 캠페인 구호인 '변화'와 '희망'과 그 맥을 같이한다고 볼 수 있다. 미셸은 또한 퍼스트레이디 패션에 다른 의미를 부여하면서 미국사회의 변화를 반영했다. 그녀가 즐겨 입는 패션의 색깔은 젊은 오바마의 진보적 정치 성향이나 이상을 상징적으로 보여주는 것으로 해석되고 있다. 2008년 오바마가 대통령 경선에서 승리를 선언하던 날 미셸 오바마는 보랏빛 드레스를 선택해서 입었는데 여기에는 특별한 정치적 의미가 담겨 있었다. 미셸 오바마가 보라색을 선택한 이유는 '화합'이라는 메시지를 전달하기 위함으로 민주당의 푸른색과 공화당의 붉은색을 섞은 조화를 상징하는 색으로 해석되었다. 2008년 ABC의 〈더 뷰〉(The View)에 출현했을 때는 백인과 흑인의 화합을 기원하는 의미로 흑백으로 가득한 옷을 입기도 했는데 그 옷의 브랜드가 화이트하우스 블랙마켓이었다. 미셸 오바마는 강렬한 색상의 옷을 즐겨 입는데 그 이유는 불황 속에서 잃어버린 자신감을 되찾고 희망을 주기 위한 의도로 해석되었다.[35] 이처럼 미셸의 패션 스타일은 시기적절하게 메시지를 전달하면서 미국인들의 지대한 관심을 불러일으켰다.

미셸 오바마는 패션 스타일에서 재클린 케네디와 비교되기도 한다. 미셸은 1960년대 재클린 케네디가 창조했던 재키 룩을 또 다른 이미지로 재현해 내고 있다. 미셸은 의상에서 중요한 요소를 '정직성'에 두었다. 미셸이 '정직성'을 패션을 통해 잘 표현하고 있다고 평가되는 이유는 다른 사람들이 어떻게 생각하느냐보다 그녀 스스로의 생각에 더 많은 비중을 두고 있기 때문이다. 이는 재클린과 비슷한 점이기도 했는데 그녀는 종종 "왜 사람들은 내가 무엇을 입는지에 관심이 그렇게 많지?"라는 질문을 하곤 했다. 재클린은 어떤 옷이 자신에게 가장 잘 어울리는지 너무도 잘 알고 있었고 이런 점은 미셸 오바마 역시 마찬가지였다. 미셸은 패션철학을 묻는 질문에 대해 "나는 그 사람이 무엇을 입느냐가 누구인가를 말해 준다고 생각한다. 나는 공식적인 이벤트가 있을 때 멋있어 보이는 것을 즐기는 편이지만 두 딸들과 아이오와 캠페인에 있을 때는 반바지와 티셔츠를 입는다"[36]고 답했다. 미셸은 이렇게 퍼스트레이디 패션을 재정의했는데 이는 그녀의 패션스타일이 이른바 전형적 '퍼스트레이디 룩'과는 거리가 있다는 점을 잘 말해 주고 있다.

　이전의 퍼스트레이디들이 대부분 정장을 즐겨 입었다는 것은 너무나 잘 알려져 있다. 로라 부시는 주로 오스카 드 라 렌타의 정장을 즐겨 입었고, 힐러리 클린턴은 다양한 브랜드의 바지정장을 즐겨 입었다. 이들의 정장은 미국정가 여성들의 전형적인 패션이었고, 가격도 일반인들이 범접할 수 없는 수준이었다. 대부분의 퍼스트레이디들은 격식에 맞게 입어야 한다는 생각에 갇히곤 했다. 그러나 미셸의 경우는 이들과는 달리 형식보다는 자신만의 스타일을 선호했다. 그녀는 화려한 패션 스타일로 유명했던 낸시 레이건과의 오찬 회동에 대중적 브랜드인 갭(Gap) 스웨터를 입고 나오는가 하면, 디자이너 제이슨 우의 1500달러짜리 드레스를 즐겨 입기도 했다.[37]

　미셸 스타일이 중요한 또 다른 이유 중 하나는 여성들을 형식에 얽매인 패션으로부터 해방시켜 주었다는 점이다. 그녀의 스타일은 사람들이 무엇을 입었는지에 따라서 어떤 가치관과 신념을 가지고 있는지를 확실히 보여주는 본보기가 되고 있다. 그녀에게 스타일은 개성과 자존감을 반영한다. 미셸 오바마는 대통령 취임식 아침 패션계의 새로운 아이콘으로 등장해 전세계를 깜짝 놀라게 했다. 미국 유명잡지 『베니티 페어』는 2007년 세계에서 가장 옷 잘 입는 여성 10인 중 한 사람으로 미셸을 선정했다.[38] 미셸 오바마는 놀랄

만큼 뛰어난 패션감각을 바탕으로 유명 디자이너의 패션과 저가 브랜드를 적절히 잘 조합하고 평범한 기성복도 즐겨 입었다. 그녀는 또한 대담한 컬러, 굵은 벨트 등 과감한 시도로 자신을 표현하고자 하는 미적 감각을 가지고 있다. 그러나 무엇보다도 중요한 미셸의 패션 특징은 그녀가 비록 퍼스트레이디이기는 하지만 인종과 계층을 뛰어넘어 친근한 일반 패션을 선호하고 즐겨 입는다는 점이다. 그녀는 따로 스타일리스트를 두지 않고 자신이 좋아하는, 편하지만 개성 있는 스타일을 고집한다.

미셸 오바마는 패션산업에 시너지를 낼 수 있을 정도로 세련되거나 감각이 있다. 2008년 10월 27일 대통령선거일을 1주일 앞두고 미셸 오바마는 제이 리노(Jay Leno)의 〈투나잇 쇼〉에 출현했다. 이때 미셸이 입고 출현한 제이 크루(J. Crew) 의상은 그 전날 공화당 부통령후보 세라 페일린(Sarah Palin)의 15만 달러에 달하는 의상과 비교되면서 미국인들에게 큰 관심을 불러일으켰다. 제이 리노가 "당신의 옷가격을 추측해 보건대 6~7만 달러 정도 될 것 같네요"라고 묻자 "사실 이 옷들은 제이 크루에서 사입은 것이에요"라고 대답했다. 이날 미셸이 입었던 옷값이 500달러도 채 안 된다는 사실이 방송에 나간 후 제이 크루의 판매는 64퍼센트 상승했고, 미셸이 입었던 스커트는 하루 전과 비교해서 464퍼센트 치솟기도 했다. 바쁠 땐 "온라인쇼핑으로 좋은 상품을 살 수 있어요"라는 재치 있는 답변으로, 당시 미국경제가 어려웠던 점을 감안할 때 미셸의 패션은 미국인들을 감동시켰다. 이전의 퍼스트레이디들과는 달리 미셸은 직접 온라인이나 카탈로그를 통해 패션제품을 구입하는 것을 즐기고 심

지어는 세일제품을 사서 입기도 하는 것으로 알려져 있다.[39]

　2008년 11월 오하이오 집회에 입고 나온 노란색 제이 크루 카디건은 미셸 오바마가 즐겨 입는 옷이었다. 제이 크루의 간부사원인 리온즈(Jenna Lyons)는 "미셸 오바마 덕분에 우리 회사 옷에 대한 이미지가 젊은이들이 입는 캐주얼한 분위기에서 좀더 분위기 있는 옷의 이미지로 진화했다"라고 설명했다. 게다가 "요즈음 제이 크루 직원들은 옷을 판매할 때 마돈나 같은 할리우드의 유명 연예인을 언급하지 않고 미셸 오바마 스타일은 강조하는데 이런 것이 판매율을 올리는 데 실질적으로 도움이 된다"고 했다.[40] 미국에서 미셸 오바마의 의상은 버락 오바마의 연설내용만큼이나 대중의 관심을 받고 있다. 사실 2009년 1월 20일 버락 오바마 취임식 때 올리브 그린색 제이 크루의 가죽장갑을 끼고 있었는데 이후 인터넷 사이트는 접속이 폭주했으며 회사주가는 10.6퍼센트 상승했다. 취임식 다음 날 제이 크루 대표 드렉슬러(Mickey Drexler)는 수백 통의 전자메일을 받았는데, 내용인즉슨 미셸이 취임식 때 꼈던 장갑을 구입하려는 것이었다. 많은 미국여성들은 대통령 취임식 때 미셸에게서 느꼈던 이미지를 조금이라도 느껴보기를 원했던 것이다. 취임식 때 입었던 이사벨 톨레도(Issabel Toledo)의 드레스를 사입을 수 있는 여성들은 그리 많지 않았지만 많은 여성들은 미셸 오바마가 착용했던 장갑은 살 수 있었다. 뿐만 아니라 미국엄마들은 자기 딸들에게도 오바마 딸들이 입었던 벨벳리본을 착용한 모직코트를 입히기를 원했다. 오바마 딸들의 옷 역시 인터넷을 통해서 쉽게 구입할 수 있는 상품이었다.

여기서 중요하게 언급되어야 하는 것은 미셸이 즐겨 입는 옷들의 브랜드가 아니라 그 옷들은 일반 미국여성들이 흔히 접할 수 있는 평범한 옷들이라는 점이다. 이러한 현상들은 바로 미셸 효과의 한 부분으로, 일반인들과 소통하고 그들이 퍼스트레이디에게 친근감을 느끼도록 하는 데 큰 효과를 보았다.

미셸의 패션 스타일에서 나타나는 또 다른 특징은 한마디로 과감하고 자신감이 넘친다는 점이다. 노스캐롤라이나 샬럿(Charlotte)에서 열린 민주당전당대회 연설에서 미셸 오바마는 노출이 심한 민소매 드레스 차림으로 연설을 하였다. 다음날 ABC방송국의 〈굿모닝 아메리카〉(Good Morning America)를 비롯해 CNN, 폭스(Fox) 등의 미디어는 앞다투어 미셸의 의상을 보도했다. 이 매체들이 집중한 것은 연설의 내용이 아니라 조금은 과해 보이는 그녀의 옷차림이었다. 이제는 미셸 오바마의 전형처럼 되어버린 민소매 차림의 패션은 초기에는 퍼스트레이디로서 적절하지 않다는 비난을 받았다. 하지만 미셸의 이러한 패션스타일은 점점 다른 평가를 받게 되었다. 『피플즈 매거진』(*People's Magazine*)의 웨스트폴(Westfall)은 "내가 생각하기에 미셸 오바마는 이른바 프로페셔널 룩의 범위를 넓혀준 것 같다"고 평했다. 에이비시 뉴스(ABC News) 기자 주드(Jackie Judd)는 1987년 〈굿모닝 아메리카〉 프로그램에서 노출이 심하다는 이유로 문책을 받았던 기억을 떠올리며 미셸 오바마는 직장에서 여성들이 좀더 자유롭게 옷을 입을 수 있도록 해주었다고 했다. 그러면서 이제는 민소매나 맨발 차림으로도 퍼스트레이디 미셸과 인터뷰하는 것에 크게 부담을 느끼지 않아도 된다고 말했다.

미셸 오바마의 패션에는 그녀만의 자신감과 가치관이 담겨 있다. 미셸 오바마는 이전의 퍼스트레이디 룩과는 차별화된 감각적이고 대담한 스타일로 관심을 받고 있다. 이는 21세기 전문직여성이면서도 여성스러움을 중요시하는 시대적 특징을 잘 보여주고 있다. 미국의 유명 잡지 『맥심』(*Maxim*)에 '세계에서 가장 섹시한 여성 100인'에 이름을 올린 최초의 퍼스트레이디가 될 정도로 그녀의 룩은 과감하고 적극적이다.[41] 또한 기존의 많은 퍼스트레이디들의 다소곳하고 단아한 패션과는 다르게 소매가 짧은 활동적인 의상과 공식석상에서 연설할 때는 소매를 살짝 걷은 채로 연단에 서서 적극적인 모습을 보여주었다. 미셸 오바마 패션의 특징은 그녀만의 스타일 원칙을 지키면서 그녀만의 스타일을 완벽하게 창출해 낼 수 있다는 점이다. 『워싱턴포스트』의 패션 편집장 지반(Robin Givhan)의 말처럼 미셸 오바마는 모든 것을 잘 섞어놓은 현대적 스타일의 패션감각을 지니고 있다.[42] 미셸의 자신만의 독특한 감각은 다른 여성들이 패션 스타일을 구사하는 데 좀더 자유로워질 수 있도록 용기를 주고 있다. 이러한 패션에서의 당당함이 그녀가 많은 미국 젊은 여성들의 롤 모델이 되는 이유이기도 하다.

5) 새로운 퍼스트레이디의 새로운 리더십

미국역사상 퍼스트레이디들은 시대의 흐름과 함께 호흡해 왔다. 그들의 역할은 단순한 백악관의 안주인 역할에서 벗어나 사회운동가로 혹은 대통령의 정치적 동반자로서 시대가 흐를수록 복잡하고 다양해졌다. 2009년 1월 백악관의 새로운 여주인이 된 미셸 오바마는 "이 나라 역사상 모든 퍼스트레이디들은 각각 독특하게 다른 업적들을 이루어왔고 근본적으로도 다른 방향에서 그 역할을 해왔다. 그런 과정이 있었기에 나 같은 사람이 퍼스트레이디가 될 수 있었다고 생각한다"[43]라고 언급하면서 퍼스트레이디로서 자신의 역할에 대해 고민하기 시작했다. 그 결과 2009년 이래로 미셸은 자신만의 새로운 리더십을 발휘하면서 미국인들에게 지대한 영향을 끼치고 있다. 그녀의 새로운 리더십의 핵심 철학은 다름 아닌 버락 오바마의 아젠다인 '변화'와 '희망'을 바탕으로 하고 있고 그것을 위해 다양한 방법으로 국민과의 지속적인 '소통'의 노력을 해오고 있다. 이 모든 노력은 이른바 '미셸 효과'라는 용어를 만들어내며 그 영향력을 넓혀가고 있다.

무엇보다도 중요한 새로운 리더십의 특징으로는 '희망의 리더십'을 들 수 있다. 2008년 오바마가 대통령에 당선된 후 미국발 경제위기는 미국은 물론 전세계적으로 경제적 어려움을 가져왔다. 이 상황을 극복하기 위해서 사람들은 불확실한 미래에 대한 희망이 필요했다. 그러한 것을 잘 충족시켜 준 사람이 바로 미셸 오바마였다. 미셸은 직접 쓴 연설문을 들고 연단에 섰다. 미국의 현상황을 노골적으로 비판하기보다 앞으로의 희망에 대해 말하기 시작했다. 무엇보다도 미셸이 미국 최초의 흑인 퍼스트레이디가 된 스토리는 '미국인의 꿈'(American Dream)의 아이콘이 됨으로써 미국인들에게 희망의 메시지를 강하게 전해 주기에 충분했다. 이는 1930년대 미국이 경제공황의 늪에 빠져 있을 때 퍼스트레이디 엘리너 루스벨트가 국민들에게 희망의 메시지를 전하며 소통했던 상황과 유사하다. 이러한 어려움 속에서 국민이 필요로 했던 것은 무엇보다도 먼저 심리적 안정과 희망에 대한 비전이었다.

희망의 리더십을 바탕으로 한 또 하나의 중요한 노력은 미국 내 인종문제에 대한 미셸의 관심과 변화의 모색이다. 이것은 미국 내 인종문제에 대한 고정관념을 탈피한다는 점에서 미셸 효과를 찾아볼 수 있는 한 부분이기도 하다. 이런 노력은 2008년과 2012년 대통령 선거전에서 미셸이 오바마의 승리에 큰 역할을 한 데서도 찾을 수 있다. 다름 아닌 미셸은 흑인사회와의 정서적 교감을 통해서 오바마 행정부에 대한 지지를 이끌어냈다. 미셸은 버락 오바마의 가족적 배경으로 인한 미국 내 흑인들의 불신을 신뢰로 돌아서게 하는 데 중요한 역할을 했다. 다양한 인종적 결합으로 구성된 버락의 가족적 배경과는 대조적으로 미셸의 가족은 전형적인 흑인가족으로서의 스토리를 가지고 있었다. 그녀의 가족은 '넉넉하지는 않았지만 완전했다'.[44] 미셸 오바마가 시카고 흑인사회와 밀접한 관계를 유지하고 있었던 것은 버락 오바마에게 큰 장점이 되었다. 버락 오바마의 인종적 배경을 두고 많은 흑인들이 그를 냉소적으로 바라볼 때 미셸은 그들을 향해서 버락의 흑인으로서의 정체성을 피력했다. 뿐만 아니라 인종문제를 초월한 건강한 가족의 의미를 강조하였다. 그녀는 "우리가 전할 수 있는 가장 중요한 메시지는 우리는 서로 사랑하고 존중하는 건강한 가족이라는 겁니다"[45]라고 주장하면서 그동안 미디어에서 흑인에 관한 정보나 이미지가 얼마나 많이 왜곡되어 왔는지를 지적했다. 따라서 미셸은 사회에 팽배해 있는 흑인에 대한 잘못된 시선과 편견과 관련해서도 냉철한 의식을 가지고 변화의 필요성을 모색하였다.

미셸 효과의 결과로 미국 내 대중문화에 나타난 흑인가족, 특히 흑인여성에 대한 고정관념은 서서히 변하고 있다. 역사적으로 미국 대중문화 속의 흑인여성들은 매우 천한 역할의 이미지를 나타내고 있었다. 특히 영화에 나오는 흑인여성들의 이미지는 〈바람과 함께 사라지다〉에 나오는 유모의 이미지 아니면 〈할렐루야〉에서의 요부 이사벨과 같은 것이었다. 이렇게 미국 대중문화 속에 나타난 흑인여성들의 이미지는 매우 극단적이어서 성적이거나 혹은 성적인 것과는 아주 무관한 이미지로 그려지고 있었다.[46] 이러한 분위기 속에서 2008년 대통령선거에서 미셸 오바마의 이미지에 대한 대중매체들의 관심은 미셸을 장차 미국의 퍼스트레이디로 어떻게 이미지화할 것인가였다. 당시에는 여전히 '화나고 강한 흑인여성'이 모든 계층의 흑인여성들에게 적용되는 고정관념이었다.[47] 2008년 대통령선거전을 위한 정치적 행사를 통해서 미셸이 목표로 삼은 것은 미국 내 흑인들의 이미지 변화였다. 그녀가 빈곤·저학력·범죄의 이미지로 대표되는 흑인의 이미지 개선을 목표로 삼은 철학은 한 인터뷰 기사에서 잘 나타난다.

내가 이러한 정치적 캠페인을 통해 변화시키고자 하는 것은 이 사회에서 흑인으로 살아간다는 것이 어떤 것인지 이미지를 변화

시키는 데 있다.[48]

　미셸은 의심할 여지없이 이러한 과업을 잘 수행하였다. 미국 내 흑인여성이 텔레비전 이미지에서 변화를 불러오게 되었다. 미국인들에게 대중매체에서 나타나고 있는 흑인들의 정치·경제적 참여는 더 이상 낯선 것이 아니었다. 이렇게 미셸의 정치적 캠페인 참여는 미국 내 흑인들, 특히 흑인여성들의 이미지를 변화시키는 데 어느 정도 기여했다.

　두번째로 중요한 리더십은 수평적 관계를 바탕으로 한 '정직한 리더십'으로, 이것은 특히 그녀가 패션 아이콘으로 미국인에게 상징되는 데서 잘 나타난다. 그녀는 패션을 통해서 미국여성들과 끊임없는 소통의 노력을 하고 있고, 많은 시너지 효과를 보이고 있다. 패션계에서 미셸 효과를 보면 그녀는 패션업계에서 막강한 영향력을 발휘하고 있다. 미셸 오바마가 패션업계에 몰고 오는 바람은 '미셸 오바마 효과'(The Michelle Obama Effect)라는 신조어까지 만들어냈다. 뉴욕대의 예르맥(David Yermack) 교수는 『하버드 비즈니스 리뷰』(11월호)에서 2008년 11월부터 2009년 12월까지 그녀의 패션이 미친 경제적 파급효과가 무려 27억 달러에 달한다고 밝혔다. 이 기간에 미셸이 공식석상에 189회 모습을 드러냈다는 점을 고려하면, 그녀가 한번 옷을 입고 나타날 때마다 패션업계에 약 1400만 달러의 영향력을 끼친 셈이다. 특히 그녀가 2009년 봄 유럽을 순방할 때 입었던 삭스, 제이 크루 등의 브랜드는 순방 일주일 동안 주가가 평균 16.3퍼센트나 올랐다(http://www.hbr.org/web/estras/michelleobama-effect).

　　미셸 오바마는 정직함을 바탕으로 이러한 변화를 가져왔고 무엇보다 패셔니스타가 아닌 친서민적인 이미지는 미국인들에게 큰 호응을 불러일으켰다. 미셸은 2007년 12월 한 지역신문과의 인터뷰에서, 자신이 진심으로 원하는 모습을 보여줄 때 최고의 역량을 발휘하였고 그것이 자신의 최대 장점이라고 밝혔다. 미셸 오바마는 항상 겸손하면서도 열성적인 모습을 보여주고 있으며, 이러한 면모도 미국인들에게는 좋은 인상을 주고 있다. 2011년 여론조사에서도 버락 오바마 대통령의 지지도가 43퍼센트인 데 반해 미셸의 지지도는 63퍼센트로 나타났다. 미셸은 〈투나잇 쇼〉 등 텔레비전 토크쇼에 자주 출연했는데, 그때마다 진행자 못지않은 말솜씨를 보이며 시청자들에게 깊은 인상을 남겼다. 미셸 오바마는 미국의 퍼스트레이디 역사를 새로 쓴 정직한 리더십을 발휘하고 있는 것이다.

　　마지막으로 미셸 오바마에게서 찾아볼 수 있는 것은 '감성적 리더십'이다. 가족적 가치를 중요시하는 부드러움을 지닌 미셸은 21세기에 필요한 감성적 리더십의 전형을 보여주고 있다. 21세기는 흔히 여성의 시대라고 일컬어진다. 이는 다양한 분야에서 여성들이 두각을 나타낸다는 점에서도 알 수 있다. 여성들의 정치에 대한 여성들의 관심과 참여 또한 증가하고 있다. 한 연구에 따르면 2008년 대통령선거에서 '여성유권자의 힘'이 크게 증명되었다. 미셸 오바마의 감성적 리더십은 버락 오바마와 여성들 사이에서 정서적 교두보 역할을 잘 수행한 점에서 찾아볼 수 있는데, 이는 2008년 버락 오바마가 재선에 성공하게 된 결과에도 어느 정도 영향력을 발휘했다.

미국역사를 통해서 볼 때 항상 그래 왔듯이 2008년 대통령 후보를 지지하는 계층은 확연히 구분되었다. 당시 에디슨 리서치가 실시한 출구조사에 따르면 오바마는 흑인, 히스패닉, 여성, 20대 이하, 노조, 동성애자 및 유대인 그룹에서 많은 지지를 받았다. 또 2012년 대선결과 분석자료에 따르면 미국대선을 흔든 것은 '여성의 힘'이었다. 2012년 대통령선거의 투표율은 53퍼센트에 육박했고 오바마 지지율은 여성 55퍼센트, 남성 45퍼센트로 나타났다. 영국의 BBC 분석에 따르면 여성이 남성보다 더 많이 투표하고 남성보다 훨씬 더 진보적인 성향을 지녔으며, 여러 면에서 여성은 더 이상 소수의 이익집단이 아니라고 가리킨다. 실제로 미국여성은 투표수에서 남성을 앞섰다. 그중에서도 핵심 지지층은 미혼여성들이었다(http://www.cnn.com/election/2012/results/main).

이러한 결과도 2008년 이래로 새로운 퍼스트레이디로 미국 여성들과 젊은이들의 멘토 역할을 해오고 있는 미셸이 어느 정도 기여한 점이 있다고 볼 수 있다. 미셸 오바마는 능력을 지닌 여성으로 많은 젊은 여성들은 미셸을 자신들의 롤 모델로 삼고 있다. 그녀가 '강한 여성' '강한 아내' 더 나아가 '엄마사령관'으로 변천을 거듭하면서도 젊은 여성들의 멘토가 될 수 있었던 것은 미셸의 강한 자존감을 바탕으로 한 당당함이다. 2008년 <래리 킹 라이브>에서 미셸은 퍼스트레이디의 역할수행과 관련해서 다음과 같은 언급을 하였다.

이 자리에 관해 알면 알수록 해야 할 일이 많더라고요. 다행히

나는 많은 일을 동시에 해내는 것을 잘합니다. 나는 순서대로 리스트를 정리하고 내 생활 속에서 질서를 만드는 걸로 시작합니다. 나는 퍼스트레이디 자체에 몰두하지 않으려고 해요. 왜냐하면 모든 일은 제자리를 찾아가기 마련이기 때문이지요….[49]

미셸 오바마는 기회가 올 때마다 퍼스트레이디 역할을 하면서 할 수 있는 유용한 일이 무엇일까 항상 고민해 오고 있다. 퍼스트레이디임에도 불구하고 너무 솔직한 인터뷰로 언론의 비난을 사기도 하지만 미셸은 언제나 자신이 원하는 일을 해내고 옳다고 생각하는 가치를 지켜내는 자존감을 유지하고 있다. 미국 내 워킹 맘의 전형적인 모델로 균형을 잃지 않는 조화로운 생활을 지켜왔다. 2009년 미셸 오바마가 미국역사상 최초의 흑인 퍼스트레이디가 된 후에도 미셸은 가슴속 열정을 가지고 평소에 관심을 가져온 커리어 여성들이 일과 가정을 병행할 수 있도록 돕는 일 등에 많은 열정을 쏟아붓고 있다. 무엇보다도 미셸은 젊은 여성들에게 당당히 살아가라는 조언을 잊지 않는다.

역사적으로 미국의 퍼스트레이디들은 다양한 역할을 수행해 왔다. 묵묵히 남편인 대통령을 내조하는 퍼스트레이디가 있는가 하면, 대통령의 역할수행을 위해 적극적으로 활동하며 정치적 동반자로 남편의 활동을 지지하고 조언하는 퍼스트레이디도 있었다. 2008년 미국 대통령선거전에서 미셸 오바마는 대통령후보가 아님에도 불구하고 미국역사상 최초의 흑인 퍼스트레이디가 될 가능성이 크다는 이유로 가치관, 패션 스타일, 교회종파, 정치적 성향에 관한 많은 코멘트와 비평을 견뎌내야만 했다. 이렇게 미셸 오바마가 퍼스트레이디가 되는 길은 멀고 험난했다. 2008년 대통령선거전을 통해서 미셸 오바마는 그 이미지가 '강한 여성'에서 '강한 아내'로 변화했고, 퍼스트레이디가 된 후로는 엄마총사령관인 '강한 엄마'의 이미지로 변화를 모색하였다. 그러나 이러한 끊임없는 변화의 모색 바탕에는 그녀의 당당한 자신감이 함께하였다. 미국역사상 최초의 흑인 대통령의 탄생과 같이 미셸 오바마도 미국인들뿐만 아니라 전세계인들에게 새로운 변화의 상징으로 자리 잡게 되었다.

　　21세기는 여성적 감성이 매우 중요한 이미지 소통의 시대라고 할 수 있다. 21세기를 맞아 정치인들은 자신의 패션 스타일로 정치적 성향과 이념을 대변하고 있다. 미국의 새로운 퍼스트레이디 미셸 오바마는 새로운 패션 아이콘으로서 패션의 힘을 잘 알고 있고 이미지의 영향력을 잘 활용하고 있다. 퍼스트레이디의 패션은 당대 패션의 아이콘이며 국가경제·문화 수준을 압축적으로 보여주는 가치의 표상이 되기도 한다. 또한 각국 퍼스트레이디들은 패션을 자신의 의지를 보여주는 도구로 활용하고 있기 때문에 패션에서 당당하고 적극적인 활용을 시도하고 있다. 그런 의미에서 미국의 새로운 패션 아이콘이 된 퍼스트레이디 미셸 오바마는 '미셸 효과'를 불러일으키며 사회·경제·문화적으로 큰 영향력을 발휘하고 있다.

　　미국에서 미셸 오바마의 라이프 스토리는 전형적인 '미국인의 꿈'(American Dream)을 보여주고 있다. 노동자계층의 부모 밑에서 성장한 미셸은 교육에 매우 헌신적인 부모의 양육에 힘입어 프린스턴 대학과 하버드 로스쿨을 졸업하였다. 이는 미셸이 궁극적으로 퍼스트레이디가 될 수 있는 좋은 계기가 되었다. 퍼스트레이디는 대통령의 첫번째 조언자로 때로는 부통령보다 더 큰 영향력을 발휘하기도 한다. 미셸 오바마의 경우는 이를 잘 증명해 주고 있다. 미셸 오바마가 능력 있는 여성을 넘어 많은 사람들의 멘토가 될 수 있었던 이유는 스스로를 귀하게 여기는 자존감이 있기 때문이다. 미셸의 정치철학은 원래 그가 누군지를 변화시키지 않게 하는 것이다. 그야말로 정치란 말 그대로 정치를 의미하는 것이었다.

미셸 오바마는 여러 방면에서 현 오바마 행정부와 미국사회의 정서적 가교역할을 하고 있다. 2008년 대통령선거에서 미셸은 미국인들에게 버락 오바마 대통령을 더욱 친근한 인간으로 부각시키면서 남편과 유권자들을 연결시켜 주는 하나의 정서적 통로 역할을 담당했다. 이러한 노력은 그녀가 퍼스트레이디가 된 후에도 계속되었다. 그녀의 새로운 리더십을 통해 보여준 미셸 효과는 흑인여성들에 대한 사회적 편견과 고정관념을 변화시킨 점과 패션을 통해 국민들과 소통한 점을 들 수 있다. 뿐더러 그녀는 비만 퇴치운동으로 어린이 비만문제에 관심을 집중시켰고 미국의 젊은 여성들에게 편견에 맞서 꿈을 향해 노력하는 모습의 멘토 역할을 잘해 내고 있다. 남편 버락 오바마에 대한 강한 믿음과 격려가 대중들에게 강한 호소력을 지니게 되면서 오바마 행정부에 대한 신뢰도를 향상시키는 데도 큰 힘이 되고 있다.

2009년 미국역사상 최초의 흑인 퍼스트레이디로서 백악관의 안주인이 된 미셸은 이전의 퍼스트레이디들과는 다른 방법으로 국민들과 소통하려 노력했고, 미국인들은 그녀의 진정성에 큰 박수를

보냈다. 현재 백악관에서 퍼스트레이디 미셸 오바마는 새로운 리더
십을 전개하고 있다. 그녀는 오바마 행정부의 정책방향이기도 한 인
종·계층·학력·빈부의 차이를 뛰어넘어서 다양한 배경의 사람들의 통
합을 위해 노력하고 있다. 힐러리가 보여주었던 정치적 역량과 로라
부시의 전통적 퍼스트레이디의 면모를 고루 잘 갖춘 새로운 퍼스트
레이디 미셸 오바마가 자신만의 스타일과 행보로 새로운 변화를 만
들어가고 있는 것이다. 이것이 21세기 새로운 퍼스트레이디의 새로
운 리더십이 미국역사에 어떠한 모습으로 남게 될지 주목하는 이유
이기도 하다.

1) Betty Houchin Winfield and Babara Friedman, "Gender Politics New Coverage of the Candidates'Wives in Compaign 2000," *Journalism and Mas Communication Quarterly*(vol. 80/no. 3, 2003. Fall), p. 226, 248.

2) Stacie Vander ed, *Michelle Obama to Martha Washington*(Beacon Hill: Pacific Public Studio, 2010), p. 6, 7.

3) Elizabeth Lightfoot, *Michelle Obama: First Lady of Hope*(Connecticut: The Lyons Press, 2009), p. 33.

4) Roberta Edward, *Michelle Obama: MominChief*(New York: Grosset & Dunlap, 2009), p. 22.

5) Lisa Rogak ed, *Michelle Obama: In Her Own Words*(New York: Public Affairs, 2009), p. 37.

6) Lightfoot, 앞의 책, p. 34.

7) Kate Betts, *Everyday Icon: Michelle Obama and the Power of Style*(New York: Clarkson Potter, 2011), p. 151.

8) Vander, 앞의 책, p. 176

9) Lightfoot, 앞의 책, p. 14.

10) *Boston Globe* 2008. June 29.

11) Betts, 앞의 책, p. 3, 4.

12) Mandy Norwood, *Michelle Style: Celebrating the First Lady of Fashion*(New York: Williman Morrow, 2009), p. 135.

13) 같은 책, p. 137.

14) *Chicago Tribune* 2007. December 17.

15) Lewis Gould, "Modern First Ladies and the Presidency," *Presidential Studies, Quarterly*(no. 20, 2000. Fall), p. 679.

16) Rogak ed, 앞의 책, p. vii.

17) Edward, 앞의 책, p. 15.

18) Foss William ed, *First Ladies Quotations Book*(New York: Barricade Books Inc, 1999), p. 36.

19) 같은 책, p. 84.

20) *ABC News* 2008. July 7.

21) Edward, 앞의 책, p. 82.

22) *Wall Street Journal* 2008. February 11.

23)   *US Weekly* 2008. June 30.

24)   Lightfoot, 앞의 책, p. 74.

25)   Liza Mundy, *Michelle: A Biography*(New York: Simon and Schuster, 2008), p. 17.

26)   Michelle Obama, *American Grown: The Story of the White House Kitchen Garden and Garden Across America*(New York: Crown Publishers, 2012), p. 178.

27)   Dorothy Schneider, *First Ladies: Biographical Dictionary*(New York: Facts on File Books, 2010), p.243, 246.

28)   Mikki Taylor, *Commander in Chic*(New York: Atria Book, 2011), p. 55.

29)   Obama, 앞의 책, p. 9, 18.

30)   같은 책, p. 23.

31)   같은 책, p. 48, 50.

32)   Taylor, 앞의 책, p. 54.

33)   Stephanie L. Gillan, "On Target: Minority Outreach Strategies of Let's Move! Campaign"(Chapel Hill: Mass Communication in the School of Journalism and Mass Communication, 2012), p. 4, 6.

34)   Michelle Malkin, *Culture of Corruption: Obama and His Team of Tax Cheats, Cooks, and Cronies*(Washington DC: Regnery Publishing, 2010), p. 59.

35)   Mandy Norwood, *Michelle Style: Celebrating the First Lady of Fashion*(New York: William Morrow, 2009), p. 133, 135.

36)   Harriet Cole, "The Real Michelle Obama: Who is This Woman?" *Ebony*(vol. 63/no. 11, 2008. September), p. 82.

37)   Betts, 앞의 책, p. 145.

38)   같은 책, p. xiii.

39)   Norwood, 앞의 책, p. 98, 100.

40)   Betts, 앞의 책, p. 7, 10.

41)   Taylor, 앞의 책, p. 33.

42)   Betts, 앞의 책, p. 153.

43)   *CBS Evening News* 2008. 2.

44)   Lightfoot, 앞의 책, p. 122.

45)   *Newsweek* 2008. 1.

46)   Heather E. Harris & Kimberly R. Moffitt, *The Obama Effect: Multidisciplinary Renderings of the 2008 Campaign*(New York: SUNY Press, 2010), p. 234.

47) 같은 책, p. 237.
48) Patricia Hill Collins, *Black Sexual Politics: African Americans, Gender and the New Racism* (New York: Routledge, 2005), p. 174.
49) *CBS Evening News* (2008. 2).

찾아보기

608